朱子学化する日本近代

小倉紀蔵

藤原書店

朱子学化する日本近代

目次

朱子学化する日本近代

凡例

引用にあたっては、次のような準則を設けた。

（1）現在入手しやすい本がある場合には（絶版になっていない単行本、文庫本など）、その本から引用する。

（2）現在入手しにくい本などからの引用は、全集などからする。

（3）引用文のかなづかいは、引用したもとの文献のとおりのかなづかいとする。したがって、元田永孚、三島由紀夫などの場合、ほとんどが旧かなづかいとなる。この場合でも、漢字は新字体を用いる。

（4）中国古典の読み下し文の場合は旧かなづかいとする。ただし、ルビは新かなづかいとする。また原文および読み下し文の漢字は正字体を用いる。

（5）書籍のタイトルの漢字は原題が正字体であっても原則として新字体にした。ただし『國體の本義』などの例外がある。

（6）引用文のもとの文献における改行の箇所は、／で表示した。

第1章

朱子学化する日本近代

1 〈朱子学的思惟〉と近代

◆本書のテーマ◆

日本における近代化とは、何だったのだろうか。

それは前近代的な儒教社会からの脱皮と欧化というヴェクトルで語られうるものなのだろうか。とすると、日本の徳川時代というのは儒教社会だったというのだろうか。科挙官僚も存在せず中央集権による厳格な思想統制もない儒教社会というのは、一体どのような存在だったのか。

私は、日本の近代化は半儒教的な徳川体制を脱皮し、社会を「再儒教化」する過程だったのだと把えている。それは官僚制と中央集権という基礎の上に、国民を〈主体化〉し〈序列化〉する過程であった。すなわち、日本における近代化とは、一方で「徳川的な儒教からの解放」という側面とともに、他方で「社会のさらなる儒教化＝朱子学化」による新しい「国民」の創造という側面もあったのである。

このメカニズムを解明するためには、〈朱子学的思惟〉の本質を知る必要がある。

私は、〈朱子学的思惟〉とは、「社会の構成員がすべて〈理〉を持つ」という思想によって人びとを〈主体化〉し、しかもそれぞれの体現する〈理〉の多寡によって〈序列化〉する思考様式だと考えている。ここで〈主体〉というのは、丸山眞男が「主体性」というときのそれとは違って、「subject」の意味に近い。つまり、「主体」と「臣民」の両義を持つこの「subject」と同じく、自己決定力を持ち自律的に振る舞うことができる反面、その自律性は実は超越的な何か〈具体的には〈理〉〉によって規定されている、という存在である。すなわちその自律性は実は虚偽なのだが、そのことに〈主体〉は気づいていない。このことに関する哲学的議論は、第2章から第4章で詳述されるだろう。

さて、徳川時代にはたしかに儒教が社会に浸透したが、右のような意味における〈朱子学的思惟〉は浸透しなかった。浸透させるには宋代以降の中国や朝鮮王朝のような社会システムが必要だったが、日本には明治になるまでそのような朱子学的社会システムは存在しなかったからである。明治以降の日本に初めて〈朱子学的思惟〉が浸透させられ、〈理〉の頂点としての天皇を中心とする日本的近代の思想的枠組みができあがったのではないか。

本書の全体的なテーマは、およそ以上のような問題意識によって展開されることになる。

◈日本の近代◈

東アジアの近代化においては、あたかも西洋の近代化が西洋的主体を要請したのと同様に、「東アジア的主体」とでもいいうる何らかの新しい人間像が必要とされたと考えることができる。この問題を、儒教の一大学派である朱子学という思想と、西洋の衝撃以降に東アジアが受容した西洋近代思想、および日本の近代思想の内的な関連という観点から解明しようとするものである。

このメカニズムを解明するために〈朱子学的思惟〉の本質を知る必要があるのである。私は朱子学を、その自然観とか個々の徳目などという「内容」として把えるのではなく、その「論理構造」として把える。

本書ではまず〈朱子学的思惟〉の構造を詳細に解析した後、日本の近代化と〈朱子学的思惟〉との関係を分析することにする。日本に関しては、具体的に、「教育勅語」成立に深く関わった元田永孚（一八一八〜九一）、「学問」による国民の〈主体化〉・〈序列化〉を唱えた福澤諭吉（一八三五〜一九〇一）、戦後日本人の〈主体化〉に邁進した丸山眞男（一九一四〜九六）の思想を通して、近代化と朱子学化の問題を考えてみる。そして明治官僚主義的〈序列化〉を拒んだ思想家として三島由紀夫（一九二五〜七〇）をとりあげる。また、「朱子学的な近代」という観念自体に嫌悪感を示し、それゆえに「朱子学的な朝鮮」に対する理解をも欠落させてしまった人物として司馬遼太郎（一九二三〜九六）を検討する。このような人物像を観察することによって、日本近代において〈朱子学的思惟〉というものがいかに有用かつ危険で制御不能なものであったかが理解されるであろう。

◆明治思想史の誤り◆

徳川時代から明治にかけての思想史的な展開をどのように把えるか、という古くて新しい問いから、本書の旅程も始まる。

ふつう、明治思想史といえば、次のような叙述がなされているものである。

明治前半期には、反儒教・反封建の旗印のもと明六社や自由民権運動など西洋近代に影響を受けた改革・前進の動きが盛んになったが、それに危機感を抱いた反動派が封建儒教的・復古的な思想で強力に逆コースを突き進んだ。その象徴が「教育勅語」である、と。

しかし私は、明治思想家たちの文を読んでいて、そのような図式で把えることが到底できない。

私の把え方は、全く違う。明治前半期の思想史とは、全体的に大きな儒教化のうねりであるように見えるのである。自由民権運動は反封建の動きだったが、反儒教ではなかった。むしろそれは、いまだ儒教が社会化していなかった日本における、儒教の新しい〈展開〉だったのだと私は考えるのである。

自由民権思想は、個人の内面の極私的・創造的な自由を唱えたというよりは、むしろパトリアティックな政治的主体性を主張したものである。もちろん植木枝盛のごとく、国権に対する民権の優越を説いた論者の重要性は大きいけれども、松本三之介のいうように、その植木でさえ他方では、「一人の私的な個人としての自立性よりは、むしろ国家を担う国民としての自覚」を強調した。つまり自由民権運動は「リベラル・デモクラシーよりはむしろナショナル・デモクラシーに近いもの」であったし、「私的な市民的価値に対して公的な政治的価値を優越させる価値意識」の運動体であった(1)。

ところで儒教において道徳的・政治的な主体性・自律性を主張するのは、士大夫である。儒教社会の構成員を治者(士大夫)と被治者(民衆)とに分けて考えると、自由民権思想こそは新しい擬似儒教的・統体的明治社会において治者の側の権利を被治者に対しても拡大することを主張したのだといえる。それは、彼らが最も強力に論ずるところの「言論を通ずる」というのが、儒教士大夫たちが最もこだわる「通言路」「通塞」とほぼ同型であることからもわかるであろう。

そしてその動きに脅威を感じて、後述の元田永孚らは王の倫理と被治者の倫理とを確定しようとしたのである。これも当然、儒教だった。

こう考えると、明治前期思想史は、〈儒教に対抗する西洋近代〉と〈それに対抗する反動儒教〉という図式で把えるよりもむしろ、〈西洋近代を摂り入れて日本社会に主体性を導入して儒教化しようという士大夫的立場の思想〉と、〈王と民衆の関係を規定して原理主義的儒教社会をつくろうという、これもまた士大夫的立場の思想〉とが、互いに補完しあって中央集権的・統体的儒教社会を日本に根づかせてゆこうとする過程と見ることができるのである。

もちろんこれは、思想の当事者たちの意図とは異なる。双方とも、互いに「補完」しあっているなどとは想像しなかったであろう。たとえば元田永孚の意識は、あたかも麻薬中毒者のように西洋化してゆく新しい日本への強烈な反対によって占められていた。また元田に限らず天皇の侍補たちが目指したのは、「天皇親政を妨げる勢力を排撃すること」であり、それはとりもなおさず「薩長の専横の抑制」とともに「自由民権運動の抑圧」であった(2)ことは確かである。

しかし、当事者の意志あるいは自己意識とは関係なく、明治前期思想史の〈全体〉の中で把えれば、まぎれもなく両者は同じ方向に日本を進ませていたのだった。

これまでの明治思想史が誤った歴史解釈をしてきた理由のひとつは、「徳川時代の日本は儒教社会だった」という前提から出発した点にあると私は考えている。明治の思想家たちは徳川の儒教社会からの脱却を図ったのだと考えると、事の半分しか見えない。彼らはたしかに封建社会からの脱却を図りはしたが、それと並行して新しく擬似儒教的な中央集権国家をつくりあげようともしたのである。

◆明治の「おしくらまんじゅう」◆

「明治日本」という社会は、一体何をしようとする存在だったのか。

たとえばこのような問いにひとことで答えることは無論できない。無数のアクターが無数の考えを抱いていたからだ。

この問題は、突き詰めて考えると、人間観のレベルまで下りてゆかなくては解けないのであろう。すなわち、ある共同体や社会に多数多様な構成員がいる場合、その共同体や社会が何を考え、何をしようとしているのかを語ることは一義的には不可能だが、もしそれをどんなに不完全で歪な形であれ語らなければならないとすれば、一体どんな語り方がありうるのか、という問題である。同時代の問題であるならば、投票や定量調査などという方法でその共同体や社会の「意思」を知ることは、構成員間の一定の約束のもとに、きわめて不完全ながらかろうじて、可能であるともいえる。しかし過去に存在した共同体や社会に関してはそのような方法を採ることはおそらく不可能だから、残された様々な文献や金石史料などから復元し、想定し、場合によっては想像しなくてはならないだろう。その作業の際に、人間観が介入してくるはずである。主に個々の具体的アクターに関する記述であるそれらの史料の解読によって、共同体や社会の総体意思（一般意志ではない）を想定することは、ある一定の人間観・社会観によってそれを想像することにほかならないからである。

私は、「人間とは知覚像の束である」という人間観を持っている。このことに関しては拙著『創造する東アジア』（二〇一一）において比較的詳しく語ったので、ここで繰り返すことはしない。ただ、この人間観によると、社会とはその構成員の集合なのではなく、その構成員が持ち、同時にその社会が持っているすべての知覚像の集合なのである。

本書は、思想史、ないしは「世界観史」の叙述をしたものなので、知覚像に関する私の哲学を前面に打ち出す場所ではないと考えている。ただ、次のことを確認しておくことは必要だろう。

たとえば「明治日本という社会は何をしようとしたのか」という、ある意味で荒唐無稽な問いに対して、どんなに不完全であろうとその問いに何らかの形で答える必要がある場合、私としては、たとえばある個人の著述に表されている内容をできるだけ多重主体的に、つまりそこに反映され組み込まれている他者の知覚像にまで注意を払って読み解いていきたいし、また社会の総体意思のようなものを極度に抽象化ないし単純化して提示しなくてはならない場合も、できるだけ多重主体的に、つまり社会に散らばる無数の知覚像をそこに宿る無数の他者性をも含めて収斂させたいと考えている。

さて、「明治新政府は何をしようとしたのか」という問いに対して、たとえば市井三郎は次のように語っている。(3) 一八六八年一月三日（慶應三年十二月九日）の「王政復古の大号令」から形式的に「御一新」が始まり、その半年後の一八六八年六月十一日（明治元年閏四月二十一日）の「政体書」によって新政府の政治体制の一端が公布されて土佐派の構想を反映した中央官制が定められ、そしてそれが次々に修正されながら明治七、八年にようやく全国的な体制が決定する。「その間に、新しく権力をにぎった志士たちが、もっとも大きいエネルギーを注ぎこんだのは、どういうことだったのでしょうか。それはひとくちにいえば、国内的には、江戸時代の封建割拠の体制と世襲身分制とを撤廃して、「一君万民」の統一国民国家（「群県の制」）をつくり出すこと、そしてそれへの障害と見られるものは武力を用いても決然と排除する、ということでした。／対外的には、幕府が結んだ不平等条約を、対等の条約に改訂する努力も、明治三年秋ころから始まるのですが、これはまるで諸外国側が問題にせず、容易なことでは片づかぬ至難の大事業であることが直ちにわかってきます。外国軍隊の横浜駐屯や不平等条約（関税自主権の否認や治外法権）のかたちで、日本にのしかかる外圧をはねのけるためにも、国内体制の整備がなによりの急務であることがわかるのです。／だから「御一新」の変革は、十九世紀の帝国主義時代において、民族自立の至上命令からなされたところの、ナショナルな実力向上の最高能率を目指した体制変革だった、といえるでしょう[4]」。

幕末から明治初期にかけての「国家意志」(そういうものがあると仮定して)を右のように語ることも、多数多様な見解のうちのひとつにすぎない。ただ、私はこの見解に対して大きな違和感を抱かない立場である。今、一応この見解を大筋で認めたとして、その場合、明治新政府はこのような体制変革のためにどのような人間変革を遂行しようとし、また明治社会はそれにどのように呼応したり対抗したりしたのであろうか。

「「一君万民」の統一国民国家」という言葉がやはり鍵となるであろう。だが、われわれは「一君万民」という概念を正確に把握する必要がある。それは、昭和初期に発行された『國體の本義』で描かれたような、天皇を中心として無数の氏族が職業と祭祀を通して調和と融合をなすという態の、静的で一体的な融和体を意味しているのではない。「一君万民」という儒教的な概念は、何ら静的な概念ではないのである。むしろ競争の概念であるといってよい。特に朱子学的な意味でいう「一君万民」は、唐代における個別的な姓による特殊な家法の分散状況を打ち破り、宋代に普遍的かつ超越的な道徳原理の源泉(〈理〉)によって人間変革を成し遂げた後の概念である。したがってそこでは、士大夫(読書人)階層が普遍的原理への接近という尺度によって劇烈な〈序列化〉の闘争を繰り広げるようになる。普遍的原理により近い者がより〈主体〉的であるという認識がそこにはある。「一君万民」というのはだから、何ら固定的でも静的でもない、きわめて劇《はげ》しい上下運動と流動性を伴う動態なのである。「君」もまた普遍的道徳原理に支配される存在であるから、「君」よりも〈理〉に近い「士」によって不断に牽制され、教化され、〈理〉に向かって移動させられる。したがって「一君」も「万民」も、調和と融合を希求しこそすれひとときたりともそれが実現することはなく、常に有機体としての社会の最適状態を求めて競争し流動しているのである。そしてその流動は、〈理〉からの距離をめぐる終わりのない闘争である。明治日本がもし「一君万民」の国家を目指したとするのが正しければ、階級社会から階層社会への脱皮に伴う劇烈な闘争の社会へ移行したと考えなければならない。そしてそれは具体的にいえば、〈理〉をめぐる〈主体化〉の競争という朱子学的な人間像・社会像の劇的な導入だったということができるのではあるまいか。

さて、「「一君万民」の統一国民国家」というのは解くのがきわめて困難な二次方程式のようなものだ。「一君万民」は儒教の概念だが、「国民国家」は西洋近代の概念であるからである。さらに、帝国主義時代の国民国家というのは、とりもなおさず、競争する国家である。対外的な資本主義的・軍事的競争をする国民国家の内部で、国民はどのような役割と意味を与えられ、または自ら見つけることになるのだろうか。ここに、明治日本が単なる儒教国家を目指したわけではない理由と、それを目指すことの非合理的である理由がある。実態は、多数の政治家・官僚・思想家・文筆家・ジャーナリストなどが、てんでに自己の信じるところを百家争鳴よろしく主張しながら、全体としては、西洋近代思想を摂取して儒教的世界観と合体させる(5)、というアクロバティックな作業を遂行したというのが、明治日本の思想的姿ではなかっただろうか。

少数の個人が計画・意図してそのような作業を遂行したというよりは、むしろ政治家や官僚、在野の人士などあらゆる人びとの思考がばらばらに機能しながら群衆知のようにその方向に進んだといえる。この場合の群衆知というのは、多数多様な人びとが皆同じ方向に動いたということではなく、それぞれてんでにばらばらな方向に進みながら、全体としてある方向に向かったということだ。つまりイメージとしては、ネグリ－ハートが『マルチチュード』で主張する「群知性（swarm intelligence）」とはまったく異なる。ネグリ－ハートはいう。「分散型のネットワークは攻撃のさい、群れをなして敵に襲いかかる。ある特定の地点で無数の独立した勢力が四方八方から襲いかかってきて、そのあとはまた周囲の環境のなかに消え去ってしまう。(中略)ネットワークには命令を出す中心がないため、伝統的なモデルしか頭にない人たちから見れば、そこには何の組織もないように思えるだろう――単に自然発生的でアナーキーな活動にすぎない、と。(中略)だがその内側に目をやれば、ネットワークは組織された、理性的で創造的なものであることがわかる。それは群知性をもっているのだ」[6]。蜂の群れの飛行のようなものをイメージしているこの「群知性」というのは、ポストモダン型の全体主義的な概念であり、多分に近代以前の目的論的志向も隠し持っている。いずれにせよ「組織された、理性的」な方向性を持っているのだ。

しかし私が今ここで語ろうとしている運動性は、そのようなものではない。無数の相矛盾し、敵対し、相互否定し、ときに協力し合一し融合するランダムな力の鬩ぎ合いが、何らかの予測不可能な方向へと全体を押しやるという運動である。それを、「おしくらまんじゅう的」と呼んでもよいであろう。たくさんの人びとが「おしくらまんじゅう」をするとき、全体のまんじゅうがどちらの方向に引っ張られていくかは誰にもわからない。各自が勝手にてんでにばらばらな方向に一様でない力を加えているのであって、全体を組織し統御するような力はいかなる形でも存在しない。また、このまんじゅうに外部から加えられる力もそこには作用しているだろう。「おしくらまんじゅう」の外側にも別の人びとがいて、外部からまんじゅうに力を加えているイメージである。さらにいえば、その外部の人にもさらに外側から力が加えられている、というように、外部は無限に連続している。そしてまんじゅうは一時も静止しておらず、瞬間瞬間の力の関係によって、いずれかの方向に動く。そしてある方向への力が増加すると、あたかも綱引きの最終局面で、それまで頑なに動かなかった綱が一気に左右どちらかの陣営に引っ張られるのと同様、いずれかの方向に引っ張られていくという現象も起きるのである。

あらゆる社会はその構成員たちが外部と関係を持ちながら「おしくらまんじゅう」をしているわけだが、特に明治日本においては、日本人全体が巨大で劇烈な「おしくらまんじゅう」をしているイメージが有効だ。そして特定の少数の意志や理性によってではなく、全体の「おしくらまんじゅう」の結果、明治日本は、「西洋近代思想を摂取して儒教的世界観と合体させる」、そして「「一君万民」の統一国民国家」をつくる、という方向に動いていったのである。

ただ、このことは、特定の行為の責任を一定の人間に帰属させえないという意味ではないし、また、この「おしくらまんじゅう」の中で特に重要な役割を果たした人物や集団を特定できないという意味でもない。従来の思想史で語られてきた方法や内容は、それぞれに意義があるのはいうまでもない。しかし、特定の人物や集団が歴史をつくったと考えるのは間違いであるから（統治層だけが歴史をつくったわけではなく、民衆だけがつくったわけでもない）、われわれは少なくともイメージとしては、「おしくらまんじゅう」を想起したいのである。そのまんじゅうの中では、いかなる世界観が競争し、協力し、くんずほぐれつの闘争をしていたのだろうか。

そのことを本書では〈主体〉という語を鍵にして、考察してみたいのである。

◆士大夫か官僚か◆

明治日本が、「西洋近代思想を摂取して儒教的世界観と合体させる」、そして「「一君万民」の統一国民国家」をつくる、という方向に動いたとき、その運動を中核的に担う新しい人間像として設定され期待されもしたのが、佐々木克のいう「志士から官僚へ」という転回であった。[7] もちろん志士がいなくなったわけではない（佐々木は「明治の志士」という言葉はない、というが、志士的な人物は存在した）、義士や烈士もいた。「田舎紳士」（徳富蘇峰）もいたし、[8] 壮士も活躍した。ただ、武士が廃止された後、新しい時代の中心的統治層として登場した人びとには、最早「×士」という名称は与えられなかった。「×士」は急速に統治機構の中枢からは排除され、時代遅れあるいは野のイメージを与えられるなどして周縁化されたのである。

かわりに登場したのが、「政治家」や「民権家」などの「××家」であった。だが自由民権運動や憲法制定、国会開設などの諸問題が一段落すると、今度は官僚が中心的な場所を占めるようになる。このように、明治前半の政治空間では、「×士」から「××家」へ、そしてさらに「官僚」へと、めまぐるしくその主役が交替していくことになる。

だが、それは外面上のことだけだったのではないか。新しく登場した「政治家」や「民権家」も、また「官僚」も、その中身は「士」を引き継いでいた。その場合、徳川時代の統治のメンタリティや官僚システムを部分的に引き継いでいたという要素もあるが、それよりも大きかったのは、主に、「武士から士大夫へ」というりねりとして内面化されたことではなかったか。武士は消滅したが、そのかわり、徳川時代後期から武士層の中で様々な読書共同体などを通して醸成されていた「士大夫への憧れ」が、明治以降に民衆層を含めて増幅し、現実化していったのである。[9] その意識は主に、武士と士大夫との違いの側面に注がれていたに違いない。統治行為や政治参加という意味で、「武士よりもはるかに自由な士大夫」というイメージである。

その志向性が、政治家・民権家への憧れを経て官僚制度の定着に辿り着くと、極大化した。国家的な統合的選抜を通して実力を公認され、身分や出自に関係なく統治や行政に関わることができ、「天下国家」を論じるだけでなく実際に動かすことができる集団としての官僚が、「士大夫への憧れ」を具現化するものとして認識されたのである。

それはまさに松田宏一郎のいう、「江戸の知識から明治の政治へ」という大きなうねりだった[10]。松田が指摘するように、統治の能力として何が最も重要かという議論は、日本だけでなく西洋各国でも「中国」を視野に入れながら盛んに行われた。そしてそれらの議論を吸収する形で日本においてもさまざまな能力に対する検討が行われたのであった。

だが、「士大夫としての官僚」は、意外に早くその終焉を自ら宣言することとなる。都筑馨六による論文「超然主義」（明治二十五、未発表）がそれである。都筑は東京帝国大学を卒業後ドイツに留学し、外務省勤務の後フランスに留学、その後山県有朋の推挽で内務省に入る。このような経歴の都筑が打ち出したのは、国是は専門的知識を持つ官僚の研究をもとに政府が確定すべきだという議論である。このことは、何を意味するのか。

ふつう、都筑の「超然主義」は、一般大衆や民権論者に対する官僚の優越を宣言し、以て統治機構における官僚の地位を最大限に高めようとしたものだったと解釈される。しかし、それとは異なる見方も可能である。鍵となるのは、「専門」という言葉である。そもそも士大夫的な世界観においては、「君子不器（君子は器ならず）」（『論語』為政第二）とされ、君子は普遍的な価値や原理にコミットする存在であるので、用途の定められた、容量も一定の「器」になってはならない。そのような特殊性・専門性を担う存在は君子（士大夫）ではなく小人（胥吏《しょり》）である。このような共通認識があったはずだが、都筑はそれを打ち破って、官僚こそ専門性を担う人材だとした。それによって、官僚を脱士大夫化し、普遍的な道徳性と官僚を分離し、官僚は没道徳的な専門知識の世界を専担し、逆に政治家は民心の動向を気に懸けながら普遍的な価値の実現のために決定をする、という構造をつくりあげようとした。つまり士大夫においては政治と行政が合体していたのだが、国会や憲法ができた今、日本においては政治と行政を分離しなくてはならない、という考えに基づいている。

もちろん都筑が未発表の論文の中で「超然主義」すなわち「官僚の脱士大夫化」を宣言したからといって、実態としての官僚制度が何らかの変化を被るわけではない。しかし、官僚制度内部から、「脱士大夫化」の動きや思考が生じたことは重要である。

都筑の企図にもかかわらず、官僚の世界観からは、その後も、普遍主義の自負と使命感は脱落しなかった。専門性に自らを閉じ込めるという道は危険すぎると思念されたのである。その理由のひとつとして、政治と行政の優位競争があったに違いない。東アジアの朱子学的統治の伝統においては、最上位の次の序列に位置する統治者こそ道徳的理念（〈理〉）の真の掌握者でなくてはならなかった（皇帝や王の次の序列の者が皇帝や王を〈理〉に合致するように矯正するためである）。都筑のように政治と行政を分離し、行政を「専門」の枠内に入れるとすると、東アジアの伝統においては「専門家」が〈理〉の最高の体現者になることはできないから、道徳は政治の領域に属することになる。これは一見、行政に対する政治の優位性を確保するように見えるが、実は「道徳と統治の一致」という東アジアの旧い統治観念に政治を封じこめることにもなるのだ。すると、行政は道徳から解放されて、真に近代的な（西洋近代的といってもよい）振る舞いをする権利を手に入れることになる。これは、政治に対する見かけ上の敗北と譲歩を自ら宣言しつつ、実質的な統治権力を掌握しようとする道なのであった。しかし、このような画期的な統治理念は官僚自身が容易に理解しがたかったであろう。士大夫たらんとする理想と欲望は消去できなかったのである。戦後になっても日本の官僚が普遍性や公平性や均霑《きんてん》などという観念から自由になりえなかったのも、またマスコミなどが「道徳性の欠如」という論点によって官僚批判をするのも、そのためである。

2 〈主体〉〈ネットワーク〉〈こころ〉〈ニヒリズム〉

おおよそ以上のようにして、日本近代における〈主体化〉と〈序列化〉の構造と運動が明らかにされるであろう。

だが、ここに別の問題が浮かび上がってくる。〈朱子学的思惟〉における〈主体〉という概念を重要視したとしても、ひとつにはそれは西洋近代の「主体」とは明確に異なるはずであるし、また他方で〈朱子学的思惟〉といえども儒教であるからには、主体性とは異なる人間の関係性の側面が捨象されてはならないはずである。このうち後者すなわち関係性の側面を、〈ネットワーク〉という概念で理解することにしてみよう。

◆〈主体〉と〈ネットワーク〉◆

すると、そもそも儒教には、〈主体〉を強調する思考と〈ネットワーク〉を強調する思考という互いに異質な傾向が混在していることがわかってくる。〈主体〉側を代表する概念としては義や智などがあり、〈ネットワーク〉側を代表する概念としては孝や礼や情などがあるが（ただし孝や礼にも〈主体〉は深く関係している）、その双方を包括したものが仁である。ただし、儒教史における個々の思想家によって、それらの個別概念の定義や含蓄はそれぞれ異なるので、一般的な規定はできない。朱子学に限定していえば〈主体〉側の概念として「理」を、〈ネットワーク〉側の概念として「気」を挙げることができるが、無論これはダイコトミー（二分法）的な世界観なのではない。

さて、朱子学において、この〈主体〉と〈ネットワーク〉は相生の関係にあると同時に相克の関係にもあった。それと同じく、日本の近代化においても、この両者は相生および相克というふたつの関係にあったのである。たとえば昭和前期の全体主義的イデオロギーにおいても、国民の有機体的な〈ネットワーク〉化を企図した「臣民」概念だけでは、天皇に忠誠を誓う国民を形成できたとしても、敵と戦う〈主体〉的な国民を創出することはできなかったはずである。ここに、〈主体〉か〈ネットワーク〉か、という問いが二者択一ではなく相乗的な関係として設定されたのであるが、この問いの原理的な相克性によって、論理の展開は極度の緻密性を要求されるに至ったのである。

また、明治維新以前の日本社会において支配的だった人間観は、非朱子学的な意味における〈ネットワーク〉であった。これは人間を主体として把握するのではなく、〈ネットワーク〉の既存性の了解のもとに、個々の人間はあらかじめその〈ネットワーク〉の掟や慣習や文化などに規定される形でそこに組み込まれる。個々の人間に尊厳がないわけではなく、むしろ誇りと恥の概念はきわめて強いが、それは西洋近代的な個々の人格の先在性に裏打ちされた普遍的な尊厳なのではない。個々の特殊な〈ネットワーク〉の内部における結節点としての役割を間違いなく立派に果たせるかという意味での「つとめ」の遂行者としての尊厳なのである。このような前・明治的な〈ネットワーク〉の世界観が、明治以後にどのように変形し、またイデオロギーの中に再編されるかという問題も重要である。

これに関しては第5章で論じられる。

◆〈こころ〉と〈ニヒリズム〉◆

さて、このように〈ネットワーク〉と〈主体〉の相克と相生の関係のほかに、われわれが日本近代を考察する際に視野の中に入れるべき世界観がある。それを本書では〈こころ〉と名づけることにする。〈こころ〉とは、超越的な外部の価値・原理・道徳・体系などを取り入れることによって自己を〈主体化〉するという動きとは異なり、また既存の〈ネットワーク〉の中で結節点としての「つとめ」を果たすことがすなわち「人生」を生きることだという考えとも異なり、すべての価値は自己の内面から、つまり心のどこか奥底の方から湧き上がってくるのだ、という世界観である。西洋にもロマン主義などの形で存在したこのような考え方は、東洋にも存在した。陽明学がその典型だといってよいだろう（ただし陽明学は〈理〉を否定しないどころか心と〈理〉の合致を説くので、ロマン主義とは全く異なる思考である）。

もちろん〈こころ〉の世界観は陽明学だけではない。内面の深みからの〈こころ〉の湧出は、近代日本の歴史を点綴して修飾する。しかし表面上は陽明学の姿をしていないが、中身は陽明学に近似しているという場合も多いのである。たとえば藤村操（一八八六〜一九〇三）が華厳の滝で投身自殺した際の「巌頭之感」（一九〇三、明治三十六）などは、その最も鮮明な例のひとつだろう。「万有の真相は唯だ一言にして悉す、曰く、「不可解」。我この恨を懐いて煩悶、終に死を決するに至る。既に巌頭に立つに及んで、胸中何等の不安あるなし」（部分）というその辞世の書は、藤村個人の抱えていた煩悶が何であったのか不可解なまま、当時および後代に至るまで大きな感銘と影響を与え、数多くの模倣自殺者を生んだ。藤村の煩悶が何であれ、残された日本人はその書を、緊迫する社会及び世界の情勢、逼迫する個人の生などの荒野の只中で、上からの教化、統合化、画一化、道徳化……要するに〈主体化〉に抗する、たったひとりの〈こころ〉の抵抗と感じたのに違いない。国民国家とその官僚機構は、日本国民の生きるべき道を上から啓蒙し、そしてその生に合致した成員のみを〈主体〉として評価するのだが、そのような〈序列化〉に抗する道は、ただひとつ、自己の胸中つまり〈こころ〉を深く覗き込むことだけなのである。だから藤村は「万有の真相」つまり世界の客観的真理については「不可解」と語った。そのような朱子学的な、あるいは啓蒙主義的な事実探究、外部の真理探究からは何も得られないと彼はいったのである。だから「この恨」とは、万有の真相が不可解であることから生じる恨という意味ではない。それとは無関係である。客観世界の真相を窮理することに最早意味はない。それは立身出世という世俗の価値と合体してしまっている。そのような「真理」と権力の結合を脱するためには、内面の〈こころ〉のエネルギーに全的に賭けるしかない。だから死を決するこの心には何の曇りもない。そのように、人びとは藤村の辞世の書を読んだはずである。しかし十六歳の青年の書である。大人だったら書かなかったであろう一文を彼は挿入してしまった。「既に巌頭に立つに及んで、胸中何等の不安あるなし」である。この一句は、藤村が実は巌頭に立って〈こころ〉に不安を抱えてしまったことを逆説的に表現している。彼が陽明学者だったら、この文は書かなかったであろう。しかし彼は前途のある十六歳の一高生であった。そしてまさに「巌頭之感」がこれほど深く人びとの心を感動させ、人口に膾炙した理由は、まさに「既に巌頭に立つに及んで、胸中何等の不安あるなし」という悲壮な一文のためなのである。それは〈主体〉に抗しながらも、その〈こころ〉が揺らいでいることを示している。そのような不安感、不安定さにもかかわらず、つまり〈理〉は権力者がいうように客観的に（たとえば一高の授業や試験などに）開示されているのではなく、〈こころ〉の底で不安定に揺動しているにもかかわらず、華厳の滝から自ら投身するという究極の決定・選択をなしえたという意味で、朱子学的〈主体〉に対する精神の勝利を謳ったのである。

さて、以上見てきたように、明治以降の日本近代においては、伝統的な〈ネットワーク〉の世界観の上に、朱子学的な〈主体〉の世界観が打ち立てられ、そしてそれに対抗するように〈こころ〉の世界観が脈々と息づいていた。しかし、それらとは一線を画するある別の世界観もあった。それを今、〈ニヒリズム〉と呼ぶことにしよう。これは、既存のいかなる世界観にも自己をコミットさせず、それらの世界観の価値を認めないような立場である。もちろん〈ニヒリズム〉にはその否定的ないし無的性格の強度の違いによって、無数のレベルのものがありうる。アプレゲールのように単に既存の諸価値からの浮遊を弄ぶ者から、芥川龍之介のように最終的に自死を選ぶ者もいる。その無の深さは、子供用プールのように浅いものから真に深淵と呼ばれるべきものまで、千差万別である。しかし今、それらをひとくくりにして〈ニヒリズム〉と呼ぶことにする。既存の価値や原理や道徳から逸脱し、それらを無化し、破壊するためには、〈ニヒリズム〉の契機が必要なのだ。そして重要なのは、日本近代においては、絶対の中心であると規定された天皇がやがて無の中心と再規定されるに至り、そのことが日本思想にかつてない深みを与えたと同時に、日本を破滅させることにも機能したという事実である。したがって、この〈ニヒリズム〉の世界観を理解することは重要であるといえる。

この、〈こころ〉と〈ニヒリズム〉の問題は、第6章で検討する。

近代日本の世界観は実に多様に分類され、解釈されうるものである。特に重要なのは、個人あるいは自我、生命、自然、愛、闘争、霊性などという概念であろう。しかし本書では、それらの多数多様な概念のうち、特に〈主体〉〈ネットワーク〉〈こころ〉〈ニヒリズム〉という四つの人間観・世界観によって近代日本を解釈してみようとするのである。

3　思想家たち

◆元田永孚、福澤諭吉、丸山眞男◆

第9章以降では、日本の代表的な五人の思想家および韓国の思想家を一人取りあげ、彼らの思想を再解釈してみたい。

まず元田永孚（一八一八〜九一）は明治天皇の最も信頼した側近として、天皇に儒教を講じた儒者であった。彼が深く関わった「教育勅語」は一般に、明治国家を儒教理念化したものだと考えられているが、私の見方は全く違う。「教育勅語」は儒教の理念（〈理〉）を分解し、個々の徳目どうしを結合させている論理（〈理〉）を無化する役割を果たしたのだと、私は考えるのである。

つまり「教育勅語」は、日本を擬似儒教社会化する上で、「天皇」をどう解決するか、という問題に正面から取り組んだものだが、その戦略として、儒教の徳目を一度バラバラに解体するという方法を採った。なぜなら、その徳目ごとの論理的・有機的構造こそが第3章で考察する〈理X〉だったからである。これを一度こわしてみて、その先に、新しい〈主体〉をつくるという戦略だった。それが「subject」としての「臣民」、すなわち〈客体的主体〉だったのである。

このように、「教育勅語」の分裂性とは、「天皇中心の儒教国家」という矛盾を解決するためのものであった。これにより、「忠孝一本」というアクロバティックな論理の可能性が準備されたのである。

さて、徳川から明治への思想史というのは、西洋思想と儒教の鬩ぎ合う、まさに〈ねじれ〉であった。そしてその〈ねじれ〉の中心にいたのは誰かといえば、福澤諭吉（一八三五〜一九〇一）だったと私は思う。

福澤諭吉はその学問論によって、徳川時代の身分制社会における「怨望」（身分上昇ができずに固定化されていることに起因した人生や社会に対する否定的感情）を除去し、上昇しうる〈主体〉としての国民を〈序列化〉しようとしたのである。もちろん福澤は後世の評のごとく、「封建的旧物打破」（小泉信三）を目指したのであり、「西洋思想一本槍」の「徹底したプラグマティスト」（家永三郎）ともいえるし、「日本の民主主義の先駆者」であるのはたしかだ。しかしながら、たとい福澤が西洋思想を信奉したとしても、その思想の「中身」に関係なく、その思想の「形式」が〈朱子学的思惟〉であるということがありうるのである。

彼は、その強大な影響力によって、国民の〈主体化〉と〈序列化〉を遂行した。彼が強調したのは、「一国人民たる者の分限」（『学問のすゝめ』）であって、その意味で国民国家という枠組みの中での〈主体性〉を国民に付与しようとしたのである。その〈主体性〉の原理となるのは、超越性を付与された特定の西洋思想であった。プラグマティストであることと超越主義者であることは、近代日本においては矛盾しない。現実的な効用や実践を追求するために、外部（主に西洋）の特定の理念や原理などを絶対化し超越化するということは、ごく普通の行為である。このように、形式上の超越性を内容的に充填するものが西洋思想である、という「型」は、明六社の活動からすでに準備されたが、福澤がそれを明確に定式化した。ここに、特定の西洋思想を超越性として受け容れ、それによって自己を〈主体化〉するという近代日本的な「型」が定式化されたのである。

次に、戦後日本の思想家もとりあげねばならないだろう。

福澤諭吉の延長線上に立つ人物として、丸山眞男（一九一四〜九六）を挙げてみよう。

丸山眞男は日本における近代主義としての〈主体〉を立てることを生涯の仕事としたわけだが、その際、「朱子学の中国」と「アンチ朱子学の日本」という対比を用いて、「近代」を説明した。すなわち、朱子学の「自然」に対抗する荻生徂徠の「作為」を評価することにより、「停滞の東アジア」から日本を分離させ、「脱亜論」を思想史的に完成させたのである。

彼は日本特殊論に基づいて、日本人に朱子学的な〈客体的主体〉ではなく〈主体的主体〉を賦与する企図を続けた。しかしその際の〈理〉は、西洋近代の自由というものであり、この自由の多寡によって東アジアおよび日本の「国民」を〈序列化〉しようとしたのである。この意味で丸山眞男は、福澤諭吉と同じく、西洋思想を〈理〉の内容とする〈朱子学的思惟〉の持ち主だったのだといえる。

そのほか司馬遼太郎と三島由紀夫、そして韓国の朴鍾鴻《パクチョンホン》について考察してみる。

4　なぜ〈朱子学的主体〉なのか

◆「自由意志」と「主体性」◆

戦後日本社会における重大な関心事のひとつとして、「自由意志」というものがあった。これは二十一世紀になっても変わらなかった。

たとえば北朝鮮による拉致問題に関してマスコミでは、平壌から帰国した拉致被害者は「自由意志」で日本に永住することを選ぶべきだ、などと高邁に語られた。またテレビの著名なニュースキャスターは、「北朝鮮で自由意志を持っているのは金正日だけだという話もある」などと揶揄の調子で発言した。

ここにあるのは、日本国家あるいは日本社会は「自由意志」に関して「進んでいる」国家ないし社会であり、北朝鮮のような「遅れている」国家ないし社会に対してはこの点で優位に立ち、またできうるならば教化・啓蒙すべきだという立場である。金正日の独裁的体制のもとに暮らす北朝鮮人民は、「自由意志」を持つ「主体的」な日本人の目から見ると、「父権的権威に従属する」「知的に無力」で「植物的」な「臣民」のように思える（第4章参照）。

しかし、それは、かつて西洋が日本人を見たまなざしと同じものといえよう。

西洋が日本を見たときの誤謬、それは端的に近代主義者の誤謬である。それはまた同様に、北朝鮮社会の停滞性と人民の「非主体性」を嘆いてみせる日本人の誤謬でもある。何に対する誤謬か？　東アジアにおける「自由意志」および「主体性」とは何か、をめぐる誤謬である。

◆朱子学的な近代◆

これは、近代日本を思想的にどう見るか、という問題と直結している。「近代的」思惟と制度の始源を徳川期に遡りうるとしても、明治以降のいわゆる「近代化」は、それまでの思惟・制度とは画然と異なっていたことは自明である。そして前述のように私は、この「明治近代日本」とは、それまでの「非朱子学的」な社会体制を、「朱子学的」な社会へと改造してゆく過程であったと考えている。

ひとことでいってしまえば、徳川日本は儒教の国ではなかった。それを儒教化したのは明治以降だった、ということだ。日本は「遅ればせの儒教化」を、明治以降推進したのである。そして昭和にいたって政府が『國體の本義』（一九三七、昭和十二）において「天皇と臣民との関係は、固より権力服従の人為的関係ではなく、また封建道徳に於ける主従の関係の如きものでもない。それは分を通じて本源に立ち、分を全うして本源を顕すのである」[11]と規定したとき、天皇と臣民との関係は、徳川日本の封建的主従関係を完全に脱して、朱子学的な「理一分殊」の関係にまでようやく昇華されたのである。

◆近代主義者の誤謬◆

『國體の本義』にいう。

「忠は、天皇を中心とし奉り、天皇に絶対随順する道である。絶対随順は、我を捨て私を去り、ひたすら天皇に奉仕することである。この忠の道を行ずることが我等国民の唯一の生きる道であり、あらゆる力の源泉である。されば、天皇の御ために身命を捧げることは、所謂自己犠牲ではなくして、小我を捨てて大いなる御稜威《みいつ》に生き、国民としての真生命を発揚する所以である」[12]。

これは国民に奴隷的服従を命じる文ではない。朱子学的〈主体性〉の自覚を喚起するアジテーションなのである。「滅私奉公」というスローガンを外側から批判するのは容易だが、思想を研究する者の仕事は、単にそのスローガンを西洋近代の主体性概念に合致しないなどの理由で嫌悪ないし糾弾することではなく、「私を滅する主体をどのような論理で確立しようとしたのか」「私が滅せられた後にいかにしてその無私が孝・忠の主体となりうるのか」「滅私と奉公の時間的・論理的先行関係はいかなるものか」などに関して内在的に批判することであるはずだ。そのような思想的かつ哲学的な批判が不在であったことこそが問題ではなかろうか。本書では、これを〈朱子学的主体〉の問題と把えてそのメカニズムの解明に迫ろうとする（第2章〜第4章）。

「忠に於て生命を得」た日本「国民の使命は、国体を基として西洋文化を摂取醇化し、以て新しき日本文化を創造し、進んで世界文化の進展に貢献するにある」[13]。このような思想は、日本が明治以降、天皇制を儒教化＝朱子学化したことによって起動し、昭和前期に至って極大化する。戦後はそれが海を渡って朝鮮半島に伝播し、北朝鮮における「主体思想」「社会政治的生命体論」の一淵源となったのである。

『臣民の道』（一九四一、昭和十六）に至っては、「道義的世界建設への使命」を説き、「我が国こそまさしく世界の光明である」と宣言し、「国民の剛健にして高潔なる気節」「大国民としての雄大なる気魄と崇高なる人格[14]」を養えと諭す。このようにして〈主体性〉は赫奕と磨かれてきたのである。ここで注意しなくてはならないのは、「臣民」という言葉から従属性のみを連想するのは間違いだということである。そもそも唐の韓愈（七六八〜八二四）がいうように、「臣」と「民」とは相反する概念である。「臣」は「君」の命令を「民」に実行する者であり、「民」は生産を通して「君」と「臣」に事《つか》える者である。つまり「臣」は、「君」に対しては客体性を、「民」に対しては主体性を持った中間的存在であった。「臣民」という概念は、このような「臣」と「民」を劇的に合体させたものである。「臣」に対しては客体性の「民」の要素を加え、「民」に対しては主体性の「臣」の要素を加えた両義的概念なのである。これは、「subject」の両義性と似ているかもしれない。

このような両義性によって規定された大日本帝国国民は、ある意味では歴史における新しい主体性の担い手として登場し、別の意味では「君」の絶対性に帰属する客体性として登録された。そのように痛々しくも分裂しつつ、〈理〉の秩序によってダイナミックに〈序列化〉された朱子学的〈主体〉たちは、常に歴史の主役たろうと策動する。もちろん、正しい〈主体性〉の確立のためには自己批判も辞さない。たとえば『臣民の道』では、「我が国の家に於ける道徳は比較的よく保持されてゐるが、家の外に於ける道徳は決して十分とはいへない」として、「公衆道徳の訓練」を推進する。[15] 二十一世紀における「教育基本法」の見直しもまた、このような朱子学的〈主体〉の不死鳥のごとき甦りであった。

戦後の近代主義者たち、そして左翼は、朱子学的〈主体〉を「奴隷的客体」と誤解してしまった。遺憾ながらそのような認識では東アジアの政治社会を理解することは到底できないし、朱子学的〈主体〉からの逆襲を防ぐこともちろん、できないのだ。重要なのは、朱子学的〈主体〉をイデオロギー的に封じ込めることではなく、それを根柢から丁寧に解体することなのである。

皇国臣民としての日本人が完全なる客体性であったというナイーブな見解は、アカデミックなレベルでは現在ほとんど払拭されていると見てよいだろう。しかし大衆的レベルにおいては、いまだにそのような「植物的」ないし丸山眞男的な「皇国臣民イメージ」が流布していることは事実である。テレビドラマなどでは相変わらず、国家の命令になすすべもなく嫌々ながら服従し、戦闘行為をしたり戦争に協力したりしつつ自らの自由意志は完全に抹殺されていたかのような描写をすることが慣例のようになっている。これは事実とは異なる描写である。日本が真に戦後から脱却したいなら、大衆文化のレベルにおいても、戦前の日本人の〈主体性〉に関して正確な理解をしなければならないだろう。だが戦後の比較的早い時点で、日本人の〈主体性〉と客体性について比較的正確に理解した人もいる。久野収・鶴見俊輔がそれである。

二人が書いた『現代日本の思想――その五つの渦』(一九五六年)では、次のように説明されている。

「天皇は、政治的権力と精神的権威の両方をかねあわせることによって、ドイツ皇帝とローマ教皇の両資格を一身にそなえ、国民は政治的に天皇の臣民であるだけではなく、精神的に天皇の信者であるとされた。こうして天皇は、一方で法律を制定すると同時に、他方で教育に関する勅語、精神作興に関する詔書などを発布する。国民の方は、外面的行動において法律を守ることを命ぜられるだけではなく、内面的意識において勅語や詔書にしたがうことを求められる。(中略)精神的価値と政治的権力の持主が同一である結果として、倫理と権力、公と私はまったく融合し、権力は倫理をかさにき、倫理は権力に後おしされて、ほとんど不思議が感じられない。法律が勅語の意味をもち、勅語が法律の意味を持ち、このような国体が、実に真、善、美の極致とせられた。／しかも天皇は教皇のごとく、神の権威のこの世における代行者にとどまるのではなく、まさしく神の子であり、現人神《あらひとがみ》とせられた。天皇は、皇帝＝教皇であるだけではなく、実に民族信仰ににおける神の子イエスの役割をも演じなければならなかった。権力、真、善、美のみならず、実に聖の領域においてさえカリスマ的権威とせられたのである。／宗教における神の前の平等と、民主主義における法の前の平等とが、天皇の前の平等によって代行された[16]」。

戦前の一時期に対する描写としては、大きな修正を加える必要はないものであると思われるかもしれない（ただし第8章でこの叙述の妥当性が批判的に検討される）。しかしやはり疑問に思うのは、「勅語や詔書にしたがう」その「内面的意識」とは一体どのようなものであったのか、ということである。「絶対神＝一君」「臣民＝万民」という信仰共同体が、「神の前での平等」という観念とパラレルに形成されたというのは正しい認識であろうか。万が一そうだとしたら、その共同体を構成する成員の「内面的意識」は、一体いかなるものであったのか。また「倫理と権力、公と私はまったく融合し」というような歴史上類例を見ぬような怪物的共同体が久野や丸山のいうようにもし創造されたのだとしたら、いかなる「内面的意識」がその構築を支えたのか。そのような壮大で創発的な実験を、たった二百数十文字の「教育勅語」やその他のかなり杜撰な（というのは近世まで日本の知識人が読んでいた朱子学の緻密なテクストと比較して、という意味である）文書群がなしえたとするなら、それはどのような認識論的メカニズムであったのか。そのような側面を問わねばならないだろう。本書ではそれを、〈朱子学的思惟〉の特異な構造、その〈主体化〉と〈序列化〉という概念によって分析してみようというのである（第3章および第4章で主題的に扱われる）。

久野・鶴見は続ける。

「こうして作りだされた一君万民のシステムは、封建的身分制度からの解放をねがう国民をうけ入れ、国民の統一と独立と平等を天皇を媒介として、上から保証し、平等となった国民の自由な立身、出世、栄達の道を確保したのである。一方では天皇のシンボル的・実質的支配を徹底的に確立すること、他方では国民がその才能に応じて、この支配にあずかり、権力と栄誉を自分のものとすること、このふたつを制度的に両立させ、調和させる点に伊藤（博文―小倉注）の最大の苦心があった。（中略）日本の国体は、絶対的権威としての天皇が祖先の遺訓にしたがって、国民全体の行動面のみならず、意識面までを主宰する仕方であった。天皇は、実に絶対的主体であり、天皇からみられるとき、国民は絶対的客体にすぎず、平等性もそのかぎりのものにすぎない[17]」。

ここまでは、基本的に「超国家主義の論理と心理」（一九四六）における丸山眞男と同類の考えといってよい。だが、次の論点がより重要ではあるまいか。

「だがこれだけなら、歴史上、他の国にもみられる絶対君主とそれほど大きなひらきはない。／伊藤の苦心は、こうしておいて、国民の主体性をどうとりもどすかにあった。そしてここにこそ、明治の日本国家のきわだった特色がみられるのである。（中略）そこで伊藤は、国民が天皇の大政を「翼賛する」とか、天皇の親政を「補弼する」という形式を考え出し、国民の主体的活動をこの形式に「流入《キャナライズ》」させる道をひらいた。それと同時に、天皇の支配権威をシンボル化し、形式化し、失敗やまちがいの責任が、直接天皇のせいにならないで、かえって翼賛の仕方、補弼の仕方に帰せられるようなシステムを作りあげた。／国民の活動は、公的形式面からみれば、すべて翼賛であり、補弼であり、私的内容面からみれば、すべて立身であり、栄達であった。こうして国民という絶対的客体は、天皇への反逆者とならないかぎり、主体的活動を回復する道が講ぜられた[18]」。

国民は客体ではなかった。ありえなかった、といったほうがよい。問題は、翼賛といい、補弼というその参加のシステムが、いかなる主体性と客体性の融合であったのか、ということに対する理解である。そのためにこそ、明治以降に進行した日本社会の〈朱子学化〉という現象を解剖してみる必要があるのである。そのことが正確に理解されなければ、翼賛や補弼は純粋な客体性であったかのように、つまり純粋に受動的な動員であったかのように誤解されてしまうであろう。それは一方で戦前の日本人に対する全面的な免責の論理に直結するし、他方で戦前の日本社会が一点の光もない暗黒の社会であったかのような幻像にも直結する。そのどちらも、間違いであるといってよいだろう。

　またその理解がなければ、皇国臣民の実態を著しく歪めた形でしか把握できなくなってしまう、ということが最大の問題であろう。久野・鶴見は次のようにいう。右のように主体性を認められた日本国民だが、彼らには、天皇の権威と権力に関する「顕教」と「密教」の二重解釈の中で、顕教のみが与えられた。顕教とは「天皇を無限の権威と権力を持つ絶対君主とみる解釈のシステム」であり、密教とは「天皇の権威と権力を憲法その他によって限界づけられた制限君主とみる解釈のシステム」である[19]。そして「密教は、上層の解釈にとどまり、国民大衆をとらえたことは、一回もなかった[20]」という。

　はたしてそうであろうか。これは、「一君万民」という「天皇の前の平等」の観念をあまりにも静態的に把えた解釈ではあるまいか。ごく少数の上層部のみが密教を極秘裏に共有し、その他の国民一般は顕教のみを知らされていたという広く流布したイメージは、天皇機関説の一般的周知度や、北一輝の天皇観（これも天皇機関説である）の訴求力[21]、また一般大衆向けに書かれた膨大な国体論関係の書物における天皇機関説的な発想からしてみても、現実とはかけ離れた「物語」である。また、顕教というのは要するにブルジョア革命ないしプロレタリア革命によって打倒される対象として天皇を設定することに直結する認識体系であるが、そのような危険な規定のみに依存することこそ体制側としては避けるべきことではなかったのか（このことは、天皇機関説を唱えた美濃部達吉が戦後の枢密院における憲法審議および国会の議決において国民主権という「国体変更」に反対したことを論理的に裏づける）。

ここには、主体性と客体性をめぐる二分法的な発想と同型の残滓がまだ存在している。事実はそのような二分法ではなく、「グラデーション」ないし「連続スペクトラム」なのである。つまり、ごく一部のエリートのみが主体性を持ったり密教的真理を把握し、その他大勢の一般大衆は客体性のみを持ったり顕教的虚偽を信仰させられていた、という図式は、誤謬なのだ。戦前の日本はそのような単純で杜撰な統治システムで運営されていたのではない。「誰もが平等に主体性を持つことができる」という理念のもとに、克己して主体性を持った度合いにしたがって〈序列化〉される、という「グラデーションの体系」ないし「連続スペクトラムの体系」だったのである。

このことを正確に把握しなくては、戦前の日本社会を知ることはできないであろう。特にフーコー流の「主体」概念が浸透してからは、「人間」に対する認識の誤謬が広がっているように思える。フーコー的にいえば、「主体（subject）」は一様に服従する臣民（subject）としての性格を持っている。規範の内面化と、道徳的＝規律的身体の獲得は、自由な近代社会を形成するために一様に達成されたと認識されている。しかしこれは、ヨーロッパ的な社会風土、つまり社会の底辺に位置する人間が試験によって官僚に選抜されて政治・行政を担ったり身分上昇したりということが不可能な社会における発想なのである。東アジアの朱子学的社会風土においては、そのような「一様な主体＝臣民」という概念は成立しない。試験の成績や道徳性の多寡によって、主体はすべて差等の体系として〈序列化〉されるのである。したがって自己の中に主体性を多く持っている人間もいれば、客体性を多く持っている人間もいる。そのような〈序列化〉された人間たちがグラデーションないし連続スペクトラムをなしているのが朱子学的な社会なのである。そのような社会に、ヨーロッパ的な「統治者－被統治者」の二分法で発想した「主体」観を機械的に適用させるのは、著しい誤謬なのだ。

丸山眞男も「超国家主義の論理と心理」においてこの差等の体系について論じている。しかし彼はこのグラデーションを「客体のグラデーション」と理解した。そのことによって、「主体性が欠如した日本人」の戦前におけるあらゆる責任を免除しようとした。そのことが彼をして戦後思想界のスターにのし上がらせる理由のひとつとなったわけだ。本書は逆に、この差等の体系を「主体のグラデーション」として理解するのである。したがってフーコーや丸山のような、「客体」や「主体＝臣民」に対する容赦のまなざしは、一掃されるであろう。

第2章

儒教的〈主体〉の諸問題

1　儒教を見るふたつの立場

◆儒教と〈主体〉？◆

東アジアが驚異的な経済成長を遂げるや、一九八〇年代から「儒教資本主義」を高く評価する論調が盛んとなり、また逆に一九九〇年代終わりにはアジア諸国の深刻な経済危機によって「アジア的価値」が否定的に議論されたことは記憶に新しい。この一連の議論において浮き彫りにされたのは、儒教的社会において人間個人の位置と役割はいかなるものであるか、という点であった。儒教的個人の自律的・克己的な性格を高く評価し、それと経済的発展とを結びつける「儒教資本主義」の陣営と、逆に儒教的個人の依存性、責任意識の欠如を批判し、それと経済危機とを直接結びつける「アジア的価値」の陣営とが、真っ向から対立したのである。(1)

本章では、これらの議論を視野に入れつつ、従来の諸学者が儒教的な〈主体〉に対して取って来た立場を大きくふたつに分けて、それらの論拠を整理し、かつそれぞれに対して批判を加えることにする。

儒教の〈主体〉に対する代表的なふたつの立場を整理する上で、米国にて儒教再評価の先駆となったともいうことのできるトマス・メッガーの力作『*Escape from Predicament*（窮境からの脱出）(2)』の枠組みを利用することにする。それにより儒教に対する相異なるふたつの評価の流れを検討し、それぞれを批判する。すなわち結局はこのふたつのいずれの立場も、儒教的な〈主体〉を正しく把握していないことを指摘する。

メッガーが本書で説いているのは、ひとことでいって、ウェーバー式の、あるいは現代行動主義心理学者たちの儒教理解を批判し、哲学的・人文学的見地から新儒家の持つ「道徳的緊張」を高く評価して、これにより中国の近現代史の流れを伝統との連続面から描かねばならないということである。

一九七七年に刊行された本書は、八〇年代から大きな勢力を形成した「儒教的現代化論」「儒教資本主義論」を先取りする内容を持つ点で注目された。主に中国人の「人文主義者」(唐君毅など)の主張を大幅に受容しつつ自己の説を構築しているため、メッガーの儒教理解は当然肯定的であり、新しい時代における儒教の新しい姿と役割を肯定的に再定義せねばならなかった一群の知識人たちに、相当な好感を以て迎えられたことは、納得できる。ただし、本書の持つ問題点もまさに同じ点(中国学者への追随、儒教肯定の仕方)に存するということが指摘されうるであろう。

本章ではまず、メッガーが主に批判する儒教否定論者たちの論理の不完全さを、メッガー自身の見解を視野に入れつつ検討し、次に返す刀で、メッガーや「人文主義者」たちが説く儒教肯定の論理が持つ弱点を明らかにし、最後にこの両者のどちらにも片寄らない、いわば〈第三の立場〉ともいうべき見地が必要であることを提起する。

◆メッガーの議論◆

メッガーによる本書は、儒教を把える西洋の代表的学説として君臨したウェーバーとその学派に対する、西洋人自身による批判の試みであるともいえる。それゆえ、儒教および儒教社会の本質に関して、ウェーバリアンとは尖鋭な対立的見解を打ち出している(尖鋭であるがゆえにやや図式的でありもする)。まずこのふたつの立場を、試みに〈立場A〉〈立場B〉と名づけてその内容を整理してみよう。

〈立場A〉――儒教的伝統を低く評価し、依存・抑圧・自尊の欠如・抵抗概念の欠如・家族主義・権威主義・排他主義などの概念で儒教社会を規定し、中国をはじめとする儒教国家には、発展の内在的要因はなかったとする立場である。

マックス・ウェーバーがこの立場の代表であり、また五・四運動時期の「西洋志向の批判的自由主義者」、毛沢東をはじめとするマルクス主義者たちもこのような考えを持ち、また現代の「新ウェーバー主義者[3](Neo-Weberians)」、「行動主義心理学者[4](behaviorist)」などと呼ばれる一群の人びともこの見解を取る。

〈立場B〉――儒教的伝統を高く評価し、新儒家の個人的な道徳的自律性、自我実現を強調し、「超越的内在」としての普遍的道徳(天理)との距離感によって生ずる緊張が、新儒家の精神世界の基本であるとする。そして西洋近代主義により荒廃した人間の道徳性、人間と自然との紐帯を回復するのに、このような新儒家的伝統こそが必要であるとする。

これは現代新儒家による儒教の再評価作業を受け継いで、メッガーのいわゆる「人文主義者[5](humanists)」を中心に、「儒教的伝統」を擁護しようとする陣営の論である。

メッガーは基本的に〈立場B〉を取る。自身告白しているように、彼はMartin M. C. Yangの家族主義理論と、唐君毅の自己実現（self-fulfillment）概念に大きく依拠しつつ自己の論理を構築している。『窮境からの脱出』において「窮境（predicament）」とは、道徳的完成や聖人への道が開けているにもかかわらずそこに到達することに失敗する、困惑の境遇である。道徳的失敗から「脱出（escape）」しようという強い緊張が、新儒学者の生を貫いているとするのである。

2 〈立場A〉（新ウェーバリアン・行動主義者）への批判

◆支配／従属の問題◆

まず、〈立場A〉に対する批判的検討を試みよう。

最初に、〈立場A〉の論者の一般的特徴として、二分論（dichotomy）的傾向を挙げることができる。儒教社会における上位者／下位者の関係を、支配／従属の二分構造としてのみ把握するのは、儒教イデオロギーの一面のみを把えたにすぎない論であるといえる。理論的にいっても、現実的にいっても、それをメツガーやヤングのいうように、「interdependence」（相互依存、相互扶助）の関係としても把えずには、統治イデオロギーとしての儒教の精緻さ、巧妙さを理解しえないと考える。根本的には、社会科学者たちが、中国哲学の複雑な論理構造を理解せず、中国的現象のごく一部しか観測・測定できない西洋の「科学的」なものさしで処理してしまっている点に問題がある。

中国的思惟において、截然たる二分論的思考は、育たなかった。朱子の体系は二元論的傾向が非常に強い論理構造を持っているが、その構造といえども、截然たるものではない。朱子の体系は、極度に二元論的な側面と極度に一元論的な側面が融解してひとつとなっている、複雑で、単純な理解を拒否する体系である。この複雑さが、政治場面においては実に精密かつ巧妙な統治イデオロギーとなるのである。

たとえば、上位者／下位者の関係でいえば、朱子学社会においては、下位者といえども普遍的な完全なる道徳性、つまり〈理〉を持つとされるのである。実際には〈気〉によって覆われているから、顕われた〈理〉には多寡があるのだが、本来はすべての存在が完全なる〈理〉を保持しているとされる。顕われた〈理〉の多寡によって社会における位置が決定されるから、下位者はつねに努力（克己）して〈気〉を澄ませ、地位を上昇させようとするのである。

東アジアは、単純な二分論で数百年も国家を統治・維持できるような地域ではなかった。支配／従属の関係も、単純な二分構造論で考えるのは、正当ではないのである。

◈「緊張」の問題◈

またウェーバー流の「緊張の欠如」に対する批判は、人文主義者やメッガーの論が妥当かつ委細を尽くしているであろう。(6)「超越而内在」としての天理との息づまるような緊張関係が存在したことを認める論に、私も全面的に同意する。問題は、新儒学者のそのような道徳的緊張がいかにして経済的に保障されていたか、そして現実的に何を生み出したのか、ということであり、そしてこの点に関しては次節で述べるように私は「人文主義者」に批判的な立場を取るものであるが、「緊張の有無」という点のみに絞れば、ウェーバリアンは儒家を誤解したというべきである。

それゆえ、ウェーバリアンは「緊張の有無」によって儒家を判断するのではなく、儒家の持つ「緊張の性格」によって儒家を批判すべきであった。この角度からであれば、現代新儒家に対する有効な批判になりうるのである（本章3参照）。

◆変革倫理／論理としての儒教◆

また、伝統を擁護する立場とそれに反抗する立場を、あるいは儒教対非儒教（西洋の様々な理念）、あるいは東洋伝統対西洋近代というようにあまりに図式化して二分する〈立場A〉の見解への批判もまた、メッツガーによって提起された[7]。儒教的伝統に対抗する改革主義的勢力、そして革命勢力の精神的基盤もまた、儒教的伝統によって支配されていたとするのである。この論理により、現代と現代以前とを二分的に把える観点から、その連続面に注目する観点への移行が試みられる。私は理論的にいっても、また歴史的事実に照らし合わせても、この論の妥当性を留保つきで認める者である。

〈理〉へのあくなき希求と熱望とが、儒教社会における社会改革の原動力となっていることは、もう少し注目されてもよい。

溝口雄三が指摘するように、儒教において「公」「均」「大同」などを重要視する思想は、「儒教社会主義」の基盤となった[8]。また反植民地運動の大きな部分は儒教的パトスによって闘われたのだし、韓国の民主化運動も、もちろん西洋民主主義やキリスト教的な理想、マルクスのイデオロギーなどの影響も受けつつ、より根本的には、「自由」「善」を希求する知識人・民衆・学生たちの大同的・倫理的エトスによって衝き動かされていたと見るべきである。さらに現在進行中のフェミニズム運動さえも、「自由」「公正」「均」を実現せむとする儒教的精神がその背景に存在すると見るべきである。

つまり、かつて王朝時代においては、上層の一部特権階層のみが「善」「正義」「自由」の追求を担うことができ、それゆえその「善」「正義」「自由」は社会的に歪んだものであらざるをえなかったが、王朝体制の崩壊とともに、「善」「正義」「自由」の担い手は下層へと拡散してゆき、しかもその拡散は自然にもたらされたのではなく、それぞれの転機ごとに社会的な変革運動として勝ち取られたのである。それは、旧来の〈理〉と新しい〈理〉との闘争であったと考えられる。(9)

結局、二十世紀以後の儒教的国家においては、「儒教(的精神)が儒教を倒してゆく」という現象が展開されたのだといえる。もちろんこれらの運動が儒教的精神のみによって起こされたと見るのは誤りであり、西洋思想の影響も大きいのは言を俟たない。しかし変革の思想はすべて西洋から外来したのだと考えるのは逆に誤りである。儒教の内在的超越としての〈理〉が、新しい外来思想を吸収し、時代との齟齬を解消しつつ自らを変身させてゆく過程として、歴史を把える必要がある。もちろんここで強調されるべきは、変革〈主体〉の儒家的主体性・自律性である。

この〈主体〉には内在的な階層性が打ち込まれていた。それゆえに世界は序列化された〈主体性〉奪取のフィールドと認識され、それゆえにまた世界は〈理〉による変革可能性の相貌のもとに立ち現われていたのであった。次章以降の主なテーマは、まさにこの点にある。

3 〈立場B〉（現代新儒学者、人文主義者）への批判

◆道徳的理想と政治的実践の相剋◆

ウェーバリアンへの批判がいかに妥当性を持っていようとも、もちろん、現代新儒学者の説が全面的に正しいことを意味しない。ここでは、現代新儒学者や「人文主義者」に対する批判のうち、重要ないくつかの点のみに絞って簡単に検討する。

その最も強力な批判のひとつは、「歴史の歪曲」(10)というものであろう。まず政治的実践について検討する。新儒学者たちが天理を信じたために、つねに「誠実」で「正直」で「勤倹」で「真摯」で「道徳的」な生活態度を堅持しえた(11)というのは、歴史の事実からいって、単純に誤解か曲解であるといえるだろう。事実は、むしろ、天理というものを権力と富を獲得するための手段として利用した者が多かったという方が正しいであろう。工夫、克己など（self-cultivation）が、単に科挙に合格して権力と富を手に入れるための手段に転落したのは、予測された一般的現象であった。それゆえ道学者は、「科挙之学」「巧令之文」「挙業」を劇しく攻撃する。権力や富と密着した学問は〈理〉でなく、「利」にすぎないと批判するのである(12)。

しかし、新儒学者が「科挙之学」を批判したといって彼らが科挙から縁を切ったと考えるのは誤りである。事実は、やはり科挙を受けるのである。なぜなら、儒家としては自らの道義的理想は、必ずや政治的現場において実践されねば済まぬ性格のものであったからである。ただしその実践とは、〈理〉に反するものとし

ての利を否定するものであり、そして既存の腐敗した権力は利のひとつである。それゆえ儒教社会においては常に権力闘争が〈理〉の争奪戦の様相を帯びざるをえない。

杜維明などが、新儒家の「外王」でなく「内聖」の面を強調するのは、巧みな論理である。というのは、「外王」というのは実は新儒家にとっては、極めて実現困難なものであるからだ。政治的実践を、道徳的失敗なしに完遂するということは、ほとんど不可能に近いことであった。道学者たちが、官職に就くのを極力辞退し、最後に拒否しきれずようやく受諾するというかたちを採り、またその官職も閑職を乞うのは(13)、理由がある。しかし、「外王」を捨て、つまり道徳政治的実践を捨て、個人の内在的超越性を養うことに専念し、一切の利を否定し、権力や富に付着した〈理〉を〈理〉と認めずに否定し、それゆえ社会的な実践においては無力である士大夫とは、一体いまだに士大夫であろうか？　社会的実践という点で、長沮《ちょうそ》、桀溺《けつでき》（ともに『論語』に登場する隠者）などの類いとどこが違うというのだろうか？

朱子も王陽明も、「外王」を捨てはしなかった。むしろ積極的に実践したのである。それゆえ評価は傷つきもした（「耳目之寄」）。しかしそのような否定的評価を得ることもなしに、「誠実」で「正直」で「勤倹」で「真摯」で「道徳的」な生活態度を堅持しうる人間とは、一体、社会政治的実践という観点からいって「誠実」で「正直」で「勤倹」で「真摯」で「道徳的」な人間であるといえるであろうか？

道徳的失敗という窮境から逃避しようとするとき、士大夫は隠遁せずに闘争すべきである。しかし、闘争して勝利すれば権力を握らざるをえず、権力を握れば今度は新たなる〈理〉の勢力による攻撃を受けねばならなくなり（権力と付着した瞬間に彼らの〈理〉は汚濁にまみれ、利に転落したと指目されるのである）、また敗北すれば、幸いにして権力という利からは逃れられるが、自らの政治的理想を実現する道は遮断されるのである。残る道は隠遁しかない。田舎に隠れ住みつつ「誠実」で「正直」で「勤倹」で「真摯」で「道徳的」な生活を営むソンビ（士）こそが尊敬される所以である。

このように、ほとんどの道学者が窮境に陥り、また窮境から脱した者は政治的実践から逸脱する場合が多かった。つまり、「誠実」で「正直」で「勤倹」で「真摯」で「道徳的」な生活をした新儒学者は多かったが、政治的実践をなしつつそのような生活をしえた者はさして多くはなかった。とすれば、新儒学者の道徳的自律性、自己完成というのは、ほとんど政治的実践上の失敗を意味するのではあるまいか。

◈道徳的実践と政治・経済的前進の関係◈

次に、新儒学者たちの道徳的実践が、現実の政治・経済的発展にいかなる影響を及ぼしたか、という点を検討する。なぜなら、新儒学者たちが「緊張」を経験したというだけならば、実はウェーバリアンに対する批判にはなりえないからである。その緊張が、政治・経済進展の内在的動因となったのか、という点こそがこの際重要である。

たしかに士大夫たちの〈理〉の政治は、現実の社会と歴史をラディカルに改変した。それは緊張感を持って〈理〉と一体化できる者のみが現実政治を理想的に動かせるという信念に基づいていた。

しかしながらこの緊張感がいかにして現世的な政治的・経済的進展を生み出したか、という説明に関しては、一定の慎重さが必要であろう。「停滞」の反対は「前進」であるが、新儒学者たちの「前進」とはまさに「道徳的前進」であり（彼らの緊張が純粋に道徳的緊張であるためである）、それはとりもなおさず古代の理想的徳治への回帰であった。

もちろん、儒教国家に経済的前進がなかったというのは誤りである。朝鮮を例にとれば、朝鮮王朝後期にはある程度の経済的発展が進行していたことが確認されている。ただしこの発展が、新儒学者たちが熱望し意図し計画したものであるか否かに関しては、否定的な見解が支配的であろう。むしろ新儒学者たちの理想の挫折と、現実の経済的発展とは軌を一にしていたと考えるほうが妥当ではないか。政治における、旧秩序を修正するような民衆側からの動きに関しても同じである。朝鮮後期には、政治的・経済的な意味で旧秩序に対抗する活発な動きが擡頭したが、ほとんどの新儒学者たちはその現実に対してあるいは否定し、あるいは無視するにとどまった。彼らは現実の政治・経済的な変革の動きを「無秩序（気）」とみなし、「秩序（理）」でもってこれに抗しようとしたわけだ。要するに、新儒学者たちの「道徳的前進」は、現実社会における反・新儒学的な「政治的・経済的前進」を「主導的に」導き出しはしなかった。[14]

もうひとつ忘れてならぬのは、新儒学者たちの「道徳的前進」は、「百姓＝民衆」の労働によって経済的に保障されていたものであるという点だ。これは孟子による「労心者」と「労力者」の相互依存の規定に由来するのはいうまでもない。この関係が天理として規定されているとき、上位者の道徳的前進とは、この〈理〉の関係規定を強化するものでこそあれ、この構造を破壊する方向には（主導的には）進まなかった。[15]「自尊、自愛、自重などと表現される、道徳的存在としての自我に対する深い尊敬感」[16]は、他者の労働を搾取することによって生じる経済的基盤によって支えられている場合、一種の虚構にすぎない。[17] もちろん朱子の社倉法の実施などに見られるように、労力者の負担を少なくし、豪戸などの利を封鎖するのが「窮理」の実践として行なわれもしたが、[18] 労心者／労力者の関係規定自体を破壊することを天理と考えた新儒学者はついに現われなかった。

◆〈個〉という問題◆

朱子学的社会に生きる人間も〈主体性〉を持っており、その〈主体〉を支える〈理〉のメカニズムによって社会を変革してゆくことは、前述した通りである。〈理〉には保守の〈理〉と変革の〈理〉があるのだ。ところで、そうはいってもこのことは、現代新儒家の主張するがごとき理想的な人間像・社会像を保障するものでは決してない。

まずわれわれは、普遍性・道徳としての〈理〉がその成立基盤を固めるために、欲望という側面をも包含した〈個〉という概念が抑圧されなくてはならなかった、という点に無論注目せざるをえない。

これに関して、かつて私は、儒教社会における資本主義の発生の不可能性を思想的に探った際に次のような分析をしたことがある。[19] 資本主義の発生に関して、新儒学者（朱子学者）たちの「天理／人欲」概念がその源泉を封鎖していたことに対する分析であるが、ここで重要なのは、資本主義そのものであるというよりむしろ、〈個〉の発生の問題である。

すなわち、朱子学者は人間の行為の類型を次のように把握した。

①個人的＋非道徳的側面	私	非王権	小利	人欲		
②個人的＋　道徳的側面	公	王権	義	天理	修己	内聖
③社会的＋非道徳的側面	私	非王権	小利	人欲		
④社会的＋　道徳的側面	公	王権	義	天理	治人	外王

「義／利」概念は朱子学においても最も二分論的傾向の強い分野のひとつであり、彼らの規定する人間行為の類型とは、基本的には右の四つを越えるものではない。[20]そして、これが新儒学者の統治哲学の核心のひとつであると私は考えるのである。というのは、個人的行為であれ社会的行為であれ、道徳的である以上はそれが公の領域、王権[21]の範囲内に属しておらねばならず、それ以外はすべて天理に背馳するもの（小利）として排除された。

ここにおいて、資本主義的行動が認定される余地はない。私は、資本主義的行動が発生したかしないか、という点よりも、それがイデオロギー的に認定されたか否か、という点がより重要であると考える。

実際、たとえば朝鮮王朝においてその後期には、資本主義的行動が発生していたという説が強く主張されている。この時期に新しい思潮を形成したいわゆる「実学者」たちは、現実をどう把えるか、について考察した。最も急進的であった北学派の朴斉家（一七五〇〜？）の言説を分析すると、彼は次のような新しい行動類型を考えていたことがわかる。

（①と②の変形）　個人的＋道徳的側面　　私　　非王権　　利

つまり、朱子学では行為の「個人的＋道徳的側面」は「公」「義」「王権」という性格を持っていたが（具体的には個人の「修己」である）、朴斉家は「私」「非王権」「利」という性格（それは従来は「個人的＋非道徳的側面」であった）をも認めようとするのである。要するに王権からはずれた営利行為を道徳的と認めるのだが（ただし結局はこれが国家全体の利益になるのだとする）、その際の「道徳」修養として朴斉家は「慎独」「誠意」という新儒学者の徳目を強調する[22]。

これはやはり革新的発想といってよく、資本主義的発想、すなわち近代的〈個〉発生への芽といってもよいであろう。しかしもちろん、このような発想を体制側が受け入れる余地はなかった[23]。

◈普遍の問題◈

新儒学の「天理／人欲」概念において検討せねばならないもうひとつの論点は、中世的普遍という問題である。これは、過去の論理的枠組みを現在あるいは未来にまで適用する際に生じる誤謬という性格を持つ。現代新儒学者は、新儒学の「普遍的な」道徳性が、現代あるいは未来の文明社会においても力を発揮すると信じるが、新儒学的普遍という概念自体が中世的である、という点をどのように解決するつもりであろうか。

すなわち、新儒家的「天理」は中世的普遍であり、それゆえ天理に対抗する概念である「人欲」もまた、その個別性を問われずに「普遍」として扱われざるをえない。つまり新儒学の体系においては、「気」もまた普遍なのである。明代の気哲学者たちは、この気の普遍性を、程朱（宋の程顥、程頤、朱熹）の体系につきまとっていた否定的価値から肯定的価値に転換するという任務を担っていた。その意味で、気哲学者たちもまた中世的普遍の世界観に生きている点では何ら変わりない。気を重視する儒家たちが近代への道を開いた、などというのは端的に誤りなのである。

先に私は、「二十世紀以後の儒教的国家においては、「儒教（的精神）が儒教を倒してゆく」という現象が展開された」「儒教の内在的超越としての〈理〉が、新しい外来思想を吸収し、時代との齟齬を解消しつつ自らを変身させてゆく過程として、歴史を把える必要がある」と語った。

このように把えたとき、儒教的国家における近代化、現代化の問題点も同時に浮かび上がってくるのである。それは、そこで達成された民主化や資本主義、社会主義などというものは、普遍的〈理〉の現代的変身であるから、そこで成し遂げられたシステムが、「普遍」として「個別」を抑圧しつづける構造には、変わりがないということである（それを「中世的」といおうが「近代的」といおうが同じことなのである）。

中国共産主義の実態を、亡命作家たちが語った座談会にて、『河殤』の作家・蘇暁康は、「マルクス主義の社会発展段階論は中国国内では疑ってはならない「天理」とされ、人々の頭の中にしっかりと根付いている[24]」と語っている。また鄭義は、「政治が文学を強姦するがゆえに政治への反逆が生まれるのだ[25]」と語った。

彼らは、普遍を否定しているのではない。本来、個別を記述し、その個別性の昇華度のゆえに普遍性を獲得する、という文学の特殊な存在意義が、政治・理念・主義などの「天理」によって「強姦」されている、という状況を告発したのである。問題は、権力側の提示する「天理」すなわち普遍が、実は普遍ではなかった、という点にある。そして中国知識人は、そのことを、歴史の大きな傷によって深く認識している。

問題は、共産主義国家に限らない。資本主義国家においては、「貨幣・金融の普遍主義」とでも名づける抑圧が進行中であり、特に儒教的資本主義国家においては、それは「貨幣・金融の普遍主義」による「天理」の争奪と人びとへの圧迫と化している。また韓国のような民主主義国家においても、「民主主義という天理」が具体的な人びとへの抑圧概念となってしまっているのである。

これらの問題を儒教がすべて解決できると考えるのは楽天的すぎるであろう。なぜなら、「完全なる正義の実現」が可能であるという「楽観的現世観」（メッガーはこれを「中国文化固有の特徴的世界観」とする）こそが、中華式普遍＝天理による世界の支配という、抑圧的側面をいつもすでに内包しているからである。朝鮮王朝はまさに、中華式天理によって統治された中世普遍の王国であった。

普遍とは、その普遍性を獲得するまでは、限りなく自己を拡大してゆかねばならぬという、帝国主義的性格を持っている。なぜなら、普遍は普遍性を獲得するまでは何ら普遍ではなく、ひとつの特殊にすぎないからである。すべての普遍は、最初、特殊から出発する。その意味で、あらゆる普遍は、普遍性への意志または欲望である、ということができる。

現代のわれわれが問題にしなくてはならないのは、普遍の解体であり、同時に普遍性への意志・欲望の解体である。それは理性という西洋近代的普遍の解体であると同時に、欲望という西洋近代的普遍の解体でもある。さらに天理という中国古代・中世的普遍の解体であると同時に、気という中国古代・中世的普遍の解体なのである。このような現代において、単純に中世的普遍を打ち出すことによって多くの複雑な弊害をすべて解決できると考えるのは、それ自体が大いなる楽観にすぎないであろう。

4 〈第三の立場〉へ

◆より正確な把握を◆

以上、〈立場A〉〈立場B〉のいずれも、論理的な破綻を内在していることを述べた。

たとえば儒教的下位者がすべて、支配され、搾取されることに対する不満や怨恨だけを抱いて生きていたとか、逆に、保護され養育されることへの感謝や満足のみを抱いて生きていたなどと語るのは、歴史事実に対する誤解であろう。同時に、儒教的上位者がすべて、支配し、搾取することへの欲望のみで生きていたとか、逆に保護し責任を持つことへの愛情と不安のみで生きていたと語るのも、歴史事実に対する誤解であろう。事情はおそらく、もっと複雑であった。

私は、〈立場A〉と〈立場B〉とをともに生かしつつ同時に批判する、〈第三の立場〉が必要なのだと考える。

それは、たとえば上位者と下位者との関係を支配／従属の関係として見つつ、しかもそれのみと見ることなく、また相互依存の関係と見つつ、しかもそれのみと見ることのないような立場である。ふたつの立場を止揚するのとも異なる。支配／従属でありながら相互依存（interdependence）かつ相互独立（interindependence──造語）なのであり、不相雑・不相離の関係なのである。

これはもちろん、そのような〈第三の立場〉を採らぬ限り、現実諸関係を説明できないという切実な要請もあるが、同時に、哲学的根拠も充分に存する。それは先に述べた、新儒学自体が持つ二元論と一元論との融解である。

たとえば新儒学者は、道徳的自律性を持つ善の実現者であると同時に、普遍的〈理〉によって世界を支配しようとする抑圧者である。このことは、善の実現のためには〈理〉の側にはいりこまねばならぬ（窮境から脱出しようとする）が、〈理〉の側にはいるということ自体が、現実的には権力を掌握することにつながるため、結局自己の道徳性を損傷する結果を生みもする。そのため官職を辞退しつづける（窮境から脱出しようとする）という複雑な動きを持つ。このような本来性／現実性の相互独立／相互依存関係によってのみ、新儒家の本質を解読することができると考える。そしてその本質を解明した上で、批判を加えなくてはならないのである。どちらか一方のみを強調したのでは、事の一面を見たにすぎないことになるであろう。

これは、元来、〈立場A〉と〈立場B〉との方法論上の差異にも起因するのである。つまり、〈立場B〉が新儒家の理想的側面（本来性）を強調するのに対し、〈立場A〉は形而上学的要素を排除し、あくまで現実に顕われた諸関係を「科学的」にデータ化すること（現実性）を方法論としている点。また〈立場A〉は欲求の構造など、気の側面（現実性）での分析に重きを置いているのに対し、〈立場B〉は道徳的理想つまり理の側面（本来性）を分析している、という点、などである。この両者を包括する〈第三の立場〉が必要な所以である。

普遍と個別の問題も、本来性／現実性の相互独立／相互依存関係によって考える必要がある。普遍の解体を叫ぶのは易しいが、しかし普遍が存在しなければ個別は存在しえないであろう。また「個人主義」「利己主義」の弊害に対して普遍のみをふりかざすのは、個別を殺す過ちに至りかねない。またその普遍が社会的に上位の少数者のためのものであれば、それは端的に弊害であらざるをえない。

儒教的近代化に内包された問題は複雑である。むしろその複雑さを単純化し、本来性と現実性のどちらかの立場に還元しようとすればするほど、現実を見ることはできなくなるであろう。

次章でわれわれは、このような〈朱子学的思惟〉の複雑性を、〈理〉の構造を分析することによって解き明かしてみよう。

第3章 朱子学の論理的始源

1　朱子学をどう把えるか

◆朱子学の始源◆

朱子学はいつから始まるのだろうか。

私のこの問いは、朱子学の始源に関する文献学的・思想史的問いではなく、またフッサールが幾何学の起源に関して発したような、朱子学が「初めて歴史に登場した……登場しなければならなかった……ときのその意味」への問いでもない。そうではなく、十二世紀以後、東アジアの長大な時間と空間の堆積の中において、無数の人があたかももののけの憑依のごとく唐突にそれに陥り、さらには二十一世紀に突入したこの今もまた、少なからぬ人を虜にしているところの朱子学、その憑依の瞬間への問いなのである。

それは薄暮をつんざく一条の電光のように、前触れもなく飛来し一瞬にしてわれらを撃つ。その一撃のスタイルは、たとえば次のように。「明徳なる者は、人の天に得て、而して虚靈不昧、以て衆理を具して萬事に應ずる所の者なり(1)」。あるいはまた次のように。「朱子曰く、(中略)明徳なる者は、人の天に得て、而して虚靈不昧、以て衆理を具して萬事に應ずる所の者なり(2)」。

これらの言説は、たとえば朝鮮王朝のごとく社会自体が朱子学の理念によって営まれている時空と、今の日本のように朱子学的価値を表面上は全く軽視しつつ営まれている時空とにおいては、判然と異なる〈力〉を持つ。前者における一撃の強さと、後者におけるそれとは、自ずから懸隔の差異があるであろう。よって本章では、朝鮮王朝のような〈朱子学的伝統社会〉（それは朱子学によって営まれる社会の範型に最も近い現実社会のひとつといえよう）を念頭に置きつつ、主としてその論理構造そのものに関して語ることとする。

◆〈理〉の論理構造◆

朱子学の〈理〉はいつから始まるのか。思想の歴史においてその客観的な始源を探してみても、半ば徒労である。そのような探索は〈理〉自身を全的にとらえるのに失敗するゆえに。むしろ逆に、われわれは〈理〉の始源を、〈理〉と関わる主体の人間史において問わねばならない。それは同時に朱子学的人間の始源でもあるゆえに。

そのような意味における〈理〉の始源を探るためのテクストを、われわれはいくつも持っている。たとえば『近思録』は、いやしくも宋学を学ばむとする者が四書よりもまず読むべき書とされたが、その劈頭に置かれたのは周濂渓の『太極図説』であった。その書は、何の前触れもなくだしぬけに、「濂渓先生曰く、無極にして太極。太極動いて陽を生ず。動極まって靜なり。靜にして陰を生ず。靜極まって復た動なり。……」という言葉によって開始される。これはまぎれもなく、宇宙の生成と構造に関する理論、つまり〈理〉の内容である。

われわれにとって疑問なのは、この〈理〉の叙述が何らの前提もなく現前したときに、果たしていかなる地平においてこれを受け容れうるのか、という点である。これを、「朱子学の自然観」だとか「朱子学の存在論」などという分野からの接近方法を採らずに、専ら〈理〉の論理構造（とそれに密着した権力関係）にのみ注目して解明してみようというのが、本章の主題なのである。

◆始源の相貌◆

始源の構造は精緻で、巧みだ。

たとえば始源の瞬間。それは、実はいつも準備された瞬間なのであるが、その始源の体験者にとってはつねに、天啓のごとく不意におとずれる。〈志〉と〈信〉の構造にその「不意」の意味は隠されている。

またたとえば、始源の始まった後。それはただちに、生の全面的な政治化への道を歩むことを意味する。その全体的システムである理一分殊の体系を、あたかも繭のように始源は内包しているのである。

さらにたとえば、かつて始源に撃たれ貫かれた者により、今度は他者に対する始源の準備が行なわれる。教化、そして歴史の不断の創造こそが、「始源以後」を生きる朱子学的人物の生業＝天命なのである。

このように、始源の持つ様々な側面を解明することにより、朱子学の構造と力学をより明晰に認識しうるであろう。

2　〈理X〉――〈理〉の内部と外部

◆〈理〉の始源◆

朱子学の始源、それはとりもなおさず〈理〉の始源である。

樹木の輻輳せる根茎のごとくからみあう現実の、ある一点を刺せば瞬時に根のからみはほどけ、秩序として立ち現われる。それが始源としての〈理〉の効能である。なぜ人はこのような秩序を求めるのか？　その理由もまた、〈理〉の中にあらかじめつぶさに記入されてある。

【テクストA】天は陰陽五行を以て萬物を化成す。氣は以て形《かたち》を成し、理も亦焉《これ》に賦す。猶命令のごときなり。是に於て人と物との生、おのおの其の賦する所の理を得るに因つて、以て健順五常の徳を爲す。所謂性なり。(3)

【テクストB】朱子曰く、天は陰陽五行を以て萬物を化成す。氣は以て形を成し、理も亦焉に賦す。猶命令のごときなり。是に於て人と物との生、おのおの其の賦する所の理を得るに因つて、以て健順五常の徳を爲す。所謂性なり。(4)

【テクストA】は朱子その人の言葉であり、【テクストB】は〈朱子学的伝統社会〉における朱子学者の言葉である。

〈朱子学的伝統社会〉においては、この両者ともが、ひとつの規範である。いいかえれば、絶対的・普遍的アプリオリを保持しつつ、深い闇の中からだしぬけに立ち現われるのである。

朱子ないし朱子学者は、【テクストA】ないし【テクストB】と定めた。つまり〈理〉とは何であるかを定め、その〈理〉によって人間や社会や宇宙を定めた。そしてこの定め方そのものが〈理〉である。すなわち〈理〉は、それを語る言説そのものが、いつもすでにひとつの〈理〉なのである。

〈理〉には幾層もの次元が存在する。そのうち〈定め方そのもの〉としての〈理〉、つまり〈メタ理〉とでもいいうる審級を、私はここで〈理X〉と呼ぼう。

〈理〉　＝ f（a）

人間・社会・宇宙　＝ g｛f（a）｝

ここでf（x）、g（x）および＝を〈メタ理〉／〈理X〉と呼ぶ

〈理X〉の発見は、ただちに朱子学そのものに対する叙述を変えるであろう。というのは、この発見以前においては、朱子学に関するすべての叙述は、〈内〉からの説明にすぎないからである。〈理X〉の〈外〉に脱出して初めて、朱子学に関する〈外〉からの叙述が可能となる。

たとえば次のテクストはどうか。

【テクストC】太極＝理は人間に宿つて性となる。これが「本然の性」であつて生れながら之を具へない人間はない。人に聖賢暗愚の差別が生じるのは気の作用に基く。気が人間に賦与されて「気質の性」となる。気質の性には清明混濁の差がある。聖人はその稟《う》けた気質が全く透明なので本然の性が残るくまなく顕現する。しかるに通常の人間は多かれ少かれ混濁した気質の性を持つて居りそれから種々の情欲が生れる。この情欲が本然の性を覆ふて之を曇らすところに人間悪が発生する。しかし人間性の善は悪より根源的で

ある。けだし理に基く本然の性──絶対善──は気に基く気質の性──相対的な善悪──よりも根源的だからである。そこで何人と雖も気質の性の混濁を清めれば本然の性に復りうる。そこで次の問題はいかにして気質を改善するかといふことになり、こゝから朱子学の実践倫理が展開される。(5)

これは、朱子の言葉でも〈朱子学的伝統社会〉における朱子学者の言葉でもない。日本の政治思想史学者・丸山眞男の著述からの引用である。丸山自身の言葉を借りれば、「朱子学的な思惟方法が儒教の内部で如何に崩壊して行つたかを知る」ために「朱子学体系の思想的構造」の「簡単なスケッチ」をしたもののごく一部である。

この叙述は、あたかも朱子学の〈外部〉から「客観的」に眺めたかのようでもある。

この叙述はまた、「朱子はかく語りき」という記述から政治的な権力関係を脱色したものである。ここにはこの叙述を信じるか否かに関する脅迫は一切ない。【テクストC】の内容を受け容れるか否かという選択は、全人生を賭した悲壮な決心とはならない。

しかし、これもまた、〈内〉の説明であることは同断なのである。

というのは、【テクストC】の叙述は、

人間・社会　＝ g（〈理〉）

を客観的に〈外部〉から描いたものにほかならないが、これとは次元の異なる〈メタ理〉〈理X〉については沈黙を守っているのであり、まさにこの意味において【テクストC】は〈メタ理〉〈理X〉の〈外部〉には出ていないのである。

3 〈理〉の三重構造論——意味の地平／形式

これまでの朱子学研究はすべて、いわば〈理〉を〈内側〉から説明する方法であった。しかし、これでは理の本質を把えることはできない。〈理〉とはいつもすでに、その〈外側〉を自らの隠された存在基底として要求しているものだからである。

〈理X〉を明晰に認識することが、そしてそのことのみが、〈理〉の〈内側〉から〈外側〉への移動を可能にする。

◆〈理X〉◆

〈理X〉は、〈理α〉〈理β〉の土台となっている。この三つの〈理〉のしくみを理解するためにはまず、朱子学における基本概念である「理の二層性」を知っておく必要がある。ここでは友枝龍太郎の「理の二重構造論」に則って説明しよう。[6] 友枝は、〈理〉には「統体太極」と「各具太極」のふたつの次元があるとする。「これは伊川の〈一理／万理〉の思惟法を受けたものであり」、「一なる太極がそのまま分殊なる太極であることを明示」した朱子の次の言葉において、前者が「一理」の側面であり、後者は「万理」の側面である。

「太極只是天地萬物之理。在天地言則天地中有太極。在萬物言則萬物中各有太極」（太極は天地万物の理であるのみだ。天地についていえば、天地の中に太極がある。万物についていえば、万物の中におのおの太極がある）(7)

また前者は「所以然の故」、後者は「所当然の則」である。これについてはまた、宇野哲人がいう「絶対的理」は「統体太極」「所以然之故」に当たり、「相対的理」は「各具太極」「所当然の則」に当たるという。私のいう〈理α〉は統体太極＝一理＝絶対的理であり、〈理β〉は各具太極＝万理＝相対的理である。また丸山眞男のいう〈理〉の「超越」は〈理α〉の側面であり、「内在」は〈理β〉の側面である。

これを整理すると次のようになる。

〈理α〉――一理／統体太極／所以然之故／超越〔丸山〕／絶対的理〔宇野〕
〈理β〉――万理／各具太極／所当然之則／内在〔丸山〕／相対的理〔宇野〕

もう一度整理して述べると、〈理α〉というのは、従来、「一理」「統体太極」などと呼ばれていたものであり、宇野哲人はこれを「絶対的理」と呼び、友枝龍太郎によればこれは「所以然之故」としての〈理〉であり、丸山眞男はこれを〈理〉の「超越」的側面という。

〈理β〉というのは、従来「万理」「各具太極」などと呼ばれていたものであり、宇野哲人はこれを「相対的理」と呼び、友枝龍太郎によればこれは「所当然之則」としての〈理〉であり、丸山眞男はこれを〈理〉

の「内在」的側面という。

しかし、このように〈理〉のふたつの次元を区別する立場は朱子自身が強く主張していることであり、朱子学においては常識なのであって、何ら〈理〉の〈外側〉に出ることではない。

本章の関心事は、〈理α〉と〈理β〉の論理体系を成立させ、それに権力を与えているものとしての〈理X〉なのである。

このように考えるとき、〈理X〉の発見は、〈理α〉〈理β〉とともに三つの次元で〈理〉を把える〈理の三重構造論〉へとわれわれを導く。

〈理α〉は根源的な一者であり、それが全存在に分有されたものが〈理β〉である。そして〈理X〉は、〈理α〉〈理β〉を成立させる地平であると同時に形式なのである。

それでは、〈理X〉とは具体的にどのようなものであろうか。

たとえば『朱子語類』に、朱子と弟子との次のような問答がある。(8)

問：無極而太極、如何。
曰：子細看、便見得。
問：先生之意、不正是以無極太極爲理。
曰：此非某之説。他道理自如此。著自家私意不得。太極無形象、只是道理。他自有這箇道理、自家私著一字不得。

（問う、「『無極にして太極』とは、いかなることでしょうか」

曰く、「じっくりと考えれば、わかる」

問う、「先生のお考えでは、まさに無極太極を以て理となすのではありますまいか」

曰く、「これは私の説なのではない。その道理がおのずからかようなのである。自分独自の私的な意見などはさしはさんではならない。太極は形象がなく、道理そのものである。それはおのずからこの道理をそなえている。自分で勝手な解釈を付け加えることなどできない」）[9]

この弟子との短い問答に、「理」字は四回登場する。このうち核心的なのは、第二番目と第四番目に登場する「理」字、つまり「他道理自如此」及び「他自有這箇道理」の「道理」なのである。他のふたつは「統体太極」＝〈理α〉について語っているのだが、この「他道理自如此」及び「他自有這箇道理」は〈理X〉を主張しているのであり、一種の政治的圧力でもある。[10]

◆安田二郎の考察◆

これについては夙に安田二郎が、独自の鋭利な見解を展開しているのに注目すべきである。[11] 朱子の〈理〉に対する安田説の核心は、〈理〉の根源的意味は「考えられ得る」ことである、〈理〉は「意味としての存在」なのだとする点にある。次の例を見よ。

「人生氣稟、理有善惡、此理字、不是說實理、猶云理當如此」

（「人生気禀、理有善悪」という場合の「理」字は、実在する理を意味するのではない。それは理として当然そうあるべき筈であるというのと同様である）[12]

「人生氣稟、理有善惡、理只作合字看」
（「人生気禀、理有善悪」、この「理」は「合」字に改めて見たらよい）[13]

安田によれば、「理の根源的な意味は何であるかというに、それは端的に「考えられ得る」ことにあった」。それは右の例に最も明確に示されているのであって、「それは要するにここに於ける理の意味を「考えられ得る」ことの根拠或いは「意味」に求めるものに外ならぬ」。そしてこのような「理」字の用法はしばしば現われるのであって、たとえば次の朱子の言葉の中の「無此理」もその例である。

「仁不可言至、仁者義理之言、不是地位之言、地位則可以言至、又不是孝弟在這裏、仁在那裏、便由孝弟以至仁、無此理」
（仁は「至る」ということの出来るものではない。仁なるものは義理に与えられる名であって、境地に与えられる名ではない。境地ならば「至る」ということも出来よう。又孝弟がここにあり、仁があそこにあるという如きものでもないから、孝弟から仁に至ることの出来るいわれがない）[14]

安田によれば、これらにより、「理が「考えられ得る」ことからそれの最も根源的な意味を得来たっていることは明かである。一体、考えることがそれの客観的妥当性を要求することは、それの本質に属する。然るにかかる客観的妥当性を保証するものは、それ自身客観的な存在を有するものでなければならぬ。かかる客観性の根拠として一般的に想定されたのが即ち理なのであって、宇宙論的原理としてのそれの意味の如きは、畢竟そこから引伸されたものに外ならぬであろう」。

安田のいう「意味」としての〈理〉は、私の〈理X〉と同じことをいっているようにも見える。しかし安田は、私の区分でいえば〈理α〉と〈理X〉を、自覚的に区別していないようである。上に引用した部分では、宇宙論的原理としての〈理〉(私のいう〈理α〉)は「考えられ得る」根拠としての〈理〉(私のいう〈理X〉)から「引伸されたもの」という表現で、曖昧ながら一応異体であることを示している。ところが、次の叙述では、その区別は考慮されなくなってしまっている。「理が、一方に於て、存在の最高原理として事実的存在一般を意味する気よりも高次なる存在であるとされながら、他方に於ては、気に結合してのみ真の存在性を獲得するとされる点に至っては、最もよく宇宙的原理としての理の根本の性質が意味にあることを物語るものということが出来る」「朱子の存在論は、意味に重点が置かれる時理の一元論となり、存在に重点が置かれる時理気の二元論となる」と彼がいうとき、宇宙論的原理としての〈理〉の「性質」として「意味」が考えられており、その「意味」そのものを次元の異なるひとつの〈理〉として分離してはいない。換言すれば、〈理〉を「意味としての存在」と規定することにより、「意味」は宇宙論的原理としての〈理〉の「性質」とされ、気と結合し現実世界に堕在する〈理〉については「意味」ではなく「存在」に重点が置かれることとなった。私の区分でいえば〈理α〉を「意味」に、〈理β〉を「存在」にそれぞれ重点を置いて規定したわけだが、私の考えでは、〈理X〉は〈理α〉と〈理β〉の双方を成立させる意味的地平なのである。

安田が、初めに「意味」としての〈理〉は「宇宙的原理」としての〈理〉とは異なるとしながら、次には「宇宙的原理としての理の根本の性質が意味にある」ことを主張するという矛盾は、「意味」を〈理X〉として〈地平化〉せずに「性質」として把えたため起こったと考えられる。それゆえ、理気論に関する次のような見事な解釈にも、問題を残すことになる。

「「所謂理と気とは、必ずやふたつのものである。そうはいうものの物の上から見れば、ふたつのものは融合していて、分れ分れに夫々ひとつの場所にあることは出来ぬ。然しそれはふたつのものが夫々ひとつの独立的存在であることを妨げぬのである。（これに反して）若し理の上から見れば、未だ物がない時にも、既にそれの理は存在する。然しやはりそうはいうものの、それは理的存在であるに過ぎず、決して物的存在ではないのである」、という一見難解に思われる言葉は、恐らく右の如き意味に解されねばならぬであろう。即ち右の訳文に於ける「物」「物的存在」は「事実的存在」に、「理の上から」及び「理的存在」の「理」は「意味」に置き換えられて然るべきであると思われる」。

安田は、「若し理の上から見れば、未だ物がない時にも、既にそれの理は存在する」において、「意味」は「理の上から見れば」の「理」に潜在するという。だが私はそれでは不充分であると考える。〈理X〉は、「既にそれの理は存在する」の「する」にも深く潜在するのである。同様に安田は、「それは理的存在であるに過ぎず」は「それは意味的存在であるに過ぎず」と置き換えられうるとするが、私の考えでは〈理X〉は、「であるに過ぎず」により深く関わっているのである。

それゆえ私は〈理X〉を、〈理α〉と〈理β〉を成立させる意味的地平／形式と呼ぶのである。

4 〈理〉をめぐる諸問題

◆〈理〉認識の方法——トートロジーの体系◆

しからば〈理〉とは、そもそもいかにして把握されるのであろうか。この点に関して朱子学で最も重視するのは、格物致知である。

荒木見悟によれば、朱子学においては、知識の多元性が一理貫通を喚起するという構造になっているため、格物致知が重視されるのに対し、陽明学においては、(良知による) 一理貫通が知識の多元性を可能ならしめるという構造のために、誠意が重視されるという。豁然貫通が可能なのは、万物が太極に依って支えられ、心に万理を具しているからであるとする[15]。

しかしこの説明には、論理の罠が隠されてはいないだろうか。すなわち、〈理〉を認識できるのは心に〈理〉が具わっているからであるとするとき、心はいかなる権利を以て自らの〈理〉認識可能性を主張するのであろうか。冒頭で挙げた朱子の規定、「明徳なる者は、人の天に得て、而して虚靈不昧、以て衆理を具して萬事に應ずる所の者なり」において、心が衆理を具するというのは、何らの証明なしに主張されている。この言説は〈朱子学的伝統社会〉においては絶対的な真理＝〈理〉として君臨する。この言説の真理性が脅迫的に主張され、多分に政治的に受容された瞬間、朱子学のそれ以後の論理体系はあたかも自動機械のように自明な回路として次々に認許されてゆくのである。

とはいえ格物致知の行路は、厳しい刻苦勉励を伴う険しいものである。しかし、この険しさとは、いわば山頂への道がすでに準備されているとの確信をあらかじめ持った上で、麓から定められた入り口を通って決められた険峻なる道を登って行くときのそれであって、自らが新しい道を開きつつ未踏峰を極める剣呑さとは全く異なる。

すなわち朱子学の体系とは、事物ひとつひとつの〈理〉に至ることによって天地の〈万理〉を窮めてゆき、ある瞬間に豁然と〈一理〉を貫通するという帰納的な体系であるかのように見えながら、実はあらかじめ与えられた根本的な〈一理〉からあらかじめ導き出されてある天地の〈万理〉を確認しつつ、それにより再び〈一理〉へと遡って来るという、いわば〈演繹かつ帰納〉的なトートロジーの体系なのである。

このような論理の閉鎖回路を支えているのが、〈一理〉〈万理〉の意味的地平たる〈理X〉であるのは、いうまでもない。

〈理〉は論理でありながら理論であるという二重性が、この〈演繹かつ帰納〉的なトートロジーの体系の鍵である。すなわち、理論を支えるべき論理と、論理によって展開されるべき理論が、全く同一のものとして前提されてしまっている。ここに政治性、あるいは政治的呪縛が宿るのである。論理性そのものがひとつの政治性を内在する一例である。

若き王陽明が朱子学的な格物致知に憔悴挫折したというのは、定められた登攀すべき道の険峻さに打ち負かされたのではなく、このトートロジーの体系に幽閉されてしまったことによる憔悴挫折なのであった。

◆〈智〉〈信〉〈志〉の役割──始源の装置◆

このように朱子学における〈理〉の把握に関しては、方法論の自己完結性が大きな特徴になっている。それでは、ある個人が〈理〉の世界に投企する瞬間、つまりその個人における朱子学の始源とは、一体いかなる出来事なのだろうか。

それは仕組まれた普遍的＝不変的ドラマだ。不変のプロットがあり、周囲を取り巻く道具たちは不変の役割を果たすのである。

〈理〉の具体的内容は、仁義礼智を最も中枢とする。

ところが、仁義礼智は同じ次元にあるのではない。仁は義礼智を貫き包むものであるし、〈智〉もまた、仁義礼とは明らかに異質である。

〈智〉は、季節でいうなら冬に当たる。草木は枯れ、生命の活動は微弱化するように見える。しかしこれは、「生の蔵」を意味するのであり、来るべき春に向けて生意を蔵しているのである（ちなみに仁は春で生意の生、礼は夏で生意の長、義は秋で生意の収である）。すなわち、〈智〉は仁義礼を包蔵する徳と思念されている。「伏蔵淵深の道理」[16]（朱子）といわれる所以である。これを智蔵説という。

ところで〈智〉の端は是非であり、事の是非を分別するのがその役割である。岡田武彦によれば、「是非の知覚によって始めて他の三端はその真の作用を発揮する」[17]。三端とは、四端のうち〈智〉以外の仁義礼の端、すなわち惻隠（仁）・羞悪（義）・辞譲（礼）であるが、これらは「智の是非の分別、すなわち是非の知覚なくしては機能しない」「故にその知覚がなければ惻隠しても、それは惻隠とはいえず、辞譲しても、それは辞譲とはいえず、羞悪しても、それは羞悪とはいえない」。さらに「理に対する知覚がなければ理は発用せず、道を運用することができない」のである。

このように、他の三理よりも一層深い次元の〈智〉には、〈理X〉の役割が多分に潜在していると考えられるのである。

さらに朱子学は、仁義礼智と異質なひとつの特別な装置を用意している。それは〈信〉である。〈信〉は、五行における土と同じく、一定の場所も、既定の名も、特定の気も持たない。

安田二郎によれば、〈信〉とは「であること」である。四情がそれ「である」ことを事実にするのが、忠信の契機なのである。忠信はそれとして独立に存在することは出来ず、「である」ことに制約されるという。[18]

朱子はいう。

「信是誠實此四者（＝仁義禮智）、實有是仁、實有是義」

（信は仁義礼智というこの四つを誠にし実にするものである。この仁を実有し、この義を実有する）[19]

私の考えでは、〈信〉とは仁義礼智を成立させる形式、つまり〈理X〉の形式なのである。そして重要なことは、〈信〉自体にすでに〈理〉の枠組みが刷りこまれてあるということである。

つまり〈信〉を認識した瞬間に、すでに〈理〉の内容がそこに刷り込まれてあるということだ。

これを〈立志〉というシステムが援護する。

たとえば朝鮮の李栗谷は『聖学輯要』にて、〈立志〉を「修己」の第一に置く。朱子学者が〈立志〉をこれほど重視する理由は、〈志〉は「心の之く所」（朱子）であるゆえに、義＝〈理〉の方向に〈志〉を立てることが〈理〉の防衛のために緊要になってくるからである。

〈理〉を防衛するシステムとしての〈智〉〈信〉〈志〉はまた、〈理〉世界を拒む者、〈理〉世界に入る能力や資格のない者を排除するシステムとしても強く機能する。それは朱子学の始源を支配する権力装置でもある。

たとえばそれは、「自暴自棄」という概念で説明される。

> 「孟子曰く、自ら暴《そこな》ふ者は、與《とも》に言ふあるべからざるなり。自ら棄つる者は、與に爲すあるべからざるなり。言、禮義を非《そし》る、之を自ら暴ふと謂ひ、吾が身仁に居り義に由ること能はずとす、之を自ら棄つると謂ふ[20]」
>
> （孟子がいわれた。「自分から自分を駄目にしてヤケクソになっている人間とは、いっしょに語りあうことはできないし、自分から自分を諦めてステバチになっている人間とは、いっしょに仕事はできない。口を開けば、礼儀（礼義─小倉注）などはと非難するようなものを自暴《ヤケクソ》といい、自分などにはとても仁義（道徳）を行なう資格はありませんよというようなものを自棄《ステバチ》というのである[21]」）

『孟子』のこの概念を、〈朱子学的伝統社会〉の儒者たちは、君子／小人の区分基準として多用し、〈理〉世界からの排除の論理として再解釈する。

自暴自棄になって〈理〉を志向することを放棄した存在は小人として放逐され、〈理〉に統治されるべき卑しい存在に転落する。

しかも重要なことは、小人とは君子の存続にとって不可欠な存在であるという点であり、まさにそれゆえに誰を小人と規定するかをめぐって、〈理〉の解釈権つまり〈智〉〈信〉〈志〉の内容規定が決定的な役割を果たすという点である。

これが、〈朱子学的伝統社会〉における党争が単に空理空論ではなく、〈理〉の内実と現実とが密着したダイナミックな権力闘争にならざるをえない所以である。

君子が己れの自律を死守し、小人を〈理〉社会から排除するために、ここでも〈理X〉が重要な役割を果たしていることはいうまでもない。

◆理一分殊──〈主体〉の階層性◆

次に、朱子学的な社会機構のしくみを調べてみよう。

前節にて、「小人は〈理〉社会から排除される」といった。しかし、〈朱子学的伝統社会〉においては、その構成員すべてに〈理〉がひとしなみに賦与されていたのではあるまいか。それこそが性善説による社会構制だったのではあるまいか。

たしかにその通りである。

「月映（印）萬川」と朱子はいう。月はひとつだが、十の川があれば十の月がおのおの川面に映っている。

これと同様、〈理〉はひとつであるが、万物それぞれが〈理〉を分かち持っているのである。

これを「理一分殊」という。

「伊川説得好、曰理一分殊、合天地萬物而言、只是一箇理、及在人、則又各自有一箇理」

（程伊川が「理一分殊」と恰好な説き方をしている。天地万物を合わせていえば、まさしく一個の理だが、人にあってはすなわち各自が一個の理を持っているのである）[22]

すべての存在はおのおの〈理〉を持つ。すべての人間も然りである。

そしてこの〈理〉は、同一である。

それなら、同じ〈理〉を禀けながらなぜに個々の人や物は差異性を有するのであろうか。先に挙げた【テクストC】は、それに対する朱子学の答えを丸山が要約したものなのである。

ここで重要なのは、「〈理〉はすべての存在・人間にあまねく賦与されている」という〈命題＝理〉を認めない人間、あるいは認識できない人間は、〈理〉から排除されるということである。朱子学の統治する社会とは、「〈理〉がすべての構成員に与えられている」という〈理〉を使って、その〈理〉から排除された存在を統治・教化してゆく社会なのである。

逆にいえば、〈理〉から排除された存在なしには〈理〉社会は成立しえない。

換言するなら、【テクストC】の説明を受け容れた者、認識しえた者のみが、主体的に〈理〉社会に登録されるのである。[23] そうでない者は主体的な〈理〉を保持しえず、支配者によって客体的に分殊〈理〉を賦与される。すなわち主体的には〈理〉から排除されたまま、客体的にのみ〈理〉に一方的に組み入れられ、しかしその中の相当部分の人びとは、忠や孝などの徳目を実践することによって主体性を持つと自己誤認することにより、人格は完全に分裂する。

これが、理一分殊の「隠された意味」である。〈朱子学的伝統社会〉は、「限られた構成員のみが〈主体性〉を持つ」と規定することによって成立する社会とは、明らかに異質である。「すべての構成員が〈主体性〉を持つ」と規定しつつ、その〈主体性〉を〈主体〉的なそれと客体的なそれとに分離し、〈主体性〉に関する説明体系の全体（それは〈理X〉によって最終的に保障される）を把握できない者は客体的な〈主体性〉のみを賦与されることに甘んじさせられることによって、人格を分裂させられ、忠や孝などの〈主体〉、すなわち支配の客体として統治されるのである。〈朱子学的伝統社会〉において〈理X〉は、〈主体的主体性〉を享受する者たちがあたかも符牒のごとく使用する、〈力〉の根源的な地平である。

◆〈理〉と利——全体性と部分性◆

先に、朱子学における〈立志〉の重視をわれわれは検討した。

朱子学者たちは、〈立志〉の瞬間に悪へ向かって之《ゆ》くことを恐れる。道理に志せば理義が主となるが、利に志せば物欲が主となって理義の入りこむ余地はなくなるのである。陳北渓はいう。

「爲學緊要處最是立志之初、所當謹審決定、此正是分路頭處、纔志於義、便入君子路、纔志於利、便入小人路」

（学をなすのに極めて重要なのは、志を立てるその最初である。このときこそ慎重に決断しなければならない。これがまさに道の分かれる地点なのである。義に志せばすなわち君子の道に入り、わずかでも利に志せば小人の道に入る[24]

しかしここにもまた、論理的な罠が隠されていはすまいか。すなわち、義に志すというとき、志す内容が義であることがいかに決まっているというのだろうか。同じく利に志すというとき、志す内容が利であることがあらかじめ決まっているというのか。もしそうなら、利に志さず義に志すというのは、それ自体がひとつの功利主義ではないのか。

こうして義と利をめぐっても、朱子学の論理的始源の問題が露呈してくる。

実は、義と利の分別はさして容易ではないことは、朱子学者たちも認めている。それは元来儒教は経世済民の学として、利を全面否定してしまえば成り立ちえない学であるゆえである。「義利双修」こそが儒家の任務なのであり、「利は義の和」と考えるのが儒家の伝統なのである。このような伝統において、朱子学は董仲舒の考えを尖鋭化させ、「有所爲（ためにするところがあって）」為すものを利だと規定することにより、困難を回避しようとする。朝鮮の李退渓はいう。

「……是乃有所爲而爲之、其心已與義背馳、而所謂利者、非復自然義和之利矣、所以朱子以義之和釋利字之義、旋以有所爲三字說破謀利之害」

（……これはすなわちためにするところがあって為したのであり、その心はすでに義と背馳してしまって、そのいわゆる利は、自然に義が和するという意味の利ではなくなっている。朱子が「義の和」を以

て利の意味を解釈し、また「ためにするところがある」の三文字を以て利を謀る害毒を説破した所以である)[25]

「ためにするところがあって為す」ものとはどういうものか。陳北渓によれば以下の通りだ。「たとえば何かが欲しくて善をなし、何かが怖くて悪をしないのがそれであり、みな利である。たとえば収穫を挙げるために耕したり、田地をよくするために開墾したりするのは利である。耕す時、収穫を期待するのは利であり、開墾する時、田地がよくなることを期待するのも利である[26]」。

なべてためにするところがあって為すものは利として否定されるという、この悲壮なまでの規定のゆえに、朱子学は厳格な動機主義であるといわれる。たしかに「有所為」という概念を導入することによって、義と利の内容が〈立志〉の前にあらかじめ決定されているという事態(功利主義)からは回避できたかのように見える。

ところが、ここに新たな問題が露呈する。それは、「有所為」という動機主義が、「利者義之和」という本来の儒教の主張(これは結局、結果主義の方向性を持つ)と劇しく対立する可能性を胚胎するという問題である。換言するならば、本来の儒教の社会的役割は「義利双全(双修)」という義と利の調和(全体性)を目指すものであったのが、朱子学においては、義を志向すること自体の功利性を回避するために動機主義を徹底化させたことにより、逆に穏健なる義までを毀損し、ついには義利の総体を歪めて機能不全に陥らせてしまうという問題である。これが、朱子学は「空理空論」だという誤解の原因のひとつにもなっている。

そもそも義と利の調和体としての社会が、いかに成立困難であるかの一例を挙げてみよう。朝鮮王朝後期に、「北伐」と「北学」のふたつの陣営が尖鋭な対立を惹き起こしたことがある（ここで「北」は清を指す）。朝鮮は十七世紀初めに女真に打ち負かされ、屈辱的に臣従することとなった。しかしその後、裏では清を夷狄の国と侮蔑し、朝鮮こそは明の正統を受け継ぐ小中華と自任した。執権党派である老論は、明に対する義理を立てて清を討とうという北伐論を展開する。これは朝鮮政界・学問界の主流を形成するが、やがて十八世紀後半には、清の文物を摂取して学び、国を富強させようとの北学の主張が擡頭した。しかし北伐論からはこの北学論は容認されよう筈もなく、北学は弾圧された。

この対立は一種の功利性論争なのであった。北伐論者は伝統朱子学に則り、義を重視し利を排斥する。それゆえ北学論者を功利主義者として攻撃するわけである。

つまり北伐論者は北学論者を、「中国の利の部分のみを模倣する〈利の効率主義者〉」として攻撃する。これに対し北学論者は北伐論者を、「中国の義の部分のみを模倣する〈義の効率主義者〉」として攻撃するのである。

すなわち、北学論者にとって北伐論者は、義を追求するあまり利を排除することにより、本来義利双全であってこそ機能する儒教社会を誤って運営していると映じるのである。また同時に北伐論者のいう義の追求が、実はひとつの功利主義にすぎないとも批判する。換言するなら、北学論者は北伐論者の主張する義の〈部分性〉を批判しているのである。(27)

このように義つまり〈理〉の全体性と部分性は、〈理〉社会を成立させるための朱子学の始源（この場合は〈立志〉に関わる）における、ひとつの重大な問題なのであった。

◆〈理〉と歴史——終わりなき改革の始源◆

朱子学的社会とは、〈理〉が形成する価値の有機体である。その具体的構成物は気であるが、論理的先後関係からいえば、〈理〉があってこそ初めて社会の具体的構成物は存在しうるのである。

今、これに時間という軸を加えるとどうなるか。

ここに、儒者たちの最も高い関心の的である歴史の問題が、立ち現われる。

現実の歴史は、朱子学者たちにとって不完全で痛々しい欠陥構造物である。

なぜなら歴史とは本来、〈理〉によって形成されるべき壮麗かつ完全なる建造物であるゆえに。ところが現実の歴史は、そのような理想的歴史からは大きく乖離し、利にまみれ汚濁に沈んでいる。

ここに朱子学者たちの尖鋭なる歴史意識が活性化する。

共時的な軸において気よりも〈理〉が論理的に先行するのと同様、通時的な軸で見ても〈理〉は気に先行すると考えられる。とすれば、未来は〈理〉によって形成されるべく士大夫が歴史の〈主体〉として主宰してゆくべきである。それはよいとして、非〈理〉の汚濁にまみれている過去は、どう解釈されるのであろうか。

ここで士大夫たちは、仮想を見、生きるのである。〈理〉によって営まれた理想的な歴史こそが真実であると思念する。このとき、仮想は真実である。あたかも西洋の伝統において、現実の背後に真なる世界があるように。そしてvirtual（仮想の＝本当の）という語の源がvirtue（徳）であるごとく、〈理〉による歴史は至善で完全なる仮想道徳歴史（バーチャル・ヒストリー）なのである。

そして士大夫たちは、この仮想道徳歴史に現実を合わせようと、つねに歴史を再創造する。過去に関しては歴史の再解釈というかたちで、「邪悪」な勢力を貶めるのに余念がなかった（春秋の筆法）。西洋中心主義が「理性の普遍的目的論[28]」を生んだのと同じように、中華中心主義は「〈理〉の普遍的目的論」を生んだ。〈理〉を形相、義への志向をテロスと読み換えることが可能かどうかという古くからの問いについては、ここでは関与しない。ただ、この両者（西洋および中華）は歴史を前進させる熱情にとらわれていることだけは、たしかなのである。

◈〈朱子学的思惟〉とは何か◈

かつて荻生徂徠は「理は定準なきもの[29]」といった。これに関して丸山眞男は、「従つて道を理に基礎づければ各人が自己の見解を以て理とする所を立てて是を道とするに至り、その結果は必然に道の統一性を破壊する[30]」と語っている。

〈理〉が「定準なきもの」であるゆえに道の統一性を破壊するのか否かについては、さらなる検討が必要だろう。ここで重要なのは、何らかの理由で〈理α〉〈理β〉に危機が訪れるとき、そこではたちまちにして〈理〉の争奪戦が始まるということなのであり、歴史上このような局面は何度も存在した。

これをわれわれは、〈理のダイナミズム〉と名づけてよいのではないだろうか。

つまり、東アジアにおいては、歴史の経過にともなって〈理〉の内容は異なるものの、その〈理〉を扱う〈朱子学的思惟〉そのものは何ら変化せずに維持されていると見ることができるのではないか。

〈理〉の内容は断絶するが、〈理〉をめぐる思惟の構造は持続の体系である。換言すれば、〈朱子学的思惟〉

は東アジアにおいて、不滅の思想なのである。

それはなぜか。ここで重要となるのは、何を以て〈朱子学的思惟〉の本質とするか、という点であろう。

私は、本章で検討してきた次の諸点を、〈朱子学的思惟〉の本質と考える。

①〈理〉の三重構造。つまり根源的な唯一の理念（〈理α〉）があり、それが普遍的に構成員に賦与されており（〈理β〉）、さらにその構造を支える権力としての論理がある（〈理Ｘ〉）という構造。

②トートロジカルな〈理〉認識の体系。

③〈理〉を支える〈信〉の体系。

④〈理〉の内在的階層性。

⑤全体性と部分性の緊張。

⑥歴史改革への不断の意志。

つまり朱子学的な自然観なり社会システムなどというものよりも、その〈理〉をめぐる論理的な構造を、より本質的と見るのである。

このように考えるとき、歴史上で朱子学そのものは消えつつあるが、〈朱子学的思惟〉そのものは消滅するどころか、その表面的な姿を変えつつ生き続けていると考えられる。

たとえば東アジアにおいて「プロレタリア独裁を叫ぶ共産主義」や「永久革命としての民主主義」や「男と女のヒエラルキーに関心が集中しているフェミニズム」などが席捲した理由は、それらがここでいう〈朱子学的思惟〉そのものであるゆえなのである。

この点について、次章で詳しく検討しよう。

第4章

〈朱子学的思惟〉における〈主体〉の内在的階層性

1　〈主体〉とは何か

◆〈主体的主体〉と〈客体的主体〉の分裂◆

朱子学的社会（〈朱子学的思惟〉方式によって形成されている社会をこう呼ぶことにする）[1]において個々の人間はいかなる階層性を生きるのか。

ここで議論しようとするのは、朱子学的社会における人間の〈外在的〉階級性ではない。当該人間が外面的にいかなる階級に属しているか、という歴史的な問題を検討しようとするのでは全くない。そうではなく、〈朱子学的思惟〉において人間の〈内在的〉階層性がいかにして生じるのか、そしてその階層性の構造はいかなるものなのか、それらの点に関心を集中しているのである。

〈朱子学的思惟〉において、〈人間〉は一枚岩ではない。

この事情については前章ですでに、〈理〉の多重構造および程朱の「理一分殊」論との関連において記述した。[2] それを繰り返すなら、以下のようなものである。

……

「〈理〉はすべての存在・人間にあまねく賦与されている」という〈命題＝理〉を認めない人間、あるいは認識できない人間は、〈理〉から排除される。朱子学の統治する社会とは、「〈理〉がすべての構成員に与えられている」という〈理〉を用いて、その〈理〉から排除された存在を統治・教化してゆく社会である。

逆にいえば、〈理〉から排除された存在なしには〈理〉社会は成立しえない。

そしてここでは、〈理〉の構造の説明体系の全体を受け容れた者、認識しえた者のみが、〈主体的〉に〈理〉社会に登録されるのである。そうでない者は〈主体的〉な〈理〉を保持しえず、支配者によって〈客体的〉に分殊〈理〉を賦与される。すなわち〈主体的〉には〈理〉から排除されたまま、〈客体的〉にのみ〈理〉に組み入れられることにより、人格は完全に分裂する。

これが、理一分殊の〈隠された意味〉であった。

朱子学的社会は、「限られた構成員のみが〈主体性〉を持つ」と規定することによって成立する社会とは、明らかに異質である。「すべての構成員が〈主体性〉を持つ」と規定しつつ、その〈主体性〉を〈主体的〉なそれと〈客体的〉なそれとに分離し、〈主体性〉に関する説明体系の全体を把握できない者は〈客体的〉な〈主体性〉のみを賦与されることに甘んじさせられることによって、人格を分裂させられ、忠や孝などの〈主体〉、すなわち支配の〈客体〉として統治されるのである。

……本章では、この〈主体〉形成の構造をより微細に分析し、朱子学的社会における〈主体〉の階層化と〈理〉の階層性・全体性との内密なる関係をさらに仔細に検討してみることにする。

◈ふたつの立場――再び◈

西洋の新儒学研究において、個人主義・自由・自律などといった概念が強調されるようになって久しい。

わが国でも逸早く翻訳されたドバリー（Wm. Theodore de Bary）の書『*The Liberal Tradition in China*』[3]は、その代表的なものといえるだろう。この本は、「moral」、「individualism」、「responsibility」、「voluntarism」、「autonomy」

などの絢爛たる語彙たちの綴れ織りの様相を呈している。(4) 新儒学の「道徳」「個人主義」「責任」「自発主義」「自律」などの側面を遺憾なく強調し儒教的個人の道徳的〈主体性〉を力説したのである。(5)

またそれより以前に、第2章でも言及したメッガー（Thomas A. Metzger）は、新儒学者たちの「autonomy（自律）」「responsibility（責任）」「self-assertion（自己主張）」「moral action（道徳的行動）」などを高く評価したのであり、(6) そこでは「moral energy（道徳的エネルギー）」が執拗に強調されていたのである。(7)

そのほか杜維明もまた新儒家の「主体性」「創造性」を熱心に説く中心的な学者である。(8)

これらの論者たちを今、メッガーが規定した用語を踏襲して「人文主義者（humanists）」と呼ぶことにしよう。「人文主義者」たちの目覚ましい擡頭により、儒教社会における人間関係の本質をどう把えるかをめぐって（新）ウェーバリアンと「人文主義者」との間において、それを「相互依存」の体系と見るのか（ウェーバリアン）、自律的個人の主体的活動の場と見るのか（人文主義者）、尖鋭な対立が開始された（以下は第2章で論じたことの再確認）。

前者は儒教的伝統を低く評価し、依存・抑圧・自尊の欠如・抵抗概念の欠如・家族主義・権威主義・排他主義などの概念で儒教社会を規定し、中国をはじめとする儒教国家には、発展の内在的要因はなかったとする立場である。

マックス・ウェーバーがこの立場の代表であるし、また五・四運動時期の「西洋志向の批判的自由主義者」、毛沢東をはじめとするマルクス主義者たちもこのような考えを持ち、また現代の「新ウェーバー主義者（Neo-Weberians）」、「行動主義心理学者（behaviorist）」などと呼ばれる一群の人びともこの見解を取るとされる。

これとは反対に後者は、儒教的伝統を高く評価し、新儒家の個人的な道徳的自律性、自我実現を強調し、「超越的内在」としての普遍的道徳（天理）との距離感によって生ずる緊張が、新儒家の精神世界の基本であるとする。[9] そして西洋近代主義により荒廃した人間の道徳性、人間と自然との紐帯を回復するのに、このような新儒家的伝統こそが必要であるとする。

これは現代新儒家による儒教の再評価作業を受け継いで、メッガーのいわゆる「人文主義者」を中心に、「儒教的伝統」を擁護しようとする陣営の論である。

先述したように[10]、私は基本的に、この両者の立場双方が論理的に破綻していると見ており、このどちらにも与さぬ〈第三の立場〉を取っている[11]。

ただし朱子学的社会における士大夫を依存性・非自律性としてのみ把えることは行き過ぎであり、その意味で私は、「人文主義者」たちが注目する士大夫の個人主義・自由・自律などを、ここで〈主体〉と定義してもよいと考えるのである。たとえばドバリーの強調する「自任」は、まさに〈主体性〉をいうものであろう。

しかし同時に、私は「人文主義者」たちの論そのものを肯定する立場にあるのでないのは言を俟たない。「人文主義者」たちの論理的欠陥は多々存するが、本書の範囲と重なる部分についていうなら、さしあたって次の点が重要である。

すなわちこれらの議論に欠如しているのは、道徳的・自発的・自立的・自律的・創造的なる「self」であれ「individual」であれ「agent」であれ（それを今〈主体〉と総括して呼称することにしたのであるが）、その〈主体〉に内在的に打ち込まれた多様な襞・亀裂・階梯性……それらを視野に入れていないという点である。つまり〈主体〉の分裂とそれによる階層性についての関心が決定的に希薄なのである。

ドバリーもメッガーも杜維明も、朱子学の道徳主義を、その階層性から分離して語ろうと企図しているのは明らかである。(12)

それは換言するなら、個人の自律性や自由を保障するシステム……社会および心のシステムの問題が看過されているか、或いは軽視されているともいいうる。

それならば、〈朱子学的思惟〉における〈主体〉に隠された階層性とは何なのか。それを本章では解明しよう。

2 〈主体〉の階層性と〈理〉の階層性

◆〈理〉と〈主体〉◆

先に掲げた〈主体〉の定義を換言するなら、〈主体〉とは〈理〉を認識し実践する行為者である。つまり、〈主体〉はまず何よりも、〈理〉の契機と深く関わっている。

先に述べた通り、朱子学的社会での〈主体〉は分裂している。そして〈理〉との関係において〈主体〉の分裂とは、すなわち、〈主体〉が把捉する〈理〉の分裂にほかならない。

つまり〈主体〉の分裂のひとつの理由は、〈主体〉の内在的階層性と〈理〉の内在的階層性とのパラレルな関係に存するのである。格物は「理を以て言ふ」「物に就いて言ふ」ものであるのに並行して、致知は「心を以て言ふ」「我自りして言ふ」といわれる。(13)

〈理〉の内在的階層性とは、〈理〉と一言で語られる概念の中には、〈理X〉〈理α〉〈理β〉というそれぞれ性格を異にする層が存することをいう(14)。

〈理α〉：一理／統体太極／所以然之故／超越［丸山］／絶対的理［宇野］

〈理β〉：万理／各具太極／所当然之則／内在［丸山］／相対的理［宇野］

〈理X〉：メタ理［小倉］

〈主体〉は〈理〉を認識し実践する個であるが、〈理β〉つまり万物に具せられてある各具太極を把握する〈主体〉と、〈理α〉つまり超越的な統体太極を把握する〈主体〉とに大きく階層化されるのである。

ここで両者を便宜上、それぞれ〈主体β〉〈主体α〉と呼ぶことにしよう。

〈主体β〉は、自己に賦与された（とされる）各具太極を認識しえ、またその実践に尽力・邁進もするのだが、各具太極の基体たる統体太極を認識しえず、それゆえ「分」の当為性つまり「所当然之則」を遂行しはするけれども「分」の拠って来る所以（所以然之故）を知ることはない、そのような〈主体〉である。

これに対して〈主体α〉は、各具太極の基底に存する「所以然之故」たる統体太極を認識しえ、同時に〈理〉の構造から必然的に、各具太極の当為性をも併せて把握しうる、そのような〈主体〉である。

先の〈主体的主体〉と〈客体的主体〉の分裂でいえば、宇宙的・自然的・歴史的秩序の全体性を認識し実践する〈主体α〉は〈主体的主体〉であり、社会的・政治的秩序の階層性を部分的に認識し実践するのみの〈主体β〉は〈客体的主体〉である。

ここで重要なのは、〈主体的主体〉にせよ〈客体的主体〉にせよ、その根底には必ず〈客体性〉を持っているという点である。それは、それらの〈主体性〉はいずれも、〈理〉を〈賦与される〉という受動性から出発しているが故である。天命を実践する〈主体性〉は、まず天命を〈受ける〉という〈客体性〉からその意義ある生の道程を開始する。その意味で、〈主体的主体〉と〈客体的主体〉とは、その〈主体〉のレベルは異なるけれども、根底に〈客体性〉を保持しているという一点においては同断なのである。この〈客体性〉を今、〈主体的客体性〉と呼ぶ。〈客体性〉を〈主体的〉に受容しているという謂である。

他方、これとは対極的な〈客体性〉が、〈客体的客体性〉である。

それはいかなる意味でも〈主体性〉を持ちえぬ存在だ。つまり「理一分殊」といわれる通り社会構成員のすべてには〈理〉が賦与されているにもかかわらず、〈知〉への意志・能力の完全に欠如した個体は、〈客体的客体性〉としての奴隷的生に甘んじねばならないのだ。〈客体的客体〉とはとりもなおさず、〈理〉を認識しえず、〈理〉に支配されるのみの人である。[15]

◆〈主体X〉◆

以上が朱子学的社会における〈主体〉の分裂の様相なのであるが、ここにもうひとつ、〈隠された地平〉が存在することを忘れてはならない。〈理α〉〈理β〉を成立させる地平たる〈理X〉を把握する〈主体〉が、実は別途に存在するのである。宇宙的・自然的・歴史的秩序の階層性と、社会的・政治的秩序の階層性とがパラレルであり、これを保障する論理の枠が、すなわち〈理X〉なのであった。

この〈理X〉を把握する〈主体〉を今、〈主体X〉と呼ぶことにしよう。

〈主体X〉こそは、各具太極及び統体太極を成立させている地平を開拓し、支配し、管理する、そのような〈主体〉である。別の言葉でいえば、〈理〉の根源を創出し、賦与し、経営する人である。〈主体α〉〈主体β〉がいずれにせよ〈理〉を賦与されるという〈客体性〉を免れえないのとは異なり、〈主体X〉は〈理〉を創り出し賦与するという意味で真の〈主体性〉なのである。

そして社会的・政治的秩序の階層性を生きる〈主体β〉は、宇宙的・自然的・歴史的秩序の階層性を〈知〉として独占する〈主体α〉に支配され、そしてその両者とも究極的には、〈主体X〉によって支配されるのである。

整理すると次のようになる。

〈主体α〉:〈理α〉を把握:「所以然之故」を認識:〈主体的主体〉:〈主体的客体性〉も持つ
〈主体β〉:〈理β〉を把握:「所当然之則」を認識:〈客体的主体〉:〈主体的客体性〉も持つ
〈主体X〉:〈理X〉を把握

このように考えるとき、朱子学的社会の〈外在的〉階級性とは別途に、その社会構成員の〈内在的〉階層性が浮き彫りになる。たとえば士大夫と民とは互いに〈外在的〉階級性を判然と異にするが、その士大夫といえども、党争において敗北し「小人」と貶められ、或いは「下士」と分類された場合には、「君子」側の設定する〈理〉に奉仕する道を選ぶか、或いはその〈理〉の認識・実践不可能性を標榜して排除ないし支配される道を選ぶか、という境地に陥る。これは〈理〉側から見れば、前者の場合は〈主体β〉の担い手、後者の場合は〈客体的客体性〉の担い手に転落したとみなされるわけだが、この点において民とは同じ範疇に組み込まれてしまうのである。

もちろん「小人」が〈主体β〉或いは〈客体的客体性〉の担い手に転落したと見るのは「君子」側のまなざしなのであって、「小人」と規定された側は新たな〈理〉の発見とその独占によって〈主体α性〉及び〈主体X性〉を獲得しようと絶えず窺っているのではある。これが朱子学的社会における〈理〉奪取闘争の繰返しの主因となるわけである。

われわれは殊に、〈主体X性〉と〈主体α性〉を明確に区別する必要がある。自己の〈主体性〉は前者であることを宣揚する多くの士大夫たちは、実は後者を発現しているにすぎない場合が多いからである。たとえばドバリーは、「道を人々に宣揚することを自らの任務とする（自任）こうした英雄的理想」[16]を頻繁に称揚する。前述したごとく、これはまさに〈主体性〉といいうるであろう。しかしそれは、まさに〈主体α〉をいうのであって、〈主体X〉に遡及しうる存在なのでは全くない。

ところで朱子学的社会の階層性は、右の三種にのみ画然と分割されるわけでないのは自明である。先に言及したごとく、現実にはより多重多層な襞を成しつつ構成されている。たとえば同じ〈主体α〉の領野の中にも、微細な差異を顕現する多様な人間群像が存在するのである。しかし、それにもかかわらず、〈客体的客体〉と〈主体β〉の間、〈主体β〉と〈主体α〉の間、〈主体α〉と〈主体X〉の間には、次元の懸隔ともいうべき質的転換が存するのである。その閾は具体的に何かというに、〈客体的客体〉と〈主体β〉の間においては「立志」[17]が、〈主体β〉と〈主体α〉の間においては「豁然貫通」が、それぞれの飛躍的異次元化のメルクマールとなっている。それゆえに朱子学においてはこれらの飛躍を殊のほか重要視するのであるが、実のところこれらの飛躍を準備するものは持敬・存養・察識・格物致知などの「修己」なのであるがゆえに、朱子学におけるこれら「修己」の重要性は格別なわけである。

それでは、〈主体α〉と〈主体X〉の間においては何が飛躍的異次元化のメルクマールとなっているのであろうか。

朱子学ではこれについて無言である。その沈黙自体が、〈理X〉が〈隠された地平〉であるという一点を物語っている。[18]

これについて次に、〈理〉の全体性および〈理X〉の性格という観点から検討してみよう。

3 〈主体〉の階層性と〈理〉の全体性

◆階層性の問題◆

先に、「〈主体〉の分裂とは、すなわち、〈主体〉が把捉する〈理〉の分裂にほかならない」といったのだが、この説明に陥穽はないだろうか。つまり、〈理〉とはそもそも、普遍性•全体性の謂ではなかったか。その〈理〉が分裂するとは、いかなる錯乱であろうか。この事情に関しては前章で説明したので、詳細は繰り返さないことにするけれども、[19]ここで確認しておくべきは、〈理〉は分裂性を秘匿し、つねに全体性を標榜するということである。〈理〉は神のごとく、細部に宿るときさえ全体である。

「其所謂理一者、貫乎分殊之中、而未始相離耳」
（いわゆる理一というものは、分殊の中を貫いているものであって、決して相離れるということはない[20]）

〈主体化〉とは、一方である〈非主体〉を〈主体〉へと教化し編入すると同時に、他方で別の〈非主体〉を〈客体的客体〉として排除ないし支配することによって成立する厳しい闘争であるが、そこにそのような闘争・排除が起こるのは、誰しもが自らに与えられた〈理〉の全体性を信じているからなのであり、逆にたとえば、「天の物を生ずるや、必ず其の材に因りて篤《あつ》くす。故に栽《う》はる者は之を培《つちか》ひ、傾く者は之を覆《くつがへ》す」[21]（『中庸』）といわれるごとく、〈理〉の全体性を信じることのできない〈主体〉は充分に〈主体化〉されぬまま〈非主体〉ないし〈客体的客体〉として封じ込められ、転落する運命にあるのである。

「虚靈不昧」[22]なる明徳は、まさに「衆理を具して萬事に應じる」[23]と〈理X〉によって規定されるがゆえに、そしてその明徳はあまねく人びとに賦与されているところこれも〈理X〉によって規定されるがゆえに、人びとは〈理〉探究の苦しい旅に出る。

「知への意志」及びその根底の〈理〉への意志、その全体性への希求こそが、〈主体化〉を形成するのである。

「格物者、格、盡也。須是窮盡事物之理。若是窮得三兩分、便未是格物。須是窮盡得到十分、方是格物」。
（格物というときの「格」は、「尽」ということだ。須《すべから》く事物の理を窮め尽すべきである。二・三分を窮め得たといったとしても、それは未だ格物ではない。須く窮め尽して十分に到ることができなくては

ならない。そうしてこそまさに格物である[24]

「生知」「学知」「困知」と、「知」に至る道程は様々だが、「其の之を知るに及んでは一なり[25]」と『中庸』に説かれる通り、性善説によって「知」の全体性は保障されているのである。

すなわち〈主体〉が階層性、換言すれば非全体性を持つ理由は、（2節で見たごとく）一方で〈主体〉の把握する〈理〉の限定性・分裂性のゆえであるが、逆に他方では〈主体〉にあまねく賦与されている〈理〉の全体性のゆえなのである。全体性が信じられるがゆえに、その全体性への接近の達成度による階梯秩序がここに動的に機能するのである。

そしてこれは、「理一分殊」に深く関係する。程伊川が理一分殊を語った後、特に分殊をめぐっては様々な解釈が現われたが[26]、私は理一分殊とは、〈理〉志向性を基盤とする社会構成員の序列化・階統化の理論であると考える。

〈朱子学的思惟〉において真に「全」を把握している個人は、実は〈主体X〉のみである。これを糊塗し底上げして、あたかも〈主体α〉こそが全体性を把握しているかのように語るところに、朱子学的社会の統治方法の特色がある。「力を用ふるの久しき、一旦豁然として貫通するに至りては、則ち衆物の表裏精粗、到らざる無く、而して吾が心の全體大用も明らかならざる無し[27]」という境地はまことに〈主体〉誕生の栄光に包まれた瞬間であるが、実はこの舞台を設定したところの力の地平が別途に存在することを、誕生した未熟な〈主体〉たちは容易に知りえない。

「吾が心の全體大用も明らかならざる無し」と謳われた〈全体性〉が虚偽の〈全体性〉であることを知る

のは、〈理X〉を把握する〈主体X〉のみなのである。

4 〈主体〉の階層性と〈理X〉

◆創造性の問題◆

〈朱子学的思惟〉において、人間の〈主体性〉が強調されるに伴い、そこに奇妙な事件が起こる。それは、人間の〈主体X性〉は周子・二程子・張子などによって主張され、朱子に至ってその理論の完成をみたのであるが、この完成と同時に、〈主体X性〉はほぼ朱子とその師（所謂「周程張四家」）たちの独占するところとなってしまい[28]、後世の士大夫たちには〈主体X性〉は与えられず（それはそもそも与えられるものではない）、彼らは専ら〈主体α性〉と〈主体β性〉の担い手としてしか存在しえなくなる、という社会構制の出現なのであった。

その理由は、朱子こそが最も整合的に〈理〉の全体性を説明しえたからなのである[29]。そしてこの〈独占化〉作業に邁進したのが初期には朱子の弟子たちであり、後には〈全体性〉を志向する朱子学的王朝システム自身なのであった。

すなわち、人間の最も高貴で本質的な道徳的使命としての〈主体X性〉が、超越的なものから内在的なものへと位相転換する瞬間、それはまさに作為者としての学んで至るべからざる聖人から、道徳的完成者としての学んで至るべき聖人へという聖人観の転換の瞬間でもあるが、この瞬間に〈主体X性〉は、朱子学の創始者たちが独占的に担うことになるのである。

〈朱子学的思惟〉の人間中心性は、夙に指摘されるところである。たしかに人間は、「惟だ人や、その秀を得て最も靈なり。形既に生じ、神發して知る。五性感動して善惡分かれ、萬事出づ。聖人これを定むるに、中正仁義を以てし、而して靜を主として、人極を立つ[30]」（『太極図説』）といわれるごとく、万物の頂点に君臨するものとしての役割を与えられている。

しかし、〈聖人性〉の内在化によって個々の〈人間〉が〈主体〉として歴史に登録されるという〈主体化〉の過程の背後で進行していたのは、実は、〈人間〉を〈主体〉の台座に載せることに成功した〈理〉の一元的支配なのであった。

先に〈主体X〉によって他の〈主体〉が支配されるしくみを検討したが、今や〈主体X〉ではなく〈理X〉が人間を支配するようになる[31]。

つまり、朱子学という〈理〉の体系自体が〈主体X性〉を独占的に担うことになるという事態への道が開かれたのであった。〈理〉の体系を最もその根底で支えているものが〈理X〉である。それゆえ〈理X〉こそは、朱子学的社会において究極の〈主体X〉なのである。すなわち〈客体としての理〉から〈主体としての理〉への転換が、朱子学的社会の権力装置の勢力拡大と同時に敢行される。

ここでわれわれは、〈理〉の全的な認識能力が保障された人間、それが〈理X〉に支配されるという事態に陥るのを見る。

その後の朱子学的社会は、〈理〉の貫徹一色の領野となる。

そしてここにわれわれは、「創造性」をめぐる儒教の根源的な創痕を見るのである。

「聖人は太極の全體なり。一動一静、適《ゆ》きて中正仁義の極にあらざる無し」[32]（朱子）と、宇宙・歴史・政治・社会の全体性の中心的・標準的極致として宋儒により立てられた聖人。そして「學は以て聖人に至るの道なり」「聖人學んで至るべきか。曰く、然り」[33]（程伊川）と、この目眩くがごとき極への到達が宣言され、「聖人爲らんことを求むるの志ありて、然る後與に共に學ぶべし」[34]（程伊川）とまでいわれる。

かように宋儒は、「聖人には至ることができない」とされていた儒教の伝統を、見事に転換して「至ることができる」としたのであるが、ここで従前の至ることができない聖人は「作者」であったのに対し、宋儒の至ることのできる聖人は「作者」ではなく「道徳的完成者」であった。すなわち、「作者＝創造者」の畛域を人間は、いずれにせよ越えることはできないのである。[35]

真に「創造的」な〈主体〉は、朱子学的社会のどこにも存在しえないことになったのであった。

5 〈主体〉の階層性と変革・改革

◆変革と改革◆

そしてこれは、〈主体〉の内在的階層性と変革・改革の問題に直結する。

すなわち、朱子学的社会において、社会の体制自体を転換するような変革は、全く不可能なのだろうか、という問いである。

先に挙げた「人文主義者」たちの特徴のひとつは、新儒学的〈主体〉の創造性・革新性に照明を当てる点にある。たとえば「Neo-Confucian reformism」[36]とドバリーはいう。

しかし彼らには、朱子学的変革主体の構造の分析が欠如しているために、いかにして変革・改革が可能であるのか、の説明が不充分なのである。

この点に関して、私の立場は、〈朱子学的思惟〉において変革も改革も可能だという考えである。[37]むしろ〈朱子学的思惟〉における〈主体〉の階層性こそが、変革と改革を可能にするとすらいえるだろう。

社会の諸矛盾が増大し、旧き〈理X〉を保守する勢力が腐敗化してゆく。そのとき、新しき〈理X〉を電撃的に把捉する勢力が社会の亀裂から登場する。

その〈新しき理〉が〈旧理〉を打倒する。これが変革である。

そしてひとたび変革が成功するや、〈新しき理〉にあらかじめ打ち込まれてあるプログラム（〈理α〉）に従って、旧体制を新しく書き換えてゆく。これが改革である。

このとき、変革の〈主体〉として〈客体的客体〉が宣揚されることが往々にしてある。〈主体〉ではなくむしろ〈客体〉こそが真の〈主体〉となりうるのだというこの興味深い論理は、ルサンチマンやマルクスなどの理論の仮面を被って朱子学的社会に頻繁に登場するものであるが、実のところ、〈朱子学的思惟〉の〈内部〉の発想そのものにほかならないのである。腐敗した王朝衰頽期において反乱を起こす「農民」、社会の矛盾の結晶点として革命を起こす「民衆」……これらの類型は、抑圧され支配された最底辺の〈客体的客体〉であるが、まさにそれがゆえに〈旧理〉による汚染度の最も低い階層であるがため、〈新しき理〉を最も容易に実現しうるのだと発想されている。しかしこの場合も実態は、この〈客体的客体〉としての類型は、〈主体X〉によって〈主体化〉され命名された存在なのであって、〈客体的客体〉がその〈客体性〉の結晶のままに歴史上の変革者として登録されるということでは無論ない。

またそれと文脈は異なるが、改革の局面においても〈客体的客体〉がそのまま〈主体〉となることはありえないであろう。そこに「意識化」つまり〈主体化〉作業が必要なのである。これは〈主体〉の分裂様相から正確に記述するなら、〈客体的客体〉の〈客体的主体〉化にほかならない。

ここで重要なのは、巷で〈主体化〉といわれるものは、実はこのような〈客体性〉付与作業でもあるということだ。「階級としての主体形成[38]」などという類の言葉がかつて乱舞したが、実はこれも内実は、〈客体化〉の一種なのである。[39]

たとえばその典型的な例としてわれわれは、「忠誠」「孝誠」を挙げうる。なるほど「忠」「孝」はともに「誠」「誠実にすること」つまり〈主体性〉によって支えられてはいる。しかしその徳目は〈理〉という名のもとに与えられた〈客体性〉なのである。ここからも、社会を〈主体〉と〈客体〉の二元的な対立とのみ見たのでは、朱子学的社会の動的な性格を見逃すことになってしまうことが教えられる。

このように見ても、そもそも朱子学的社会は、改革の連続からなる動的な社会であった。

しかしその動的な朱子学的社会が、やがて突如として動かなくなる。永続改革の継起と見えた朱子学的社会が、楽旨を唐突に守旧へと替え、頽勢は蔽い難いものとなる。動こうとして動きえず、〈主体〉としての人間は力を喪失し、または力を封じ込められる。これはいかなるメカニズムによるものであるのか、われわれは前節においてすでに〈理〉運動の内在的な力学にその所以を見た。すなわち〈理X〉が〈主体的主体〉の座を〈主体X〉から奪取することにより、その〈理〉の正否を是非する人間的〈主体〉はいつのまにか消滅してしまうのである。

◆荻生徂徠の〈主体性〉◆

さて、〈朱子学的思惟〉に対抗する思想として徂徠学の変革志向性を説いたものとして、丸山眞男の儒学解釈がある。

丸山が把える荻生徂徠の〈主体〉は、逆説的な意味における〈変革の主体〉であった。しかし、隘路を疾駆するかのごとき丸山の論理は、終局において破綻しているのを認めざるをえない。

人間は自然的秩序に埋没し、ペルゾーン（人間）よりもイデー（〈理〉）が優位に立ち、それゆえ変革の〈主体〉が形成されえない体系、それが丸山にとっての朱子学であった。[40] これに対して、聖人の位置を、学んで至ることのできる対象ではなく（「聖人は学びて至るべからず」）、「道の絶対的作為者」としてその非人格性を否定したのが荻生徂徠であった。徂徠にとってこの社会とは、絶対的作為者の作為であるというただ一点において意味のある体系なのであり、個々の人間の内面性とは無関係なものとみなされる。そしてこの「空虚性」こそが遂に、「封建的社会関係及びその観念的紐帯（五倫、五常）から実質的妥当根拠を奪つて之を形骸化」したのである。[41]

荻生徂徠の〈主体性〉はある意味で、〈主体X〉の復活を志向したといってよい。ただしその〈主体X性〉は、絶対者としての聖人とその「アナロジイ」としての「一般的な政治的支配者」のみが享受するのであり、それ以外の社会構成員に〈主体X性〉は無論ありえなかった。

政治性の全く排除された内面から政治的〈主体性〉が育つということは、功利性の全く排除された内面から資本の蓄積が生まれるという式の論理からいえばありえないことではないと強弁しようとも、[42] 現実の東アジアにおける変革の歴史を振り返れば、明治維新にせよ毛沢東の革命にせよ韓国の民主化にせよ、〈主体〉の内在的階層性に基礎を置く政治性から出発し、またこれを最もよく利用したものであったと断言できよう。すなわち変革とは、〈主体X〉の創発ないし復活運動のみによって達成されるものではなく、〈主体〉を不断に分断し階層化する装置である〈主体α〉〈主体β〉による活性的な〈主体化＝客体化〉作業という土壌の上に、〈理X〉を担う〈主体X〉が登場したときのみ可能なのである。[43]

◆東アジアにおける「近代」と〈主体〉◆

朱子学的社会にあって人間は、決して単純に〈主体〉と〈客体〉とに二分されるのではなかった。そのような二分法の社会は、性善説という論理自体に合致せぬばかりか、[44]民への教化・啓蒙によって〈理〉の生命力を維持してゆくという社会構制上の理由からいっても、〈朱子学的思惟〉においては成り立ちえなかった。[45]そして〈主体〉の多層性・分裂性と〈理〉の分裂性・一個性・全体性の複雑な関係を本章では解明した。重要なのは、朱子学的社会における〈主体〉には、〈主体X〉とともに〈主体α〉〈主体β〉という契機が存在するだけでなく、〈主体α〉に奉仕する〈主体β〉の重要性があらゆるコミュニケーション手段を駆使して巧みに宣伝され、そして〈主体β性〉の発揮にこそ使命を燃やす人間群像が育て上げられてゆくという点である。

「〈天皇制〉はなぜ有罪であったのだろうか。近代主義者の見地から見れば天皇制は日本人民衆に「植物的な」……知的に無力で生活全般にわたって父権的権威に従属する……あり方を強いるものであった。彼らは帝国臣民（imperial subject）であったが、彼らの「主体性」（subjectivity）は欠如していた。主体性なくして民主的な市民権は考えられないのである。主体性を教育するためには、すでに啓蒙された階層が必要であった。大衆を歴史的な無力症から解放するであろうまぎれもなく普遍的な理念と理想の本質を大衆に翻訳して伝えるためである」[46]。このように考える人びとがいる。しかしこれは誤解なのである。日本人民衆に「主体性(subjectivity)」は欠如していたのではない。普遍運動としての「大日本帝国」という〈理〉により教化された「臣民(subject)」として自覚的に国家に登録された日本人の多くが、〈主体性〉を担っていたのである。ただしそれは〈主体β〉にすぎなかったのである。帝国臣民に主体性が欠如していたといえば、彼らは全的に免責されるかもしれない。しかし事実はそうではないのである。

これは「近代」と〈主体〉の階層性の問題でもある。

たとえば韓国における朴鍾鴻(一九〇三〜七六)の場合を考えてみよう。

朴鍾鴻は、大韓民国における〈主体〉思想を展開した哲学者である[47]。彼は三・一独立運動(一九一九)、四・一九革命(一九六〇)、朴正熙時代の維新体制(一九七二)という画時代的な変革の哲学的根拠を熱心に説いて国民を鼓舞しつつ、それを「韓国哲学」という理念に収斂させて国民の統合を図った啓蒙的思想家であり、韓国版「教育勅語」ともいわれる「国民教育憲章」を起草してもいる。

彼の方法論の特徴のひとつは、〈客体の主体化〉と〈主体の客体化〉の循環運動である。「能動的かつ未来的な行為としての生」は、「客体を主観化する行為」「客体からその自然性ないし独立性をまず剥奪してしまう過程」として営為される。それは「主体の客体化」を意味する。「客体の主体化としての人間の環境支配と、主体の客体化としての制作・建設」は、人間の自立性・自発性・発展性である。「しかし主体によってつくられた客体がすでに主体から一旦解放され独立する瞬間、すべての対象を自己に隷属させていた主体の自発性はその実現の限界においてむしろ自発性を喪失するのであり、この時において新しく独立性を獲得した客体が再び新しい行為に対する所与として現われうる」「われわれの行為は客体の独立性を剥奪することから出発して再びその独立性を賦与するに至って所期の意図を実現する」「この客体の主体化ないし主体の客体化としての行為としてつくられる新しい世界こそが、人間が創造した最も人間的な世界[48]」だという。

朴自身は自覚的に定式化していないが、〈客体の主体化〉と〈主体の客体化〉の循環運動によって彼が達成しようとするものは儒教的な「拡充」(〈弁証法的拡充〉とも名づけうるであろう)なのだと私は考える。つまり「拡充」という儒教的な〈主体〉拡張の思想に西洋哲学(特にヘーゲル)の理論的武装を施し、それによって韓国の国民・民族の統合及び近代国家建設の哲学的・道徳的基礎を固めようとしたのである。[49]

このように、東アジアにおける「近代」には、〈主体〉の階層性の問題が深く関わっている。「近代」の啓蒙とはまず第一に、原理上(日本)或いは実際上(朝鮮)、〈主体性〉保持への道を封鎖されていた匹夫匹婦に、〈主体β性〉を付与する作業であった。

そこにおいて〈主体〉はあくまで、〈非主体〉〈客体的客体〉の支配ないし排除という、垂直的な〈理〉秩序の社会化として機能していたものでもある。

〈朱子学的思惟〉を脱皮して水平的〈主体〉という概念が可能になるためには、その〈主体〉の内在的階層性のゆえにこそ〈主体〉なる概念がかろうじて存立可能である、そのような地平をいかにして転換できるのか、という問いに答える必要がある。

たとえば「臣民‐主体」に代わって「市民‐主体」を打ち出すという試みにおいて[50]、東アジアにあって現在のところ予見可能なのは、せいぜい「非市民」を〈客体的客体〉として支配ないし排除しようとする垂直性論理たる〈主体β性〉〈主体α性〉を発揮する行為者としての、「市民」ではなかろうか。それともそのような垂直性の軸を破壊する何らかの哲学的転換の予兆があるのであろうか[51]。それとも時代はますます〈朱子学的思惟〉に侵蝕されつつあるのだろうか。

第5章

〈主体〉と〈ネットワーク〉の相克

1　垂直性と水平性

これまでは、〈理〉の序列性と〈主体〉の序列性の関係を中心に、〈朱子学的思惟〉における〈主体性〉の性格について分析してきた。しかし、〈朱子学的思惟〉はあくまでも儒教の一スクールにおける思考方式であるから、儒教の枠組みを超えるものではないし、ましてや西洋近代の主体性概念と同じものでは決してない。それではその儒教性ないし反西洋近代性を担保する側面とは、どのようなものであるのか。本章ではそのことを中心に考察してみたい。

第3章および第4章においては、〈朱子学的思惟〉の特徴として、主にその垂直性の側面に重心を置いて分析してきた。〈理〉の多寡といい、〈主体〉の序列化というとき、そこで関心の焦点となっているのは、〈理〉および〈主体性〉を序列化する垂直の軸であった。このように人間を超越性との関係において垂直の軸のみで把握するとき、その人間観は一方で「序列」に焦点が当たったものとなるが、他方では「個」としての側面、すなわち他者との差別性の側面がクローズアップされることになる。この側面のみを見るとき、〈朱子学的思惟〉における〈主体〉は、西洋近代における自律した個人というものと表面上若干類似した姿になるわけである。

しかしながら朱子学が儒教である所以を考えるとき、このような垂直性の側面のみでなく、水平性の側面にも目を向けなくてはならないであろう。そもそも儒教の根本である『論語』で強調されていた諸概念は、孝であれ信であれ礼であれ仁であれ、そこに垂直性の観念が多分に含まれていたとはいえ、単に垂直的な世界観のみでは成り立たず、そこに水平性の観念をどれだけ包含させるか、というところに思想としての生命力を賭けていた、ということができる。別の言葉でいえば、そこに思想としての普遍性が成立するか否かを賭けていたのである。

儒教の諸観念のうち、垂直性を表す側面としては、「血の連続性」「天との合一感」「愛」「知」「秩序」「共同体」「道徳」「他者への統治」「文明」などを挙げることができるであろう。この場合、愛といっても対等な個人どうしの水平的な愛ではないし、知や共同体や道徳などもまた階層性が深く刻み込まれた概念である。しかし、これとは別に、水平性を表す概念もある。代表的なものは「愛」と「道徳」である。すなわち儒教とは、垂直性と水平性という相反するヴェクトルを取り込んで、その極大化を図る宗教思想であり政治思想であるといえる。その際、愛や道徳という概念が、一方では垂直性（たとえば親子の愛や君臣の道徳など）を表すものであると同時に、他方では水平性を表すものでもあるという点に、儒教のダイナミズムがある。水平性を代表するのはたとえば「万物一体の仁」という概念である。これは、孔子が強調した仁という概念の持つ水平性の側面を極限にまで拡大し、宇宙万物との一体感を基盤とした愛と道徳の理念に練り上げたものである。宋代の程明道が代表的な唱道者といえる。儒教の根幹である「差等」という愛の階層性を破壊しそうになる寸前まで拡大したこの水平性の理念は、その意味で後世、ぎりぎりの一線を越えて反儒教の領域にまで半歩を踏み込んだ譚嗣同のような思想家を生むことにもなる。またそこまで極端な博愛的（つまり反儒教的）理念にまで進まなくても、たとえば『大学』における修身—斉家—治国—平天下という枠組みは、愛の差等性を保持しながらその愛の道徳的エネルギーを外部に拡大していくことによって成り立つのだが、この「外部への拡大」という運動には愛の垂直性とともに水平性という動力がはいりこんでいる。垂直性のみでは、他者に向かって普遍的な愛の運動が起動しないのである。

すなわち、儒教には垂直の軸と水平の軸があることになる。

そして朱子学というのは、垂直の軸（〈理〉の序列性）と水平の軸（愛の普遍性）の双方が強く牽引しあいながら、ヴェクトルとして斜め右の方向へ同心円を拡大しつつ進んでいくという運動なのである。朱子学では「仁とは愛の理である」と定義するが、これは、仁が愛そのものではなく、その愛の普遍性が保障されるためには〈理〉という差等の理念が内在していなければならないということを意味している。つまり、朱子学における斜め右方向への同心円拡大運動こそ、仁の原理を示しているのである。この同心円は、さきほど述べた『大学』における修身―斉家―治国―平天下という円の拡大である。これらの円はそれぞれ別個のものではなく、それぞれ連続性を持っているので、この同心円の拡大は螺旋状を形成している。

これに対して陽明学というのは、そもそもの根底に水平の軸（万物一体の仁＝愛の普遍性）を持ち、それが理そのものであるという直接的な世界観を持っている。そしてこの理がより超越性（縦軸の頂点）に近づくためには、自らに具わった良知を極限まで発揮することが求められる。すなわち陽明学の運動とは、横軸の水平性を縦軸の頂点にまで引き上げる愛の力によるのである。

もちろん、これ以外にも極めて重要な側面がある。それは「心」をどう把えるか、という問題である。このことをも視野に入れつつ、同じ儒教の中でも垂直性と水平性をめぐって様々な世界観の類型があるという違いを認識することが、非常に重要なのである。

そして今、縦の垂直性の軸を主体性の軸とし、横の水平性の軸を関係性の軸として考えてみることにすると、このふたつの軸によって東アジア社会（ここでは日本と朝鮮――ただし解放後に関する叙述が多いのでその部分に関しては「韓国」と表記する）の構造と運動を理解することができるのではないか。これが本章の関心事なのである。

2　東アジア的社会のふたつのモデル

◆日本社会と朝鮮（韓国）社会の考察◆

前節では、儒教的世界観の中に垂直の軸と水平の軸の双方があることを説いた。このことは、これまでの一般的な儒教観においても意識されている。しかしどちらかといえば、儒教に対するイメージとして、垂直の軸といえば主体性よりは服従・従属という側面に焦点が当てられてきたであろう。そもそも儒教や朱子学、あるいは東アジアなどというものと「主体」という言葉が結合するという事態そのものに、疑念や違和感を持つ人も多くいるに違いない。実際、近代主義者でなくとも、儒教と主体というふたつの項を、完全に排他的なものとして認識する人は、いまだに多いと思われる。その背景には東アジアや儒教に対する無知や偏見や曲解というものもあるだろう。しかしむしろ「東アジアを認識する外部の人」の側でなく東アジアの側にも、主体を排除しようという側面がある。そのことを最も端的に表現するとするならば、東アジアを一方で「専制」の地域であると、また他方で「関係性」の地域であると語ることができる。「専制」というのは無論、ヘーゲル的ないしマルクス的な東アジア観である。最も典型的なのはウィットフォーゲルの「東洋的専制主義論」であろう(1)。東アジア内部にもこの手の論の信奉者は多い。それに対して「関係性」を強調する論は、東アジア内部からも言語学・文化人類学・政治学・政治思想・経済学・哲学・文学・心理学・社会心理学・社会学・歴史学などあらゆる分野において唱えられている。

ここでは、このように近代以降の東アジア人間論の主流をなす「関係性」論と、それに対して非主流である「主体性」論とが排他的なものではなく、実態としての東アジアはこの両者の混合態であるということを、単純な理念型を設定して社会構造論として語ろうと思う。個々の思想家がどのように考えたか、という思想史の分析ではなく、「主体性」論的な人間観と「関係性」論的な人間観が、実際の日本と朝鮮の社会においてどのように機能してそれぞれの社会を構築してきたのか、という問題である。

◆主体型とネットワーク型◆

そもそも東アジアの人びとの人間観・世界観を考えてみると、きわめて大雑把にいって、次のふたつの類型があると考えられる。

ひとつは、「主体型」である。これは「私」(日本語)であれ「我」(中国語)であれ「ナ」(朝鮮語)であれ、一人称としての「私」が世界の中心にあって、社会はこの「私」を中心としてその外側につくられてゆく、という考え方である。

東アジアの伝統思想の中でこの考え方に最も親近性があるのは、儒教である。儒教では、「私」という中心のまわりに、家族・血族・共同体・国家・世界(天下)などという同心円が矛盾なく描かれることが理想とされた(しかし実際はそのようなことは稀有のことなので、様々な儒教的アポリアが生ずるのである。たとえば忠と孝の矛盾など)。

もちろんこの「私」は、西洋近代思想におけるアトム的個としての「私」とは異なり、男系の血の連続性という正統性をになった「私」である。それゆえこれを「主体」という言葉で表現するとしても、それは西洋近代的な主体とは大きく異なるのはいうまでもない。しかし、先述したWm・T・ドバリーのいうように、特に宋代以降の士大夫たちが理想的な個人の属性として設定したのが個人の道徳的責任感・自律性だと考えるなら、[2]それを「主体性」という言葉で表現してもよいであろう（これに関する議論が本書の第3章、第4章の内容であった）。特に東アジアでは近代化および民主化にともなって、伝統社会ではごく一握りの上位階層だけが担うことができたこのような「主体性」を、国民国家の構成員全員が持つようになった。国民の「士」化である。明治以降の日本でも盛んにそのような教化がなされたが、それが最も成功した一例が民主化後の韓国であるといえよう。

しかし、これとは異なるもうひとつの類型が東アジアにはある。それは「ネットワーク型」である。これは、確固たる一個の主体性という概念とは完全に異なり、「私」より「ネットワーク」が先に存在する、というタイプの世界観である。東アジアでは特に家族や血族という関係性が極度に重視されるので、「ネットワーク型」も当然強固に存在している。この「ネットワーク型」には、多くの類型がある。これに関しては後に語ろう。

◈主体型とネットワーク型の多様性◈

今、非常に大雑把に「主体型」と「ネットワーク型」というふたつの類型を提示したが、それぞれの中には細かなヴァリエーションが存在する。

たとえば「主体型」には、代表的なものとして次のような類型がある。

【S1】西洋近代の影響を受けて、近年では東アジアにもアトム的個人の「主体型」人間が多くなっている。特に都市部の近代主義者たちや自由主義者たちは、伝統的な家族や血族から分離して、人間観においても欧米化している人びとが多いのである。エマニュエル・トッドは、世界の家族の類型を分析して、日本や韓国を「権威主義型」とした。(3) しかし日本では一九七〇年代以降、トッドの分類では北米や豪州などに分布するとされている「絶対核家族」という類型に近似している。韓国も個人主義化が進んだが、儒教的な血族の紐帯は強く残っている。

【S2】伝統的な儒教的主体を受け継いだもの。これは主体といっても、西洋近代的な自律的な個人なのではなく、関係性の中での中心点としての主体である。このことについては後に詳しく説明する。

また、「ネットワーク型」には、代表的なものとして次のような類型がある。

【N1】儒教的なネットワーク性。ネットワークの中での各個人は対等な関係にあるのではなく、不変的あるいは可動的な権力関係にある。伝統的には血族というネットワークが最も重要であったが、近代化とともに、会社組織や学校関係(学閥)などというネットワークが重要度を増した。

【N2】仏教的なネットワーク性。仏教ではそもそも人間の主体性を認めないから、個人も自律的に存在するのではなく、ネットワークの結節点として、存在するかのように錯認されつつ現象しているのである。このような世界観によって成り立っているネットワークは、同じく「関係性」を重視していながら、【N1】のネットワークとはその内実がまったく異なるものである。

そのほかにシャーマニズム的あるいはアニミズム的ネットワーク性もあって、これらも重要であるが本書では特に取りあげない。

◆二重構造◆

東アジアにはこの「主体型」と「ネットワーク型」のふたつの人間観が重層的に存在している。それでは、それぞれの人間観はどのように棲み分けをしているのだろうか。社会階層の問題であろうか、あるいは都市と農村の別によるのだろうか、それとも政治志向・経済志向などの志向性の問題なのだろうか。

結論をいえば、「主体型」と「ネットワーク型」の棲み分けの論理は複雑であり、それを西洋近代の術語で一義的に説明づけることはできない。階層の問題でもあり、性別や学歴や居住地などの問題でもあり、志向性の問題でもあり、……それらを総合して何らかの規定をすることは、西洋近代の概念では困難である。

私はかつて韓国社会を分析した本で、「理と気のシステム」ということを語った[4]。理と気は儒教の言葉であり、特に朱子学においてきわめて重要なタームとなる。本書でも、理と気という中国の古いタームを借りることにしよう。そうすると、意外にうまく説明が可能なのである。

つまり、東アジアでは、理に属する人間やシチュエーションや空間においては、「主体型」の人間観が支配するのであり、逆に気に属する人間やシチュエーションや空間においては、「ネットワーク型」が支配するのである。

東アジアの空間というのは、このような二重構造になっている。二重構造とはいっても、ふたつの人間観が截然と区分されるわけではない。それらはあるときは境界不分明であり、あるときは混在したりしている。つまり「主体型」は気の側面にも関わるし、「ネットワーク型」は理の側面にも関わるのである。伝統的な儒教の用語を援用すれば、このような関係は「不相雑、不相離」ということができる。

◆「主体型」「ネットワーク型」以外のモデル◆

実は東アジアには、これ以外にもいくつもモデルがある。

最も強力なのは、「私はない」というモデルである。これはいうまでもなく、仏教的世界観であり、前述の【N2】をもっとラディカルにしたものである。このモデルにおいては、関係だけがある。つまり「ネットワーク型」においては私は散在しているのであるが、「無我型」においては、散在している私の実在性も疑われる。関係の結節点として実在しているように見えるのも幻影であり、実在するのは関係のみである。このような仏教的世界観は、しかし、中国にはいってくるや、著しく実在的なリアリティを「私」に与えるようになる。東アジア的世界観においては、「私」の根源的な非実在というラディカルなニヒリズムは成立しがたいのだ。中国仏教においては、結局、如来蔵や仏性という形で存在の実在性の核を保障する思想が強くなる。朝鮮や日本の仏教も同じである。だから「私」の実在性のほうにかなり重心がかかっているとはいえるが、それでも「無我型」は東アジアの人間観として存在する。私の考えでは、東アジアにおいてこの「無我型」が最も強いのは、日本である。

そのほかにも、関係のネットワークの範囲を人間社会だけでなくあらゆる生き物にまで広げるタイプの「拡大ネットワーク型」とでもいえるようなタイプもある。アニミズム的な伝統に則っている世界観である。この社会も、人間だけがつくっているのではなく、生きとし生けるものすべてのネットワークによって成り立っているというものだ。私見では、これも東アジアでは日本に最も色濃く残っている世界観である。

3　社会と同心円

◆韓国的「主体型」◆

おおよそ以上のような人間観の類型を設定した上で、次に日本および韓国におけるそれらの発現の特徴を考察してみよう。

まず、韓国的「主体型」のモデルから検討してみる。キイワードは、次の三つである。

同心円
主体性
理

韓国社会における「主体型」人間観を、その多様性や変化までを含めて可能なかぎりシンプルに記述しようとすると、キイワードは右の三つになる。

この三つのキイワードを使って、韓国社会における「主体型」の人間観を次のように規定してみる（ただしこれは全韓国社会の規定ではない。後述するように、韓国社会には「主体型」以外にも別の類型の人間観も多様に存在する)。

「私をすべての起点にして、外に同心円を描こうとするのが韓国人の主体性である。この主体の体現する理の多寡によって同心円の大きさが決まる」

以下、この規定について説明してみよう。

◆私中心の同心円◆

韓国人の「主体型」人間観においては、まず何よりも「私」が中心である。「私は人間である」という信念がその裏にはあるから、この「私中心主義」は当然、「人間中心主義」である。そして朱子学の性善説にもとづき、この人間中心主義は強い楽天的性格を持っている。その楽天性が最も顕著に現れているのが、「私の拡充としての同心円」運動である。

私という人間が中心となって、その周囲に両親・実子という家族の円があり、その外側に血族という「近しい人」や友人という「親しい人」たちの円があり、その外側に地域や会社や組織の知人・仲間たちの円があり、その外側に「同じ国民」という円があり、その外側に「同じ民族」という円があり、その外側に国家や民族を超えたより大きな共同体(たとえば「地球村家族」)という円がある。いや、あるべきだと考えている。

この世界観が楽天的だという理由は、①私がつねに中心となっているからであり、②私を含む円があちこちにばらばらに散在するのではなく、あくまでも私を中心とする同心円を描くと考えているからであり、さらに根本的には③私は人間だ、という前提があるからである。

◆日本的「ネットワーク型」との比較◆

東アジアにおいてこの「主体型」と最もよい対照をなすのは、日本人の「ネットワーク型」人間観であろう。

右の①②③それぞれに関して考えてみよう。

①【私の非中心性】日本の伝統的な「ネットワーク型」では、私が世界の中心となっているという観念はなく、私はむしろ世界の周縁部にいるか、あるいは私抜きでも世界は成り立つか、あるいは私よりも「関係」の優位性が保全されている。韓国的「主体型」の地平から見ると、そのように見えるのである。まず私が中心にあって、その私が主宰的に諸関係を構築していく、というよりは、まず私よりも重要な何らかの諸「関係」があって（それは「仲間」「世間」「イエ」「会社」「日本」「世界」などと呼ばれる）、私はその既存の関係の中で非中心的に、あくまで関係的に存在するのだ、という実感が強いと思われる。これは「何を連続させるか」という意識とも深い繋がりがある。日本では、会社や組織や共同体の連続性を最優先し、その構成員の個々の主体性は二の次にする、という原理を保全しているという事例が多い(5)。

②【私の散在性】それゆえ、日本の伝統的「ネットワーク型」では、私は世界の中心になりえず、むしろ「関係Aにおける私」と「関係Bにおける私」と「関係Cにおける私」が分散して存在している、という実感が強いのである。このことをよく示すのが日本語の一人称の多様性である。日本人が一日に使う多様な一人称代名詞のうち、どれが本物でどれが仮面であるかという議論は成り立たない。最初から私は関係性の中に分散して点滅しているだけの存在なのである。韓国的「主体型」の世界観からすれば私が複数の領域に分

散してしまうことはあるまじき事態だが、日本的「ネットワーク型」の世界観ではそもそも私は世界の中心にないのだし私より関係のほうが優位にあるので、私が分散しても問題はないのである。

このことは、ポストモダンという思想をどう考えるか、にも関わってくる。日本では一九七〇年代後半以降、ポストモダンとは「主体（私）の無化」と考える傾向が強かったのに対し、韓国では一九九〇年代にポストモダンという思想が流入すると、これを「主体（私）の複数化」と把握する傾向が強かった。これは、モダンという時代思想の一歩先を、自分たちの本来持っている世界観（韓国は「私の一個性」、日本は「私の複数性」）をそれぞれ一歩先（韓国は「私の複数性」、日本は「私のゼロ性」）に進めてみた、という試みだったのである。

③【私の非人間性】私が人間である、というのはいわずもがなのことのように聞こえるが、実はそうではない。「主体型」の韓国人と比べると、「ネットワーク型」の日本人は自分が人間であるという確固たる信念に欠けているような印象を受ける。むしろ人間と動物の中間態といったような自己規定を保持している人が日本には多いようだ。このような楽天的な人間中心主義の欠如という事態の背後には、儒教の影響の微弱さという事情があるに違いない。儒教のごとき文明主義的な人間中心主義よりは、仏教的・神道的・アニミズム的な非人間中心主義が、日本人の世界観から消え去っていないことがその大きな要因であろう。儒教の人間中心主義においては、人間とは、確固たる主体性を持って、他の生物とは断絶した理性を駆使して道徳世界の建設に邁進する、という使命感を持つ存在なのである。そして、そのために克己復礼して人間になるのである。丸い頭が垂直に天を向き、四角い足の裏が地に着いている、それが万物の霊長としての人間なのである。なぜなら天は丸く地は四角い（天円地方）というのが儒教的な考えだから、その丸い天に垂直に丸い

頭が向かっている人間こそ、ほかの動物（丸い頭が横に向いてしまっている）よりも圧倒的に尊い存在なのである（天‐地を結ぶ人）。このような人間中心主義あるいは人間優越主義の世界観から見ると、「ネットワーク型」の日本人はもっとアニミズム的あるいはトーテミズムな世界観、つまり人間とほかの生物との連続性のほうにより重心が置かれた人間観を持っているように見えるのである。神社に行けば狐やそのほかの動物が祀られているが、そのような信仰は中華的世界観でいえば淫祠の領域であって、決して公的な正統性を持てるものではない。

つまり日本では、伝統的にいって人間中心主義は朝鮮よりもずっと弱かったのである。理性肯定のメンタリティも弱かったし、人間の主体性という輝かしい理念も、「主体型」を導入した明治以降に無数の知識人（朱子学的知識人）が民衆に熱心に説きつづけてきたが、結局それが「ネットワーク型」を撲滅させるには至らなかった。

日本人の特徴のひとつとして「議論・論争をしない」ということがよく挙げられる。たとえば加藤周一は、それを日本語の「用法」の問題として論じている。加藤でなくても、ごく一般的・日常的に挙げられる日本人・日本語の特徴であるが、それはたとえば次のようなものである。①「論争、議論の習慣があまりない。理由を挙げて意見を主張するということがない」。②「理屈を言うよりも、格闘する」。③「不特定多数の人を説得するということがわりと少ない。そういう種類の説得というのがないので、大衆に呼びかける時はそれを〝操作する〟という形になる」。加藤は歌舞伎とシェイクスピアを比較し、歌舞伎には演説がないが、シェイクスピアでは兵隊や市民に呼びかけるという。(6)

しかし、朝鮮語は日本語と同じく高い頻度で主語を省略するし、文法的にも日本語と酷似している言語だが、韓国人は演説や議論・論争を頻繁にするのである。かつての大統領選挙では候補者が公園や広場に数十万から百万の人を集めて演説をしたし、今でも大統領選挙前の候補者たちのテレビ討論においては、日本のそれとは全然異次元といってもよいほど劇しい議論が展開される。伝統的な仮面劇でも、民衆が支配階層を批判する痛烈なセリフは論争的な言葉の速射砲である。あくまでも主体が中心となった政治だし、演劇なのだ。日本人とは全く異なる世界観であるといえる。

◈日本は明治以降に同心円化◈

日本で「私＝主体中心の同心円」を描くことが強い当為として認識され、「主体型」が浸透したのは、社会が朱子学化した明治以降のことである。

つまり、徳川時代までは日本では「私＝主体中心の同心円」運動は微弱に、あるいは不完全にしか存在しなかった。科挙も男系中心の宗族体系も存在しなかったからである。私が中心となり主体性を持って道徳的共同体を構築していく、というきわめて朱子学的な運動原理が、徳川時代までの日本には不完全な形でしか存在しなかった。朝鮮には存在した。徳川時代までの日本は、基本的にネットワーク重視の社会であり、私はそのネットワークの中の諸結節点のうちのひとつにすぎなかったのである。もちろん朱子学的教養は浸透したが、それを支える社会システムが存在しなかったわけだから（私が主体となって理を実現していくという上昇と中心化のシステムがほとんど存在しなかった）、朱子学的教理は日本では絵に描いた餅だったのである。

これに対して、朝鮮では科挙が存在したから、私が中心であるというメンタリティを士大夫たちももちろん持っていたし、民衆もそのメンタリティに慣れ親しんでいたのである。つまり朱子学的主体の論理は、科挙というシステムがなければ机上の空論なのである。

この科挙を模倣した制度を文官高等試験という形でようやく採り入れたのが、明治以降の日本である（一八九三年の文官任用令および一八九九年の改正文官任用令）。日本人は明治になってようやく、遅ればせの朱子学化＝主体化をしたのだ。勉強をした人、道徳的修養を身につけた人、克己した人、それらが中心となって同心円を描きながら他の同心円との論争を繰り返しつつ社会を構築してゆく、というダイナミズムを、日本はようやく明治以降に経験することができるようになった。

ただしこれは、朝鮮の伝統社会にガバナンスがあり、日本の徳川時代まではガバナンスがなかった、という謂では全くない。日本と朝鮮では、ガバナンスの仕方が異なっていたのである。日本は「ネットワーク型」のガバナンス、朝鮮は「主体型」のガバナンスが主流であり、それぞれの担い手も異なっていた。ひとことでいえば、朝鮮の場合は士大夫という上層階層のみがガバナンスの能力を持っていたのに対し、日本では民衆もまた、ガバナンスの能力を持っていた。日本において村落共同体の自治を担っていたのは、名主や庄屋などという存在を中心とした民衆だったのであり、統治者たる武士はふつう村落には常駐していなかった。これに対し朝鮮では、両班あるいは士大夫という統治者が村落の中心に居住しており、この儒教的知識人がガバナンスを担っていたのである。だから、「ネットワーク型」と「主体型」のどちらがよりすぐれた社会構築の方法であるのか、という議論をしているわけではない。日本は徳川時代まで「ネットワーク型」だったのが、明治になって突然「主体型」に転換しようとした、ということなのである。

このことは、伝統社会における日本と朝鮮の民衆における閉塞性に対する不満の表出の差異となって現れている。自己の置かれた状況の閉塞性に対する不満は、朝鮮では「ハン（恨）」という感情が最も一般的である。また日本では、福澤諭吉が封建社会の民衆の「怨望」という感情を解消させなくては独立の精神は養えないとした。

ハンは成就されるべき同心円が成就されないことからくる鬱積した無念さであるが、怨望というのは同心円自体が存在しないことから来る鬱屈した不満である。つまり、ハンの場合には私を中心とした同心円が描かれてしかるべきだ、という楽天的な信念がその基底にあるのに対し、怨望の場合にはそもそもそのような同心円を描くことのできる主体化の道が遮断されていることに対して鬱屈を募らせる、そのような悲観的な感情なのである。

◆同心円の苦しみ◆

さて、この「私（主体）中心の同心円」的世界観は、儒教の経典『大学』における修身→斉家→治国→平天下という同心円運動に酷似している。数百年間にわたる朱子学化の過程で、朝鮮社会はこのような儒教的同心円構造を浸透させたのである。

この同心円運動が楽天的だというのは、端的にいって、円が拡大していくという運動に対する信念に由来しているし、同時に私が主体となって円を拡大させていくことができるという自己への信頼に由来している。この信念と信頼は、日本人には到底理解できないほど深いものである。日本人はこの同心円のダイナミックな運動を、ようやく百数十年前に初めて知ったわけだから、朝鮮とはその歴史性の深みが違うのだ。

島田虔次は、「儒教的世界（天下）は、いわば国家と家族（個人）とのふたつの中心を有する楕円である[7]」

という。「修身・斉家・治国・平天下の理想というのは、要するにこの楕円をあくまで楕円たらしめようとする理想主義であって、それをいずれか一方の中心へ収斂させて円にしようとするのではない」。その根拠として、次の例を挙げる。「儒教には古くから「父子天合」に対して「君臣義合」というテーゼがある。『礼記』曲礼篇に、もし父がまちがった行ないをした場合、子たるものは「三タビ諫メテ聴カレザレバ、スナワチ号泣シテ之ニ随ウ」、ところが君に対して臣は「三タビ諫メテ聴カレザレバ、スナワチ之ヲ逃《サ》ル」、という記載がある」「嘗ての日本の「忠孝一致」のプリンシプルから安易に類推することのできないものがある」[8]。

しかしこの指摘は間違っている。中心がふたつあるというとき、「私（我）」はどこにあるのか。儒学では、私（主体）の中心性というものにあれほど固執し、徹底的にそれを探究したのではないか。最初からふたつの円に分かれる主体性などというものを儒家は絶対に認めないのである。家族と国家は別個の円を形成するのではなく、あくまでひとつの円を形成すべきだという楽天的な「理念」「当為」と、それが実際にはつねに困難であるという「現実」との間の齟齬・摩擦に苦悩するのが儒家なのである。「父子天合」と「君臣義合」があたかもふたつの全く別個の徳目であるかのように語るのは間違っている。あくまでもこのふたつを同心円的に整合させなくてはならないという絶対的な「理」に苦悩し、それでも最後の選択肢として「父子天合」を上位に置くという序列の問題なのである。「スナワチ之ヲ逃《サ》ル」の前に「三タビ諫メテ聴カレザレバ」という前提があることを忘れてはならない。「三タビ諫メル」ということは普通、死を意味しているのである。儒家においてたしかに「忠孝一本」は到底現実化しがたい矛盾的テーゼであったが、逆に「忠孝分離」を安易に選択して楕円的人生を全うすることが理想だというわけではなかったのである。

つまり、現実的にはこの楽天的な同心円構造は主体に大きな苦しみをもたらすのだ。朝鮮社会における摩擦、苦悩、軋轢、呻吟なども、多くの場合この主体的同心円運動への信念に由来しているといっても過言でないほどだ。

というのは、自己が充分に克己心を発揮し道徳的でさえあれば、同心円が拡大していくはずだという認識は、きわめて性善説的な理念型《イデアルティプス》にすぎないからである。朝鮮の人びとは理念型と個別的な現実を混同してしまう傾向が強い。理念型こそが現実であると錯覚してしまっている。

現実は、それとは正反対である。同心円は容易に拡大しない。他者という存在があるからだ。他者の同心円と私の同心円が激突し、闘争する。同心円の領域獲得競争が激烈に繰り広げられる。人びとは痛み、傷つき、苦しみ、叫び、それでも戦うのである。

◆同心円と中間集団◆

さて、韓国式の同心円運動は、中心の私から外縁まで、一気に直線的に拡大していくことを理想としている。同心円運動は性急なのである。

だから、中心から外縁までの中間に存在するもろもろの円を、次のより大きな円に向かうために手段化したり、できるなら省略して次のより大きな円に早く到達したいという心情が強く生じてくる。このように「中間を省略して一気に目的に到達しようという心性」を、漸進主義の朱子学では忌み嫌った。学問の上達に関しても、中間段階を疎かにすることを「躐等《りょうとう》」（『礼記』の言葉）といって徹底的に戒めたのである。一段、一段、正当な順番を踏んで上に進まなくてはならないのだ。

しかし同心円の場合、実際の伝統的朝鮮社会には、中間にあるべき円の種類がさして豊富ではなかった。

それは、男系宗族の結束と権力志向によってこの同心円が支えられており、工商や趣味の世界（玩物）など、士大夫的理念から逸脱した世界が未発達だったためである。否、むしろ同心円をできるだけ美しく拡大していくために、そういう余計な中間的価値を貶めたといったほうがよいかもしれない。そもそも儒教の修身→斉家→治国→平天下という規定自体、この同心円の運動の途中段階で周縁から円を変形させる諸中間的価値の存在を排除したところに成り立っている。

これに対して日本では、工商の発達と趣味の世界（玩物）の精緻化、さまざまな価値と志向の混在という状況から、実に微細な中間集団が存在していた。否、日本の場合は中間集団というよりはむしろ反構造化の諸価値と呼んだほうがよいかもしれない。中間というと、私という核の外側に同心円的に大きな輪として社会や共同体が存在し、その私と社会との間に中間が存在するようなイメージを生んでしまう。実際は日本には同心円などなかったのだから、中間集団も存在しなかったのである。明治以降に、日本でも同心円構造が形成されるようになって、そこで初めて中間集団というものが出現してきたのである。

朝鮮は逆だった。同心円は存在したが、中間集団は脆弱だった。そのような伝統社会を、韓国では解放後徹底的に変形し、「宗教団体」とか「学校」とか「会社」とか「趣味のサークル」とか「慈善団体」とか「政治運動組織」などという諸々の中間集団を形成した。それによって同心円構造は格段に複雑になったのである。ただし、同心円に対する信念には変化はないから、これらの中間集団の役割も、日本とはかなり異なる。同じ「会社」とか「ＮＰＯ」などといっても、日本と韓国とではその中身と人間の関わり方が異なるのである。韓国では会社員というのは、もちろん一生懸命働くが、たとえば社員の家族的紐帯を壊すまでの忠誠を要求するような会社には、長く所属せずにすぐ辞めてしまう傾向が著しく強い。つまり自己の同心円運動に利する会社なら働くが、そうでなく家族という同心円を破壊しにかかる会社には自己同一化しないのである。

これに比べて日本で、会社員が会社への帰属意識が強く、他方で趣味の世界での人的関係性を持続させるのは（これらのことは韓国人がいつも驚きとともに眺める日本的な現象である）、会社や趣味の関係性が自己の同心円の拡大にいかに資するか、という関心よりも、会社や趣味という関係性の中でいかに自分が結節点となりうるか、という意識のほうが強いからであろう。

ただし、韓国でも強い自己同一化を図る中間的価値や集団は存在する。それは、宗教である。超越性と同心円の関係は、霊性と主体性との関係に連結する重要な問題なので、後に詳しく述べる。超越性と無関係な会社や趣味などは、韓国人の同心円構造にとってさして重要でないということをここでは確認しておきたい。

◈韓国の「ネットワーク型」◈

さて、これまでは韓国的「主体型」の関係性に関して語ってきたが、韓国にも「主体型」以外の世界観がもちろん存在する。

特に「ネットワーク型」は、強力である。先に述べたが、韓国においても、理の世界では「主体型」が支配的で、気の世界では「ネットワーク型」が支配的なのである。

理の世界（空間）においては、人びとは他者と理の多寡を争い、より純粋で多くの理を体現した者こそがより主体性を持った存在として上位に立つ。ここでは垂直的な主体性の論理が重要なのであって、人びとは理が多くなれば社会的に上昇し、少なくなれば下降するという闘争を社会というフィールドにおいて一生の間繰り返すのである。

しかし、不断の闘争のみでは疲労困憊してしまう。そのときに現れるのが気の世界（空間）なのである。気の空間において支配的なのは、水平的な絆のメンタリティである。典型的な言葉でいえば、「情」だ。韓国人が日常的に重視する「情」の関係は、明らかに「ネットワーク型」である。ここでは、理の競争に疲れた主体を癒し、春の海のような包容力で人を関係性の網の中に遊泳させる。

だから韓国社会が「主体型」一辺倒であるなどということは全くない。むしろ見方によっては、日本社会よりも韓国社会のほうが強い「ネットワーク型」であるようにも見える。理による主体性の闘争は、旅行者や短期滞在者の目には映らないのでよく理解できない。むしろ旅行者や短期滞在者の目にとまるのは、水平的な情の世界であるから、「韓国社会は情の世界」という間違った認識を持ってしまう。しかし近年は、韓国社会の深部にまではいりこむ日本人が増えたことと、剥き出しの競争原理の浸透によって情の世界が希薄になってきていることにより、かつてのように「韓国社会は情の世界」というナイーブな認識を持つ日本人は少なくなってきている。

韓国型のネットワークは、日本とは異なる。あくまでも「私」は一個性を保持しているのである。強いていえば、「私」は目上・年上の相手に対する「チョ（わたくし）」と、対等か目下・年下の相手に対する「ナ（わたし、ぼく、おれ、あたし）」に分裂するだけで、それ以外には分裂しない。「私」の分散性が前提されている日本型とは、大きく異なるのである。

4 国家と霊性

◆家族と国家◆

さて、韓国のこのような儒教的同心円構造において、最も重要な円は何かといえば、やはり「家族」という円である。

次にわれわれは、この「私」と「家族」を最も中核的な部分とする韓国的な同心円が、いかにして国家をつくっていくのかという運動、つまり「斉家→治国」の矢印について考えてみたい。

ヘーゲルの考えでは、愛の感情を基本とする家族共同体に対抗する存在として市民が登場する、ということになっている。市民は自らの利益を守ろうとする自由と欲望の主体だから、利益や欲望とは無関係に共同体を形成している家族とは価値的に完全に反対しあうものである。この家族と市民の対抗関係をどうにかして収拾させないと、共同体は崩壊するわけだ。そこでヘーゲルが打ち出したのが人倫的実体としての国家（理性国家）なのである。国家とは、完全に対立しあう家族と市民を止揚し、より高い次元での統合を実現させる唯一のシステムなのだ。

それでは韓国の場合はどうか。韓国においても、最も重要なのは家族共同体である。そして、ヘーゲルにおける市民の役割を担っているのが、「邪悪な他者」なのである。邪悪な他者が、韓国の聖なる家族共同体を破壊しにやってくる。その最も典型的な存在は、日本である。もちろん時代によって、邪悪な他者は北朝鮮だったり米国だったりもしたが、豊臣秀吉の侵略から植民地支配まで、最も直接的に脅威をもたらした日本が主たる表象であった。植民地時代で終わったのではない。解放後も日本は、虎視眈々と韓国の家族共同体の壊滅を狙っている。このような認識が、一九九〇年代までは一般的であった。たとえ「日本」という表象の形を取らずとも、隠喩として日本が機能している、という場合も多かった。たとえば資本も、もちろん家族共同体を破壊するものである。しかしこの資本の邪悪性も、「日本の商業主義」「日本の経済侵略」などという形で、日本と関連づけて語られることが多かった。また猥褻性（性的な紊乱）もまた、儒教的な家族共同体を破壊するものであるが、これもまた「猥褻で悖徳《はいとく》的な低質の日本文化」という形で表象されることが多かったのである。すなわち「ウリ（われら）の純潔で聖なる家族共同体」を脅かし破壊しようとするのは、日本という邪悪な外部だったのだ。

聖なる家族共同体と邪悪なる他者としての日本をアウフヘーベンして国家をつくることはできない。つまりヘーゲル的な運動は、韓国では不可能なのだ。

韓国では、あくまでも家族共同体は同心円を描きながら拡大していかねばならない。だから、家族共同体を破壊しようとする日本を排撃し、家族を止揚せずそのまま拡大していくために何が強力に要請されるかというと、「道徳」なのである。われらの持つ清く正しい道徳性こそが、邪悪な他者（たとえば日本）を排撃することができる、という強烈な信念がある。そしてこの道徳性は、同心円の中心である「私」の誠意・正心から発しているのだから、私はすべからく道徳性を涵養して主体的に道徳武装をしなくてはならないのである。そして、この道徳闘争において私・家族が勝利を収めて日本を排除できれば、その延長線上に（つまり同心円の外側に）国家・民族というより大きな同心円を描くことができる、と考えるのである。

◆反体制運動と同心円◆

しかし実際の国家はそのような道徳的な存在ではなかった。李承晩大統領以降、歴代の政権は独裁・親日・軍部（朴正熙大統領以後）という不道徳性をつねに抱えており、その意味で「私→家族」の延長線上に同心円を描くことのできる存在ではありえなかった。しかし国家への信仰は継続的に国民に注入されたし、北朝鮮との排他的な関係性から国家を否定することは危険な賭けだったから、反体制派はつねに「この政権は国家ではない」という形で政権の不道徳性を糾弾しつづけたのである。これが韓国の反体制運動のひとつの類型である。これには〈理〉の力が強く関与しているが、これについては後述する。

また、国家の外部には北朝鮮という存在があったから、「この政権は国家ではない」という命題のほかに、「この政権は民族ではない」あるいは「この国家は民族ではない」という否定の運動性もつねに存在したのだが、これがもうひとつの反体制運動の類型である(容共的あるいは容北的反体制)。このような認識のパターンは、国家保安法によって厳格に取り締まられ思想統制された。しかし北朝鮮のイデオロギーを信奉する「主思派(主体思想派)」などがつねに「この政権は民族ではない」「この国家は民族ではない」、そしてさらに遡って「(この政権や国家を支持する)韓国人は民族ではない」というテーゼを掲げて政権および反共的反体制を脅かしたのである。

◆〈理〉と同心円◆

このような韓国の同心円運動を考えるとき、もうひとつ重要な概念がある。それが〈理〉である。

自己や家族や国家などが道徳性を獲得するとき、その同心円は真正なものとして機能しうるのであるが、この道徳性こそが〈理〉である。〈理〉には水平性の側面と垂直性の側面があるが、このうち重要なのは垂直性である。すなわち道徳性の低いレベルから高いレベルまで、〈主体〉を上昇させることができるのは、その〈主体〉が獲得しえた〈理〉の全体性の割合に比例しているのである。より多くの全体性を獲得した〈主体〉こそがより高いレベルの道徳性を発揮でき、同時により大きな同心円を描くことができるのである。つまり道徳性の高さのレベルと同心円の大きさは、比例していると考えられている。前章で見たように、〈理β〉よりも〈理α〉の方が全体性の度合が高いのだから、当然、〈主体β〉より〈主体α〉が大きな同心円を描けるのだ。

ところでこの〈理〉とは、超越性を持った宇宙の最高原理である。朱子学的社会においては、皇帝や王といった地上の最高権力よりも、〈理〉のほうが上位に位置していた。だから自ら〈理〉を体現していると自負する士大夫たちは、いまだに〈理〉を身につけていない皇帝や王を教育し、諌め、矯正することができたのである。

このようなメンタリティが、今でも韓国社会にはある。政治的には大統領がいかに強大な権力を握っていようとも、韓国人にとって大統領よりも高いレベルの価値があるのであり、それが〈理〉なのである。現実にはそれを〈理〉とは呼ばず、たとえばキリスト教徒であれば「ハナニム」「ハヌニム」(神様)と呼ぶであろうし、仏教徒であれば「プチョニム」(お釈迦様)と呼ぶであろう。そのように現実的な顕現の仕方はさまざまであるが、要するにいかなる地上的価値よりも優れた超越的価値(〈理〉)が韓国人には存在するのである。このような超越的価値は、世俗的な政治権力への対抗軸として機能することが多い。かつて民主化・

反独裁運動が激烈だった頃、そこにおいて韓国のキリスト教勢力が果たした大きな役割を想起されたい。そして世俗的権力への対抗として人びとが信じるこの〈理〉は、単なるもうひとつの世俗的価値なのではなく、極度に宗教的なスピリチュアリティ（霊性）を担っていることが多いのである。その意味で、韓国はスピリチュアリティ（霊性）の強い社会だといえるし、実際に宗教人口の多さと信仰の熱心さは、日本とは比べものにならないほどなのである。

大統領は絶大な権力を持っており、しばしば「選挙によって選ばれた王」などといわれるが、実際は王ではない。国民の投票によって選ばれるからである。これに対して日本では、首相も国民の直接投票によって選ばれるわけではなく、また天皇はそもそも選ばれる存在ですらない。このように比較してみると、韓国の場合は「強力な大統領」よりもそれをコントロールする〈理〉の力が強いのに対し、日本では「比較的弱い権力の首相」をコントロールする〈理〉の力もまた弱いといえる。日本は明治になって初めて朱子学的社会をつくったのだから、超越性を持つ全能な〈理〉というものへの理解も歴史が浅く、また戦前に〈理〉と天皇が合体してつくられた国体という概念への極度の嫌悪感が戦後社会を支配したので、〈理〉の力は一貫して弱いのである。

加藤周一は次のようにいう。

「明治政府の方針にあきらかに反対しながら、国家のあるべき方針を論じた例外的な論客もなかったわけではない。その代表的な場合が、内村鑑三である。なぜ内村の場合が例外でありえたかといえば、彼の場合には、すべての議論の基礎に超越的な信仰があったからである。国家に理想（または目標）をあたえるには、国家自身を自己目的としない以上、国家に超越する立場が前提とならなければならない。別の言葉でいえば超越的な立場からの国家の相対化を前提として、はじめて国家に理想をあたえることができる。ところが感情的・自然的な「個人」の主張は、国家を相対化しない。ただ内村の唯一神信仰の激しさだけが、国家を（またキリスト教会さえも）相対化することができたのである。(9)」

国家に理想を与えるだけでなく、国家をコントロールする際に、最も重要なのが、国家を超越した〈理〉が存在するか否か、ということである。内村鑑三にはその〈理〉があった。しかし超越的価値に疎い日本人の多くは、国家を超越する価値には無関心でありつづけたのである。

◈天皇と〈理〉◈

戦後リベラル陣営は自由と民主主義と憲法九条を「戦後日本の超越的な〈理〉」として堅持してきたが、その〈理〉に超越性を付与したのは他者である米国ではないか、という批判につねにさらされてきた。逆に韓国の場合、韓国人が死守する〈理〉の力を強化したのは（〈理〉の敵である）日本であるが、その〈理〉を韓国人に与えたのは日本ではない。韓国人が主体的に〈理〉を獲得したのである。それに対して日本では、戦前に自ら主体的に獲得した天皇＋〈理〉＝国体は一九四五年に崩壊し、それにかわって天＝米国から降ってきた日本国憲法という〈理〉はつねに他者性というスキャンダルにまみれていたのである。自ら血を流して勝ち取った〈理〉ではないから、戦後日本において自由と民主主義と平和は、あたかも空気のような存在としてそこにあるのだった。国民はその〈理〉に到達するための努力をすることはない。〈理〉の垂直性は稀釈され、同じ平面に二次元的に〈理〉が弛緩した姿のまま浸透しているだけであった。垂直性を喪失して水平性だけになってしまった〈理〉などというものは形容矛盾なので、結局そのような〈理〉は国民にとって何の魅力もないのだ。この平板な価値の状況を能うかぎり哲学的に解釈しようとして、ニーチェのニヒリズムを持ってきたりポストモダン思想に基づく日本特殊論を持ってきたりしたが、〈理〉のない日常の終わりなき退屈と空虚性は、そのような理屈によっては癒やされがたかったのである。

戦前はそうではなかった。天皇は天＝皇であるから、天という超越的な価値と皇という地上的な権力が合体した存在であった。これは中国の皇帝も朝鮮の王もなしえなかった統治概念である。先に述べたように、皇帝や王は天理の支配を受けるのである。それに対して天皇は、そのままが天理なのである。天皇の上には何もなかった。だから天皇という称号の意味をそのまま体現したのは、明治憲法以降の国体論における天皇であったといえる。それ以前の天皇は名が体を現していなかったのである。

特に昭和期の皇道哲学においては、鈴木貞美が指摘するように、それ以前の大正生命主義において流行した「宇宙大生命」というスピリチュアリティ礼賛の概念が、天皇と劇的に合体し、天皇こそが宇宙の大生命の根源であり、すべてを主宰するのだという究極の思想に結実した[10]。このとき、本来のスピリチュアリティが持っていた地上の権力との緊張・対抗関係という使命は消滅してしまったのである。つまりこのとき、明治期の元田永孚などが描いていたような、天皇の上位に超越的な〈理〉が存在するという朱子学的な構造は完全に否定されたのであり、明治期にはかろうじて残されていた〈理〉と天皇との齟齬から来る国体の亀裂・緊張は、原理的に封じ込められたのである（この点に関しては本書第8章、第9章で論ずる）。

日本ではこのような国体概念は、戦後に解体された。しかし日本の国体概念を継承した北朝鮮では、首領制という政治体制のもと、オボイ首領（金日成）こそが〈理〉であり、国民に革命的・道徳的な社会政治的生命を与える霊性の極点であると規定された。金日成の上に〈理〉はないのである。

このように考えてくると、天皇を中心とする同心円構造として日本社会を描き、天皇からの距離によって全国民を序列化するという丸山眞男の日本社会論は、戦前のごく一時期にかろうじて成立したイデオロギー構造を拡大解釈したことによって生み出されたものだということができるだろう。丸山の誤解は、天皇と〈理〉の関係をよく読み込んでいないことに起因している。天皇と〈理〉が合体したのは大正生命主義が終わった後のことであり、天皇＋〈理〉＋霊性＝宇宙大生命という等式を日本国民が受け容れることが可能だったのも、大正生命主義によって日本人が、超越的な霊性としての〈理〉という聞き慣れない観念に馴染んでいたからなのである。丸山が糾弾した昭和前期の日本社会における同心円構造は、日本的というよりはむしろ朝鮮的な構造（同心円）を変形（権力と〈理〉の合体）させたものだったといえるのである。

5　現在の日韓と同心円運動

◆ポストモダン化する韓国◆

このような特徴を持つ日韓の社会だが、一九九〇年代以降、そこに大きな変化が生じることになった。ひとことでいえば、韓国のポストモダン化と、日本の再モダン化という現象である。このことに関しては、拙著『韓流インパクト』（講談社、二〇〇五）などにおいて詳しく述べたのでここでは詳しい説明はしないことにする。

二〇〇六年のことだったが、『創作と批評』という、韓国を代表する人文系の雑誌の中心的な執筆者たちと話し合ったとき、彼らが一様に「ポストモダン」を「アイデンティティの複数化」と理解していたことを思い出す。彼らにとって、朱子学的伝統および国民国家形成の過程において強力に埋め込まれた「アイデンティティの一個性」という概念を解体すること、それがすなわち「アイデンティティの複数化」であり、それこそがポストモダンなのだった。日本でも欧米でも、ポストモダンに対してそのように解釈する人たちはいるが、私の知るかぎり、日本ではそのような解釈はあくまで少数派である。一九七〇年代からの日本型ポストモダンにおいて叫ばれたのは、「アイデンティティの解体、無化」であって、決して「複数化」ではなかった。むしろ日本でも七〇年代から八〇年代の「ラディカルなポストモダン」運動を知らず、後からやってきた九〇年代の論者たちが、「アイデンティティの複数化」という「穏健なポストモダン」を唱えるようになったといってよい。七〇年代から八〇年代のフランス的なポストモダン理解と、その後アメリカに渡って九〇年代に花開いたアメリカ的なポストモダン理解との違いといってもよいかもしれない。

つまり日本には徳川時代以来、「主体の無＋ネットワークにおけるアイデンティティの複数性」が存在し、一九七〇年代以降のポストモダンにおいてその傾向が「伝統との親和性」という論点でさらに深められたのに対し、韓国は一九九〇年代以降のポストモダン化においても、アイデンティティは複数化したがそれが主体の無化には結びつかなかった。アイデンティティを複数化する主体が必要だったのである。これは、アイデンティティの複数化を唱えてそれを推進した人びとが、主に近代的な民主化勢力だったこととも深く関係している（日本では丸山眞男流の近代的知識人を否定する勢力としてポストモダンが登場した）。

先にも述べたように、これは日本と韓国のもともとの伝統社会における主体概念の違いにも起因している。

いずれにせよ、「アイデンティティの解体」「主体の無化」というところまでは行き着かないが、少なくとも「アイデンティティの複数化」という意味でのポストモダン化に関しては、一九九〇年代後半から二〇〇〇年代における韓国の動きは実に急速だったのである。

この背景にはさまざまな要因があっただろう。一九九〇年にソ連と、一九九二年には中国と国交を結び、韓国は建国史上初めて、冷戦の壁の「向こう側」の国との関係を始めたのである。一九九一年には北朝鮮と同時に国連にも加盟している。この変化はいくら強調してもしきれないほど大きかった。それまで自由主義・資本主義の陣営に完全に閉じこもって、東側の陣営とは一切の関係を持たずに自国の強固に排他的なアイデンティティを最高度に凝り固めていた。しかし、盧泰愚大統領の北方外交により、韓国はこれまでのアイデンティティ定義に決定的な修正を加えたのだった。もちろん反共を謳う国家保安法はそのまま維持されたのだし、国内政党として共産党・社会党は許されるわけもなかったが、それでも、この時点で韓国人のアイデンティティは劇的に変化を受けたのだった。

◈同心円運動と民族◈

このような変化を受けて、日本人と韓国人における〈主体〉と〈ネットワーク〉はどうなったのであろうか。

韓国人においては、「私→家族→国家」という同心円運動において、植民地時代以来ずっと続いてきた「家族→国家」の→の不成立がなかなか解消されなかった。開発独裁という統治や、分断国家であることによる様々な理由（軍部の専横、米国や日本との不道徳な癒着など）も大きかった。また、同心円運動の機動力である〈理〉が、国家を超越している、ましてや政権などというものを完全に超越している、という理由も大きかった。

しかし一九九三年の金泳三大統領（軍人支配からの脱却）、一九九八年の金大中大統領（地域格差の是正と民族の宥和）という新しい政権の誕生により、この→における矛盾は徐々に解消されていったのである。それと同時に、近代化以降ずっと推し進めてきた「私→家族→x→国家」という構造、つまり家族と国家の間に中間的組織xを挿入するという近代のプロジェクトがこの社会に徐々に浸透していった。その典型的な例は会社である。韓国人にとって会社という組織は異質なものだった。「家族→国家」という同心円運動に対する障害として把えられもしたのである。しかし七〇年代に朴鍾鴻をはじめとするイデオローグたちが、会社で一生懸命に働くことは、韓国を貧しい国から脱皮させ世界へ躍進させることにつながるのだという理念を国民に注入した。その成果が現れるようになったのは八〇年代以降である。

かくて韓国人は、会社で猛烈に働くことが「私→家族→会社→国家→民族→世界」という同心円運動の重要な段階であることを信じ、それを実践してきた。たしかにその結果、韓国という国家は富み、それにより北朝鮮との体制間競争に打ち勝ち、韓国を世界有数の国家に躍進させるのに成功したのである。

しかし、日本の会社員と違う点がある。韓国の会社員の場合、どんなに猛烈に働いていても、キリスト教信者なら日曜日に教会や聖堂に行くし、政治的にも自分の所属する会社や組織と無関係に自己の信念に基づいて行動する。つまり、自己のアイデンティティを会社に完全に収斂させるということはないのである。

これをアイデンティティの複数化といってよいであろう。すなわち韓国は近代化の過程で、会社という異質な組織を同心円構造の中に入れ込むことには成功したが、それが完全に同心円の中にきれいにはめ込まれてはいない。いまだに異質な存在なのであり、それゆえに、同心円運動の機動力たる〈理〉の枠組みとは完全に一体化していないのである。自己の信じる〈理〉のほうを優先するから（それを優先しないと同心円が描けないのだ）、それと背馳する会社であればすぐに辞めてしまう。

韓国社会のダイナミズムはこういうところにある。つまり、個々人が信じている〈理〉が異なるから、その〈理〉の差異から生じる同心円拡大運動間の摩擦がある。この摩擦がダイナミズムの第一の要因である。そして、個々人の同心円運動の中にその運動の駆動力である〈理〉とは背馳する様々な中間段階が混入してくることがあり、それと運動自体との間に摩擦が起こる。この摩擦がダイナミズムの第二の要因である。

これは、伝統から近代を経験しつつ韓国という社会が達成した、おそらく最も良質な部分であると思われる。それは、アイデンティティの同一化と複数化をめぐって常にダイナミックな摩擦が生じている、という点である。この社会に安定や停滞はないのである。

ただし韓国人は、家族のほかには政権・国家・民族のうちのどれかに結局は帰属するという意識が強い。それは端的に同心円運動が常に拡大してどこかに向かわなくてはならないという性格のためである。民族の外側に地域（たとえば東アジア）や世界や地球などという枠を設定してそこに帰属するという意識を持つ人も韓国には意外に多い。しかし現実的には、政権か国家や民族のどれか、あるいは複数に帰属枠を設定するということが求められるのである。そしてこの三つのうちのどれに帰属するかという点で劇しい摩擦と対立を繰り広げるのであるから、これは韓国社会のダイナミズムの要因のひとつなのである。

そして重要なことは、「私→家族→x1→x2……」という形で帰属枠を拡大していく際に、民族という枠は誰もが通過しなくてはならない段階だと考えられているという点である。政権や国家に対して批判的であっても、民族に帰属しないと公的に語ることはほぼ許されていない。だから「私→家族→x1→x2→民族

↓x3↓x4……」という同心円構造の中で、「私」と「家族」と「民族」は固定されているのである。それゆえ、韓国社会は一方できわめて自由な社会であるかのようだが、たとえば歴史認識問題や領土問題という「民族」の枠組み設定に直接関係するイッシューに関しては、きわめて硬直的で自由がないのである。そして「民族」が規定する〈理〉の内容に、同心円の中心である「私」も遡及して規定されてしまうというメカニズムを持つので、この意味では「私」の多様性は認められない。韓国人が政治的には自由に多様な意見をいえるようだが、歴史認識問題や領土問題では自由に多様な意見をいえないのは、以上のような理由によるのである。これは、韓国社会の最も未熟な側面を現している。

◆日本の場合◆

翻って日本の場合はどうか。

かつて徳川時代にはネットワークの中で、自己の同一性にさほど拘泥せずに生きていたはずの日本人であるが、明治以降の〈主体化〉によってアイデンティティの一個性が教化され浸透した。しかし戦後にはそのような同心円型の〈主体化〉教育は挫折したと考えてよいだろう。その理由は多様だが、最も重要なのは、儒教的な同心円運動を明治以降に導入したにもかかわらず、戦後はその同心円において国家や民族という円がほぼ欠落していたという点であろう。自民党長期政権の時期においては、政権という円すらもほぼ欠落していた。だから同心円は拡大せず、せいぜい「私↓家族↓会社」というあたりで運動は停止してしまう。日本人には超越的な〈理〉もほぼ存在しないから、この同心円を駆動する外部の力も弱いままである。韓国の会社人間はいくら長時間労働しても、神や政治的信念や反日など会社とは異なる〈理〉を保持しているのに対し、日本の会社人間はほぼ会社の価値だけに収斂してしまうのも、このためである。あるいは儒教的世界観では〈理〉となりえない趣味の世界（玩物）に擬似的な超越性・道徳性を付与して〈理〉化するという傾向も著しく強い。

それと同時に、日本にもともと存在していた〈ネットワーク〉的人間関係も急速に希薄になってしまった。かつては〈主体性〉を持っていなかったりアイデンティティが複数だったりしても、〈ネットワーク〉が充分に機能していたのでその中で生きる術というものを日本人は持っていた。しかし明治以降の同心円的〈主体化〉が戦後は中途半端な形で挫折したのと、社会の〈ネットワーク〉の崩壊が、同時にやって来たのである。そして「同心円なき〈主体化〉と〈序列化〉」が進行したのだ。戦後の同心円が「私→家族→会社」にまでしか拡大しない中で、会社人間はそれでも会社関係の〈ネットワーク〉の中でそれなりの〈主体性〉を発揮して生きていけるが、会社という円を持たぬ者、たとえば無職業者や主婦などは「私→家族」にまでしか円が拡大しない。趣味やボランティアなどの〈ネットワーク〉を持つ者はそれでも救われるが、それすら持たない者は同心円からも〈ネットワーク〉からも見放されてひきこもるしかないのである。ひきこもりが多くの場合、家族に依存することによって支えられているのは、同心円が「私→家族」にまではかろうじて拡大していることを示している。しかしここではアイデンティティの複数性は忘却され、しかも意識の志向性のフロンティアが存在しないから、同心円の運動は逆に中心へと収斂する運動、つまり「私」の内部にフロンティアを探す運動に逆回転してしまうのである。同心円が家族にまでしか拡大しなくても、主婦の場合はひきこもりにならない理由は、円の運動がそれでも私の外へ、つまり自分の家族（夫や子ども）に向いているからである。外に向かない場合にはフロンティアを目指す運動は容易に自己の内部に向いてしまう。

これは、日本における明治以降の同心円的〈主体化〉の敗北であると同時に、徳川時代以降の〈ネットワーク〉の極度の劣化を示している。増大した孤立者たちの一部が、インターネットを通してナショナリズムの言説に接近するのは、自己の内部に向かっている同心円運動の力を逆回転させ、外側に、家族よりももっと外側の政権や国家や民族という円へと無媒介に拡大させたいという欲求なのであって、その意味できわめて切羽詰まった真摯な生存への運動だったのである。

すなわち、戦後の日本は、同心円的〈主体化〉に失敗したまま、明治以後の〈主体化〉と〈序列化〉の浸透はさらに進行するという運動を経験した。したがって外部のフロンティアを見つけられなかったり（ひきこもり）、段階的な同心円を一気に飛び越えて国家や民族という円と一体化したり（ナショナリズム）、という運動を繰り返しながら、〈主体化〉と〈序列化〉の動力は衰えることはしないという状況が続いた（これに関しては第4章注51を参照）。その「同心円なき〈主体化〉と〈序列化〉」という思想に完全に合致したのが、日本型インターネットだったのである。

第6章 〈こころ〉と〈ニヒリズム〉

1 〈こころ〉

◆〈こころ〉の人間性◆

第5章では、〈主体〉と〈ネットワーク〉の関係を論じた。それなら、日本の近代における人間規定の類型をこのふたつに収斂することができるのだろうか。

そうではない。人間規定の方法は多数多様であり、むしろ無数といってよいほどだ。しかし今、それらを強引に類型化して、〈主体〉型と〈ネットワーク〉型に分けてみた。日本においては近世社会の主要な人間規定は〈ネットワーク〉型であったし、そこに近代以降、〈主体〉型が「朱子学的〈主体〉」という変形バージョンとして登場し、社会を席捲し、国民に浸透したのである（ただし戦後におけるそれが「同心円型」ではなかったことは、前章で語った通りである）。

この〈主体〉型は、西洋近代の〈主体〉とは明らかに異なるものだった。後者が、神や自然から自我の自律性を分離し、そのアトム的な主観性＝〈主体性〉（subjectivity）を社会の最小単位としての「個人」という概念にまとめあげたのに対し、前者は、あくまでも〈理〉の超越性に依存する〈主体〉であった。ただ、本書第3章および第4章で見たように、〈主体〉が依存する〈理〉には階層性があり、その最高段階においては朱子学的〈理〉の〈主体〉もまた、完全な自律性を獲得することは原理上は可能であった。また、近代の〈朱子学的思惟〉における〈理〉は、前近代におけるそれとは異なり、〈理〉の源泉を必ずしも天や自然に置かないものもいくらでも現われた。たとえば日本のマルクス主義者は、マルクスないしマルクス主義を〈理〉と仰ぐ朱子学的〈主体〉だったのだが、このときマルクスないしマルクス主義自体は天でも自然でもない。しかし、前近代の朱子学者たちが〈理〉の源泉を天と考えたのと同型の認識で、マルクスないしマルクス主義を何らかの無謬の超越性、あるいは自然性と考えたことはたしかなのである。

そしてこの朱子学的〈主体〉の主な関心は、〈理〉の体現の多寡による自己と他者の、あるいは共同体内での〈序列化〉なのであった。典型的な例としては明治官僚制を挙げることができるこの〈朱子学的思惟〉は、明治以降の日本社会に絶大な影響を及ぼした。「末は博士か大臣か」という言葉に象徴される〈主体化〉と〈序列化〉のメンタリティは、日本社会にほぼ初めて浸透した真正の〈朱子学的思惟〉だったのである。

しかし、明治以降の日本人が、〈ネットワーク〉と〈主体〉というふたつの人間規定のみによって生存し、思考し、行動したわけではない。先に述べたように近代における人間規定の類型は多数多様だが、それらを今強引に単純化してみると、〈ネットワーク〉と〈主体〉のほかに少なくともあとふたつの類型があったと考えることができる。それは〈こころ〉と〈残余〉あるいは〈ニヒリズム〉とである。

〈こころ〉というのは、〈主体〉が何らかの外部的な〈理〉に道徳性や価値の根源を認めるのに対し、そのような〈理〉を認めないか、あるいは認めるとしてもそれは自己の心の内部にあると考える思考のパターンである。容易に想起されるように、これは東洋哲学史においては陸象山—王陽明の考えに庶幾《ちか》い。それゆえこれを陽明学的〈こころ〉といってもよいであろう。それは、孟子以降の「義内」(義は外部にあるという告子の説に対して、義は心の内部にあるという主張)、「千万人と雖も吾往《ゆ》かん」「不動心」(すべて『孟子』)などという心重視の思想の展開である。

実際、明治以降の精神史を繙いてみると、〈ネットワーク〉や〈主体〉と並んで、この〈こころ〉の類型が数多く社会の表面に登場して、人びとのかぎりない共感を勝ち取り、また人びとの心性に鮮明な印象を残しているのがわかる。華厳の滝における藤村操（一八八六〜一九〇三）の自殺（一九〇三）、与謝野晶子（一八七八〜一九四二）の歌、就中『みだれ髪』（一九〇一）や「君死にたまふことなかれ」（一九〇四）、幸徳秋水（一八七一〜一九一一）らによる大逆事件（一九一〇）、二・二六事件（一九三六）、太平洋戦争における特攻隊（一九四四〜四五）など、枚挙に遑がない。この〈こころ〉型人間は、イデオロギーの左右にかかわらず見いだすことができ、それゆえ、単にイデオロギーの内容（右か左か）によって思想史を整序するのとは異なり、時代と思想に人びとの心性がどのように立ち向かっていったのかを知るのに役に立つ。たとえば与謝野晶子の歌と特攻隊の残した手記は、イデオロギー的には同方向のものではないから、思想史においては全く別のもの、反対のものとして描かれざるをえない。しかし、人間の、あるいは日本人の心情というレベルでこれを解するならば、そこには同じ〈こころ〉の人間性が迸るかのように溢れ出ているのである。それゆえ、後世の人は与謝野晶子の歌を読んで涙を流し、またそれとは理念的に正反対の特攻隊の手記を読んでも涙を流すのである。

◆〈こころ〉とロマン主義◆

〈こころ〉の人間性は、往々にしてロマン主義的である。これは〈主体〉の人間性が啓蒙主義的であるのとよい対照を成している。前者が陽明学的で後者が朱子学的である所以である。ただ、啓蒙主義、ロマン主義といってもあくまでも西洋の概念とは異なり、東アジア的なそれである。〈主体〉派が啓蒙主義的だといっても、その〈主体性〉はふつう、超越的な〈理〉から分離されずに、むしろその外部的な〈理〉の内在によって道徳化され〈序列化〉された〈主体〉なのである。だからもちろん完全に自律的な個人ではない。また〈こころ〉派がロマン主義的だといっても、自我の内面の奥底に世界霊を見るノヴァーリス的な、あるいはキリスト教的伝統内でのロマン主義が日本の近代にも花開いたというわけではない。

このように、たしかに東アジア的な意味づけを付与されたものではあったが、それでも〈主体〉を啓蒙主義的、〈こころ〉をロマン主義的と分類しても大過はない。

◆〈こころ〉のエクリチュール◆

〈こころ〉という側面を考えてみると、明治以降の日本の精神史をより明確に理解できることになる。たとえば西田幾多郎（一八七〇〜一九四五）の『善の研究』（一九一一）や倉田百三（一八九一〜一九四三）の『愛と認識との出発』（一九二一）などは、なぜあれほど人びと（特に青年）の知的関心を吸収しえたのであろうか。このことを、今のわれわれの視点ではなく、これらの本が出版された時期における日本人の知的世界観に寄り添う形で、感じ取ることができなくてはならない。

われわれは戦前の思想書、哲学書などに接するとき、戦後のそれとは明らかに異なる一種の「雰囲気」を感じることができる。ひとことでいえばそれは一種異様な「熱気」とでもいえるほどの〈こころ〉なのである。

思想書や哲学書のエクリチュールに〈こころ〉を入れ込むというこの類型は、近代以前から水戸学や国学などの著作において頻繁に見られたことだし、また中国や朝鮮にも悲憤慷慨調や愛国啓蒙調の著作は多く見られた。藤村操の「巌頭之感」(一九〇三、明治三十六)は、典型的な「漢文脈の〈こころ〉調」であった。「悠々たる哉天壌、遼々たる哉古今、五尺の小躯を以て此大をはからむとす、ホレーショの哲学竟《つひ》に何等のオーソリチイーを価するものぞ、万有の真相は唯だ一言にして悉す、曰く「不可解」。我この恨を懐いて煩悶、終に死を決するに至る。既に巌頭に立つに及んで、胸中何等の不安あるなし。始めて知る、大いなる悲観は大いなる楽観に一致するを」。巨大な滝を臨んで今まさに身を投げようとする際の絶叫として、漢文調の文体ほどふさわしいものはなかった。その抑揚はまたこの時期の高等学校に学ぶ青年たちの鬱勃とした〈こころ〉のリズムそのものであった。

しかし、それらの「漢文脈」的な文体とは異なり、純粋に理論的な哲学叙述においてもそこに〈こころ〉を込めるという事例の嚆矢は、やはり西田幾多郎の『善の研究』であったろう。そしてその「〈こころ〉調」をさらに通俗的に、安っぽくしたものが倉田百三の『愛と認識との出発』であった。

◆「代表的日本人」◆

〈こころ〉型の人間が近代日本においていかに人気を博したかについては、内村鑑三(一八六一〜一九三〇)の『代表的日本人』(1)(一九〇八)を見てもよくわかる。英文のこの著書で、「わが国民の持つ長所——私どもにありがちな無批判な忠誠心や血なまぐさい愛国心とは別のもの——を外の世界に知らせる」という目的のもとに紹介された五人の「代表的日本人」は、西郷隆盛、上杉鷹山、二宮尊徳、中江藤樹、日蓮上人である。上杉鷹山は主にその行政上の手腕と「経済と道徳の一致」という思想が尊ばれているが、そのほかの四人はまさに、外部の超越的な理法に従わず、自らの内面の純粋な〈こころ〉に従う、という意味で典型的な〈こころ〉型の人物である[2]。

特に西郷隆盛は、その「キリスト教的」人格に対しても陽明学という〈こころ〉の哲学によって説明されることにより、代表的な〈こころ〉の日本人として光彩を放っている。

「(西郷は) 若いころから王陽明の書物には興味をひかれました。陽明学は、中国思想のなかでは、同じアジアに起源を有するもっとも聖なる宗教と、きわめて似たところがあります。それは、崇高な良心を教え、恵み深くありながら、きびしい「天」の法を説く点です。わが主人公の、のちに書かれた文章には、その影響がいちじるしく反映しています。西郷の文章にみられるキリスト教的な感情は、すべて、その偉大な中国人の抱いていた、単純な思想の証明であります[3]」。

内村鑑三が描く「大西郷」の姿は、誠実それ自体が理想に向かって「まっしぐらな前進」をする存在である。その動力となる思想は、(キリスト教的な) 陽明学のほかには、「大和魂のかたまり」である藤田東湖の水戸学であった。内村の描く東湖の像は、次のようなものである。「東湖はまるで日本を霊化したような存在でした。外形きびしく、鋭くとがった容貌は、火山の富士の姿であり、そのなかに誠実そのものの精神を宿していました。正義の熱愛者であり、「西洋の蛮人」の嫌悪者である東湖の近くには、次代をになう若者たちが集いました[4]」。これもまた、〈こころ〉型の典型的な人物像であることはいうまでもないであろう。

◆北村透谷と〈こころ〉◆

日本の近代史の中に、このような〈こころ〉の発出を見いだすことは困難ではない。むしろ明治中期以降に関する歴史叙述においては、文学史や文化史などのある種の傾向として、〈主体〉よりも〈こころ〉に重点を置いて歴史を記述するという方法が、大衆受けするということがある。チャールズ・テイラーのいう「表現主義的」傾向性によって文学史や文化史を描出したほうが、実際の文学の歴史や文化の歴史よりも圧倒的に「おもしろい」ことは否めないのである。

そのような傾向性の叙述において、最も尊重される〈こころ〉側の人物としては、まず北村透谷（一八六八〜九四）を挙げることができるにちがいない。夭折した生そのものが作品（表現）であり、その表現がそのまま「心」である、という稀有なロマン主義的結晶として透谷を表象することは、近代文学史における一種の「約束事」である。

その〈こころ〉性は、彼の迸るような言葉に直接表れていると解釈されている。しかし彼の文を注意深く読んでみると、透谷は決して自我を〈こころ〉として規定しているわけではないことがわかる。「熱意」（明治二六年）という文で彼は次のようにいう。

「熱意とは何ぞや。感情の激甚に外ならざるなり。感情の中の感情に外ならざるなり。且つ湧き且つ静まり、且つ燃え且つ消ゆる感情の、一定の事物の上に接続して、連鎖の如き現象を呈する者、即ち熱意なり。人間は道義的生命の中心として、愛を有つと共に、感情的生命の中心として熱意を有つなり。熱意は凡ての事業に結局を与ふる者なり。痴情の熱意には、痴情の結局を見るの意味あり。節義の熱意には、節義の結局を見るの意味あり。熱意は常に結局を睨んで立てり。熱意の終るところは結局にあり」(5)。

ここで「結局」というのは「目的（end）」のことである。すなわち熱意はそれ自体が目的ではなく、いわば手段、あるいは目的を達成するために必要な精神的動力なのである。ということは、明治官僚制を完成させて日本人を〈主体化〉させるためにも熱意は必要だし、戦争に負けた後に価値のニヒリズムに陥った若者がアプレゲールになるためにも熱意が必要だということになる。つまりここで〈こころ〉には、自律的な立場が与えられていない。〈こころ〉は他の価値や立場に従属しているのである。

むしろ透谷の場合、自律しているのは熱意ではなく生命である。すなわち、心がそのまま生命なのである。ここに、彼の「内部生命論」の眼目がある。したがって、この心が死滅することは生命が死滅することになる。だから宇宙の全エネルギーを自己の心に取り込むという壮大な熱意を発揮して、心的エネルギーを最大化しようとするのである。明治日本の変革とは、このような「〈こころ〉エネルギー」の最大化という動因によって推進された側面が大きい。それは、〈朱子学的思惟〉による自己の〈序列化〉を功利主義として侮蔑しながら、実はそれと表裏一体をなして「明治日本」という「全体」を形成していたといえよう。

2 〈こころ〉＋〈主体〉

◆〈こころ〉と〈主体〉◆

〈こころ〉は、〈主体〉との関係を抜きにしては理解できない。

丸山眞男はいう。「主体性というのは、いろいろな意味に用いられます。自分の信条を他に妨げられないで、そこに価値を賭けるのも主体性であり、他に妨げられず、自発的に自分の内なるものを放出させるのも、つまり、自分の好み、ないし嗜好というものを、なんら妨げられないで社会に表出するという意味での主体性になります」「日本で比較的に多い考え方というのは、主体性という場合にも、内発性の意味であります。

状況認識とは関係ない、むしろ、ある場合には状況認識を軽蔑して、純粋に内なるものを外に発露させる。これを主体性という場合が多い。純粋に内なるもの、あるいは、内的なエネルギーの外的な爆発です。（中略）そしてそれがまた、純粋な思想で、人と思想が一体になっている、言行が一致しているといって、比較的高い評価を得る」(6)。

丸山がこのように語るのは、「内的なエネルギーの外的な爆発」という意味での「主体性」とは全く異なる〈主体性〉を発揮した福澤諭吉を高く評価する文脈においてである。たしかに、知と行の一致、内面と行動の寸分の隙もない完全な合一という観念は、一方で虚構であるし、他方で近代という時代にはそぐわないものであるかもしれない。その意味では福澤諭吉こそ近代的であるという丸山の評価も肯定できよう。しかし、日本の近代において人びとを道徳的に感動させたのは、多くの場合、「内面と行動の合致」という陽明学的な〈こころ〉なのであった。そしてそれは政治的な路線の「右」だとか「左」には無関係だった。

たとえば一九一八年に東京帝国大学で創立した新人会は、H・スミスによれば「近代日本の学生運動のはじまり」(7)であるが、「はっきりした計画のもとにというよりはムードから、イデオロギー的教条からというよりは形を成さない美辞麗句から生まれたものであった。赤松克麿によって起草された綱領はつぎのとおり。／一、吾徒は世界の文化的大勢たる人類解放の新気運に協調し之れが促進に努む。／一、吾徒は現代日本の合理的改造運動に従ふ。／この、内容は漠然、言葉は高邁、という傾向は新人会特有のものではなく、当時の知識人、学生団体すべてに共通した特色であった」(8)。要するに、この高邁で形をなさない漠然たる「美辞麗句」こそが、近代日本の〈こころ〉の真髄だったのである。形をなしてしまえばそれは宇宙に充満する気としての心ではなくなってしまうし、具体的な徳目や方針や理念などを掲げてしまえば〈理〉そのものとしての心の全一性を傷つけてしまう。計画よりはムード（つまり気）のほうが絶対的に重要だったのは、計画は小役人のやることで、ムード（心の持ち方）こそが大人の仕事に属するからであった。これは多分に孟子的な規定だが、〈理〉と気を峻別する朱子学とは異なり、陽明学では気はすなわち〈理〉なので、このような「計画よりムード」「イデオロギーより美辞麗句」が許容されるのであった。日本近代史を語る際には、そのような儒家的メンタリティを理解してからでないと大きな誤解を招く。

◈青年たち◈

この〈こころ〉型は、往々にして〈主体〉型との弁別が困難な場合がある。実際、弁別がまったく不可能な融合型というものも歴史上多く存在した。

われわれは近代に初めて登場した「青年」という人びとを、〈こころ〉と〈主体〉の関係性として把握することができるだろう。ためしに明治期から昭和二十年までの高等学校生や大学生たちの集合写真をどれでもよい、眺めてみよ。服装は和洋交々《こもごも》だが、あるいは腕を組み、あるいはポケットに手を突っ込み、それぞれに精一杯不敵な面構えを競う学生たちは、一枚の写真に自分たちの何を定着させようとあれほど力んでいるのか。五人から十人、あるいは二十人前後の「青年」たちの眼光は鋭く、背筋は垂直というよりも各々勝手な方向に捻れている。約束事ででもあるかのように、前列の右端と左端の青年は必ず脚を大きく広げて大人風の姿勢を誇ってみせる。ある者は坊主頭である者は蓬髪、またある者はそっぽを向き、ある者は写真機を仇敵であるかのごとく睨んでいる。それらの集合写真に映るひとりひとりは気宇壮大な野心と独自性を強調しながら、全体がひとつの雰囲気を醸し出している。明治から昭和前期までの「青年」たちの集合写真ほど、ある意味では様式化されていながら、個々の人物が個性的である表象は珍しいであろう。それに比べると、戦後の「青年」たちの集合写真には、何かが圧倒的に欠如している。その欠落しているものをひとことでいうなら、それが〈こころ〉なのであろう。ちなみに、新人会創立五〇周年記念集会準備委員として集まった往年の「青年」たちの写真（一九六八年）を見てみよう。[9] かつての学生運動活動家たちは、数十年の星霜を経て今や無惨にも画一化され、〈こころ〉は漂白されてしまっているかのように見える。みな背広を端正に着こなし、髪型は同一で、背筋を伸ばしてカメラを見ている。シャッターを押す際に「こちらを見て下さい」というカメラマンの声に故意に反抗する〈こころ〉がそこにはすでに欠如してしまっているようだ。すべての人の眼がカメラのレンズという超越的な外部に向かって一様に収斂してしまっている。戦後的な画一的集合写真の典型である。ちなみにこの写真の中で青年時と同じ不敵な面構えを見せているのは、中野重治（一九〇二〜七九）だけである。

さて、戦前の「青年」たちの内面は、「個性」という意味を離れても、実は一様ではなかった。特に「成長」という観念とともに生きていたそれらの青年たちにとって、旧制高等学校（ナンバースクール）から帝国大学へという移行に伴って、〈こころ〉のエネルギーの過剰なる発散から、社会的現実との接触による〈こころ〉の〈主体化〉という「成長」を経験するようになるのだった。H・スミスの描写を見てみよう。「戦前の高校生活の基調は自由と奔放であった。（中略）馬鹿騒ぎは高校生活につきもので、大体大目にみられていた。高校教育の重点は人格の育成に置かれた。「青春」といういいならわされた言葉はこの教育の内容をよく示している。この言葉は英語の「adolescence」が大人に成長するまでの混乱と苦痛に充ちた時代を指すのと異なって、若い盛り、自由な自己表現、純粋な楽しみ、のんきな無責任の時代を意味する。（中略）この自由でのんきで感傷的な気分は帝大入学とともに突然たち切られた。そして、この高校から大学への入学という推移自体が、学生運動を誘発するもっとも強力な心理的要因となったのである。（中略）高校から帝大へ入学するということは、近代日本のエリートの心の世界で「青春」という暖い、ゆるやかな牧歌的小川の流れが、大人の責任という冷く激しい本流に流れ入ることを意味している。この変化の強烈さこそが、政治活動へと学生を駆り立てた心理的要因を作り出したのである[10]」。

これはかなり図式的な解釈である。高校生の心理がそのように充足的でのんきな雰囲気だったわけではない。「暖い、ゆるやかな牧歌的小川」のような心が、どうして奔放な「馬鹿騒ぎ」をする必要があるだろうか。高校生の心は、つねに疾風怒濤《シュトゥルム・ウント・ドランク》と隣り合わせだったのである。劇しい高度差のあるジェットコースターの毎日であった。高みは浪漫で、底は現実であった。それこそが彼らの〈こころ〉だったのである。そして高校生のときのこの疾風怒濤の〈こころ〉があったからこそ、大学生になって現実と接触したとき、学生運動や正義への希求を実践できたのである。高校から大学へという変化が、学生運動の根本要因ではない。高校生の青い〈こころ〉が大学生になって「〈こころ〉＋〈主体〉」として成長した結果が、学生運動の実践だったのである。

◆〈こころ〉の分裂◆

始めは内面の純粋性による同志的紐帯で結びついていた〈こころ〉の集団や組織が、やがて時間が過ぎてゆくにつれ、派閥と序列に関心の重点を置く党派的な集団や組織に変貌していってしまうということがよくある。これは戦後の学生運動にも顕著に見られるように、近代日本の運動組織に頻繁に見られる傾向である。

重要なのは、党派的闘争に明け暮れるようになるその要因が、組織メンバーの心の不純さではなく、当初の理想と心情の純粋さにあるという点である。運動組織は当初、宇宙大にも拡散するかのように気宇壮大な〈こころ〉たちの紐帯によって結成される。しかしやがてメンバー同士が、互いの心の純粋性に疑惑の感情を持ち始め、その不信と憎悪は修復が不可能なほどに増大するのだが、同志から敵へのこの変化は、実に急速に進行するのである。この不自然なほどの速度は、何といっても「心の純粋性」という観念に由来している。陽明学的な意味でいえば、純粋であるべき心には一点の曇りも許されないのだが、これが個々の一匹狼の心情ならいざしらず、何らかの組織を形成して制度や序列ができると、この制度や序列の中で心の純粋性をどのように管理すればよいのか、ということに対する技術が決定的に欠如しているのである。それゆえに全面的な信頼は突然、全面的な憎悪に変換可能である。

朱子学のように、心における気の不純さを認め、それを漸進的に克己して純粋化させるという技術的機制が集団的に機能しうる場合にはこれよりも統御が可能だが（それでも「心の純粋、不純」が重大な関心事であるのでやはり党派性は生じる）、陽明学の場合にはそれすら機能しにくい。むしろ朱子学的〈主体〉の場合には党派性に慣れているのだが、陽明学的な〈こころ〉はそうではないので、対立や憎悪は全面的で破壊的な「内ゲバ」に変身してしまうのだ。これまで中国・朝鮮・日本のいずれの体制においても、「陽明学的統治」というものが実現したことがないのはこのためである。陽明学的な「青年」は、孟子的な意味における「大人《たいじん》」ではありえたが、世間一般的な意味における「大人《おとな》」にはなりえなかったのである。

3 〈ニヒリズム〉

◆〈残余〉◆

さて、このように明治以降の人間規定の類型を〈ネットワーク〉、〈主体〉、〈こころ〉と分類してみても、まだここに収まりきらない重要な類型がある。それを、今仮に〈残余〉と呼んでみよう。これは、〈ネットワーク〉にも、〈主体〉にも、〈こころ〉にもさしたる関心を示さずに、あるいはそれらを明確に否定しつつ、それらの価値を彼岸のものとして認識する人びとである。

この〈残余〉の類型に属する典型的な人物を挙げるとすれば、芥川龍之介（一八九二〜一九二七）や永井荷風（一八七九〜一九五九）ということになろう。彼らは、同時代の諸価値、特に時代が称賛し時代と協働作業をしながら時代とともにシンクロナイズ（同期）するようなタイプを好まない。むしろ時代を括弧に入れ、その表面に花咲く価値だけでなくその底流にある価値をも信ぜず、それらの価値に何らかのコミットをする人間を否定したり、軽蔑したりする。時代の側から見れば異端者であり、時代精神を共有しない人間として彼岸の存在者である。しかし時代には、このような彼岸の存在者、よその傍観者、〈主体〉にも〈こころ〉にもならず、安易に〈ネットワーク〉にも絡め取られない〈残余〉の人間が必要であるともいえる。特に近代日本において、それは確実に必要だったし、またその〈残余〉性によって逆に人気を博しもしたのである。

この〈残余〉の人間を、同時代のいかなる価値にもコミットしないという意味で〈ニヒリズム〉型といってよいであろう。

◆永井荷風の〈ニヒリズム〉◆

荷風の性格を、韜晦といってみても退嬰といってみても、的確とはいえない。

「われわれはかのアングロサキソン人種が齎《もたら》した散文的実利的な文明に基いて、没趣味なる薩長人の経営した明治の新時代に対して、幾度《いくたび》幾年間、時勢の変遷と称する余儀ない事情を繰り返し繰り返して嘆いていなければならぬのであろう(11)」。

〈主体化〉による国家改造は、その外部にいる者から見れば、「時勢の変遷」であった。〈主体化〉した人びとの努力を、それは客観化し疎外化する知恵であった。

荷風が最も嫌悪したものは、明治官僚制的な〈主体〉の論理と実践であった。なぜなら明治官僚制的な人間とは、自らの外部の〈理〉を絶対とし、その絶対性への帰依によって〈主体化〉され〈序列化〉された存在だったから、自分たちの作為の道徳性・公共性・合目的性に対する反省を徹底的に欠いていたからである。それをこそ「野暮」と呼ぶべきではなかったか。

「現代の教育はいかほど日本人を新しく狡猾にしようと力《つと》めても今だに一部の愚昧なる民の心を奪う事が出来ないのであった。路傍の淫祠に祈願を籠め欠けたお地蔵様の頸に涎掛《よだれかけ》をかけてあげる人たちは娘を芸者に売るかも知れぬ。義賊になるかも知れぬ。無尽《むじん》や富籤《とみくじ》の僥倖のみを夢見ているかも知れぬ。しかし彼らは他人の私行を新聞に投書して復讐を企てたり、正義人道を名として金をゆすったり人を迫害したりするような文明の武器の使用法を知らない(12)」。

「愚昧なる民」こそ、〈ネットワーク〉の結節点であった。結節点であるという以外に自己および人生に意味を見出すことはなく、しかもそのことを反省して苦悶したり自己否定に陥ったりすることもない人びとであった。荷風こそは、江戸的な〈ネットワーク〉の積極的な意味を熟知した、あるいは熟知しようとした人物であるに違いない。しかし彼自身は〈ネットワーク〉の住人ではなかった。あくまでも、明治的な〈主体〉から逸脱し、しかも江戸的な〈ネットワーク〉に対しては逍遙者として外部の人間であった。彼に内在しているものとしては、かろうじて〈こころ〉があったのだが、しかし陽明学的な〈こころ〉を発現することの「野暮さ」に対しても彼は自覚的であった。だから表面上は〈こころ〉など持っていないかのように振る舞った。

「私の感覚と趣味とまた思想とは、私の境遇に一大打撃を与える何物かの来らざる限り、次第に私をして固陋偏狭ならしめ、遂には全く世の中から除外されたものにしてしまうであろう。私は折々反省しようと力《つと》めても見る。同時に心柄なる身の末は一体どんなになってしまうものかと、いっそ放擲して自分の身をば他人のようにその果敢《はか》ない行末に対して皮肉な一種の好奇心を感じることすらある。自分で己れの身を抓《つね》ってこの位力を入れればなるほどこの位痛いものだと独りでいじめて涙ぐんでいるようなものである。或時は表面に恬淡洒脱を粧っているが心の底には絶えず果敢ないあきらめを宿している(13)」。

しかし荷風が人生の初期からこのような〈ニヒリズム〉型であったわけではもちろんない。彼はアメリカ、フランスからの帰国後、「帝都にて新芸術の華々しき活動」（上田敏）を展開していた。また荷風が慶應義塾に職を得た理由は、慶應が「文学部を大刷新しこれより漸々《ようよう》文壇において大活動を為さむとする計画(14)」があったためである。その壮大な計画を遂行する中心となるに相応しい人物として夏目漱石、上田敏の名が挙がったが、漱石は朝日新聞、上田は京都帝国大学から離れられず交渉が纏まらなかったときに、森鷗外によって白羽の矢が立てられたのが荷風であった。鷗外とて荷風の〈ニヒリズム〉に期待したわけではない。没趣味で官僚的な日本の現状を芸術によって変革しようという運動の企図であった。「三田の大学が何らの肩書もないわたくしを雇って教授となしたのは、新文壇のいわゆるアヴァンガルドに立って陣鼓《タンブール》を鳴らさせるためであった」[15]のだ。それは上田敏のいうように、「唯学校を盛にするだけの事ではなくもつと大なる運動の序幕かと存をり候例へば帝国劇場の如きは義塾の側より殆ど自在に使ひ得られべきやう見受けられ余は言はずとも種々面白き事ありさうに候」[16]というものであり、上田自身、「何かの形にてこの愉快なる事業に助力したく自分でも大《おお》いに心を動かし候」[17]というほどの、もしかすると日本の文学・芸術の方向性を画期的に変えることのできるかもしれない大事業だったのである。荷風はしかしタンブールを鳴らすことに失敗し、「用のない人」[18]となったという自覚とともに三田を去るのである。それと同時に、「教師をやめると大分気が楽になって、遠慮気兼をする事がなくなったので」[19]、『腕くらべ』のような花柳小説を書き始めた。ここに、荷風の荷風たる輪郭が明確になってくる。

三田を辞したのが大正四年の十二月だった。その後、「大正十二年の秋東京の半ばを灰にした震災の惨状と、また昭和以降の世態人情とは、わたくしのような東京に生れたものの心に、釈氏のいわゆる諸行無常の感を抱かせるに力のあった事は決して僅少ではない」[20]というように心境が変化してゆく。荷風はますます〈ニヒリズム〉に接近する。

しかし荷風の〈ニヒリズム〉とは、きわめて日本的な意味におけるそれである。すなわち、文明や文化がヘゲモニー争いをするその「場」から一歩身を引き、それらの「活動する文明・文化」の価値を相対化ないし無化して、自己を無価値の場に置く、という心境を、「日本的〈ニヒリズム〉」と呼んでよいであろう。このことに関して私は『創造する東アジア』（二〇一一）という本で主題的に述べたのでここでは詳しく述べないが、要するに日本の〈ニヒリズム〉は、「価値の闘争からの撤退」という様相を呈することが多いのである。それは単なる逃避である場合もあるし、また積極的に「いま、ここ」でない場所を探索して「いま、よそ」に到達する行為でもある。(21) このような心理は世界中どこにでも見いだせることであろうが、特に日本の場合、知識人たちが中国や西洋という「文明の中心地」やその文明の植民地としての「文化」の場との距離を明確に自覚したときに選択する道のひとつとして、平安時代から大切に育てられてきた「生き方」であった。ここで「文化」というのは、「文明」が自らの使命を普遍化させようと社会の構成員を〈主体化〉させ、その〈主体〉たちが自らを「文明化」することによって形成される場のことをいっている。だから「文明の植民地」といってもよいのだ。

荷風の場合は、西洋という文明の中心を直接経験し、また中国に関しては父祖の家学的教養からその薫習を受けた。いずれにせよ「中心」を熟知しているという矜持があった。それに対して明治以降の近代日本は、西洋「文明」の模倣者という歪な朱子学的〈主体〉によって支配され、破壊されていた。

しかし荷風は単なる懐古趣味者ではなかった。江戸文化もまた、中国の模倣「文化」であるという認識を持っていた。すなわち、彼はいかなる意味でも実体主義者ではない。明治以降の日本文化は贋物で、徳川時代のそれが本物だという認識は持っていない。すべての文化は、「文化」なのである。つまり、「文明」を模倣する〈主体〉によって既存の文化が改変された結果物、あるいはその過程なのである。荷風の眼目は、都市という「文化」の堆積層にあって、前時代の「文化」が澱のように蓄積されたものと、同時代の現在進行中の「文化」の底辺にあるものとを同等として把握しようとするところにある。だから常磐津もカフェエやビイヤホオルなどという新風俗も、荷風にとっては同等なのである。

◆天皇と江戸◆

ここまでで留まれば、荷風の〈ニヒリズム〉は日本の伝統に則り、守旧的で型に嵌ったものであるといえる。しかし、荷風はここに留まる者ではなかった。

「銀座と銀座の界隈とはこれから先も一日一日と変って行くであろう。丁度活動写真を見詰める子供のように、自分は休みなく変って行く時勢の絵巻物をば眼の痛《いた》くなるまで見詰めていたい[22]」。荷風の〈ニヒリズム〉の特徴は、「〈見る〉ことによって近代日本を根源から批判する」ということにあった。荷風は自らが隠遁、退嬰と称するような人物ではない。

荷風が憎悪した近代日本の姿は、超越的理念とその体現者によって国家・社会・共同体を変革してゆく〈朱子学的思惟〉の現実化であった。荷風が「見る人」となって町を徘徊することを決意したのは、そのような変革を推進する〈主体〉たちの「文化」意識がいかに文化を破壊してゆくかを、克明に認識しようとしたものである。

ここにはあきらかに、「天皇」という問題が介在している。

というのは、明治以降の「朱子学的天皇」の理念は、天皇を「国体」として成り立たせている超越的な〈理〉を臣民が集合的知性によってジグソーパズルのように完成させてゆく、というものであったからである。そのような集合的知性の核心は政治家および官僚であったが、一般民衆がそのジグソーパズルに参加できないわけではなかった。試験により人材を登用するシステムが機能していたし、また無位無冠の匹夫匹婦でさえ、帝国の理念をともに考えるという行為から排除されていたわけではないのである。代議士になったり官僚になったりしなくても、たとえば牛鍋を食べたり新橋停車場の待合所に座ったり銀座の街の敷石に躓いたりするという行為がそのまま、天皇とは何か、という問いを考えることに直結していたのである。それらの無数の思考はどこにも発表されず、おそらく当事者の脳の中に記憶されただけであったろう。しかし、民衆の日常の細部にまで天皇という観念、「天皇とは何か」という問いが浸透していたということは、臣民という名の〈主体〉がグラデーションのように〈序列化〉され、その末端に到るまで、「国体パズル」に何らかの意味で参加していた、あるいは参加することが為政者によって望まれたということである。顕教と密教という言葉で天皇への接近方法の相違を説明するのは、ある意味では正しいのだが、顕教のみを信奉させられた民衆が絶対的天皇への服従だけを強制させられたと解釈するなら、それは間違いである。顕教という言葉の正しい解釈は、「天皇は何らかの機関ではなく絶対的な〈理〉の存在である。しかしこの〈理〉の内容を決めるのも、また〈理〉を完成させるために努力するのも、臣民の役割ないし義務である」というものである。ただ、この「臣民」という概念に一般民衆までも包含されているという点に関しては、密教の領域であることが多かったのである。

さて、このような理念下での「帝都」においては、様々な「臣民」たちが「明治の〈理〉」という普遍性を勝手に解釈して、街の景観を改変したり新しい業種や店舗をつくったりしたのである。それらは官憲によって取り締まりを受けないかぎり、「帝国の〈理〉」の一翼、あるいは少なくとも末端を担っていると自認することが可能だった。もちろん臣民たちの行為には「帝国の〈理〉」に照らして好ましいものと好ましくないものがあった。しかし、法や取り締まりによって否定されるものという明確な「反・帝国の〈理〉」という範疇がある以上、それらによって否定されないものは、何らかの意味で「帝国の〈理〉」がわずかにでも宿っているものとしてオーソライズされたのだと主張することは可能だった。そしてそのような論理によって、帝都はなしくずし的に近代的な景観と行為とに満たされてゆくようになる。荷風は、「礼儀のない現代に対する反感[23]」という。その礼儀のなさは、自分たちこそ〈理〉を掌握しているという浅薄な自信を持っているがゆえに生じるものだった。

荷風が「眼の痛《いた》くなるまで」見ようとしたものは、そういう光景だったのである。つまり、「明治の〈理〉」「帝国の〈理〉」という普遍運動に参加しているという自己意識を持った低俗な〈主体〉たちが、いかに江戸の景色を破壊してゆくのか、そのことをつぶさに目撃しようとした。そして荷風の主観においては、町の最深部に暮らす庶民たちは、そのような低俗な〈主体性〉とは無縁に生きていてほしかったのである。だがそれは荷風の耽美的な幻想に過ぎなかったかもしれない。庶民が「明治の〈理〉」「帝国の〈理〉」に絡め取られて〈主体化〉してゆく無惨な光景を、荷風も数多く目撃したことだろう。そのたびに、そのような浅ましい光景のさらに奥へと、潜り込んでゆこうとするのだった。

そのような意味での〈ニヒリズム〉なのである。

◆主権論と〈ニヒリズム〉◆

さて、芥川や荷風のような〈ニヒリズム〉が大衆的人気を博するのは、彼らの分野である「文学」がそもそも、明治〈主体化〉権力との距離感によって評価されるジャンルであったからだった。そこにおいて多分にトリックスター的な振る舞いをすることにより、彼らの反〈主体〉性は明確なマッピングをされて受容され、消費されるにふさわしい解釈学的地位を手に入れることに成功した。

そうではないジャンルにおいては、〈ニヒリズム〉の陣営は苦戦を強いられる。たとえば法学の分野で典型的な〈ニヒリズム〉を示したのは、法哲学者の尾高朝雄（一八九九〜一九五六）ではあるまいか。戦後すぐに彼の唱えた「ノモス主権論」は旧体制との連続性のみを擁護したものだとか、国民主権を否定するものだなどと誤解されて批判された。批判した勢力は、米国（外部）によって超越的に与えられた国民主権という概念を〈理〉として信奉する戦後の新しい、あるいは変化（別の言葉でいえば転向）した〈主体〉たちであった。この〈主体〉たちは、自分たちこそが超越性（〈理〉）に接近しているという観念によって他者を〈序列化〉しようという強烈な意志に満ち溢れていたのだが、その彼らにとって、国民ないし人民ではなくノモス（人為的規範）に主権があるという考えは、その説の妥当性が論理的にどうであるかということとは関係なく、道徳的に排除すべきものだったのである。尾高の考えは、国民の多数の福祉を実現するノモスが主権として政治を決定する、というものであったが、これに対して反論した憲法学者の宮沢俊義（一八九九〜一九七六）は、誰がノモスを主権だと決めるのか、さらにノモスの内容を決めるのは誰なのか、ということを問題にした。この「誰が」の問題はもちろん国民主権の正当性に関わる重大性を持っているが、ここにはもうひとつ、国民主権の正統性の問題も深く関わっている。つまり、一九四七年から一九四九年という、日本の国体問題における最も重大な転換点において、国民主権の絶対的超越性を擁護したい〈主体α〉陣営は、ノモスという夾雑物を排除して白紙の状態からすべてを決定する〈理〉＝権力を、自分たちが掌握しているのだという信念を持っていた。新しくゼロから決定する憲法の内容は、熟議やノモスとは無関係に、超越的にほぼ決まっているると信じたかったのである。もちろん民主主義を標榜するのだから、民主的な議論や討論は活発に行われた。しかしその内容は、朱子学的な意味でいって「帰納かつ演繹的」(本書第3章参照)であったといえるのである。つまり、議論によってまったく未知の観念を創出するのではなく、あらかじめ到達されるべき地点(〈理〉)を掌握していると信じている者たちが、擬似的に帰納法を使用して内実は演繹的な議論を展開したのである。

それは革命的な〈理〉の転換を信じる人びとによる多分に道徳志向的な行為であったから、ノモスという慣習的な要素を持つ概念と相性が悪かったのは当然である。したがって、反ノモス主権論者たちにとっては、日本史上初めて国民ないし人民が主権を掌握する決定的なこの時点で、ノモスという〈ネットワーク〉的な観念によって自分たちの〈理〉が骨抜きになることが耐えられなかった。つまりノモス主権論に対する反感は、第一義的には〈主体〉勢力による〈ネットワーク〉への反発だったといってよいだろう。この時期に、旧体制の〈ネットワーク〉を完膚なきまでに破壊するには、ノモスという「反道徳的な」観念から離脱しなくてはならなかった。

だが、〈主体〉側の道徳志向性という観点からいうと、もっと重要なことがある。それは、尾高のノモス主権論は、結局は「多数」という得体の知れないものによる支配を容認してしまうのではないか、という拭いがたい疑念である。ここで多数というのは、議会制民主主義におけるそれではない。人為的・慣習的な規範を下支えしているのは結局は共同体の多数者であるから、その多数者がノモスを決めることになる。これは反ノモス主権論者の考える道徳性とは背馳する考えである。〈理〉を把握する者のみが共同体や国家を変革し運営してゆくことができると考える〈主体〉にとって、多数者が抱いている雑多な観念などによって政治が支配されることは、絶対に容認できないことだった。その意味で、反ノモス主権論者というのは、戦前の国体論的〈主体〉と同じ世界観を持つ存在なのであった。あくまでも正しい民主主義、善なる平和主義、道徳的な平等主義こそがこの時代の〈理〉なのであって、この〈理〉を正しく把握した者が支配者とならなくてはならないのである。

このような観点からは、ノモス主権論はその究極においては、何ら道徳性とは関係ない多数者の力による支配を認めざるをえないことになる。つまりノモス主権論とは、〈ニヒリズム〉の思想なのである。〈主体〉陣営が最も警戒したのは、実はノモス主権論のこの〈ニヒリズム〉の側面、あるいは〈ネットワーク〉と〈ニヒリズム〉の合体の可能性に対してではなかったのか、と考えられるであろう。

ただ、このような見方と尾高の主張したノモス主権論が同じものであるとはいえない。尾高は、究極的な悪法に対しては、それがノモスによってつくられたものであっても抵抗できるとしたからである。これは、尾高のノモス主権論が〈ニヒリズム〉とは距離を置いていることを示している。しかし、反ノモス主権論者たちの目には、おそらく、尾高は〈ネットワーク〉と〈ニヒリズム〉の性質を隠し持つ「敵」だと映ったのであろう。

4　〈こころ〉＋〈ニヒリズム〉としての日本陽明学

◆陽明学と〈ニヒリズム〉◆

〈こころ〉の類型として東アジアで最も強力な哲学を展開したのは、陽明学である。だがこの陽明学は、日本に導入されると中国や朝鮮とは異なる様相を呈するようになる。そのことは、日本においては往々にして、陽明学が「ニヒリズム」とリンクされて論じられるという事実において明確になる。代表的な例は、三島由紀夫（一九二五〜七〇）の次のような言葉である。「明治維新は、私見によれば、ミスティシズムとしての国学と、能動的ニヒリズムとしての陽明学によって準備された」[24]。そして大塩中齋（平八郎、一七九三〜一八三七）の最も重視した「太虚」こそ、「能動的ニヒリズムの根元」であるという。

「能動的ニヒリズム」というニーチェ流の言葉は、仏教的ニヒリズムや現代の社会的雰囲気としてのニヒリズムという概念ではなく、究極の理想的善に向かって現実的な行動を取るための思想としてのニヒリズムという意味である（善という価値を志向するという側面が強調されればニーチェとは距離が遠くなる）。自ら戦後日本の虚妄性を叫び、自衛隊の決起を促して自衛隊員に演説をするが無視されて割腹自殺した三島は、陽明学者ということはできないが晩年は陽明学に急接近し、自らの行動学の理論的土台のひとつと考えた。

また大塩中齋は、飢饉に苦しみ米のなくなった大坂の民を救うために兵を起こして市中に火を放ち、豪商の家に放火して金穀を放散した。この無謀な挙による大坂の被害は甚大であり、大塩父子は捕手に追われて自死する。

このふたりは、自らの行為の無効性と純粋性を極度にまで結晶化した例である。また三島が西郷隆盛（一八二七〜七七）と吉田松陰（一八三〇〜五九）を高く評価し、彼らに対する陽明学の深い影響を指摘するのも、その思想と行動の無効性と純粋性のためである。

これらの行動家に共通しているのは、次のような思想であると三島はいう。

「陽明学を革命の哲学だといふのは、それが革命に必要な行動性の極致をある狂熱的認識を通して把握しようとしたものだからである」[25]「(聖人との) 同一化とは、自分の中の空虚を巨人の中の空虚と同一視することであり、自分の得たニヒリズムをもっと巨大なニヒリズムと同一化することである」[26]。

これは陽明学そして大塩哲学に対する曲解といってよい解釈なのだが、いずれにせよ日本において「三島由紀夫的陽明学」あるいは「陽明学三島派」とでも呼ぶべき新解釈が誕生したことは認めなくてはならない[27]。このような脈絡のもとに三島由紀夫は、大塩中斎の「帰太虚」というスローガンを重視する。すなわち日本的な陽明学において、「太虚」という概念の重要性は格別なのである。

◈太虚＝〈こころ〉＋〈ニヒリズム〉◈

王陽明は晩年、良知説を張横渠の太虚説と合体させ、「良知の虚は天の太虚と同体で、形象あるものはみなこの太虚中に備わり、何物として太虚の流行発用でないものはなく、一物も太虚の障碍となるものはない」と考えた。

大塩中斎こそ、この太虚という概念に自己の実存的思考を賭けた思想家ということができる。

朱子学者および陽明学者たちの文から「空」「虚」に関するものを抜粋し『儒門空虚聚語』を著した大塩は、その序で、儒門の「空」と仏教の「空」はもとは同じだが、儒門の空は張横渠が「虚生仁」といったように人倫・位育の中心であるのに対し、仏教の空はすべてを枯らし滅するものであるとして「本然之空」「空虚之実学」を説いた[28]。

これは朱子の「衆理を具へて萬事に應ずる」よりも王陽明の「衆理具はりて萬事出づ」という語を真理とする陽明学派の中でも、心の「虚靈不昧」さを極端に能動化して把えたものだということができるであろう。

「天というのは青々と何もないあの上空にあるだけではない。石の間の虚なところも、竹の幹の中の虚ろなところも、また天である[29]」。

「身体の外側にあるこの虚ろなものは、すなわち天である。天とは、わが心のことである。心はすべてのもの・ことを包摂しているということを、ここにおいて悟らねばならない。それだから草木や瓦・石にいたるまで、血気のあるものが死んだり折れたり破砕したりこわれたりするのを見れば、わが心に傷みの感情を与える。というのもそれらはもともと心の中のものだからなのだ。もしまず欲望があって心を塞いでしまっているなら、その心は虚ではない。心が虚でなければすなわち頑迷でちっぽけな一個の物にすぎない。つまり天の本体ではない[30]」。

「身体の外側の虚ろな部分が、すなわちわが心の本体なのだ[31]」。

これらの文からわかる通り、大塩の太虚観はきわめて渾一的であり、心の内側と外側を区別しない。「天者、吾心也」と大塩はいうが、「心は則ち天なり、心の来処は乃ち太虚是れのみ」という語や、「吾心は即天なり」という言葉も、すでに佐藤一齋が発しており、日本陽明学の基本をなす語のひとつであるとい

える。(32)

この「帰太虚」の思想のもとに大塩中斎は、「身の死するを恨まず、心の死するを恨む」という信条を得、そしてラディカルな行動哲学へと帰結していく。

三島由紀夫はいふ。

「かうして陽明学の行動的な側面があらはになるのは、結局、太虚をテコにして認識から行動へ跳躍するその段階である。もし太虚がなければ、われわれは認識のうちに没して、つひに知性主義、認識主義を脱却することができない。いはば朱子学はこの良知に至るための往きの道であり、陽明学は良知が到達した果ての太虚、言ひ替へればニヒリズムをテコにして、そこから能動性のジャンプを使つてしやにむに行動へ帰つてくるための帰りの道であるともいへよう(33)」。

もちろんこのようなラディカリズムの系譜が、日本の陽明学のすべてに宿っているとはいえない。佐藤一齋のように王門右派の思想に近く、均整のとれた折衷的立場を取る学者もいた。しかし、少なくない日本の陽明学信奉者がラディカリズムの傾向を持ったこともまた事実なのである。

◈「日本化」の問題◈

中江藤樹も熊澤蕃山も大塩中齋も、実は陽明学一尊の思想家なのではなかった。「本来儒道は太虚の神道」といった中江藤樹も、「學は儒をも學び、佛をも學び理ゆたかに心廣くなりてかりかされざるの吾神道を立つべきなり」といった熊澤蕃山も、自分の著作を伊勢で焚書して天照大神に捧げた大塩中齋も、神道の信者であった。「日本の陽明学者には共通して宗教的な要素があるように思う(34)」という山下龍二の評がそれを言いえている。

これは中国陽明学における「三教一致」の思想と似たようなものともいえるが、日本の場合はそこにさしたる哲学的葛藤なしに、すんなりと陽明学と神道を融合させてしまっているという印象を与える。日本思想史における価値相対主義的傾向は、こと陽明学史に関しても、著しいといえるのである。すなわち日本の陽明学者は陽明学の思想的領域においては極端な絶対的ラディカリズムを取る傾向があったが、神道との融合という意味では相対主義的傾向を持つという二重性を体現していた。

このような傾向がいかに〈ニヒリズム〉に庶幾《ちか》いかということは、実は日本の思想的風土だけを見ていてはわからない。たとえば朝鮮と比較してみると、朝鮮の陽明学には「三教一致」思想はありえないし（ただし近年、鄭霞谷の思想にその傾向があると指摘はされている）、ましてや神道と儒教の合一ということ自体、原理的に全く想像がつかないことである。ここが日本との著しい違いである。「陽明学の日本化」が進んだ日本に対し、朝鮮ではむしろ「朱子学の朝鮮化」が進んだのだということができるかもしれない。しかし朝鮮では土着的なシャーマニズムと朱子学が融合するなどという事態は決して起こらなかったし、そこには厳しい排他的関係が存在した。

このような日本の陽明学のシンクレティックな性格、あるいは厳密な論証ぬきの直截的性格に対しては、否定的な評価も多い。山下龍二は三輪執齋の無善無悪論に関して、「中国では重要な修養法上の論争課題となったのに、三輪執齋は理屈ぬきで心情的にふんわりと受け入れている」[35]というし、また井上哲次郎はもっと厳しく、「陽明派の人、著書多からず。而して理論亦乏し。故に哲学として之れを観れば、余りに寡少に余りに浅疎なるものなり」と評している[36]。

しかし井上によればこの裏側には、「陽明学の日本化」という問題が隠されているのである。「日本の陽明学は其神道との関係を外にするも、自ら日本的趣味あること否定すべからず。蓋し日本人は性、単純を喜ぶ。然るに学としては陽明学より単純なるはなし。簡易直截といふもの洵に当れり。是を以て日本人の陽明学に接するや、其性其物と適合し、此れを以て彼れを迎へ、彼れを以て此れに容れ、相互融会して一となり、炎々たる活気を内に蓄へ、事あるに当りては、発して電光の如く、衆目を眩するに足るものあるなり。若し夫れ日本陽明派の人物を一瞥せば、思、半に過ぎるものあらん[37]」。

ひとことでいえば、「狂者」の自覚に満ちた人物が日本の陽明学派には多かったということである。単に「理屈ぬきで心情的にふんわりと」というわけでない、生命と心の全的な顕現としてのシンクレティズムがそこにあり、それは深い〈ニヒリズム〉の穴から湧出していることに、気づく必要があるのではないだろうか。

三島由紀夫は次のようにいう。

「陽明学が示唆するものは、このやうな政治の有効性に対する精神の最終的な無効性にしか、精神の尊厳を認めまいとするかたくなな哲学である。いつたんニヒリズムを経過した尊厳性が精神の最終的な価値であるとするならば、もはやそこにあるのは政治的有効性にコミットすることではなく、今後の精神と政治との対立状況のもつともきびしい地点に身をおくことでなければならない。そのときわれわれは、新しい功利的な革命思想の反対側にゐるのである[38]」。

日本の陽明学は、このように「政治的有効性」の対極を目指すニヒリスティックな精神運動に直結する傾向が強かった。あるいはそのような運動への憧憬を内包していた。それこそが〈こころ〉と〈ニヒリズム〉の合体形としての、絶対無効性の純粋美だったのである。

天皇制と革命という別ヴェクトルを合体させるための思想として機能した陽明学は、近代日本において、国民を効率的に〈主体化〉し〈序列化〉するための装置である〈朱子学的思惟〉に、根本から対抗する世界観であった。それは「政治か美か」「効率か純粋性か」という近代日本思想を貫く対立の、まさに両極点であった[39]。

第7章 〈主体〉、〈ネットワーク〉、〈こころ〉、〈ニヒリズム〉

1 『東海道四谷怪談』と近代

◆四つの類型◆

第5章と第6章においてわれわれは、明治以降の日本社会において、〈ネットワーク〉、〈主体〉、〈こころ〉、〈ニヒリズム〉という大雑把に四つの人間規定類型を想定することができることを説いた。ただこれはあくまでも「類型」であって、「内容」ではない。たとえば同じマルクス主義者の中にも、〈ネットワーク〉型のそれと、〈主体〉型のそれ、〈こころ〉型のそれ、というように性格の異なる様々な人間がいたのである。また、それらは個人の不変なアイデンティティとして人生の航路で一貫していたわけではない。あるときには〈主体〉型のマルクス主義者だったのに、ある体験を経て〈こころ〉型のマルクス主義に変貌した、などということはふつうにありうるのである。「転向」という概念は思想の「内容」を問題にするのだが、それとは異なり、人間性が変化することにより違ったタイプの××主義者に変貌するとか、その人間性の変化によって思想の「内容」まで変わる、つまり一般的な意味で「転向」する、ということも頻繁にあったであろう。

以上のような日本近代における人間規定の四類型を念頭に置いて、次にわれわれはこのような「近代性」の起源について考察してみよう。もちろんここで問題となるのは、「近代性」の思想内容ではなく、人間規定類型（四タイプ）に関わる部分である。

◆日本近代の始点◆

日本の近代の始点を、どのあたりに設定するのが妥当であろうか。

この古くからの問いには、実に多数多様な答えがあるに違いない。私の場合には、次のように考える。

日本の近代とは、日本人に〈主体〉という概念が植え付けられた時代のことである。ここで〈主体〉とはもちろん近代的〈主体〉のことだが、この近代的〈主体〉は別の言葉でいえば朱子学的〈主体〉でもあった。朱子学的〈主体〉は「朱子学的人間」とは異なる。後者は士大夫、君子などという伝統儒教的な語彙で規定される、朱子学的な意味での〈主体〉的人間そのものである。しかしここで朱子学的〈主体〉というのは、まがりなりにも西洋近代の「主観＝〈主体〉」観を経た上での人間類型なのである。

このような意味から考えると、日本においては、四世鶴屋南北（一七五五〜一八二九）の傑作歌舞伎脚本『東海道四谷怪談』（一八二五）あたりが、「近代への胎動」を「構造」として提示した始まりではないかと考えられる。もちろんこの脚本に描かれた人物像は、たとえば明治末期以降に新劇の舞台で盛んに上演されたイプセンの戯曲のような明確な形では近代性を体現してはいない。当然である。時代は封建時代の真っ直中であった。

しかし南北のこの脚本には、封建的価値観の爛熟とその崩壊の予兆が、つぶさに描写されている。まずは筋書きをごく簡単に辿ってみよう。

塩冶《えんや》の浪人・民谷《たみや》伊右衛門《いえもん》とお岩は夫婦であった。しかしお岩の実父・四谷左門《よつやさもん》に自らの悪事を知られた民谷伊右衛門は、四谷左門を浅草裏田圃《あさくさうらたんぼ》で殺す。

一方、高野師直《こうのもろなお》の家来・伊藤喜兵衛《いとうきへえ》の孫娘・お梅が民谷伊右衛門に一目惚れをした。塩冶と高野は敵同士であった（塩冶は浅野内匠頭、高野は吉良上野介を指している）。伊藤喜兵衛は「民谷伊右衛門と結婚したい」という孫娘の願いを叶えるために、産後のお岩に血の道の薬だといって顔面が醜くなる薬を飲ませた。その薬を飲んだお岩は顔面が醜くなる。

他方、高野の家来になりたい民谷伊右衛門は、お梅と結婚することにした。お岩が邪魔になった民谷伊右衛門は、お岩に不義密通の罪を着せる。そして修羅場となった舞台で小仏《こぼとけ》小平《こへい》を斬殺し、お岩は悶絶したところに刀が刺さって息絶える。ところがその夜、お梅との初夜を迎えた民谷伊右衛門は、幻覚に狂ってお梅と伊藤喜兵衛を斬殺してしまう。

これとは別に、お岩の妹・お袖に横恋慕した直助《なおすけ》は、お袖が惚れた許嫁・佐藤与茂七《さとうよもしち》を嫉妬から浅草裏田圃で殺す。しかしこれは実は別人であった。

お袖は父（四谷左門）と夫（佐藤与茂七）を殺されたため、復讐を誓うが、女手ひとつではできないので、嫌悪する男・直助と仮の夫婦になって機会をうかがう。そこへ姉のお岩もむごい仕打ちの後に死んだと聞き、お袖は父・夫・姉の三人の敵討ちを誓う。そして嫌悪する仮の夫・直助とついに男と女の仲になる。その直後、死んだと思っていた夫の佐藤与茂七が現れる。お袖は直助と佐藤与茂七の双方に殺される仕掛けをして死ぬ。お袖の書き付けを見た直助は、その内容に驚き、切腹する。

お岩の死霊に苦しめられる民谷伊右衛門は、念仏の力で祟りから逃れようとするが、お岩の執念はものすごく、鼠となって民谷伊右衛門の実母・お熊を殺す。結局最後に、民谷伊右衛門は佐藤与茂七に殺される。

なお初演では、このラストシーンの後に、忠臣蔵の討ち入りが演じられた。

ごく簡略化しても、これだけ複雑なストーリーである。一体このような古くさい物語のどこが「近代的」であるのか、にわかには肯んじえない。

◈近代のエマージェンス◈

さきほど私は、この脚本は「構造」として「近代への胎動」を提示した、と語った。その意味は、次の通りである。

なるほど、この脚本を書いた本人も、この芝居を楽しんだ江戸の庶民も、「近代」などという観念は少しも知らない。爛熟し崩壊しかかっているとはいえ、時代を支配する思想は封建そのものであった。しかし、私の考えでは、「近代」は特定の「近代的個人」が突然登場し、『人形の家』のノラのようにその〈主体性〉を宣言する、という仕方では最初はやってこない。実際は、前近代の理念と雰囲気と制度と関係性の中で、その「ほころび」として最初は芽を出すのである。この「ほころび」のエマージェンス（創発）は、誰にも気づかれずにそのまま消滅してしまうこともある。むしろそのような場合がほとんどであろう。しかし、何かの微細な異変を察知する天才が、その「ほころび」を何らかの形で定着させる場合がある。『東海道四谷怪談』は、私の見るところ、「ほころび」が奇蹟のように定着させられた稀有な例なのである。

そしてこのエマージェンスは、最初は「構造」の中で示されることが多いであろう。つまり、アンシャンレジームを描写する物語の中に、ほんの一点だけ、あたかもホルバインの『大使たち』（一五三三）の画面の下方に描かれた歪んだ頭蓋骨のように、「ほころび」が現出するのだ。この「ほころび」が何であるか、見る人や聴く人は、おそらくわからないであろう。それを描いた本人もわからないことが多いのかもしれない。しかし、わからないものは描かれてしまったのである。描かれる以前の構造は、「ほころび」が描かれたことによって改変されてしまったのだ。ノラが女性の〈主体性〉を宣言するのは、この「ほころび」の出現から数えればずっと後の時代の出来事に属する。「ほころび」が社会的に承認されていなくとも、少なくとも社会の多くの構成員の知覚像の中にすでに「ほころび」が無言で入り込んでいなければ、「新時代の宣言」はまったく受け容れられないのである。

このような意味で、『東海道四谷怪談』には「ほころび」が、別の言葉でいえばエマージェンス（創発）が描かれている。この陰惨で不気味な物語が今日まで生命力を保って人びとの人気を得ている理由は、「お岩」の怨念的表象の普遍性にもあるが、もうひとつは、この物語の描出する「世界」の新しさにもある。むしろその新しさは、上演当時のほうが現代よりももっと鮮明であったに違いない。

◆〈主体〉〈ネットワーク〉〈こころ〉〈ニヒリズム〉の様相◆

『東海道四谷怪談』の「近代性」ということでいえば、従来から、民谷伊右衛門に焦点が当たることが多かった。民谷伊右衛門は、古くさい封建道徳などは一顧だにせず、自分の欲望の赴くままに義父を初めとして多くの人びとを殺し、主君の金を盗み、そして旧主への忠誠心などまったく持たずに旧主の敵《かたき》に仕官しようとする。直助が、「伊右衛門さま。成ほどおまへは。」「ヤ。」「ごう［強］悪だなぁ(1)」というように、彼は道徳観念に縛られずに自己の中から湧き上がる動力のみによって活動する人物である。それなら彼は、〈主体〉型の人間なのであろうか。あるいは〈こころ〉型の人間であろうか。私の答えは、そのいずれも否である。その理由を次に述べてみたい。

まずこの芝居で最初に描かれるのは、徳川後期の〈ネットワーク〉の世界である。浅草の賑わいの中で、〈ネットワーク〉は縦横無尽に機能している。ここで描かれているのは、共同体的な紐帯というよりは、金銭欲と性欲のための〈ネットワーク〉である。楊枝屋の店先にすわる女は、男たちによって値踏みをされる。しかし個人対個人で性の売買の交渉が成り立つわけではないので、茶店の女房（お政）を通して〈ネットワーク〉の中で欲望を充足させようとする。

〈ネットワーク〉は強固だ。乞食たちのたつきの〈ネットワーク〉の中では、武士さえも無力な存在である。乞食たちの掟を犯した浪人の四谷左門は、非人や乞食たちにいたぶられる。[2] ずぶ、うんてつ（うん）、目太《めだ》八《はち》（目太）は非人であり、泥太《どろた》は乞食坊主である。

ずぶ　ふてへ［太え］親仁《おやじ》だ。こいつがほんの、乞喰《こじき》のうはめへ取りといふのだ。
皆々　何《な》ンとも引きずつてゆけ〳〵。
（中略）
泥太　何もいふ事はねへ。かしらの所へしよびいてゆけ。
（中略）
左門　御手前達《おてまえた》チの中に、さよふなさほうの有《ある》と申《もうす》事も存ぜず、此所《このところ》にて物もらひ致《いたし》をつたは身がぶねん［不念］。何分にも用捨《ようしゃ》［容赦］いたしやれ。
ずぶ　ナニ、用捨しろですむ物か。マア我《われ》がもらひ為《だめ》［溜］をこゝへ出せ〳〵。
（中略）

目太　こんなやつをうつちやつて置《おけ》ば、中間《なかま》のきまりがわるいハ。
うん　みせしめの為に、着物も何もふんばいて。
泥太　すじぼねをぬいてやれ。
皆々　それがいゝ〳〵。
ト皆〳〵よつて左門をちやうちやくする。

そこに左門の婿である民谷伊右衛門がやって来、左門を助けようとする。すると乞食坊主の泥太は「中間《なかま》の法をやぶられちやア」というのだが、民谷は「此御人《このおひと》（左門のこと）になり替り、武士たる者が其《その》ほう共《ども》へたいして詫《わび》いたす程に、此儘《このまま》に勘弁いたしてはくれまいか」という。すると非人のずぶは「ナニ、勘弁しろへ。何ぼ御《お》侍《さむらい》さまでも、乞喰《こじき》の法は御存じありやすまい」といい、皆々が「中間の法がたちやせぬハ」と叫ぶのである。非人、乞食坊主の〈ネットワーク〉の力はかように強力であり、浪人とはいえ刀を差した武士に向かって、自分たちの掟の優越性を暴力的に明示する。左門はその掟を「さほう（作法）」というが、〈ネットワーク〉の論理でいえば半ば超越的な「きまり」「法」なのである。そしてこの「中間の法」は、武士と非人という身分の秩序をも破る力を持っている。個人の道徳的〈主体性〉などよりも〈ネットワーク〉のほうが強力なのである。

それに対してお岩は個人対個人で性の売買をしている女である。この芝居には、個人対個人という関係がいくつか描かれている。お岩の売春もそうだが、それ以外に、直助とお袖（相対《あいたい》）の関係は個人対個人であるし、民谷伊右衛門のお岩に対する関係もそうである。ただ、お岩の伊右衛門に対する関係はそうではない。

伊右衛門はお岩のことをひとりの女として遇し、一対一で（お岩の父・四谷左門を排した状態で）接しているのに対し、お岩は自分の父の敵を討ってくれる存在という封建的な関係性の中で伊右衛門を見ている。

この芝居において〈主体〉は、佐藤与茂七である。これはオモテの忠臣蔵の世界とつながっている。佐藤与茂七にはあたかも心がないかのように描かれている。しかし道徳的である。心がなく、非道徳的な民谷伊右衛門とはそこが異なる。

そして〈こころ〉は、お岩である。

お岩の〈こころ〉は巨大化する。この芝居の中で、無念のうちに死んだ登場人物は数多い。しかしお岩だけが巨大な怨念となって、復讐をするのである。ほかの死者たちは、怨念にはならない。

しかし四谷左門は、死んだ後、生者たちを動かす。父の復讐を誓うお岩・お袖の姉妹を動かすのである。これは前近代の「死者の〈主体性〉」である。ただしここには、死者の能動性は描かれていない。あくまでも、生者たちが死者の心を読み取ったり、あるいは過剰な推測をしたりして、死者の心情が生者の世界を支配するように仕向けているのである。

このような物語の中で、民谷伊右衛門は、〈主体〉でも〈こころ〉でも〈ネットワーク〉でもない存在として描かれている。つまり、伊右衛門こそは〈残余〉なのである。別の言葉でいえば〈ニヒリズム〉を代弁している。これは、既存の〈ネットワーク〉にも〈主体〉にも〈こころ〉にも関心がない、そこにポジティブな意味を見いだそうとしない人間である。(3) もう少し細かくいえば、既存の〈ネットワーク〉にはその〈ネットワーク〉を成り立たせている掟やルールがある。その掟やルール自体に何らの意味を見いだせないのだ。また既存の〈主体〉にはその〈主体性〉を構築するための〈理〉が必要なのだが、その〈理〉から逸脱しているのである。さらに、それらの〈ネットワーク〉や〈主体〉の彼岸に立つだけではなく、積極的にそれらの背後にある価値を破壊し新しい地平を希求するためには、〈こころ〉の全一的な力が必要なのだが、伊右衛門にとってはそれすら意味のないことなのである。〈残余〉は、アンシャンレジームにうんざりしているし、かといって新しい時代を待望したりもしない。新しい価値はまたすぐに保守化するということもおそらくは本能的に知っている。

このように把握してみると、『東海道四谷怪談』は、〈ネットワーク〉〈主体〉〈こころ〉〈ニヒリズム〉という四つの人間規定の類型を見事に描ききり、十九世紀半ばの江戸という場所で、それらの人間規定の連関性を象徴的に可視化した作品だということができる。

そしてこの物語の中で、〈ネットワーク〉を代表するお岩やお袖、伊藤喜兵衛や乞食などは、旧体制のしがらみの中で沈澱し、滅んでゆくだけである。〈主体〉を代表する佐藤与茂七も、民谷伊右衛門を討つという封建的な〈理〉を成就はしたし、それによって称賛はされたであろうが、結局はその〈理〉の奴隷となったにすぎなかった。そしてお岩は死んでから〈ネットワーク〉を脱して〈こころ〉の怨霊となり、自己の恨めしい心情を極大化して生者の世界を支配したが、結局は佐藤与茂七の封建的〈理〉と合体する形で結末を迎えるしかなかった。もしお岩の〈こころ〉が封建的な〈理〉から逸脱したりそれを破壊する形で結晶化したとしたら、それは新しい〈主体〉となって新しい時代を切り開く動力となりえたかもしれない。たとえばお岩が醜くなった後もあくまでも伊右衛門を愛しつづけ、その執念を伊右衛門殺しに燃やすのではなく、逆に伊右衛門を討とうとする（つまりお岩の父の敵を討とうとする）佐藤与茂七に対して発し、ついに佐藤与茂七を殺すに至ったらどうであったろうか。物語の封建的な構造はここにがらがらと崩壊し、お岩の〈こころ〉は封建道徳から逸脱して自律的な〈こころ〉〈主体〉となったに違いない。しかし、十八世紀前半の江戸においては、そのような〈こころ〉〈主体〉はまだ成立しなかった。

成立しなかったが、鶴屋南北としては、この物語を単なる封建道徳に従属させたくはなかった。そうしてしまっては、『仮名手本忠臣蔵』と抱き合わせで興行した意味がない。観客には、大団円において劇的な封建道徳的カタルシスをオモテ（忠臣蔵）とウラ（四谷怪談）の双方で感じてほしいわけだが、そのオモテとウラの世界観はずれていなければならなかった。ずれていなければ、『東海道四谷怪談』は『仮名手本忠臣蔵』に従属してしまうからである。公衆には従属していると見せかけて、実は逸脱している、そのようなずれを構築したかった。そのずれを担保するのが、民谷伊右衛門だったのである。

ということは、次のことを意味する。そもそもは鶴屋南北の劇作家としての矜持が、巷に流布していたお岩の怪談を忠臣蔵の外伝として設定するという突拍子もない発想を大向こうに見せたいという野心を生んだ。これはおそらく純粋な野心だったのだろう。しかし南北の矜持は、四谷怪談の世界を既存の忠臣蔵の世界に従属させたくはなかった。そのときに、オモテの忠臣蔵では正統かつ正当な理念である忠誠という武士の徳を、ウラの世界でそのまま正統かつ正当と描くことはできなかった。それゆえ佐藤与茂七はあくまでオモテの世界の〈主体性〉をウラの世界でも盲目的に演じる半ば滑稽な役回りを与えられた。そして忠臣蔵に対する四谷怪談の優位性を誇示する存在が、ずれの体現者である民谷伊右衛門だったのである。この忠臣蔵に対する優位性の存在が、〈ネットワーク〉でも〈主体〉でも〈こころ〉でもなく〈ニヒリズム〉の人間規定を与えられたという点に大きな意味がある。なぜなら、この〈残余〉の存在は、それ以外のすべての登場人物の彼岸にいるので、あたかも超越的な立場から自己以外のすべての人を位置づけるような性格を持ってしまっているからである。民谷伊右衛門がそのような性格を持ってしまったのが、南北の意図から生じたのか、それとも偶然の産物であったのかはわからない。おそらくは、先に述べたように、南北の劇作家としての矜持と野心が、そのような〈残余＝ニヒリズム〉の立場を作り上げるに至ったのであろう。とすればこれは偶然の産物に庶幾《ちか》い。しかしもしそうであれ、民谷伊右衛門は造られてしまったのである。そして観客はそれを見て、既存の座標の中に位置づけられない不安定さと不可解さの感情を抱きながらも、なぜかニヒルで美しい民谷に心惹かれることになった。そしてこの民谷に感情移入の焦点を合わせた途端、〈ネットワーク〉も〈主体〉も〈こころ〉もすべて、価値の低いものないしは夢幻の世界のもののように見えてしまう。つまり新しい時代は一八二五年、江戸中村座の薄暗い舞台の上で、七世市川團十郎演じる民谷伊右衛門によって、劇的に切開されたのである。

◆内面と〈残余〉◆

それでは民谷は日本における近代を実現したのであろうか。これに対しては否定的な答えを与えざるをえないが、いずれにせよこれは、「近代」をどう定義するかに拠っている。

たとえばチャールズ・テイラーは、「自我」について西洋人が持っている近代的な考え方は、「内面性についての感覚」であるという。そしてその内面性とは、自分の思考、観念、感情、能力、潜在能力、無意識などであり、これらは「外」とは明確に区別された「内」にある。そしてこの内的なものが存在する「内面」とは、「深さ」を持ったものである。(4)

しかしテイラーは、この「内面の深さ」を、「単一な深さ」として把握してしまっている。すなわち、啓蒙主義であれロマン主義であれ、またヘルダーであれボードレールであれ、その内面の深さは、（啓蒙主義とかロマン主義などという）単一の世界観によって掘り下げられた深さなのだと把握してしまっている。たしかに西洋近代は自己ないし意識の単一性（カントの用語でいえば「統覚 Apperzeption」）の規定によって始まったという理解もできるから、このように「自己の単一な深さ」という観念から近代的自我を考えていくこともできるかもしれない。しかし、やはりそれは「近代」という理念に対する誤読なのだ。たとえばカントは、ヒューム的なばらばらの知覚の「束」（つまり何らかのまとまり）という曖昧な観念によって自己を規定することはできないと考えた。それで「統覚」という強力に自己の一個性を支配する概念を持ちだしてきたのだが、これはばらばらの知覚や観念（カントの言葉でいえば表象）が自己において混在しているにもかかわらず、それらの表象を結合し統一する一個の意識を想定しなければ、「自己（Selbst）」は成立しえない、という意味なのである。だから、自己の「内面」における表象（別の言葉でいえば知覚や観念）は、単一である必要はなく、多様である。むしろそれらが単一でなく多様であるがゆえに（そのことに気づいたがゆえに）、逆にそれらを統合する一個の統覚―自己を設定せざるをえなかったのである。

したがって、たとえばヘルダーの内面をロマン主義だと規定したり、ボードレールの内面を表現主義だと規定したりすることは、近代という時代とは何ら関係のないことなのである。そのように整序され一面化された内面性は、別に西洋近代でなくても見られることである。たとえば中国の孔子や孟子に、そのような意味での内面性が不在であっただろうか。「仁」主義者としての孔子と「義」主義者としての孟子の「内面」は、それぞれ仁と義という観念によって掘り下げられたものではなかっただろうか。

だから、カントを正確に理解すれば、「内面の深さ」が近代性とつながっているのではなく、「内面の多様性と、それをひとつに統合しようとする意志」こそが近代性とつながっているのである。別の言葉でいえば、近代とは自己の内面における多数多様な世界観の闘争性を指すのである。したがって脱近代とは、「内面の深さ」に対する何らかの否定であるというよりは、むしろ自己の内面で闘争する多数多様な世界観を統合する何らかの自己同一性はない、と考えることなのである。

とすると、近代というのはヨーロッパにおいてはおそらく、ヘルダーリン的な自我がその典型なのだろう。カントを経験したヘルダーリンは、同時にヘルダーとフィヒテも経験していた。自己と自然の一体化というロマン主義的な理想を掲げながら、その代表作『ヒュペーリオン』において、複数の世界観（自然、美、行為、意志、計画など）に分裂して不安定に揺動する魂を描いた。自然としてのディオティーマと一体化しようとしてできず、その分裂と合一の運動は永遠に続く。これこそが、カント的な意味での意識の統合ができずに内面の闘争と葛藤に苦しむ近代的自我の姿なのである。(5) ドストエフスキーの小説が近代的だというなら、その先駆はすでにヘルダーリンにあった。

西洋近代的な自我観をこのように考えることができるとすると、日本にそれを当てはめることができるのであろうか。私の答えは次の通りである。

日本の近代とは、「明治維新の哲学」（市井三郎）によって封建思想を打破し、自由と平等をまがりなりにも実現したことに始まる。しかしこれは朱子学的〈主体化〉の哲学でもあったため、やがて「明治維新」が「明治」に移行するにつれて〈序列化〉の様相を強く呈するようになる。〈主体化〉の〈理〉としての天皇が、〈序列化〉の機能を強く発揮しはじめるのが、「明治維新」から「明治」への移行とパラレルになっていたのである。

このことから次のように考えることができる。明治維新以降の日本の近代において、個人の自我は朱子学的＝カント的な意味で、多様なものの雑居状態から単一性へと整序され統合されていった。〈ネットワーク〉的自我においては、複数で多様なネットワークに同時分裂的に依拠することが常態であったが、そのような分裂性を変革し、つねに同一な自己という名の近代性を国民の間に一君万民思想の注入と並行して実現させたのが、日本の近代であった。

こう考えると、『東海道四谷怪談』は近代的とはいえないことがわかるだろう。民谷伊右衛門は封建的なあらゆる道徳から逸脱した個であるが、彼は内面を持っていなかった。この芝居で彼の内面の闘争や葛藤が描かれることはなかった。多くの観客にとって、彼はただ単なる悪人であった。単なる悪人には内面性はない。悪事をめぐって登場人物が内面で葛藤するとき、自我の分裂とその統合への意志が可視化され、登場人物と観客の間で近代的な意味での「解釈学的関係」が成立するのである。

だが、もしかすると十九世紀の江戸の芝居小屋の中で、そのような関係が成立していたかもしれない。それは近代的とはいえないかもしれないが、先に述べたように、何らかの不安定で不可解な「ほころび」として、伊右衛門を認識した観客がいたかもしれない。十八世紀までの世界観によっては説明のつかない「何か」を、観客のうちの「誰か」が感じ取っていたかもしれない。それこそが鶴屋南北の希いだったに違いないのだが、しかしその説明不可能な「何か」を摑み取って「内面の問題」として一般大衆に提示するまでには、まだ長い時間が必要だった。

〈残余〉から近代は立ち上がるといってよいのだが、伊右衛門はまだ、自己の〈残余〉性を充分に認識しておらず、それを反省的＝再帰的に認識する前に、性急な封建的〈主体〉である佐藤与茂七に殺されてしまっ

た。否、彼はもしかすると殺されなかったのかもしれない。『東海道四谷怪談』の掉尾は次のようになっているからである。(6)

与茂七　民谷伊右衛門、爰《ここ》うごくな。

伊右衛門　ヤ、われは与茂七。なんで身どもを。

与茂七　女房お袖が義り有《ある》姉、お岩が敵《かたき》のその方《ほう》故、此与茂七が助太刀《すけだち》して。

伊右衛門　いらざる事を、そこのけ佐藤。

与茂七　民谷は身どもが○。

ト立廻ってきつとなる。是より薄どろ〳〵。心火立《たち》のぼり、両人、立廻りの内、伊右衛門をくるしめる思入《おもいいれ》。此時、鼠あまたあらわれ、伊右衛門が白刃《しらは》にまとひ、思わず白刃をとり落す。すかさず与茂七、伊右衛門に切《きり》つける。立廻りよろしく。両人きつとなつて、

是にて成仏とくだつ《得脱》の。

伊右衛門　おのれ与茂七。

ト立かゝる。どろ〳〵。心火とともに鼠むらがり、伊右衛門をくるしむる。与茂七、つけ入《いっ》て、急度見得《きっとみえ》。どろ〳〵はげしく、雪、しきりにふる。此《この》見得に而《て》よろしく。

幕

此跡、雪を用《もちい》て十一段目、愛度夜討《めでたくようち》。

つまり、民谷伊右衛門は明確に絶命はしておらず、佐藤与茂七の刃とお岩の怨霊（鼠）とに苦しんでいるところに幕となって、そのまま忠臣蔵の大団円の場面に続いてしまうのである。もちろん忠誠の〈主体〉である佐藤与茂七（ウラ）と四十七士（オモテ）によって、民谷伊右衛門（ウラ）も高野師直（吉良上野介）（オモテ）も殺される、というのがこの芝居のオモテとウラの二重構造なのだったが、それにしても解釈の仕方によっては、まだ若い伊右衛門はこのまま生き延びて、四十年後の幕末から明治維新への新時代に別の相貌を見せるに至るのだと考えることも不可能ではなさそうだ。

それでは、まさに民谷伊右衛門が一八二五年の時点でかいま見せた問題、すなわち、あらゆる旧道徳の彼岸に位置する者の孤独と葛藤の問題を、その後より深く内面にまで掘り下げて提示しえたのは、誰だったのであろうか。

私の考えでは、それは夏目漱石の『こころ』に登場する「先生」である。すなわち、『東海道四谷怪談』の悪人民谷は、明治維新と明治の時代を経て、『こころ』の先生として甦ったのである。

2 『こころ』と近代

◆『こころ』◆

日本の近代化とは、その表の側面では反儒教（反朱子学）化の道であったが、その裏の側面では朱子学化という性格を持っていた。

なぜ日本近代の「朱子学化」的側面に注目せざるをえないかというと、「日本の近代化＝反儒教化（反朱子学化）」と把えてしまうことは、日本の近代に対しても、また儒教（朱子学）に対しても誤解してしまうことだからである。歴史と思想を実態に即して理解するためには、ぜひともそのような誤解から脱皮しなくてはならない。

『こころ』は、夏目漱石の作品の中でも「殉死」という不可解な観念が登場することによって特に注目される作品である。この作品が現在でも読み継がれ、人びとに感動を与えている主たる理由は奈辺に存するのか。まさか「殉死」という旧い観念そのものへの共感のためではないだろう。そのような「封建的」な観念が現代人に訴求力を持っているということはできない。そうではなく、主人公の「先生」なる人物が縷々述べる罪悪感と苦悩というきわめて倫理的な観念が、主題化され問題化されて、「国民」の前に提示された、その驚きと共感が、現在まで持続しているのだと見るのが一般的な解釈だろう。

しかし『こころ』の理解は、実はさして容易ではない。「先生」がなぜ最後に死を選んだか、小説の中の言葉では合理的な説明になっていないことは、すべての読者が認めるところであろう。それでも何となく納得してしまうのは、なぜなのだろうか。掉尾の部分を読んでみよう。

「すると夏の暑い盛りに明治天皇が崩御になりました。その時私は明治の精神が天皇に始まって天皇に終ったような気がしました。最も強く明治の影響を受けた私どもが、その後に生き残っているのは必竟時勢遅れだという感じが烈しく私の胸を打ちました。私は明白《あから》さまに妻にそういいました。妻は笑って取り合いませんでしたが、何を思ったものか、突然私に、では殉死でもしたら可《よ》かろうと調戯《からか》いました」(7)。

ここで突然「殉死」という言葉が出てくるが、「妻」は明らかに深刻なアナクロニズムに陥っている「先生」

を現実に引き戻そうとして、自らも甚だしいアナクロニズムを装って「殉死」という言葉を持ち出したのであった。妻にとっては「封建」も「殉死」も大時代の古ぼけた観念にすぎなかった。

「私は殉死という言葉を殆んど忘れていました。平生《へいぜい》使う必要のない字だから、記憶の底に沈んだまま、腐れかけていたものと見えます。妻の笑談《じょうだん》を聞いて始めてそれを思い出した時、私は妻に向ってもし自分が殉死するならば、明治の精神に殉死するつもりだと答えました。私の答も無論笑談に過ぎなかったのですが、私はその時何だか古い不要な言葉に新しい意義を盛り得たような心持がしたのです(8)」。

その後御大葬の夜を過ごし、乃木大将の殉死の報を聞いた二三日後に、「先生」は自殺をする決心をする。

「私に乃木さんの死んだ理由が能く解らないように、貴方にも私の自殺する訳が明らかに呑み込めないかも知れませんが、もしそうだとすると、それは時勢の推移から来る人間の相違だから仕方がありません。あるいは箇人の有って生れた性格の相違といった方が確かも知れません。私は私の出来る限りこの不可思議な私というものを、貴方に解らせるように、今までの叙述で己れを尽したつもりです(9)」。

と「先生」はいうが、この言葉は何かを語っているのであろうか。自分が自殺する理由を貴方が理解しがたいのは、時代思想の違いのゆえか、あるいは個人の持つ性格（思想）のゆえか、どちらにも限定しがたいといっている。理由について明確な形で言及することは何らかの理由によりできないが、「私」という「人間」については、赤裸々にすべてを語った、といっている。すなわち結局、自殺の理由については「貴方」つまり読者の推測に任せるといっているのである。

結局、この語りが、『こころ』を永年の人気作にしているところの理由のひとつなのであろう。なぜならここにこそ、近代日本における〈主体化〉の装置が埋め込まれてあるからである。

『こころ』において「先生」が犯した「罪」が、友人Kへの裏切りであったことを想起してみよう。「先生」は実際にKを殺したわけでもなければ、犯罪を犯したわけでもない。しかし友人Kを死なせたことは事実である。このことから起因する良心の呵責のために、自死の道を選ぶわけだが、その際に単なる「個人的な良心の呵責」という説明をせずに、「明治の精神に殉死する」という場違いで意味不明の説明を加える。「明治の精神」が近代的な個人主義の精神だとすれば、それと「殉死」という言葉が整合的に結合することはありえない。「明治の精神に殉死する」というのは本来は矛盾なのである。

「先生」は、倫理のために死んだ。そしてその倫理というのは、旧時代の三綱五倫ではなく、個人の内面の良心であった。その「近代的」な倫理を、「殉死」という徳川時代の観念と結びつけてそれを「明治の精神」という言葉で表現した。これは乃木大将が「西南戦争の時敵に旗を奪われて以来、申し訳のために死のう死のうと思って、つい今日まで生きていた[10]」という封建的な忠誠心に由来する恥と倫理の意識とは、異なっている。むしろ、個人の解放という意味で明治＝近代を生きてきたひとりの知識人が、その解放に起因する良心の敗北に直面したとき、それでも自分はこの近代という精神に忠実に生きる、その決断による自死なのである。だから「先生」は、明治という反封建の理念にどこまでも合一せんがために、封建的な「殉死」という形を選んだのである。つまり「個人」という〈理α〉によって裏うちされた〈主体性〉に目覚めた明治の知識人が、その〈主体性〉をもって明治とともに死ぬことを選択したのである。読者にとっては不可解ではあるが、何となく倫理的な潔癖さを漂わせている。別の言葉でいえば、朱子学的な潔癖さを体現している。それだけでなく、読者に「このようなすばらしい良心を自分も持ちたいものだ」と思わせながら、他方で「このくらいの事件で自死を選ぶ「先生」には到底かなわない」という倫理的な劣等感を与えることにより、「先生」は読者を倫理的な〈主体〉となるように促しつつ、つねに読者よりも倫理的な上位に位置しつづけることができる。つまり読者を〈主体化〉し、〈序列化〉する〈理〉の根源に位置することができるのである。

このことから、次のような近代日本人の性向がわかってくる。それは、「〈私〉は〈主体化〉されたがっている」ということである。そしてその〈主体化〉の〈理〉は、できるなら国家の大義とか功利的な試験競争などではなく、最も純粋で無垢で美しい「良心」であってほしい。そしてあたかも華厳の滝で美しく自殺した藤村操にほかのすべての青年たちが倫理的に適わないと思念するのと同様、すべての読者は良心の呵責により自死を選んだ「先生」には倫理的に適わないと思念することになるのである。そして「先生」は「明治の精神に殉死する」といったのだから、すべての読者は「明治の精神」よりも倫理的に上位に立つことはできなくなる。

『東海道四谷怪談』の民谷伊右衛門は、いまだ不在な存在であるだけだった。旧道徳の彼岸に佇み、封建体制の〈ニヒリズム〉を体現する不在者であった。しかし『こころ』の「先生」は、自死を選ぶことにより国民を〈序列化〉する不在者になったのだ。それは不在者ではあるが、同時に〈理〉の中心ともなった。そしてKはお岩のように怨霊とはならない。お岩の〈こころ〉は国民の心の中で生き続けるが、Kの〈こころ〉は消滅した。死んだKは語りもせず、〈こころ〉を明らかにもせずに消えたのである。だから『こころ』は、一方で「先生」の〈理〉による国民の〈序列化〉の物語であるが、他方でその罪障的な〈理〉を成立させた〈こころ〉の消滅の物語なのである。国民はお岩を恐怖しつづけるが、Kのことは忘却し、「良心的」な「先生」のみを記憶するのである。

しかし他方で「先生」は、「明治の精神」を体現すべき基本となる個人の良心について読者にすべてを語ったので、この良心が糾弾されるべきか否かについては、読者の判断に委ねてもいる。この良心に対する〈序列化〉の権力を、読者に移譲しているのである。読者はこの良心と対面しつつ、様々な思考を巡らす。ここに『こころ』が近代的な国民形成のテクストとして機能しつづけている理由があるのである。かつて朱子学者たちが、歴史上の様々な事実をめぐって毀誉褒貶の〈序列化〉を行うことにより、朱子学者としての本質を研磨し自ら〈主体化〉したように、『こころ』は日本国民の良心の〈主体化〉を促進するカノンとして、数十年にわたって機能しつづけているのである。しかもこの良心の内容は、三綱五倫などという外在的な〈理β〉ではなく、まさに「心」をどう把えるかという〈理α〉に関するものであった。伝統儒教社会においても、民衆や客体に対しては三綱五倫などという〈理β〉を教化・注入しながら、士大夫のコミュニティにおいてはより高度な〈理〉の内容の是非を哲学的に議論し〈主体化〉と〈序列化〉を争ったのと同様、漱石の『こころ』において審判されるべき良心は、あらかじめ内容の決まっている低次元の〈理β〉ではなく、まさに心と現実の関係性そのものを問う高次元の〈理α〉に関係している。

しかもその〈理〉は、戦争と帝国主義の時代思想という外部的要因によって醸成された公的な理念とは無関係であった。徹底的な内面化によって、つまり「心」という始源の起動装置の深みを掘り下げることによって、そこに何らかの「倫理」の契機を実感しようという、きわめて新儒学（朱子学・陽明学）的なアプローチなのだった。

3 「阿部一族」と近代

◆森鷗外の描いた近代性◆

それでは、夏目漱石と同じく明治後期から大正初期に巨大な文学的足跡を残した森鷗外が、その後、特に昭和後期以降に漱石ほどの大衆的人気を獲得しえず、平成に至っては漱石を読む者は多いが鷗外を知らない者もいるという状況にまでなったのには、いかなる理由があるのだろうか。

その理由は様々であろうが、本書の枠組みから考えてみると、次のようにいうことができる。

すなわち、森鷗外は、明治官僚として自己の人生においては〈主体〉型を歩みながら、反面それとは逆のロマン主義的な〈こころ〉の側面も多く露出させていた。おそらくこの両面が相俟って鷗外作品の魅力が形成されたのだが、明治という複雑な時代の経験と記憶が希薄化するにつれ、鷗外文学の持っていた〈主体〉と〈こころ〉の絶妙な配合の精華を味わうことのできる読者が激減してしまったことが、鷗外作品の人気低下の理由なのである。この説明は、おそらく多くの人を納得させることができるであろう。『舞姫』や翻訳『即興詩人』のあの夢幻的ともいえるむせかえるような浪漫性と、それとは対極にある「歴史もの」などの、堅牢かつ緻密で一切の情緒性を排除した金属的な文体との落差が、明治人鷗外の生の苦悩、その両極性の混在による実存的魅力への理解と一体化していた時期には、鷗外は熱気を持って読まれたのである。それは、内面における二極性、つまり近代日本の〈主体〉として生きる自己と、それに反撥する〈こころ〉との分裂を読者自身が抱えていた時代には、リアルな精神的鼓動として読者の心に訴えたのだ。それを最も赤裸々に告白したのは三島由紀夫だろう。官僚的生と表現者的生という二極分裂の権化として自身も分裂していた三島が、鷗外の文体を「知的な乾燥度の高い文体」と評価したとき[11]、その「乾燥度」という言葉は、一義的には、情緒に影響されない理性の表現者としての性質であった。つまり〈主体〉と〈こころ〉の両側面のうち、表現者として前者を選択した後の鷗外の非情緒性を即自的に語ったものであろう。しかしそれだけが鷗外の魅力と考えてはならない。より正確には、〈主体〉と〈こころ〉に分裂した自己をつなぎとめるのに、一切の心情的修飾を使うまいという意志の乾燥度、すなわち自己の内部で〈こころ〉の奔放な激流を殺さないまま、そのことを表面上は封印するときに選んだ戦略としての乾燥度のことを、三島は語っているはずなのである。

その乾燥性がもっともよく定着したものとして、たとえば「阿部一族」(大正二年)を挙げることができる。周知のように乃木希典夫妻の自刃から約二ヶ月後に書かれたこの作品は、徳川時代における殉死の問題を扱った短編小説である。乃木自刃の報に接してから四日後に脱稿した「興津弥五右衛門の遺書」(大正元年)とは異なり、ここでは、「殉死」を物語の構造の複雑性によって語ろうとしている。とはいえ乃木の自刃から二ヶ月しか経っていないのだから、鷗外の心中に奔騰する「熱意」「情熱」(北村透谷)はいまだ完全に統御されえないまま渦巻いていたことだろう。それを抑えてまでして彼はここで、何を語りたかったのだろうか。

寛永十八年三月十七日、肥後の細川忠利《ほそかわただとし》が病にて死亡する。忠利によって殉死を許された侍が十八人。すべて五月六日までに切腹をした。しかしここにひとり、生前の忠利に殉死を願い出てついに許されなかった男がいた。阿《あ》部《べ》弥《や》一《いち》右《え》衛門《もん》通信《みちのぶ》である。忠利の死後、熊本中が殉死の噂ばかりで溢れているとき、弥一右衛門は命を惜しむ男としてあらぬ噂を立てられる。そのことを伝え聞いた弥一右衛門は家族の前で切腹して果てる。だがその後、阿部一族に悲劇が襲いかかるのだ。主君の許しを得て殉死した十八人の家に対しては、嫡子に父の跡を継がせ、家屋敷を与え、未亡人・老父母にも扶持を与えるというのが上《かみ》の決めた跡目の処分であった。しかし阿部家だけは、嫡子が父の跡を継ぐことが許されず、弥一右衛門の知行は細かく割かれて息子たちに分散された。許しを受けずに殉死した弥一右衛門に対しては、その死後も侮りと恥が与えられた。鷗外は語る。「十八人の侍が殉死した時には、弥一右衛門は御側に奉公していたのに殉死しないといって、家中のものが卑しんだ。さて僅かに二三日を隔てて弥一右衛門は立派に切腹したが、事の当否は措いて、一旦受けた侮辱は容易に消え難く、誰も弥一右衛門を褒めるものがない。上《かみ》では弥一右衛門の遺骸を霊屋《おたまや》の側《かたわら》に葬ることを許したのであるから、跡目相続の上にも強いて境界を立てずにおいて、殉死者一同と同じ扱をして好《よ》かったのである。そうしたなら阿部一族は面目を施して、挙《こぞ》って忠勤を励んだのであろう。然るに上で一段下がった扱をしたので、家中のものの阿部家侮蔑の念が公に認められた形になった」(12)。そして忠利の一周忌の儀式の最中に、珍事が出来《しゅったい》する。弥一右衛門の嫡子権兵衛が、先代の位牌に焼香したあと、刀で自分の髻《もとどり》を切り取って位牌の前に供えたのである。この行為によって権兵衛は縛り首になる。先代の御位牌に対する不敬というのが処罰の理由である。すぐさま、阿部一族は亡き権兵衛の屋敷に籠城した。権兵衛に切腹を命じるのが筋であるのに、縛り首に処したことに対する上への抗議である。阿部一族は屋敷で酒宴を催した後、老人や女は自殺、幼い者はてんでに刺し殺した。上は討手を派遣し、凄惨な戦闘の末に阿部一族はすべて死に絶えたのである。

この悲壮な物語を通して、大正元年(執筆時)の鷗外は何を語ろうとしたのであろうか。おそらく、大正、昭和の読者が鷗外を好み、昭和末期から平成の読者が鷗外をほぼ忘却しかかっている理由のひとつに、この作品に描かれたような世界観への吸引度の違いがあるのだろう。漱石の『こころ』に比べると、何と古くさい封建的な世界観なのだろう。ここには近代性は皆無であるし、登場する侍たちの心理や行動すべてが異世界の出来事であるかのように理解不可能である。侍たちの内面描写もほとんどなく、実は内面自体がない。ほぼ同時期に書かれた『こころ』のみごとに近代的な心理描写と比べて、鷗外の限界がここに露呈している。

そのように考えられて、おそらくは鷗外忌避の潮流は歯止めがきかないほどになっているのだろう。しかし、この物語をもういちど精読してみると、違った側面が見えてくる。

まずここで描かれている世界は、徹底的に非儒教的なそれである。「忠」という概念自体が儒教的ではないか、という誤解を避けるためにより正確にいえば、[13] 非朱子学的なそれである。先に見たように、漱石の『こころ』の世界が超越的な心性による国民の道徳的支配という朱子学的な意図を内包しているのに比べれば、「阿部一族」の反朱子学性は際だっている。ここには超越性はその片鱗も姿を見せない。侍たちが恥辱、侮蔑、誇り、栄誉などという感情によって劇しく揺れ動いているのは、徹底的に非超越的な〈ネットワーク〉の内部での論理なのである。〈ネットワーク〉の超越的な外部はない。天理や神などといった、〈ネットワーク〉に根源的な原理性を与える外部は存在しない。侍たちは、主従の関係性の中で、慣習と掟と自尊意識を秤にかけることによってのみ、自らの意志と行動、つまり「忠誠と反逆」を決定している。超越的な中心からの距離によってすべてが演繹的に決定されるのではない。阿部権兵衛は自らの意志により、亡君の位牌の前で雪辱の行動をとった。無論、それは近代のいう自律性とはまったく異なる概念による意志である。つまり既存の掟による被規定性にそれは塗れているし、自ら掟を創造する能力をそれは持っていない。しかし何らかの超越性によって正当化される、すなわち庇護される意志ではない。一族の破滅を予期しながらも、「主体的」に自らの行動を選び取っている。また、ほかの侍が〈ネットワーク〉の中での他者のまなざしによって自己の心理や行動を決しているのに対し[14]、阿部権兵衛は、〈ネットワーク〉の中での他者のまなざしにほかの誰よりも敏感に反応しながら、恥と侮辱の負の連鎖を、掟の外（超越性のない「外」である）に出て「主体的」に断ち切ろうとした。

この「主体的」という言葉にどのような意味を込めるかが、おそらく鷗外評価の分岐点となるであろう。もちろんそれは「封建的な」「主体性」である。丸山眞男のいう「忠誠と反逆」の「主体性」といってもよい。自己あるいは自己の血族に加えられた侮辱に対しての抗議による反抗であるなら、世界中、どこの前近代社会においても存在するありふれた「主体性」であろう。

しかし鷗外の力点はそこにあるのではない。主君により殉死を許された十八人の経歴を述べる文から、彼の意図を推察することができる。鷗外の叙述によれば、忠利によって殉死を許された十八人のうち多くは、何らかの偶然によって忠利に忠誠を誓うようになった男たちである。先祖代々、綿々たる緊密な主従関係によって細川家と繫がっていた家柄の侍たちではない。もちろん、徳川政権になって間もないという時代背景がそのような人間関係の背後にある。熊本が細川家の領地になってからも間もないし、戦国時代の複雑で高速度な権力関係の再編過程がようやく落ち着きを獲得しはじめた寛永年間の出来事である。偶然の要因によって忠利に仕えるようになった侍たちが、その恩に報いて殉死するという事例が多かったのは道理であろう。徳川時代中期以後の安定した継続的主従関係、つまり封建的官僚の掟と慣習が支配していた時代とは、〈ネットワーク〉のあり方自体が判然と異なっていたのである。

鷗外の眼目は、以下の点にあったのではないか。すなわち、日本の伝統においても、侍が自己の意志によって主従関係の掟に背くことができ、たといその行為が一族滅亡という悲劇的結末をもたらすことを予期していても、内心から湧き上がる〈こころ〉の炎を抑えずに破滅の道を選ぶ、ということができた。つまり、超越的な原理や道徳性に依存せずに、内面からの原理で行動することができた。もちろん前述したようにその内面性とは、近代的なそれでは全くない。しかし逆にそれゆえに、封建的〈ネットワーク〉の内部からも、西洋近代とは異なる、また超越性に依存する朱子学的世界観とは異なるタイプの〈主体〉が出現する可能性があったのではないか。つまり、徳川体制的〈ネットワーク〉の内部から新しい〈主体〉が登場する可能性もあったのではないか。だが、そのような想定は結局、阿部一族の全滅という悲劇の前に、掻き消されてしまったかのように見える。しかし鷗外としては、その可能性をもういちど点検してみたかったのではあるまいか。

『こころ』の先生が、あらゆる〈ネットワーク〉を断絶した地点で自己の心性を超越化させようとしたのに対し、「阿部一族」の阿部権兵衛は、〈主体〉の欠如した封建的〈ネットワーク〉の内部からそれを反転させる形で破滅的な〈主体〉を析出しようとした。つまり『こころ』はその仮面とは逆に朱子学的であり、「阿部一族」こそ〈こころ〉を表出した作品だったのである。そして「先生」は〈主体的〉に自死を選び、阿部権兵衛は封建君主によって客体的に死刑に処せられた。日本国民は、大正・昭和・平成という時間の流れの中で、阿部権兵衛の路線を忘却ないし放棄し、「先生」の路線により多くのシンパシーを感じる方向に傾いてきたということができるだろうか。もしそういえるならば、時代の経過とともに、日本人はますます朱子学的な〈主体化〉の道を歩んでいるといえるのだ。

◆「先生」、天皇、生命◆

そこには天皇という問題も絡んでいるだろう。「阿部一族」の世界観には、天皇の入り込む余地がない。すなわち、明治以降に道徳化され超越化された、こう呼んでよければ「近代国家天皇」のような存在は、まだその片鱗も見せていない時期の物語なのである。鷗外はもしかすると、ここに賭けたのかもしれない。すなわち明治官僚としての自己を否定し、あるいは少なくとも止揚しようとした鷗外が、何らかの道徳的超越性によって付与される〈主体性〉という観念を乗り越えることのできる人間像を、徳川体制の中に、すなわち〈ネットワーク〉と〈こころ〉によって規定される封建的〈主体性〉に求めることを試みたのではないか。そしてこれが後に「石見人森林太郎」として結実する自己止揚の試みの一環だったのではないか。そのように考えると、寛永年間の熊本城中には、明治官僚制のような、超越性によって〈序列化〉される〈主体〉は存在しなかったことが明確に認識されうる。そこには、科挙ないし国家試験によって優秀さの序列が等級化され、それと官界における上昇・下降の運動性が連動するような朱子学的〈主体〉は存在しなかった。主君の沙汰は往々にして理不尽であり、しかし家来は〈理〉を掌握した士大夫ではないから、主君の理不尽さに抵抗できる道徳的根源を持つことはできなかった。非朱子学的日本におけるマキャベリ的権力性から近代の萌芽を探し出そうとする、丸山眞男による荻生徂徠の読みの試みと同じヴェクトルを持っている。

だが、〈ネットワーク〉の内部から新しい〈主体性〉を創造していく、という方向性は、結局挫折したように見える。その創造性を担保する〈こころ〉の爆発的力動だけでは、〈主体〉の持続性を確保することは不可能だったのである。持続性は〈ネットワーク〉の側にあった。〈こころ〉には掟も慣習もないが、〈ネットワーク〉の側は徳川時代を通してその整備と修復を怠らなかったからである。

破壊と持続が合体した制度転覆が行われたのは、明治維新以降のことである。そしてそこで持ち出され、機能したのが、朱子学的超越性であり、それによって規定された天皇であった。たしかに明治維新は、国学、神道、水戸学、朱子学、陽明学などが互いに競合し敵対しつつ混然と融合しながら（内村鑑三の言葉を借りれば細流が主流になりながら）〈ネットワーク〉と〈こころ〉の爆発的力動となって達成されたわけだ。しかし、その結果構築された明治体制は、朱子学的超越性によって保障された。神道や国学はそこに吸収された。しかし主に陽明学を中心とした部分はその〈主体化〉と〈序列化〉の運動から排除され、〈こころ〉の燃焼という形で明治史における情念的部分、破壊的部分、浪漫的部分を主に担当することとなった。[15] そしてこの〈こころ〉の側面には、持続性が欠如していた。朱子学的〈主体〉こそが持続性と発展性を担保していたのである。

しかし、明治体制の諸矛盾が露出するにつれ、そのような持続性と発展性だけでは体制の維持が困難になってくる。大正以後におけるそれに対する〈こころ〉側の抵抗の第一弾は、鈴木貞美のいう大正生命主義であり、それが関東大震災および恐慌によって急激に収縮した後に出現した霊性的天皇論がその第二弾であった。この霊性的天皇論は、皇道哲学といっても国体論といってもよいが、要するに持続と発展という概念によってはすでに国民の人心を吸収できなくなった時点において、「（持続だけでなく）破壊が生命である」というテーゼを〈主体〉の中に導入しようという試みであった。これは「〈主体〉が生命である」という朱子学的なテーゼの綻びに、「〈こころ〉が生命である」という陽明学的なテーゼを組み込もうとする思想運動であり、そのことによって（朱子学的）持続と（陽明学的）破壊とを同時に包摂した生命という形で初めて日本の政体および文化一般を説明することに成功したのである。これは進化論に対する唯一の対抗言説でもあった。すなわち、日本は殖産興業および帝国主義的発展の論理として社会進化論を排除できず、しかも社会進化論の普遍性を採択するかぎり日本は常にヨーロッパの後塵を拝することを容認せざるをえない。だが一方ですでにヨーロッパは「没落」しつつあるという認識は否定しがたく、また他方で東洋を導く日本というテーゼを成り立たせるためには、福澤諭吉の時代とは異なり、非ヨーロッパ的な価値を新しく創造する必要があり、さらに国内的にいえば、明治官僚制的な持続性が、崩壊の危機に直面していた。そのような昭和初期に、断絶と発展という二項を整合的に説明する進化論を乗り越える思想として、破壊と持続を整合的に説明する「日本的」な思想が要請されたが、それが国体論だったのである。

昭和初期に、日本の思想界において「肯定と否定」「即と非」「矛盾と同一」などという反対概念の合一というテーマが盛んに論じられたが、それらが直接国体論を擁護したか否かには関係なく、その背景には社会進化論を乗り越える新しい「日本的」論理を希求したという共通の課題が底流としてあったのだ。

別の側面からいえば、この時期にはすでに『こころ』の「先生」では日本人の諸状況を説明できなくなっていた。つまり明治から大正にかけては、超越化されると同時に個人化もされた天皇の像と、『こころ』の「先生」は多くの部分で重なっていた。個人として立とうとした「先生」は、その「悩む個人」の心を超越化させ、「理一分殊」のやり方で日本国民に注入したのである。それは超越即個人であった明治天皇が、国民を愛する心を象徴化させて普及したのと似ている。しかし、昭和期にはいると、体制側の朱子学的〈主体〉は、日本における個人はすでに共同体を解体するほど強くなり、このままでは日本社会は崩壊すると考えるに至った。日本社会と宇宙を包括する形で連綿と流れているはずの生命という観念を大正生命主義から導入した後、今度はそれが個人によってずたずたに寸断されはじめてしまっているという恐怖心が彼らを襲った。そのような認識の後に体制側は劇しい個人主義攻撃を展開するようになるのだが、そのことは同時に、『こころ』の「先生」に対する攻撃でもあった。

すでに日本国民も「宇宙大生命」の霊性を経験していたので、単なる個人の心の内面という観念は、ロマン主義でないかぎり魅力的なものとしては受け容れなくなっていたのかもしれない。心の内面を掘り下げてゆけば、宇宙大生命と繋がるはずだという観念を、国民は欲していた。そしてその観念を成立させるためには、個人の成立のために忘却していた〈ネットワーク〉という概念をここに復活させる必要があった。それを最も巧みに遂行したのが、国体論だったのである。

4　国体論へ

◆〈主体〉とまどろみ◆

明治官僚主義的な朱子学的〈主体〉が、いかにして国体論を推進することができたのか。これまでの記述によってもわかる通り、それは〈主体〉〈ネットワーク〉〈こころ〉という概念の総動員によって可能であった。逆にいえば、明治官僚制の成立・維持のために社会の背景に押しやっていた、伝統氏族的人間関係（これは儒教的な父系的人間関係とは対立関係にある）や陽明学的な心霊主義をここでもういちど支配イデオロギーとして練り直す必要があった。

『國體の本義』にいう。

「本をひとつにする親和・合体の心は、我が国民生活を常に一貫して流れてゐる。この精神のあるところ、国民生活は如何なる場合にも対立的でなく、一体的なものとして現れて来る。／我が国に於ては、政治上・社会上の制度の変遷にも拘らず、いつの時代にも常にこの心が現れてゐる。古くは氏族が国民生活の基本をなし、経済生活の単位であつて、それは天皇の下に同一血族・同一精神の団体をなしたのである。即ち各人は氏に統合せられ、多くの氏人の上に氏上《うぢのかみ》があり、これに部曲《かきべ》の民が附随し、氏・部としての分業分掌があり、職業によつて、あらゆる人と物とが相倚り相扶けて、天皇を中心として国家をなした。而して夫々の氏族内に於ては、氏上が氏神を祀り、氏人も亦氏上と一体となつて同一の祖先を祭るのである。而してこの祭祀を通じて、氏上と氏人とはただひとつとなつて祖先に帰一する。そこに氏の政事もあり、教化もあり、またその職業もある。かくてこの一体たるものを氏上が率ゐて朝廷に奉仕した。／かやうな親しい結合関係は、国史を通じて常に存続してきた。これは自我を主張する主我的な近代西洋社会のそれと全く異なるものであり、国初より連綿として続く一体的精神と事実とに基づくものであつて、我が国民生活はその顕現である。そこには、一家・一郷・一国を通じて必ず融和一体の心が貫いてゐる。即ち天皇の下に人と人、人と物とが一体となるところに我が国民生活の特質がある。これ、義は君臣にして情は父子といふ一国即一家の道の存する所以であり、君民一体となり、親子相和して、美しき情緒が家庭生活・国民生活に流れてゐる所以である(16)」。

これは明らかに、明治中央集権国家の理念とは異なるものである。たしかに氏族の制度は明治期に維持・強化されたが、そこには、氏族どうしの弱肉強食的な競争関係が介在したのであって、それはとりもなおさず儒教的な姓の観念を日本的な氏の制度に接ぎ木しようとした結果である。右に描かれたような、すべてが調和的に一体化し、融和しているような家制度は、実態としてありえなかった。儒教的な姓の観念につきまとう易姓革命の理念を排除し、しかし同時に普遍的な〈主体化〉による競争を日本式の家制度に導入し、しかも国家が調和的に融合するという理念は、ひとことでいって矛盾の理念であったが、その矛盾を解消する役割として天皇を持ち出してくればよかったのだから、イデオローグたちにとってそれは比較的たやすい議論であった。問題は、その調和的で極度に静的で統合的な国家共同体が、いかにして自己を発展させながら世界の競争の中で勝ち残っていくか、という運動の論理のほうであった。階級闘争も易姓革命もないとされ、家業尊重の精神によって氏族間で職業が分掌されているというように、職業を通しても競争ではなく相互扶助と「つとめ」が強調されているような社会が、どのように帝国主義的なグローバリゼーションの時代に生き残っていけるのだろうか。別の言葉でいえば、極度に静的に描写されてしまった国家共同体にとって要であるのは、職業と祭祀によって媒介され天皇を中心とした全国家的な「一国即一家」的融合型〈ネットワーク〉そのものなのだが、そこに〈主体〉や〈こころ〉の入り込む余地を残しておかなければ、これはあたかも自然史博物館に模型として展示されてあるビーバーの巣や蟻の共同体と同じようなものとしてしか理解できないのである。いいかえると、明治以来あれほど議論されつくした社会進化論の猛威を忘却し、「まどろみ」（丸山眞男）の中に再び帰一しようとするかのような国家が、どのようにして戦争を遂行しようというのか。

ひとつの考え方は、天皇中心の道徳的共同体としての日本こそが、人類の目指すべき最高の境地なのであるから、世界のすべての国家や共同体は日本を模範として自己を改造すべきだという考えである。もしそうなら、日本自身は静的に自足しながら、世界の側が主体的に日本化すればよい。しかし、『國體の本義』を読んでもそのような根源的中心性を日本に与えうるような叙述はない。西洋の道徳的腐敗を糾弾する文は多いが、その西洋が積極的に日本化することを促してはいない。もうひとつの問題は、一九三一（昭和六）年から対外進出は現実化しており、静的日本ではなく動的日本は世界に可視化されているのに、それを説明できる論理にはなっていないことである。すなわち、世界が日本を模範とすべきであるとするとき、その促しに応じない対象を攻撃したり威嚇したりできる論理を、どのようにその「静的日本の理念」から導き出せるのか、ということである。いずれにせよ、『國體の本義』の描写は矛盾に満ちていた。

実際の明治中央集権国家は、もっと動的で〈主体〉的であった。もし『國體の本義』が、日本国家のこの動的性格を描きえなかったなら、このパンフレットは昭和十二年という世界の構造変革の時に当たって、単に日本国民に臣民としての客体化を強要する時代錯誤的な文書に終わっていたであろう[18]。そして私の考えでは、まさにその理由のためにこのパンフレットは陳腐であるのだが、ただ一点、「忠孝一本」の観念を丁寧に説いているという意味で見るべきものがあるのである。「忠孝一本」というのは中国や朝鮮ではついに論理的に説明しえなかった概念であり、その意味で近代日本が生んだ独創的な思想のひとつであるといえる。

たしかに、第1章で語ったように、「忠は、天皇を中心とし奉り、天皇に絶対随順する道である。絶対随順は、我を捨て私を去り、ひたすら天皇に奉仕することである。この忠の道を行ずることが我等国民の唯一の生きる道であり、あらゆる力の源泉である。されば、天皇の御ために身命を捧げることは、所謂自己犠牲ではなくして、小我を捨て大いなる御稜威《みいつ》に生き、国民としての真生命を発揚する所以である[19]」という宣言は、国民に奴隷的服従を命じる文ではなく、朱子学的〈主体性〉の自覚を喚起するアジテーションであるということができる。しかし、能動性の具体的内容は何であるのか。
この点については章を改めて考察することにしよう。

第8章

国体論、主体、霊魂

1　不完全な天皇

◆なぜ「皇国」を論じるか◆

なぜ国体論や皇道哲学という奇妙な世界観があれほど猛威をふるい、一般に流布し、魅力を放ち続けたのであろうか。このことを正面から考えてみないかぎりは、大日本帝国というものの正体は永遠にわからないであろう。

戦後の日本は、大日本帝国の呪縛から解き放たれた人びとによる、解放の歓びと過去の隠蔽の言説に覆い尽くされた。一九四五年八月十五日まで自らが虜にされていた戦争遂行国家から出て来るや、人びとは口々に「おれたちは騙されていた」「自分たちは強制的に皇国という名のディストピアに連行されたんだ」「私たちこそ被害者だ」などと叫び続け、ディストピアを否定した。自分たちが「皇国」でどんな振る舞いをし、どんな熱狂とどんな歓喜を経験していたかについては、堅く口を閉じてすべてを闇に葬り去ろうとした。「皇国」の運営に関わった者に対しては、すべて「悪」のレッテルを貼れば済むことであった。議論は徹底的に封じられた。すべては言説の到達しえない「悪」だったのである。丸山眞男がその優れた、だがかなり感情的な分析「超国家主義の論理と心理」(一九四六)を発表して以来、それを超える論理的分析は金輪際出なかった。マルクス主義やリベラルの陣営からは執拗に大日本帝国を糾弾し批判する論説が出されたが、それらはイデオロギー的な批判に終始したので、「皇国」において人びとが実際に何を考え、何をしたかについて語ることについてはきわめて吝嗇だった。

たとえば東京帝国大学とは何だったのだろう。井上哲次郎（一八五六〜一九四四）、穂積八束（一八六〇〜一九一二）、上杉慎吉（一八七八〜一九二九）、平泉澄（一八九五〜一九八四）などの錚々たる東京帝国大学教授たちは、戦後はただひたすら「悪」のレッテル、あるいはさらに露骨にいえば「阿呆＋悪」のレッテルを貼られて憎悪や嘲笑とともに葬られ、今では一般に広く知られない存在になってしまった。一体、たった数年前、あるいは十数年前まで一国の中心となる大学で権威をふるい、一国の理念の骨格を構築してきた巨大な知性が、すぐに忘れ去られ、それがどんなことを語った人だったのか最早誰も知らない、などということが、他国の歴史において起こりうるであろうか。この日本では起こったのである。そこにあるのは「歴史への反省」や「新しい歴史構築への意志」ではない。「くさいものにはイデオロギー批判の蓋をしてすべて叩きつぶすか忘却しよう」という事なかれ主義と歴史への冒瀆である。〈理α〉の中身が劇的に変わったのだから、新しい〈主体α〉になるためには旧い〈理α〉にはいかなる意味でも意義を認めてはならないのだ。

それとは逆に、美濃部達吉（一八七三〜一九四八）や吉野作造（一八七八〜一九三三）や南原繁（一八八九〜一九七四）などの良心的な学者はよく記憶されている。もちろん美濃部や吉野や南原の言説はきわめて重要で、われわれはそれを未来にわたって記憶すべきであろう。しかし、彼らが何に対抗して自説を強調したのかがわからなければ、彼らの思考を理解することも不可能なのではあるまいか。美濃部や吉野や南原は道徳的に立派で賢いが、井上や穂積や上杉や平泉はそれほど無能で道徳的にも堕落した芥のような人間たちだったのであろうか。そのような人間を教授として長期間奉職させた東京帝国大学というのは、それほどガバナンスの欠如した低レベルの機関であるにすぎなかったのか。南原や矢内原忠雄（一八九三〜一九六一）のような良心的な学者も総長になったのだから東京大学の罪はそれで相殺できる、とでも考えているのだろうか。南原や矢内原の影響力は、井上や穂積や平泉を超えるものであったという無理な想定でもせよというのだろうか。そのような評価と〈序列化〉こそが典型的な〈朱子学的思惟〉であることに、なぜ気づかないのだろうか。

◆明治天皇の不完全性◆

まずわれわれは、一九四五年（より正確にいえば一九四七年五月二日、日本国憲法施行前日）までの日本は「神国」であり、天皇は「神」であったという事実の意味を正確に理解しなくてはならない。そのような荒唐無稽で前近代的な世界観は、モダンな、あるいはポストモダンな現代日本人にとっては悪夢のようなものであろうし、そのような危険物にはできるだけ接触せずに忘却したり破棄したりするほうが無難であろう。しかし、事実はそうではない。日本が「神国」であり天皇が「神」であるというのは、まさに日本の近代の出来事であったのであり、それだけでなく、日本の近代は〈朱子学的思惟〉によって西洋の近代を模倣したものだったのである。ということは、日本の「神国」の様相は、西洋近代とも一定の連続性を持っているということである。しかもそれは単に日本の立憲君主制がプロシアのそれを真似たというような外面的・制度的な問題なのではない。統治者の能力と民主的な参加との関係をめぐる、いわば「霊魂論」的な世界観の射程である。

天皇が「神」であるというのはどういうことなのか。著名な帝室編修官であった渡邊幾治郎の文を読んでみよう。長い引用になるが、その当時の思想的雰囲気と世界観を知るためには、できるだけ多くの言辞に触れることが最もよい。同じ理由により、この章の叙述では、戦前の天皇論・国体論からの引用が多くなされるだろう。

「明治天皇は、どうしてあのやうな偉大な君主とならせたまひ、偉大の事業を為したまうたか。天皇は文字通りの聖帝であらせられた。天皇はその成就したまうた大業から拝察すれば、古《いにしへ》の大帝であらせられ、英雄豪傑の資を多分に備へさせられた。しかし、その平日の御心事から拝察すれば、真に哲人のそれであり、聖人のそれである。故に、私は嘗て哲人的君主と称し奉つたことがある。矢張り神様といふのが、日本人としての真実の讃仰・敬歎の辞で、批判を絶した言葉であらう。／日清の役、広島大本営に於ける御生活、これは神様ならでは為し得ぬ御生活であることは、何人も疑はぬ所である。だが詳かに、天皇の御一生を拝察すれば、単に日清の役に止まらず、日露の役もさうであつた。又たゞに戦争といふ非常時に於てばかりでなく、平生《へいぜい》の常時に於ても亦さうであつた。これ等は到底尋常人《ただびと》の為し得る所ではなく、唯々神のみ為し得るといふ外はないのである(1)」。

この文から、われわれは何を読み取らなくてはならないのか。できるだけ正確に理解する必要がある。まず渡邊は、明治天皇を最初から無条件に「神」「神様」と呼んでいるのではない。日清・日露の戦争という大業を経て「神」と呼ぶべきだと語っているが、実際は「哲人」「聖人」「哲人的君主」「聖帝」「大帝」などと呼び名は蹣跚《まんさん》として一定ではない。「哲人」や「聖人」はもちろん神ではない。なぜ最初から「神」とはいわないのであろうか。

それは、明治天皇の不完全性のゆえである。天皇は「不完全な神」なのである。「明治天皇は、どうしてあのやうな偉大な君主とならせたまひ、偉大の事業を為したまうたか」という冒頭の問いに、その不完全性への注意喚起の意図が含まれている。「どうしてあの不完全な明治天皇が、完全なる神になりえたのか」という、多分に不敬な問いなのである。続きを読んでみよう。

「しかし、この神の御生活は、畏れ多いが、敢へて生れながらとも拝されない。多年の御修養の結果に出でさせたまうたのである。孔子は人の聖人と呼ぶを喜ばず、吾は聖人でなく、聖人たらんことを心掛けてゐる者だといふ、意味を答へたさうであるが、我が明治天皇に於かせられても然りで、たゞ祖宗の宝祚を継承して、この国家を統治したまふの外、寧日があらせられなかった。所謂拳々服膺して、修養・努力・勤勉の外、何物も思ひたまふ暇がなかつたのである。逸楽・慾望敢へて欲したまはざるにあらざるも、これを満したまふの御暇がなかつたのである。（中略）これ等の事実を傍より拝察し奉つたのが、所謂神の御生活である。そこには、御肉も、御血も、御涙も六情の具備した人としての神であらせらるゝことを忘れてはならない。そこに、私は畏こくも教育勅語の実践躬行者としての真の勇者を見出すのである。私が明治天皇を神として追崇するには、かやうな意義があることを申して置きたい(2)」。

つまり明治天皇は、「克己する神」であった。全知全能の超越神ではなく、朱子学的な意味で、自己の〈理〉を輝かすために日々実践躬行する〈主体〉であった。それは欲望や情という〈気〉の偏塞にも取り憑かれている、生身の肉体を持った神であった。ここで「勇者」というのは武功を建てる強者という意味ではなく、儒教的な道徳的意味である。「現人神」というのは、実にこのような肉体も欲望も持ち、ときに情の奔騰に敗北しそうにすらなる〈主体〉という、一般大衆との連続性を視野に入れた概念だったのである。もちろん顕教的にいえば、そのような側面よりも絶対神としての側面が強調されたことはたしかであろう。とはいえやはり、久野収・鶴見俊輔が「天皇は教皇のごとく、神の権威のこの世における代行者にとどまるのではなく、まさしく神の子であり、現人神《あらひとがみ》とせられた。天皇は、皇帝＝教皇であるだけではなく、実に民族信仰における神の子イエスの役割をも演じなければならなかった[3]」といったのは、実態とは異なる誤った言説であった。「現人神」の概念をそのように絶対神として把握する理由としては、久野や鶴見に朱子学的な「克己」（本書第2章の言葉でいえば「窮境」「緊張」）概念の理解が足りなかったためなのか、あるいは昭和に入って日本人全体に朱子学的な修養概念の理解が希薄化したためなのか（このことと日本近代の「朱子学化」の進行とは矛盾しない）、はたまた渡邊の言説は多く「密教」の側に属していたからなのか、などという推測が可能である。しかしここで引用している渡邊の書は一九三八（昭和十三）年刊であり、昭和十年代にもこのような「不完全な天皇」「克己する天皇」像が大衆的レベルで公に語られていたことを見逃してはならない。というのは、戦後になって、「一九四五年までの天皇は絶対神だった」という認識を語った日本人のうちの多くは、実は一九四五年の時点ではいまだ充分に知的に成熟していなかったのであり、朱子学的世界観も知らないまま幼い、あるいは若い心で性急に形成した天皇像を、戦後になって確定的に語った可能性が高いからである。われわれはそのような「中間世代」とでも呼ぶべき日本人（大正末期から昭和十五年くらいまで、つまり一九二〇〜一九四〇年くらいの生まれの人びと）による未熟な、しかし戦後日本社会で圧倒的な力を持った天皇理解からいち早く脱却しなくてはならないであろう。

さて、本題に戻ろう。天皇が「克己する〈主体〉」としての未完成な存在だとすれば、それを完全な神にするには、何が必要だろうか。渡邊はいう。

「こゝに於て、明治天皇の御修養竝《ならび》に名臣の輔導が重大の意義を有することとなるのである[4]」。「明治天皇の聖徳大成・大業成就に於て、名臣名将等の輔翼に待つこと多かりしは申すまでもないことである。政治上の師傅《しふ》とし、輔導としては、前に三條実美・岩倉具視・大久保利通・西郷隆盛・木戸孝允等あり、下って伊藤博文・山県有朋等があり、君徳上の師傅としては、中沼了三・元田永孚・佐々木高行・吉井友実等があった。これ等の人々は、一長一短はあつたが、純忠至誠、我が君を堯舜にし、神武景行の大業を成就せしめんと尽瘁《じんすい》したことはひとつである」(5)。

これは単に、明治天皇を補佐した臣らの至誠・優秀であったことを述べた文のようにも見えるが、そうではない。明治天皇は単なる君主や統治者ではないのである。先に渡邊は明治天皇を神といった。つまり天皇を輔導する名臣とは、神を正し、矯導し、より高い次元へと押し上げる役割を果たす全能の存在であるべきだったのである。

◆霊魂主義的国体論◆

ただしこの全能性は、名臣たちの複数性によって保障されていた。不完全な天皇(単数)を完全にするための〈理〉の権化は、多数者(複数)である必要があったのだ。

なぜなら名臣たちには「一長一短」があったからであり、名臣は神でもなく〈理〉の完全な体現者でもない以上、そのような不完全性はつねに具備されているはずだからである(6)。

ここにふたつの問題が生じる。

ひとつは、ひとりひとりは不完全である名臣は誰もが完全な〈理〉を掌握していないとしたら、そのような〈理〉の完成体でない存在がどうして「輔導」の役割を担うことができるか、という問いであり、もうひとつは、そのように不完全な名臣たちが複数ないし多数集まって天皇を輔導するとき、どのようにして輔導の対象（客体）＝神（主体）の完全性が構築されうるのであろうかという問いである。これは東洋哲学の範疇でいえば〈理〉の単一性とその実践〈主体〉の関係性の問題であり、西洋哲学でいえば啓蒙や代表という観念に関わる問題である。

この問題を考える際に、私は、大正時代以降に天皇論や国体論の言説が「霊魂主義」化していくことを補助線として導入し、考察の糧としてみたい。

われわれの疑問として、なぜ天皇論や国体論が儒教的な性格を持ちながら、他方で純粋に神道的ともいえない「霊魂主義」の方向にも向かっていったのか、というものがある。これに対する答えとしては、鈴木貞美がいうように、「大正時代に西洋思想なども多分に摂取した生命主義が花開いたが、関東大震災以降、そのスピリチュアリズムはより国家主義的な皇道主義に右転回した」ということが説得的であると思われる。ただ、そのような現象としての説明の背後で、日本人の精神に一体どのような変化が起きていたのかを正確に理解する必要がある。現象的には単に「スピリチュアリズムの右傾化」と説明できるかもしれないその変化は、哲学的にいえば、あるいは世界観史的にいえば、どのような意味を持っていたのであろうか。

2　国体論の転回

◆制度論から精神（霊魂）論へ◆

国体論の変遷に関しては、「国体」という言葉の歴史的・実証的な用例を綿密に調べ上げた里見岸雄の『國體』の學語史的管見――國體の語の用例及用法に關する研究』（一九三三）を繙くのが便利である[7]。

里見が収集した国体の定義・解釈は膨大なものに上るが、明治から大正期に至る時期の国体論は、ほとんどが「国権」「主権」という法的な概念に関わるものか、あるいは「国柄」という曖昧な概念（それはほとんどつねに万世一系の天皇に収斂する）に関わるものである。そして国体の規定にはほぼつねに大義とか忠孝などという道徳的観念が付随するが、大きな流れとしては、徳川時代から明治期にかけての国体論は「日本を立ち上げる」際にどのような主権の形態によって外国勢力との角逐に生き残っていくか、という点に重点が置かれているのに対し、大正期から昭和にかけては、国民の精神をどのように統合するかという側面に関心の重点が移行している。

それは、国体をめぐる言説が、制度論的なものから精神（霊魂）論的なものへと転回してゆく過程としても読み取れるのである。このことを、具体的な事例で見てみよう。

たとえば石川岩吉著『國體要義』（大正二年、一九一三年）という本を見てみよう。これは戦後（一九四六年）に國學院大學の学長になる石川による大正初期の概説書であるが、この時期の国体論の雰囲気をよく現している。すなわち国家論、制度論を主として、それを実証するための歴史論が加わる、という説明体系を取っているのである。目次を見てみると、まず第一章に「國體の意義」があり、次に第二章「國體の比較」として、支那、イギリス、ドイツおよびプロシア、ロシアと皇国（日本）が比較されている。第三章は「國體の淵源」と題して、日本民族の特性が分析されている。第四章は「國體の精華」で、皇室と臣民の関係が規定されている。第五章「國體の自覚」では、大化の改新、建武の中興、尊王論などといった日本の歴史を叙述することによって国体の様相を具体的に解説している。

ここで重要なのは、この段階では国体は比較可能なものとして把握されているという点である。支那の国体、イギリスの国体、ドイツの国体、ロシアの国体と日本の国体がいかに異なっているかを比較分析している。

それではそのように比較可能な「国体」とは、ここではどんなものなのだろうか。「国体とは国家組織上主権の存立に関する特殊の主義をいふ」と規定されている通り、主権（国家統治の権）が主眼に置かれている。そして日本の場合、帝国憲法の第一条「大日本帝国は万世一系の天皇之を統治す」というのが「我が国家の千古不動の根本主義なり、即ち国体なり。其の成立の由来、其の作用の効果等に至りては、別に歴史上詳細の研究を要するものなり。又之を主権行使の主義と混同すべからず主権行使の主義を論ずるものは即ち政体論なり」と語っている(8)。

そして各国との比較が可能で、しかもその特異性が歴史から淵源するという世界観に関する説明は、以下のようなものである。「思ふに、主権が君主に在る国家は、我が帝国のみならざるべし。現在に於て然るよりも、過去に於ては、かゝる国家が一層多かりし事、歴史の示せる所なり。然れども其の国の史上の成跡、克く我が国の如くなるを得ずして、或は夙に滅亡し、或は漸次国体を変更し、君主国体の美を発揮せず。随つて我が国体につきて思考する者をして、単に主権君主に在るが故に君主国なりといふのみにて満足を感ぜしめざる所以の者は、実に主権の存立に関する事実の相違に基因するものにして、君主国中事実上に於て更に幾多の区別を要し、結局我が国の国体は世界無比なる特色を有することを認めざるを得ざるによるものなり。即ち或る君主国に於ては、君主が主権者たる由来に於て神聖ならず、或は又主権の行使を愆り、遂に人民の怨府となり、革命の厄に遭へるが如き、畢竟其の主権存立の内容に当然の原因を含めるものにして、日本民族が天照大神の皇統を奉戴せるが如き事実と比較すべからざるなり。其の内容の相違を説明するものは唯歴史あるのみ(9)」。

実はこのような叙述が、大正期までの国体論の典型なのである。すなわち、日本の国家主権のあり方を諸外国との比較において把握し、その独自性を万世一系の天皇に置く。そして天皇による統治の歴史を叙述して、その特殊性を演繹的に説明する。ここには少なくとも、日本の国体を世界の中で正当に位置づけようという合理的な理解への意志がある。天皇は「神」であるという記述はもちろん存するが、そのことを霊魂論的に突き詰めようという発想はない。

ところが、このような穏健な国体論が、昭和十年代にはその雰囲気をがらりと変える。ひとことでいえばオカルト的な様相を呈してくるのである。ここでは一例として、佐藤道太郎著『科學論證　日本國體正論』を見てみることにしよう。フィヒテやシェリングなどのドイツ観念論を研究した佐藤の論は、哲学的であると同時に科学的である。国体がもしや反国体勢力によって改変されたり転覆させられたりするのではという可能性に対する極度の恐怖心が綴られているのは、先の石川岩吉『國體要義』と同じだが、石川がそれを統治論・国家形態論およびそれを支える歴史理論の形で払拭しようとするのに対し、佐藤は生命論・霊魂論によってそれを克服しようとする。

佐藤はまず「胎原細胞」(箇体発生の原細胞)のあり方から細胞分裂、三胚葉の発生、人身の形態・生理(骨および筋肉、脳神経、脊髄神経、内臓、消化作用、血液、治癒機構、細胞の生機)を説く。次に「人種的観察」の章では地球上の様々な人種を分類してみせるが、ここで「日本民族」の始源的特殊性を強調するのはお定まりの運びである。「日本人種即我が天孫人種発生の原地は、高天原であることは疑ふの余地はない。此所に原人生産し増加するに従て各地に散在するに至った」[10]。そして「幾星霜を経た後、神武天皇が天照大御神の詔勅を奉じ、同種族の糾合を目的として、東征の御事あり、統一して茲に、血族的一体の日本が生成したのである。(中略)然らば現在の日本国民は、純日本人種系かといへば、多少の混血を含むこと、史実に明瞭である。(中略)が異種の混血は、総体の小部分であることは瞭かであって、日本人種的特徴は、依然として保有さるゝのである。／古来日本を除きては、世界何れの地に於ても、各種民族の綜合国家ならざるはなく、随て創、亡、興、廃、幾幾遷なるを知らず、理智文化の未発達時代に於て、特に甚しきを見る。(中略)若しも、日本建国が、異種民族の綜合に基礎付けられたならば、神武以来、数代ならずして亡びたるや必然である。(中略)混然整然一体の国家誕生後、益々生育するに従ひ、他国の交通行はれ、雑婚も、帰化も、一部にこれありしことは明かであるが、完成国体の健全期に入りては、些少の混血は徐々に清浄同化せられ、懸命破構の厄災を免れたることは、宛も人身生理に於て、自然治癒機転の、細胞を同化せしめたと同様である。然し混血彌々多く、悪性の異分子細胞なるときは、同化殺菌の効次第に減じ、異種細胞は類を呼び、各部分に潜勢力を養ひ、陰に生育し、遂には機関説は愚か、アナ系と脈絡相通ずるに至り、国体の重患を醸すに至るや必然である」[11]。

もちろんこのような論は、現在、いかなる意味においても肯定できない。狂気に庶幾《ちか》い説といっても過言ではないが、ここでは、それを単に闇に葬り去るのではなく、この錯誤の思想的・社会的意味を探ろうというのである。

佐藤は、「何故に国体の変更が永遠の生命を維持することが不可能であるや」と問うて、次のように答える。「洋学派は、之に答ふるの資格はない。／国体論者は曰く、／一、日本は神国である、祖神熙々として天に照覧ましますその之を語るさへ畏れ多い。と／二、日本建国の精神が一貫してゐる以上、国体は変更されない。と／三、皇祖の威霊と我祖先の威風とに由りて、保持し来つた世界無比の貴き日本は、国民の誉れであり、国体を保持すべき信仰感念は、大和種族の相伝的本質である。と／四、余曰く／天皇を奉戴する日本国体は、其儘大和種族の生活主体である。国体の解放は、生活主体の破構であるが故に、随て国家永遠の生命は不可能である。と／抑も国家の生命は、内に本質的共同生活を営む所の血の共通がなければならぬ。茲に理論を超越した、強烈なる共同的能働が高揚され、進展されるのである」[12]。

ここで佐藤は、国民の「生活」と「生命」を結合させるものとして血の共通性を強調している。天皇がそのまま主体なのでなく、天皇を奉戴する国体が主体であると説くのは、国体こそが国民の「生活」と「生命」を結合させる場であるからである。国体の変更は、「生活」と「生命」の全面的な破壊となる。つまり佐藤は、日本は神国だからその国体を変更しえないのではない、といっているのである。このような論理の背後には、天皇に対する次のような規定が存する。「日本国体に於ける天皇は主権者に非ず、君主に非ず、霊であって、御親裁は霊動である。神の属性であつて、叡智を肯定するのである。親政でなくて、政道の規準である。例令へば、個人の脳の特殊細胞則ち人間本能の霊動体であると等しく、国体本能の霊動体であるが故に、実在性の神である」[13]。これは明らかに「政治と道徳の一致」を通り越した「政治と霊性の一致」を説いており、霊性的天皇論の究極の形を示している。しかし、これをただちに異常だとして斥けるのではなく、霊性的民主主義への道を切り開く一歩手前の認識であった可能性についても考えてみる必要があるかもしれない。重要なのは、このような議論の形ですべての国民が翼賛ないし補弼することができたという事実である。つまり、官僚や政治家でない、一般の人が国体論の構築という作業に参与することができた、そのこと自体が翼賛ないし輔弼であった。もちろんそこには言論の自由はない。帝国憲法や治安維持法およびその条文解釈という権力行為の許す範囲内で、議論は活発に行われた。しかし少なくとも、天皇とは何か、国体とは何かという問題に対して議論ができた、そしてその議論のひとつの方向性として天皇を霊と規定する論が存在したのである。この霊としての天皇の内実を決めるのは、実は国民（臣民）であった。なぜなら天皇には「万世一系」の「神」であるという規定と、天皇家および日本の歴史しか規範が存在せず、現実の政治や外交に関してはそのつど意思決定をしてゆかねばならない。その意思決定は世論という媒介を通して、国民によってコントロールされていた。ということは、天皇の霊動は、国民の集合霊動に左右されていたのである。もちろん側近や大臣、軍人、官僚などによる霊動が圧倒的に大きく作用したわけだが、一般国民の霊動も無視されたただけではなかった。

◆『國體の本義』◆

国体論と霊と民主主義との関係を考える前に、これらの多様な国体論とは異なる、政府の公式的な国体論とはどのようなものであったかについて整理しておきたい。昭和十二年の『國體の本義』(文部省)がその最終的な認識の体系である。

『國體の本義』にいう。「大日本帝国は、万世一系の天皇皇祖の神勅を奉じてこれを統治し給ふ。これ、我が万古不易の国体である。而してこの大義に基づき、一大家族国家として億兆一心聖旨を奉体して、克く忠孝の美徳を発揮する。これ、我が国体の精華とするところである。この国体は、我が国永遠不変の大本であり、国史を貫いて炳として輝いてゐる[14]」。

「万世一系の天皇」が「皇祖の神勅」を奉じるというのは、歴代の天皇が大嘗祭において天照大神の神霊(折口信夫のいう「天皇霊」)を受け継ぐという宗教的儀式を根拠にしているから、これは「神勅」の内容を理性的に理解して継承するという意味ではなく、三島由紀夫がいう「オリジナルとコピーの弁別を持たぬ[15]」天皇が霊として肇国の時から変わらず生き続けていることを指している。つまり「皇祖皇宗がその神裔であらせられる天皇に現れまし、天皇は皇祖皇宗と御一体であらせられ[16]」というわけである。国体が「永遠不変」であるというのは、この霊が永久に変化しないということと、「天皇霊」の継承という形式自体も永久に変化しないということをいっている。

神勅は天壌無窮であるが、これは「永遠を意味すると同時に現在を意味してゐる[17]」。「現御神にまします天皇の大御心・大御業の中には皇祖皇宗の御心が拝せられ、又この中に我が国の無限の将来が生きてゐる。我が皇位が天壌無窮であるといふ意味は、実に過去も未来も今に於て一になり、我が国が永遠の生命を有し、無窮に発展することである。我が歴史は永遠の今の展開であり、我が歴史の根柢にはいつも永遠の今が流れてゐる[18]」。

天皇の霊はつねにその始源（天照大神）の生命力をそのまま今に実現しており、その今は今後もずっと続くのだから（オリジナルとコピーの分別がないのだから）、未来もまた今なのである。すなわち「天皇霊」においては過去および未来は、つねに今に還流して生き生きと躍動している。

それでは歴代の個々の天皇の個性は、どのように説明されるのか。つまり、天照大神の神霊は過去も未来も現在も変化しないとすれば、個々の天皇の事績がすべて異なることは、いかなる理由からか。このことを『國體の本義』は「大御心」「御精神」が同じだから、と説明する。「景行天皇の御代に、日本武ノ尊をして熊襲・蝦夷を平定せしめられた場合も亦全く同様である。更に神功皇后が新羅に出兵し給ひ、桓武天皇が坂上ノ田村麻呂をして奥羽の地を鎮めさせ給うたのも、近くは日清・日露の戦役も、韓国の併合も、又満州国の建国に力を尽くさせられたのも、皆これ、上は乾霊授国の御徳に応へ、下は国土の安寧と愛民の大業をすゝめ、四海に御稜威を輝かし給はんとの大御心の現れに外ならぬ[19]」。

このように、すべては「大御心」「御精神」という内発的な〈こころ＝理〉の発現だとするならば、臣民の〈主体性〉はどこにあるのだろうか。当然、その「大御心」「御精神」というあらかじめ内容の決まった霊的意志を下から支え、現実化する行為〈主体〉としてしかありえない。しかもそのことは、日本人として生まれた瞬間に、日本人のアプリオリな本質として、決定されている。「臣民の道は、皇孫瓊瓊《にに》杵《ぎ》ノ尊の降臨し給へる当時、多くの神々が奉仕せられた精神をそのまゝに、億兆心を一にして天皇に仕へ奉るところにある。即ち我等は、生まれながらにして天皇に奉仕し、皇国の道を行ずるものであつて、我等臣民のかゝる本質を有することは、全く自然に出づるのである[20]」。

ここには、第3章で述べた〈理X〉が語られている。すなわち、この場合、文部省こそ〈理X〉を掌握している〈主体X〉であり、国民＝臣民をその〈理〉によって〈主体化〉し〈序列化〉してゆくのである。その中でも〈理〉の根拠と源泉を全く知らずに〈主体β〉となる臣民と、少なくとも〈理β〉の根拠と源泉（すなわちなぜ天皇に奉仕しなければならないかという理屈の根拠と源泉）を知っている〈主体α〉とに分離する。そして〈主体β〉は〈主体α〉の下位に組み込まれ、すべてが〈序列化〉されるが、そのどちらもが〈主体X〉に支配されるのである。このように考えると、文部省が構築した国体論こそ、典型的な〈朱子学的思惟〉なのである。日本近代史上、最も完成された〈朱子学的思惟〉といってもよいかもしれない。その〈理〉は「生まれながら」「本質」「自然」などという言葉によって正当化されるところの、朱子学的超越性を持っていた。

この行為〈主体〉としての臣民は、「西洋諸国に於ける所謂人民と全くその本性を異にしてゐる」[21]。すなわち西洋においては、個人がまず存在し、その個人が自らの発展・幸福のために君主を定めるのだから、その君主が横暴であったり無能であれば革命が起こって廃される。しかし日本においては、「天皇と臣民との関係は、ひとつの根源より生まれ、肇国以来一体となつて栄えて来た」[22]。「一大家族国家」であるがゆえに忠と孝は一本である。

忠とは何か。「天皇を中心とし奉り、天皇に絶対随順する道である。絶対随順は、我を捨て私を去り、ひたすら天皇に奉仕することである。この忠の道を行ずることが我等国民の唯一の生きる道であり、あらゆる力の源泉である。されば、天皇の御ために身命を捧げることは、所謂自己犠牲ではなくして、小我を捨てて大いなる御稜威に生き、国民としての真生命を発揚する所以である。天皇と臣民との関係は、固より権力服従の人為的関係ではなく、また封建道徳に於ける主従の関係の如きものでもない。それは分を通じて本源に立ち、分を全うして本源を顕すのである。（中略）個人は、その発生の根本たる国家・歴史に連なる存在であつて、本来それと一体をなしてゐる。然るにこの一体より個人のみを抽象し、この抽象せられた個人を基本として、逆に国家を考へ又道徳を立てても、それは所詮本源を失つた抽象論に終るの外はない[23]」。

第1章でも引用したこの部分は、『國體の本義』における重要なポイントである。個人にはアプリオリに〈理〉が賦与されているので、その〈理〉を漂白し白紙状態の「個人」というものを想定するのは間違いだといっている。そしてその〈理〉は日本の場合、天皇の神霊の大御心である。すべての臣民にこの大御心の〈理〉＝本源は宿っているとされる。この思惟方法がきわめて朱子学的なのは、すべての構成員に〈理〉が宿っているとしながら、その〈理〉の内容はあらかじめ決まっているという思考であるがゆえである。もし全構成員に〈理〉が宿っているとしても、その〈理〉の内容は全構成員によってその都度暫定的に決められるのだとすれば、天皇の下での民主主義というものも機能しえたであろう。ここでいう〈理〉を、たとえば「理性」とか「人権」「自由」などといい換えることができれば、それは可能な道ではあった。しかしながら、〈朱子学的思惟〉における〈理〉とはそのようなものではない。第3章において分析したように、〈理〉の内容はあらかじめ決まっており、〈主体β〉＝臣民にできることは、その〈理〉の内容を格物窮理という形で「帰納かつ演繹」的に体得してゆくことだけなのである。〈理〉の内容は実際には〈主体X〉によって決められているのだが、〈主体X〉は決してそのことを公表せず、〈理〉の内容は「自然に」決まっていると権力的に宣言するのである。

「家国一体・忠孝一本」の日本において臣民が果たすべき道は、家がそのまま国であり、孝がそのまま忠であるという幻視の能力を極限にまで養うことである。ということは、家と国、忠と孝の間に現実的には存在する数多の矛盾を矛盾として認識しない特殊な能力が要求されるということである。果たして明治以来、貪欲なまでに西洋の思想・哲学を吸収してきた近代的かつ理性的な国民に、そのような蒙昧な（高邁な？）ことが可能であろうか。おそらくは不可能であろう。そのことを、文部省も熟知してはいた。

「家国一体・忠孝一本」という〈理〉を国民に信じさせるためには、国民の理性の能力を停止させなければならないが、そのためにはふたつの道があった。ひとつは、天皇霊という不可視の魔術的力を完全に信奉させることであり、もうひとつは、肉体性という可視的な世界を信仰の核とすることであった。ここに、国体論は「霊性的国体論」と、「身体的国体論」とに二分されることになる。そして『國體の本義』が採った道は、後者であった。『國體の本義』が皇国の歴史性に対して多くの説明を加えるのに対し、天皇の霊性に対する本格的な宗教的説明が欠如しているのはそのためである。皇祖皇宗の「大御心」「御精神」をすべての臣民が分かち持っているというきわめて霊性的な議論から始まった『國體の本義』は、やがて叙述の途中から霊性に関する話を放棄し、「身体としての国体」にのみ焦点を合わせてゆくようになる。

おそらくはこの点が、『國體の本義』の持つ、あるいはあらゆる国体論の持つ欺瞞性の根源なのである。すなわち、すべての国民（臣民）は天皇と本源を同じくする霊性を持つとしながら、国民にはその霊性の内容に関与させぬまま、その霊性の身体的実現のみを強要するという論理の構造に、欺瞞性の本質がある。

「忠は、国民各自が常時その分を竭くし、忠実にその職務を励むことによつて実現せられる。畏くも「教育ニ関スル勅語」に示し給うた如く、独り一旦緩急ある場合に義勇公に奉ずるのみならず、父母に孝に、兄弟に友に、夫婦相和し、朋友相信じ、恭倹己れを持し、博愛衆に及ぼし、学を修め、業を習ひ、智能を啓発し、徳器を成就し、更に公益を広め、世務を開き、国憲を重んじ、国法に遵ふ等のことは、皆これ、大御心に応へ奉り、天業の恢弘を扶翼し奉る所以であり、悉く忠の道である」[24]。

これらはすべて〈理〉の内容であるが、重要なのはここに至って〈朱子学的思惟〉は急速に劣化することである。これは次章で元田永孚および「教育勅語」を考察する際にも言及することだが、臣民の道を説く際の最大の破綻は、そこに羅列された数多の徳目どうしの論理的連関性を一切説くことなく、連用形の数珠つなぎによる陳列に終始してしまうことなのである。朱子学の〈理〉においては、たとえば孝と博愛との論理的関係、義と勇との関係、公と益との関係などに関して、厳密な議論を展開するのである。そのような議論を経て初めて〈理〉はオーソライズされるのであり、単に徳目を羅列しただけでそれが〈理〉と認められるということはありえない。〈理〉は個々の徳目だけでなく、互いに矛盾し射程の異なる「衆理」を結びつける論理もまた重要な〈理〉であるからである。しかるに国体論においては、そのような論理性は、かぎりなく稀釈されてしまっている。かろうじて忠と孝との関係についてはそれが「一本」であるという、「世界にその類例を見ない」[25]ユニークさが論理的に説明されているし、「和」と「武」の関係規定などは独創的ともいえる。しかしそれ以外の徳目については、客観的な説得力のある論理を展開してはいない。すなわち、ここにおいてすでに〈理〉は崩壊しているのである。

ばらばらな徳目同士を連結するのは、「まこと」という観念であった。「「まこと」の心は、人の精神の最も純粋なものである。人はまことに於て、その生命の本をもち、まことによって万物と一体となり、又よく万物を生かし、万物と和する」[26]。つまり、「まこと」というのは陽明学でいう「仁」と同じものである。そして「まことの心」が「良知」である。ただし陽明学の知行合一とは異なり、言と事の一致を次のように説く。

「まことについては、賀茂真淵や富士谷御杖等が特にこれを重んじて説いてゐる。真言《まこと》即ち真事《まこと》である。言と事とはまことに於て一致してゐるのであつて、即ち言はれたことは必ず実現せられねばならぬ。この言となり、事となる根柢にまことがある」[27]。そして真心すなわちまことの心は、「よく一事・一物に執せずして融通無礙である。即ち私を離れた純粋の心、純粋の行である。実にまことは万物を融合一体ならしめ、自由無礙ならしめる」[28]。ここで「一事・一物」といっているが、その含蓄された意味は、正確にいえば「一事・一物の理」である。事・物を融合させるためには、それらを支配している理をも融合させなくてはならない。まことにこそ、その力があると語っているのである。このように言葉と行動とが完全に一致し、真言が真行となるのが言霊の思想である。そしてこのようなまことには、私というものはない。「まことには、我があつてはならない。一切の私を捨てて言ひ、又行ふところにこそ、まことがあり、まことが輝く」[29]。

おそらくこの叙述が、『國體の本義』のクライマクスである。というのは、その後の叙述は国体が「国史」においてどのように顕現したかの歴史的説明になっており、理論面においてはこのまことの観念において頂点に達しているのである。

さて、まことの思想は「没我帰一」という概念に着地する。しかし、ここにこそ儒教との相違が顕わになる。朱子学においても陽明学においても、「私」は「人欲」として消去することを求められるが、この場合の「私」とは「自我(self)」のことではもちろんなく、天理から逸脱する欲望のことである。天理と一致する自我を滅するということはありえない。ところが『國體の本義』においては、すべての我、一切の私を捨ててまことそのものになることが唱えられている。ここに主体としての自我は放棄される。自我は天理と一致することを求められるのではなく、完全に無となるのだが、そのことがとりもなおさずまことなのである。

3　主体と国体

◆主体の参加問題◆

まことの論理が朱子学や陽明学の「存天理而去人欲（天理を存して人欲を去る）」と異なっているからといって、ここに主体性がないということはできない。西田幾多郎が説くように、あるいは大乗仏教的な（特に禅の）世界観で一般的であるように、「無の主体性」というものもあるのだ。しかしここでは、そのことに関する哲学的な議論をしたいわけではない。

本章の前半部分で述べたように、国民が国体にいかに参加（翼賛、補弼）しうるかという議論がここでは重要なのである。というのは、自我がある、あるいは自我がない、というどちらの議論によっても主体性を哲学的に語れるのであるから、ここでは、自我のない（没我の）主体性というものに対して哲学的に「それは真正な主体性ではない」と批判しても意味はないのである。そのような批判は、主体性という概念に西洋近代的な実体の観念がつきまとっていた時代における議論なのだ。すでに「主体は実体である」という命題自体に論理的ないし哲学的根拠が見出せなくなったわれわれにとって、そのようなイデオロギー的批判をしている時間的余裕はない。また逆に、大乗仏教的・禅的な、あるいは西田幾多郎や西谷啓治風の、「主体は無であり、無は主体である」という命題のみが真理であるというような議論にもわれわれは与することはできない。つまり、自我の有無と主体との関係について私はここで教相判釈をしたいわけではない。

今われわれにとって重要なのは、〈主体〉が有であれ無であれ、何らかの〈主体性〉を付与された国民ないし臣民が、いかなる論理によって国体に参加し、それと一体化するのか、という問題である。

◆霊性的国体論と民主主義◆

国体という概念を、最も霊性的な意味において規定するとすれば、「天皇を超越かつ内在の神とする霊的共同体」の謂であった。そしてもし国民の〈主体性〉(主観性)を最も霊性的に把握するなら、「霊的共同体の内実とは何かを、魂によって認識し表現することに参与すること」といえるであろう。なぜなら、国民の個々の魂は主観性と肉体とによって限界づけられているから、単独や少数では日本という霊性の全体を把握できないのである。したがって、その主観性と肉体性の限界を修正し超越するために、国民全体の参与によってできるだけ完全な霊性の把握や構築を目指すのである。これは、霊的共同体における民主主義のあり方のひとつである。そして翼賛や補弼という語を、この意味の参与と同義だとすれば、霊的共同体(国体)における〈主体〉の参与がすなわち民主主義的翼賛である、という論理が成り立ったはずなのである。

しかし『國體の本義』は早々とこの規定を放棄してしまい、国民は霊的共同体の内実を霊的に構築する〈主体α性〉から隔離され、皇国の霊性を無の境地(まこと)で知り、語り、行動する〈主体β〉としてのみ規定されることになった。すなわち、経済活動や家族共同体の維持、そして戦争での戦闘行為などに無私の境地で没頭することにより、国体への翼賛を完遂するという論理に幽閉されることになった。これが『國體の本義』の限界であろう。

先に挙げた里見岸雄の『『國體』の學語史的管見』には、古典から同時代までの「国体」概念が網羅されており、まさに百花繚乱の感があるが、やはり「国体」を政体や国柄と解釈するものが圧倒的に多数を占めているものの、それらの中で特に霊性的な解釈といえるのが、次の定義である。[30]

「日本の国体則ち天であつて、大宇宙の真理其儘が国体である……如何なることがあつても国体の力則ち天の力で必ず切抜けて行ける。一旦緩急あれば必ず国民が死物狂ひになつて努力すると言ふのも、国体の御蔭則ち天の佑けである。日清、日露の戦争に不思議な勝利を得たのも、国体の力であり、天の力である。即ち天佑と言ふことは我国に於ては国体と言ふことと同義である」(陸軍中将秦真一「日本国体の精華に就て」三四頁)。[31]

さすがに法学者など大学教授たちはここまで荒唐無稽で前近代的な定義を下しえない。それなりに法理論や歴史的事実との整合性を探って国体という概念に何とか近代的な意味づけをしようとするのが、明治以降、特に大正以降の国体論の特徴である。しかし、そのような細工を施せば施すほど、国体論と近代的法理論との齟齬が際立ってしまうというジレンマから脱却できない。その中にあって、右に挙げた「大宇宙の真理其儘が国体である」という定義は蒙昧としかいえないものだが、視点を変えてみると、実は国体論という始めから近代の彼岸にある観念の現実性を探ろうとするなら、このくらい宗教性の強い定義のほうがかえって有効性があったのではないかとも思えるのである。ただしこの定義の場合、すぐに「一旦緩急あれば必ず国民が死物狂ひになつて努力すると言ふのも、国体の御蔭則ち天の佑けである」として、やはり行動論に逃げ込んでしまっている。そうではなく、「大宇宙の真理其儘が国体である」のだったら、その「大宇宙の真理」とは何か、ということを国民の主体性（主観性）を総結集して探究しようとすべきであった。それならばそこにかろうじて「国体的民主主義」が成り立つ可能性があったのである。つまり「大宇宙の真理」という〈理〉

の内容はあらかじめ決まっているのではなく、また国民の行動によって析出されるのでもなく、あくまでも全国民の主体的（主観的）認識能力の結集として再帰的に決定されてゆく、とまでいえばよかったのである。「万世一系の天皇家と日本国民すべては同じＤＮＡで繋がっており、それゆえ天皇への忠は両親への孝であるから天皇のために命を捨てよ」という荒唐無稽で反歴史的な論理を展開するほかのあらゆる国体論よりも、「国体とは宇宙の原理そのものである。しかしその中身はいまだ確定していない。宇宙の普遍的原理とは何か、ということを国民すべての霊性によって自由に探究してゆくべきだ」という国体論のほうが、当時の日本国民としてまだしも納得しやすい論理だったのではないだろうか。

というのは、そもそも西洋近代というものも、デカルトが精神（霊魂）と物質（延長）とを区別したところから始まっているのであるが、デカルトの場合は「個人（私）の精神（霊魂）」が関心事だったのに対し、ヘーゲルに至っては、精神（霊）がいかにして共同体や国家をつくることができるか、という関心に移行したからだ。すなわちヘーゲルの場合、個人の限定された意識がいかにして精神（霊）のレベルにまで成長し、それが共同体をつくるかという企図の全体を『精神現象学』において「啓蒙（die Aufklärung）」という言葉で呼んだのであるが、この「啓蒙」という運動にとって決定的に重要なのは、「純粋な洞察（die reine Einsicht）」であった。つまり「純粋な洞察」がなければ意識は「全体性」を把握することはできないのである。この「純粋な洞察」というのは、具体的には精神（霊）の全体像を把握できる主観（主体）のことをいっているが、これを神にかわって実践するのが、多数多様な個人すなわち共同体なのである。ひとりの個人が精神（霊）の全体を把握することはできない。そんなことができると錯覚しているのは超越神を信じる宗教にどっぷりとはまっている人間だけである。近代の啓蒙の時代には、共同体の構成員すべてが自由に認識の能力を発揮して精神（霊）の全体像を把握しなくてはならない。これこそ、宗教共同体を超える近代の国家である。ヘーゲルはこういったのである。

◆「啓蒙的国体」の挫折◆

とすれば、日本の国体論においても、日本国民（臣民）全員が国体という精神（霊）を認識しようと自由に活動するという「啓蒙的国体」のコンセプトがあってもよかったのである。

すなわち翼賛という概念が、ヘーゲルのいうような自由な市民の認識活動に基礎を置いて国体という霊性の把握に注力する、という方向性もあったはずである。しかし大政翼賛会や新体制運動などは、逆に自由を制限する方向に舵を切ってしまった。

しかし、国民（臣民）は幻想をするのである。自らも国体の霊性の中身の構築に関わることができるのではないか、と。実際、国体論議に参加する知識人は多数多様であったし、『改造』や『中央公論』をはじめとする雑誌メディアは「議論」という場の活性化によって国体構築への参与の道を確保した。

昭和十年代に入って、東大生たちがマルクス主義から「日本主義」に急速に傾いたのも[32]、単に保守化した、あるいは弾圧によって〈主体性〉を喪失した、という解釈は正しくないであろう。そうではなく、霊的共同体の参加者・翼賛者となることを〈主体〉的に選び取ったのだといってよい。それは、国体という概念が彼らにとって閉じられた系ではなく、自分たちの参与によってこそよりよい内容を具備した霊的共同体として構築することが可能だという信念に基づいた行動だったと思われる。マルクス主義による社会の変革よりも、国体という霊魂共同体への参与のほうに、より〈主体〉的な魅力を感じるようになったのである。マルクス主義が「下部構造」「物質」を土台に置く変革主体形成の思想だとすれば、国体論は「上部構造」「霊性」「精神」のみが社会を根本的に変革するという主体形成の思想だったのだ。

戦争に突入してからも、青年たちの希望と幻想は終わらなかった。

『きけわだつみのこえ』に収められた青年たちの手記は、反戦ヒューマニズムを語っていると解釈するのは速断である。もちろんそのような思想や世界観を持っていた青年もいたであろう。しかし、多くの場合、「今、まさに自分が命を落とさねばならないその理由は何なのか」という巨大な問いに対する真摯な思索と煩悶といったほうがよい。ということは、事実上、彼らは自分たちが命を捧げようとしているこの大日本帝国の国体とは一体何なのかについて、霊魂によって思惟していたということである。その〈集合思惟〉の記録があの『きけわだつみのこえ』なのであり、それこそ、日本人の若者が最も極限的な状況の中で「霊性的民主主義」を実践した時間だったのである。

しかしそれはもちろん、制度的な根拠のない実践であった。しかし、彼らの霊魂による思惟の記録は残されたのである。

また知覧に展示してある特攻隊の遺書も、これを戦後的世界観によって理解することは全くできないし、してはならないのである。なぜなら、これは「国体教」とでもいうべき巨大な宗教の中での言葉であり行動であるからだ。「当時の若者は純粋で美しかった」と解釈することも、「当時の若者は単純で愚かだった」と解釈することも、国体教の世界観の外側からなされるならば、間違いである。その若者の宗教的な信条を理解していないからである。「当時の若者は天皇中心の狂信的な体制によって洗脳され利用された完全な客体であった」と解釈することは間違っている。

だが、昭和前期に企図されようとしてされなかった「霊性的国体」の民主主義化、すなわち「啓蒙的国体」ないし「霊性2・0」の可能性は夢幻と消え、残ったのは、国民（臣民）の国体への参与を身体ないし身命のみに限定して夥しい肉体を費消した、欺瞞の霊性国家だったのである。

第9章

明治の「天皇づくり」と〈朱子学的思惟〉

――元田永孚の思想――

1　元田永孚――その生涯

◆熊本実学派から侍講へ◆

維新の激動もいまだ収まりきらぬ一八七一（明治四）年六月四日のことである。この日、天皇の御前に威厳ある白髪の儒者が初めて坐し、『論語』を講じた。この男こそ、元田永孚《もとだながざね》（号・東野／一八一八〜九一）その人であった。

そしてこの出会いにこそ、その後の日本を規定するひとつのヴェクトルが宿っていたのだった。元田はその人柄と講義とによってたちまち若き天皇の心を手中にしてしまった。このときから一八九一（明治二十四）年にこの世を去るまで、元田は明治天皇の最も信頼する側近として、政治の最高顧問として、陰に陽に天皇および政府に対して至大な影響を与えつづける存在となったのである。

「天皇陛下第一の親信の臣」(1)（徳富蘇峰）、「明治第一の功臣」(2)（副島種臣）、「隠れたる一大勢力」(3)（伊藤博文など）が元田をそのように認めたという徳富蘇峰の言）といわれながら、昭和の初めにはすでにその名を知る人も少なかった男。元田永孚は一八一八（文政元）年十月一日、代々細川家に仕えた元田家の嫡子として熊本に生まれた。

十歳にして藩黌・時習館に学び、やがて翻り熊本実学派（または実学党）の学風を体得してゆく。その先輩は横井小楠《よこいしょうなん》（一八〇九〜六九）であった。

熊本実学派は、時習館の保守派である学校派に対抗し、詞章之学にのみいそしむ輩を腐儒と切り捨て、心の本体を自得する学風を誇っていた。

彼らの学問は程朱学（宋の程明道・程伊川から朱子にいたって完成した新儒学）であったが、その学風を確立するのに決定的な役割を果たしたのが、朝鮮の巨儒・李退渓（一五〇一～七〇）であった。

朝鮮王朝においては、朱子学が正統な統治イデオロギーであり、厳しい思想統制が敷かれた。思想の自由から見れば、陽明学や古学の花開いた日本に比べ窮屈であったのは疑いない。そのかわり、朝鮮では朱子学自体の精緻な探究が深まったこと、想像を絶するものがある。李退渓は朝鮮開国から百年余にして生まれ、初めて朱子学を朝鮮化した学者といわれる。彼以前の朝鮮儒者はほとんど、中国朱子学の純粋な導入にいそしんだのに対し、李退渓は彼独自の問題構制で朱子学を再解釈したのである。そして彼の後継者たちは、もうひとりの大儒・李栗谷（一五三六～八四）の後継者たちとともに、その後の朝鮮儒学史を二分する学派を形成することになる。

さて、熊本では十七世紀から、李退渓の学風を受け継ぐというひとつの思想運動が興った。それが熊本実学派であり、大塚退野（一六七七～一七五〇）から始まる。退野は李退渓の『自省録』を読んで程朱学の意味を悟り、李退渓の本を「尊信すること神明の如」[4]くであり、敬を中心とした実践の学問を李退渓を通じて体得したのである。また彼と同時期の藪慎庵・藪孤山父子もまた、李退渓を尊崇すること格別であった。その伝統が横井小楠と元田永孚に受け継がれたのであった。横井は李退渓を「古今絶無の真儒」[5]と評している。

余談だが、熊本という土地には、どこか朝鮮に似た空気があるような気がしてならない。「肥後の議倒れ」とか「一人一党」という言葉が熊本にはあるそうである。これと信じた道は、決して譲らず、孤絶してあるいは朋党を組んで他を排撃してゆく。紛争を事とし、党争に明け暮れ、理念に懸命する悲壮なまでの情熱は、朝鮮の士に一脈通ずる。

さて、この実学派は、最初攘夷論を取っていたがやがて開国論に転じ、西洋の学問・文物を果敢に摂取すべきことを説いたことも重要である。横井は熱心な開国論者となり、米国と結んで世界の戦争を終結させる平和構想を持った。そしてついにはキリスト教徒というレッテルを貼られ暗殺されたのである。

元田に話を戻そう。彼は長じて藩侯に仕えて藩政や長州征伐に関わった。のち熱心に尊王を説いたが藩の時論に合わず、公職を退いて五楽園を開き後進を教えた後、再び藩侯の侍読となった。一八七一（明治四）年一月に藩命で上京した際に、大久保利通の推輓により召命を受け、同年五月三十日に宮内省出仕となり、侍読を務めた。五十三歳であった。

このときから元田は天皇の前で講義をし、侍講（一八七五）、宮中顧問官（一八八六）、枢密顧問官（一八八八）となった。

一八九一（明治二十四）年一月二十一日、元田は流行性感冒で死んだ。死の床で、彼の病いの篤きを知った天皇から、男爵を授けられた。病床に駆けつけた井上毅《いのうえこわし》から元田がこの知らせを聞いたのは、死の一時間前だった。そのとき彼は涙を流し、手を合わせて拝み、「この厚き御恩は草葉のかげより報い奉らん」(6)と繰り返したといわれる。

◆情愛と緊張——明治天皇と元田の関係◆

「国民之方向殆ど支離滅裂に至らんとす」(7)

元田は明治前期の日本を、単なる「混乱」と見た。そしてその混乱を収拾する核心は、天皇と儒教しかないと考えた。かつ彼は、運命的にといってもよいほど、自己の考えを実践するのに好都合な場所にいた。元田が突然の推挙により天皇の侍読・侍講となったのは、ほとんど偶然といってよいが、この偶然が奇しくも明治イデオロギーの全体を大きく方向づけすることになってしまった。元田はいつのまにか「単なる侍講」ではなく、「最親最密の顧問」[8]（徳富蘇峰）として、他の追随を許さぬほどに強固かつ隠然たる一大勢力となってしまったのである。

天皇と元田の水魚腹心の親しみはいや増した。天皇の温かい情と元田の誠が通じ合い、理想的な君臣和楽の関係といわれた。明治十年の菊花を愛でる夜宴にて天皇が「菊花の佳観は明年も又観るべし、元田が詩吟は来年其音声《おんじょう》の今年の如くならざるを愛《おし》む、朕は菊花よりも元田が詩吟を愛するなり」といって人びとを感動させた話は有名である。[9]そして天皇とともに元田の講義を聴いた皇后もまた、元田を「師匠」と呼んで深く敬愛したのだった。

元田が御前で講義を始めてすぐに、天皇の心を強く吸引してしまったのはなぜであろう。おそらく若き天皇自身が孤独で、不安にかられていたのであろう。新しい日本の中心がどこにあるかを、自らが把握できずにいたのであろう。そこへ「帝者の師表」として気骨の儒者が現われ、日本の中心はいずこにあるべきかを淡々と説きはじめた。そのとき元田五十三歳、青年天皇は十九歳であった。

天皇はまた十四歳で父（孝明天皇）を喪くしてもいた。元田の姿に父の面影を探していたのかもしれない。それは情愛と厳しさの絶妙なる調和であり、自己を方向づけてくれる人格であった。

情愛の面でいえば、元田の天皇への愛は熾盛なものであった。私はつねづね、儒の〈忠〉というものに、むせかえるような強いエロティシズムの匂いを嗅いでいるが、元田の天皇への愛心はまさにそういうものだった。

「君を補佐するには先づ愛心を以て君心に洒《そそ》き愛心充溢して止《や》まざるを覚ゆる時は自から君上の信用を得べし／愛心の厚薄《こうはく》を自省するには夢寐《むび》に徴して自ら知るべし愛心深き時は必ず夢に君王を見るべし／宮女の君王を恋ふすらなほ夢に君王を見る、人臣として君に左右し、其君を夢に見ざるは吾心の不忠なるを徴すべし、此不忠なる薄情を以て昼間《ちゅうかん》色を正くして言《ことば》を尽すとも、豈君上の信を得べけんや」[10]。

一方、天皇と元田の交流の記録を読むと、情愛に満ちた関係の中に、厳しい緊張があったことが如実にわかる。それは元田が人君に求める理想の高さによるものである。元田は臣でありながら師であり、天皇は君でありながら弟子であった。

元田の天皇への要求が厳しくならざるをえなかったのは、「天皇を堯舜にする」という至上の目標があるためだった。「今人君の聰明未だ開けず、仁愛未（だ―小倉注）発せず」[11]と、天皇が人格的に未完成で未熟であることを半ば嘆き、半ば脅す。これは伝統儒家のしごととして、最もやりがいのある業なのであった。

彼の儒家としての思想は独創的であるというよりは、むしろ凡庸であったかもしれない。しかし彼はそれを社会に実現できる、絶妙な位置にいた。いや、彼自身が天皇との関係によって、そのような位置を電撃的につくってしまったといったほうがよいだろう。

元田は教育問題をはじめとして、「内治・外交に於ても、殆ど彼が与からぬはない位」[12]であり、「岩倉（具視）・伊藤（博文）等と雖も、彼を措て政治が出来ないという位」なのであった。それがゆえに元田の死後、伊藤博文は天皇に、「元田のごとき御役の人は、最早御置きにならぬようにされたい」と奏聞したとのこと

である。(13)

2 天皇と儒教

◆天皇と儒教のコスモス――国教論◆

元田永孚といえば今日ひとえに「教育ニ關スル勅語」によって有名だが、実は彼は、明治十年代から二十年代にかけての、日本の教育が確立する最も重要な時期に最も影響力を行使した人物のひとりなのである。この当時は、新生日本が急激な変化をなした時代であった。同時に伝統主義者の目にとっては、徳育の大混乱の時期であった。教育も米国流から和漢流、さらに西洋流と、めまぐるしく方針が変わり、大本がなかった。米国のリーダーを直訳したものがわが国の国語の教科書になって、小学生たちに棒読みさせたりしていた。修身の教科書もまた翻訳本であった。

これを憂えた元田は、「教育主本の確立」を掲げて国教論を展開したのである。国教論といいながら、その内容は仁義礼譲という儒教的道徳であった。これに関連して、伊藤博文の「教育議」と、それに対する元田の反論「教育議附議」における意見の対立は有名である。

伊藤博文は政府が教育の中心になってはならぬとし、国教を建てることに反対した。これに対して元田は天皇・国体こそが教育の中心となるべきだとし、「祭政教学一致し仁義忠孝上下ニあらざる古に復する」ことを説いた。

元田の思想は、西洋化へと猛進する日本に対する奮然たる復古運動であったといえる。しかし単なる復古運動と見るのは正しくない。儒教の改革論がすべてそうであるように、彼の場合もまた、〈復古という外皮をかぶった前進〉なのである。

というのは、彼の考えたのは「遅れてきた儒教的中央集権国家への構想」なのであった。中国や朝鮮では二千年から数百年の長きにわたって儒教的中央集権国家が続き、そしてようやくそこから脱皮しようという胎動が始まった同じ頃、日本では逆コースを歩もうという動きが強くなった。それこそが日本の進歩であると考える勢力がいたのである。

あくまでも〈教え〉こそが国家の基本であって、君臣上下は言うまでもなく、政憲法律も国教の主義(仁義礼譲忠孝正直)を離れてはあり得ないと元田は「国憲大綱」(一八八〇、明治十三)で説く[14]。そこで「天皇は全国治教の権を統ぶ」といっているのは、「軍=武の統帥者としての天皇」に対抗して「教育=文の統摂者としての天皇」を強調したのである。

元田の思想の特徴のひとつは、〈一体性〉〈統体性〉の強調であった。それまでの日本に欠如していた統合性を、元田は儒教的教育と天皇によって実現しようとした。その意味で彼の動きは〈前進〉なのである。

そしてその結晶が一八九〇(明治二十三)年の「教育勅語」なのだった(「教育勅語」の成立過程は複雑で、たとえば「元田が創草し井上(毅)が潤色した」ともいわれるし「(井上)梧陰が草創、元田が潤色」したともいわれる。元田のみの作でないことは周知の通りである)。これについては後に詳しく述べる。

ともあれ重要なことは、近代化への道を進む明治日本に、何ら中心は存在しなかったということである。

これは奇妙なことだ。中央集権の国家をつくろうとしていたのに、そこに中心はなかった。形式上の中心(天皇)はあったが、内容上の中心はなかった。

元田の使命は、その日本にコスモスをつくることであった。道徳を具えた天皇が中心であって、道徳の欠如した天皇は中心ではない。道徳に天皇を合わせることを狙ったのであって、その逆ではなかったのである。これこそ儒教的システムといえるだろう。

元田のこのような意図がいかに挫折・変質し、その挫折と変質がいかにその後の日本を規定したかを、冷静に分析するのがわれわれの役目であろう。その作業を惜しみ、「封建イデオロギー」「絶対主義的」など中身のあいまいなレッテルを貼って闇に葬り去ろうとするのは、むしろ非常に危険なのである。

◆仁による儒教的な対外関係◆

近代主義者たちは、儒教というとただちに封建道徳＝悪のように考える。しかし近代主義者は結局、近代のもうひとつの側面である帝国主義をも論理的に肯定せざるをえない。かれらが蔑む儒教がより平和主義的であることに気づかないか、あるいはそれを隠蔽している。そのようなまなざしからは、たとえば安重根や孫文などが日本に向かって「覇道ではなく王道を」と唱えた意味を理解できないか、過小評価するしかないのである。

儒教は弱肉強食の帝国主義に対して否を唱える。

元田は、儒教の伝統に則り、仁にもとづく外交を明治天皇に熱心にとなえている。(15) 欧州各国の盟約交通が専ら巧言令色によって行なわれ、仁を欠いていることを批判するなど、正統儒者の面目躍如たるものがある。

一日元田は明治天皇に、神武・崇神・景行・応神・仁徳の天皇中誰を最も模範とし慕うかと問うた。「国勢皇張を成し遂げた神武・景行天皇を好む」と答えた明治天皇に対し、元田は「むしろ正学を開き仁政を施した応神・仁徳天皇を範とすべきだ」として次のように説いている。……景行帝の勢力が殆ど天下に遍く、海外諸蕃に及ばんとしたのと同様、今陛下も亦四海を以て一家となし、外国と並立しようとしている。ところで私が考えるに、維新以来わずかに七年、その規模は前代に卓越して大である。しかしながらその内実を見ると、文明の名はあるけれども民智はいまだ開けず、王政の形はあるけれども民はいまだその恩恵を蒙っていない。またそのほかの弊習も少なくない。それで私は思うのだが、陛下はむしろこれからは、応神・仁徳の二帝に則り、正学を開いて民の智識品行を明らかにし、ますます仁政を施して、民の生業をゆたかにし、四海の民をして、皆自主自由の地に至らしめるようにすべきだ。そのようにして初めて、神武・景行二帝の偉大さはその実を得て業を成しうると考えるべきだ、と。[16]

さらに元田は豊臣秀吉の征韓は無謀であると説いたが、これも彼の立場からは当然であろう。「豊臣秀吉も(中略)関白となり、其の驕奢を極むるに及びては、復た見る所なく、征韓の役も、無謀に失し、皆な始めに敬して、終りに敬なければばなり」[17]。ここで「敬」とは、「一心の主宰にして万事の根本」[18]であり、李退渓が最も重要視した工夫である。

もちろん、儒教のいう仁による国際関係が、すべての国家の平等な主体性を認めた理想的な平和主義だ、などというわけにはゆかない。しかし、国家の平等性から帰結される弱肉強食の国際関係に異を唱えるとき、元田のような戦略も選択肢のひとつとしてありえたはずなのである。むしろ東アジアにおいてより理解されやすいのは、元田の思考であったといえる。

◈天皇親政論の冒険◈

元田が力をこめて主張しつづけた天皇親政論も、儒教的なものであった。というのは、天皇親政の裏にはその天皇を輔佐する儒臣の重要性が存在している。「人臣（は）君を輔翼するの大頭脳」、「天皇成徳の効は、期するに十年を以てし、其要輔臣の精神に在るのみ」[19]という所以である。

つまり天皇親政とは、天皇独裁ではない。

国体とは五倫、三徳、一誠であると元田はいう。[20]すなわち天皇自体ではなく、理念（それはとりもなおさず儒教理念だが）こそが国の体なのである。

これはただちに次のような儒者特有の態度を生み出す。つまり天皇は天皇であるという事実のみによっては尊敬されえず、かつ国家の中心たりえないと考える態度である。さらに天皇が五倫などの〈理〉＝道徳と一体化していないときには、人格的に未成熟であると指摘し、責めるのが儒臣の重要な役割である。たとえば、かつては君臣の間にも朋友の親しみがあったが、後世それはなくなり、形式的な関係に堕ちてしまった。それは人君に学識がないからである。つまり人君が道徳的に劣っているからである。……として天皇を責める。そのような関係が天皇と元田の間にはあった。

すなわち天皇を輔佐するとは、天皇の道徳的未熟さを改め善に復らしめることなのである。それゆえ侍臣は天皇に対する道徳的優位性を持つと思念されている。「天下第一等の人」[21]のみよくその任を果たせるのだ、と元田が繰り返し強調した所以である。

国家を「一大器械」とみなし、君主はその器械の外部からこれを運転する主宰者と考える伊藤博文・穂積八束流の立憲君主政体論とは、明らかに異質である。つまりここでは、主宰者である君主を道徳的に統制する侍臣がおり、その侍臣＝儒臣は〈理〉に従うのであり、そして〈理〉は民心といつもすでに合一しているという、循環的な政体論理が考えられている。日本という国家を主宰するのはそれゆえ〈理〉なのである。

実際に、君徳輔導のために明治十（一八七七）年に設置された侍補（佐佐木高行・吉井友実・土方久元・高崎正風や元田永孚ら）は、「天皇の御言行に注意し、少しにても宜しからずと気付いたことは、隠すことなく申上」げたのであった。[22] さらに元田を中心とする侍補たちは、天皇親政の名の下に「天皇は万機宸裁《しんさい》の聖体、故に輔導の人亦必ず機務に参予すべし[23]」と強く主張した。つまり国家の最高意思決定に関与しようとしたのであり、ここに大臣・参議と一大衝突をすることになった。岩倉具視・三條実美《さねとみ》・伊藤博文・大隈重信らは侍補の政治・人事関与に断乎と反対し、一方侍補側はひたすら正道をもって、功なき大臣を罵り、その任を自ら行なおうとした。元田は侍補の中でも最も先鋭的だったが、これはあきらかに朱子学の影響を受けた論理展開なのであった。

ところで、先述の行論において「天皇」を「王」と置き換えれば、これこそ伝統的儒臣の立場であって何ら問題はない。しかし実は元田の論理的な危機は、王であれば成立可能な公式に天皇を代入してしまったことに起因する。

天皇の王化、つまり中心化を図った瞬間、元田はひとつの大きな危険に向かって突き進んだ。それまで二元であった日本の中心を一元に収斂することである。そしてそれゆえに天皇の安全を危機にさらすことである。この瞬間、天皇は革命の対象として直接に打倒されうる論理的可能性を持ってしまう危機に陥る。

万世一系の、それゆえ易姓革命によって打倒されえない天皇は、国家イデオロギー上の役割として「それ自体で」「無条件に」国家の中心でなければならない。ところが朱子学の論理では〈理〉こそが、そして〈理〉を完璧に体現した王こそが国家の中心であるべきである。

元田はこの〈ずれ〉を、天皇への教育によって克服しようとした。しかし結局、それらは矛盾でしかなかったのだ。この矛盾を抱えたまま、国教論と天皇親政論が性急に合流したのが、「教育勅語」なのだといえるだろう。それでは「教育勅語」とは、一体何なのだろうか？

3　「教育勅語」とは何だったか

◆「教育勅語」の汚辱◆

朕惟フニ我カ皇祖皇宗国ヲ肇ムルコト宏遠ニ徳ヲ樹ツルコト深厚ナリ我カ臣民克《よ》ク忠ニ克ク孝ニ億兆心ヲ一ニシテ世世《よよ》厥《そ》ノ美ヲ済《な》セルハ此レ我カ国体ノ精華ニシテ教育ノ淵源亦実ニ此ニ存ス爾臣民父母ニ孝ニ兄弟《けいてい》ニ友《ゆう》ニ夫婦相和シ朋友相信シ恭倹己レヲ持シ博愛衆ニ及ホシ学ヲ修メ業ヲ習ヒ以テ智能ヲ啓発シ徳器ヲ成就シ進テ公益ヲ広メ世務《せいむ》ヲ開キ常ニ国憲ヲ重《おもん》シ国法ニ遵ヒ一旦緩急アレハ義勇公ニ奉シ以テ天壌無窮ノ皇運ヲ扶翼《ふよく》スヘシ是《かく》ノ如キハ独リ朕カ忠良ノ臣民タルノミナラス又以テ爾《なんじ》祖先ノ遺風ヲ顕彰スルニ足ラン　斯ノ道ハ実ニ我カ皇祖皇宗ノ遺訓ニシテ子孫臣民ノ倶ニ遵守スヘキ所之ヲ古今ニ通シテ謬《あやま》ラス之ヲ中外ニ施シテ悖《もと》ラス朕爾臣民ト倶ニ拳拳服膺シテ咸《みな》其徳ヲ一ニセンコトヲ庶幾《こいねが》フ

明治二十三年十月三十日　御名御璽

これが、かの悪名高き「教育ニ關スル勅語」の全文である。大日本帝国はこのたった三百十五字の文章によって破滅したかのように、一般に信じられている。「教育勅語」は帝国主義日本の民衆を完全に洗脳し、戦争の時代を精神的に支配し、結局は国家を破綻させた、という歴史観である。[24]

本当にそうなのだろうか。そのようなイデオロギー的な解釈から脱皮できないかぎり、大日本帝国の臣民についてわれわれは理解できないままだし、またもう一度そのような臣民化への道を歩む可能性を排除できないままなのではあるまいか。

たしかに元田の最大の汚点は、臣民の〈主体X性〉を認めない国家イデオロギーへの道を、「教育勅語」というかたちで切り開いてしまったことであろう。ここで説かれる「忠」は、天皇への精神的埋没を目指しているようにも見える。

しかしここには、ふたつの問題がある。

ひとつは、これが元田の本来の思想ではないという事実である。元田は「忠」を「己が有るだけを尽くして漏らさず、義に適当する」[25]と定義している。その忠を支える「信」は「心のありのまゝを言に出して、隠すことなく、道に違はざるなり」[26]とされる。この「義に適当する」「道に違はざる」の部分が緊要なのであり、これこそが儒教的個人の自律的な〈主体性〉である。つまり元田のいう忠は、主君への絶対服従ではない。道義という安全装置がついていて、暴走を阻止しているのである。

もうひとつは、東アジア型の、あるいは朱子学的な〈主体性〉の問題である。第3章、第4章で考察したように、朱子学的な意味での〈主体性〉は、西洋近代のそれとは異なる概念である。「異なる」という点を批判したり歎いたりすることは可能だし意味のあることだが、それでは翻って東アジアにおいて朱子学的な〈主体性〉の創造・育成という過程を経ることなく近代化が可能であったか、という点は厳密に議論しなくてはならない。すなわち、近代化のあり方がただ一種類であると考えれば、朱子学的〈主体〉による近代などという観念は笑止千万であるが、近代化の道はひとつではない、と考えれば、東アジアに特有の近代化の功罪というものを冷静に議論できるようになるのである。

戦後、「教育勅語」に対しては無数の悪評、罵詈の類が浴びせられてきた。曰く画一性の強要、封建性、国家主義化、自治・自立への志向の抑圧、従属性、多様性への志向の抑圧、自発性の抑圧、創意の抑圧……。たしかに、これらは儒教の否定的側面でもある。これらの点で儒教は徹底的に批判されねばならぬのはいうまでもない。ましてこれらは過去の遺物ではなく、現代社会にも根強く残っているものであるから。しかし、大日本帝国の破滅の理由をすべてここに押し付けようとすることは慎むべきであろう。もし「教育勅語」が大日本帝国を滅ぼしたのであれば、なぜ大日本帝国は「教育勅語」の出された明治ではなく、昭和になって滅びたのであろうか。

また明治二十年代という状況下において、元田の儒教的国家観がある一定の意義を持っていたことも見逃してはならない。

これらの点をより明確に認識するために、われわれは明治思想史をもういちど眺め返してみる必要がある。この点について第1章で語ったことをもう一度繰り返すと、明治前半期の思想史とは、全体的に大きな儒教化のうねりなのであった。つまり明治前期思想史は、〈儒教に対抗する西洋近代〉と〈それに対抗する反動儒教〉という図式で把えるよりもむしろ、〈西洋近代を摂り入れて日本社会に主体性を導入して儒教化しようという士大夫的立場の思想〉と、〈王と民衆の関係を規定して原理主義的儒教社会をつくろうという思想〉とが、互いに補完しあって中央集権的・統体的儒教社会を日本に根づかせてゆこうとする過程と見ることができるのである。明治の思想家たちはたしかに封建社会からの脱却を図りはしたが、それと並行して新しく擬似儒教的な中央集権国家をつくりあげようともしたのである。

◆統合へ、統体へ――元田のめざしたもの◆

たとえば、当時元田と対抗する陣営で開明的な教育観を持っていた森有礼《もりありのり》は、自身の信じる教育を「国民ノ志気ヲ培養発達スル」ものであり、他方、儒教的教育を「奴隷卑屈ノ気」の助長のための教育と考えた。しかし、これは誤りなのである。森と元田の闘いは、一方が「国民ノ志気ヲ培養発達スル」ための教育でもう一方が「奴隷卑屈ノ気」のための教育なのではなかった。双方とも、「奴隷卑屈ノ気」を除去して「国民ノ志気ヲ培養発達スル」ためのものだったのである。ただ、その定義と方法論と目標とが異なっていたのである。森の方が「国家富強」のためという目標を掲げたのに対し、元田は「道徳国家の建設」を目標としたという違いである。とすれば、その後の日本の軍国主義化とそれへの教育の否定的役割を、専ら「教育勅語」にのみ帰するのは、やはり冷静な歴史認識とはいえまい。

多くの西洋近代主義者も元田永孚も、日本を統合的で強力な中央集権国家につくり変えようとした点では同じであった。

そして自由民権論がその根拠とした天賦人権の思想は、儒教社会において治者のみが享受していた自律的人権を、民衆にまで拡充しようという動きであったと考えられる。そこで唱えられた歴史変革の意志や抵抗

いるのである。(27)

権の観念、理性への信頼、道徳的心性とそれに基づく行為の自由などは、儒教士大夫たちの徳目に酷似して

これに対して元田の側は、伝統儒家らしく性善説を採った。そしてこの性善説は、天皇と結びついて伝統儒家から離脱し、日本的な神儒合一の思想に則った。天祖の徳（智仁勇）は天祖だけでなく列祖にも今上にも人々にも固有するといい、(28)文字のなかった時代に明仁義をあらわす象徴だった三種の神器（鏡＝明、玉＝仁、剣＝勇・義）は、すべての人に本来的にあるとする。(29)

このように、元田の思想は伝統儒家的とはいいながら、朱子学あるいは退渓学そのものではないのはもちろんである。それでは元田が李退渓あるいは朝鮮儒学から受け継いだ精髄とは、一体何だったのだろうか？

4　東アジアの中での位置づけ

◆朝鮮儒学との関係◆

「一時期ここ日本で、あの「教育勅語」は、実は李退渓が書いたものだとまことしやかに流布されたことがあるが、それはつまるところ、退渓の孫弟子に当たる元田が、退渓の思想を基にして起草したからにほかならない」と尹学準はいう。

それほど、元田と李退渓が深いつながりのあることは、夙に言及されている。それでは具体的なつながりの内容はいかなるものであるのか。

日本で李退渓の影響を最も深く受けた儒学者は、山崎闇斎学派と熊本実学派であるが、この二派ともに天皇論に深く関わることになるのは、きわめて興味深い一致である。

その理由を知るには、朝鮮における李退渓思想の位置を知ることが重要であろう。

朝鮮朱子学は十三〜十五世紀の長い導入期と定着期を経て、十六世紀の李退渓と李栗谷（一五三六〜八四）の登場に至って独創的な朝鮮化を果たしたといわれる。

李退渓と李栗谷の後継者たちはその後の朝鮮儒学史を二分する学派を形成するのだが、王をめぐる態度がその争点のひとつであった。すなわち李退渓の後継者たちは王の徳を国家の中心とし王の親政を主張したのに対し、李栗谷の後継者たちは士大夫の自律性・主体性を主張した。

次に、朱子および李退渓に顕著な思考方法として、本末論と体用論があるが、元田はこれに固執している。天皇論においても本末論、体用論で説いているし、仁義忠誠を体とし、西洋の知・物を用とするという視点にもそれは現われている。

そのことと関連して、「国体」という言葉が元田においては明らかに、朱子＝李退渓流の体用論に則った国の体（用と対になる）としての意味を強く担わされている。[30]

元田が「憲法変はれど勅語は永遠に変はらず」といったのも、朱子学の「全体大用」における「体」を「教育勅語」に、「用」を憲法に比定しているのである。

さらに、強力な儒教的中央集権体制をつくるにはどうしたらよいか、というヒントを、元田は朝鮮儒学から豊富に学んでいる。

そのひとつは、思想統制である。李退渓は陽明学などを異端として劇しく攻撃したのはもちろん、同じ性理学でも自己の「理尊」の哲学に反するものは厳しく批判した。統体としての王朝イデオロギーを一に収斂することに邁進したのである。元田の考えもまた、儒教による思想の大本の一本化であった。

もう一例として、早期教育を挙げよう。『幼学綱要』（一八八二、明治十五）など、幼少の白紙の状態に思想を注入しなくてはならないという考えのもとに編まれた道徳教科書には、明らかに朝鮮儒教の影響が認められる（李栗谷、「撃蒙要訣」など）。

そのほか朝鮮儒教との関連でいえば、元田は天皇への最初の進講（『論語』学而章）で、王仁について説いている。かつて応神天皇が王仁を師とし、そして今、明治天皇が『論語』を講ずるのは、祖宗の遺訓をみごとに継承した行為だとしている。さらに元田は、王仁こそは実学を説いたとする。ここにおいて彼は、応神天皇を教育した（とされる）王仁に、明治天皇を教育する自己を投影させているのである。

◈東アジア思想史の流れ◈

ここで東アジアの思想史全体の流れの中で、元田の位置を考えてみよう。

中国の儒教は十二世紀の朱子によって一大体系をなし、それが朝鮮において理気心性論の方向で精緻化された。その朝鮮儒学の影響を受けた日本儒学はやがて天皇論と結合して国体論を革新的に創造し、全体主義的中央集権国家をつくりあげようとした。元田を経てその後日本の国体論はさらに先鋭化の道を歩み、「忠孝一本」と唱えるまでに至った。

そして興味深いことに、この思想は日本で死滅したのではなく、もう一度海峡を渡って朝鮮へと還って行ったのである。日本の国体思想の犠牲になったとされる朝鮮半島で、解放後、国体思想を模倣して「擬似国体思想」とでも呼べるものをつくりあげ国民教化したことは、歴史の皮肉であろうか。

まず韓国では、朴正熙大統領が「教育勅語」に倣って「国民教育憲章」(一九六八)をつくった。その内容は、①民族の主体性の確立、②伝統と進歩の調和した民族文化の創造、③個人と国家の一体化であったが、すでにある程度民度の高かったこの国では、独裁体制維持の目的が強いとして鋭い批判を受けもした。

だが何よりも、国体論とそれに基づく忠孝の一本化を極端に推進したのは、北朝鮮の主体思想における「社会政治的生命体論」なのであった。人間には「肉体的生命」と「社会的・政治的生命」がある。前者は生物有機体としての生命であって実の父母が与えたものであるが、後者は社会有機体としての生命であってオボイ首領(金日成)が与えたものであり、こちらこそに真の価値があって永遠であるとする。これは、「我等は、忠によつて日本臣民となり、忠に於て生命を得、こゝにすべての道徳の根源を見出す」[31]「天皇に奉仕し、天皇の大御心を奉体することは、我等の歴史的生命を今に生かす所以であり、こゝに国民のすべての道徳の根源がある」[32]という日本の国体思想を彷彿とさせるものである。

日本の「忠孝一本」は、天皇に対する忠と親に対する孝が一致するという意味である。日本は家国一体の一大家族国家であり、皇室は臣民の宗家であるとされたから、忠と孝とは一体化されうるものと思念された。しかし「天皇への孝」とまではいえなかったのであり、「忠を離れて孝は存せず、孝は忠をその根本としてゐる」[33]「孝が忠に高められて、始めてまことの孝となる」[34]という論理は、忠と孝の対象が別個であることを前提としている。すなわちここでは「一本」とされた忠孝が、明白に分離しているのである。

それに比べ北朝鮮では、社会的・政治的生命を首領が「与える」と説明することにより、金日成に対する忠誠と孝誠とを劇的に合一させようとした。しかし古田博司の詳説するごとく、この冒険は朝鮮の宗族体系

によって、もともと空虚化されるべきものなのであった。(35)

元田永孚は、まるで近代日本そのもののように、深くひき裂かれていた。「天皇中心の儒教国家」をつくろうとしたが、これ自体が矛盾そのものであったからだ。普遍と特殊、道徳と神話、永遠と革命、自由と画一……これらを統合する〈中心〉をつくろうとして、元田は結局、その矛盾の網をほどくことができず、「教育勅語」という妥協点に収斂させてしまった。

◆「教育勅語」の反朱子学性◆

「教育勅語」がひとつの妥協点にすぎないことは、その叙述にも露わになっている。「爾臣民父母ニ孝ニ兄弟ニ友ニ夫婦相和シ朋友相信シ恭倹己レヲ持シ博愛衆ニ及ホシ学ヲ修メ業ヲ習ヒ以テ智能ヲ啓発シ徳器ヲ成就シ進テ公益ヲ広メ世務ヲ開キ……」。ここには徳目の延々たる羅列しかない。もともと儒教の経典では、そして特に朱子学に至っては、おのおのの徳目は、全体との関連によって厳密に位置づけられ、その位置関係こそに有機的な統体原理が宿っていたのであった。ところが「教育勅語」ではその有機的な関係性が完全に解体されてしまっている。前述した〈朱子学的思惟〉でいえば、「教育勅語」は「各具太極」「所当然之則」としての〈理β〉の細目メニューでしかない。そしてこの「万理」を論理的につなぎ合わせ統合する〈理〉すなわち〈理α〉が存在しないのである。個々の〈理〉はばらばらに羅列されるだけであり、その「万理」をどう統合するかという〈主体α〉が存在しない。つまり、自らが守るべき徳目のみを順守する〈客体的主体〉すなわち〈主体β〉しか、ここには存在しないのである。

このように元田は、朱子学的統体国家をつくろうとして、結局妥協し、統体の原理すなわち〈理X〉を構築することができなかった。

このことからも、元田永孚が構築しようとしたものが儒教的国家だったとはいえ、それは最早、中国や朝鮮にかつてあったそのものを志向していたわけではないことは自明である。

また自由民権論などが志向していたものが、儒教的〈天〉に基づく自然・人間観そのものによる国家でないこともまた、論を俟たない。

それゆえ両者ともその志向していたものは、表面上は原理的に見えようとも、その内実はあくまで〈擬似儒教国家〉であったことを、ここに確認しておかねばなるまい。

そしてこの〈日本の儒教社会化〉の運動は、戦後そのかたちを変えて（第5章で見たように同心円構造を欠落させて）已むことなく続き、日本社会の均一化はますます進行した。その原因のひとつは、次の点にあるであろう。つまり日本人は儒の力を過小評価し、「儒は守旧的なもの・停滞的なもの」と誤解した点である。元田永孚を見よ。老体ではあったが儒は、つねに青々とした竹のように若々しいのである。そして危険なのである。なぜなら儒には〈理〉があるからだ。これを見誤ればすなわち、儒に逆襲されること必至なのである。

第10章

福澤諭吉における朱子学的半身

1　誤読される福澤諭吉

◆はじめに――福澤諭吉の両身◆

一八七五（明治八）年三月。

台風のごとくめまぐるしく日本が変わっていた。その変化の中心に位置すると目されていた男のひとり、福澤諭吉は今、一年余の沈黙の末、東京・三田の自宅の書斎に座しながら大著『文明論之概略』の完成を間近にしているのだった。彼はこの書を「文明の全大論」と称している。(1)この「全大」という語こそは、朱子学の気宇壮大な構えとしての「全体大用」つまり本体を全くし作用を大にするという術語であり、諭吉のこの書に懸ける意気込みの劇しさを表わしている。

一年余、一切の雑務を廃し、杜門蟄居して精進した。「当年は百事を止め読書勉強致《いたし》候《そうろう》積《つも》りに御座候(2)」。諭吉は「勉強」という言葉を愛した。これは朱子学の中心経典のひとつである『中庸』の言葉である。「或いは生れながらにして之を知り、或いは学んで之を知り、或いは困しんで之を知る。其の之を知るに及んでは一なり。或いは安んじて之を行ひ、或いは利して之を行ひ、或いは勉強して之を行ふ。其の功を成すに及んでは一なり(3)」。

どんな者でも、刻苦勉励すれば必ず達道できると説く、強烈な性善哲学がこの「勉強」の一語に宿っているのであった。諭吉の根柢を支配しているのも、この朱子学的な上昇可能社会への憧れであり、逆に「勉強」

によって社会的上昇をなすことができない環境に宿る封建的感情である「怨望」を、彼は徹底的に呪ったのだった。

ただし、「勉強」の中身は、朱子学のそれとは全く異なっていた。実際、諭吉にとって旧習にしがみつく漢学者流には虫酸が走った。しかしこれらの輩を打倒するために諭吉はひとつの戦術を練った。そして「……就中《なかんずく》儒教流の故老に訴えてその賛成を得ることもあらんには最妙《もっともみょう》なりと思い、これを敵にせずして今はかえってこれを利用しこれを味方にせんとの腹案を以て著したる」[4]のが『文明論之概略』なのであった。それゆえにこの著作は、儒教の術語によって丁寧に織り込まれた綴れ錦といった様相を呈している。しかしながら、その術語すべてが戦術のために使われたのでは無論なかった。

この著作の「緒言」で吐露された言葉、「あたかも一身にして二生を経るが如く、一人にして両身あるが如し」というのが、ひとつの鍵となる言葉である。現在でもこの言葉は比較的頻繁に引用されるが、福澤の本意を理解しているとは到底いえない。福澤はこの語に、当時の日本人の〈主体性〉の秘密を託しているのである。

「試《こころみ》に見よ、方今《ほうこん》我国の洋学者流、その前年は悉皆《しっかい》漢書生ならざるはなし、悉皆神仏者ならざるはなし。封建の士族にあらざれば封建の民なり。あたかも一身《いっしん》にして二生《にしょう》を経《ふ》るが如く、一人《いちにん》にして両身《りょうしん》あるが如し。二生相比《あいひ》し両身相較《あいかく》し、その前生《ぜんしょう》前身《ぜんしん》に得たるものを以て、これを今生《こんじょう》今身《こんじん》に得たる西洋の文明に照らして、その形影《けいえい》の互に反射するを見ば、果して何の観を為《な》すべきや。その議論、必ず確実ならざるを得ざるなり」[5]。

福澤にとって両身のひとつは何で、もうひとつは何だったのか。これがわからない限り、実は、福澤諭吉は世間で考えられているほどわかりやすい思想家として立ち現われては来ない。そのため、巨大な思想家の例に漏れず、彼に対してはこれまで誤読が繰り返されて来たのである。

彼に関連する最も大きな謎としては、たとえば次のようなものが挙げられるであろう。

「天は人の上に人を造らず人の下に人を造らずと言えり」(6)というマニフェストと、彼の根深い愚民観の間の論理的脈絡。

〈利〉に聡い福澤が、他方で〈理〉を強調する、その姿勢の勁さ。

朝鮮と手を結びこれを助ける立場から、悪友視して絶縁する立場への急旋回。

福澤に功利主義的な側面が強く存在しているのを、私も否定するものでは毛頭ない。しかし、それだけ見ていては、福澤の全体像は決して把えられないと考えるのである。

諭吉の半身の姿をとくと見極めることこそ、右のような謎に答えることになると信ずる。

2　福澤諭吉と〈朱子学的思惟〉

◆〈朱子学的思惟〉とは何か◆

私は、福澤諭吉とは明治日本を朱子学的な社会に改造しようとした人物であると把えている。

「封建的旧物打破」(小泉信三)の人であり、「西洋思想一本槍」の「徹底したプラグマティスト」(家永三郎)であり、また致富を肯定して「拝金宗」と痛罵され、戦後教育においては「日本の民主主義の先駆者」

と高く評価された福澤諭吉。

その彼が〈朱子学的思惟〉の持ち主であるというのは、全体いかなることであるか。次のように考えられはしないだろうか。

つまり福澤諭吉には朱子学と反朱子学が同居しているのだ、と。

既述の通り、「あたかも一身にして二生を経るが如く、一人にして両身あるが如し」と福澤は当時の日本知識人を規定した。福澤個人の場合を見るなら、その一身は〈朱子学的思惟〉、他の一身は反〈朱子学的思惟〉なのである。封建思想と西洋思想なのではない。

これまで何度も述べたように私は、明治前半期の思想史とは、全体的に大きな儒教化のうねりであると考える。福澤諭吉も自由民権思想も、反封建の動きだったが、反儒教ではなかった。むしろそれらは、いまだ儒教が社会化していなかった日本における、儒教の新しい〈展開〉だったのだと私は考えるのである。

それでは福澤諭吉の〈朱子学的思惟〉とは、いかなるものであるか。

第3章および第4章で分析した〈朱子学的思惟〉について、ここで再びごく簡単に整理してみよう。そしてそれらの点に関して福澤思想との関係を検討してみることにする。

①朱子学の究極本質は〈理〉であるとされるが、実はこの〈理〉は次のような三重構造になっている。つまり根源的な唯一の理念（これを私は〈理 α〉と呼ぶ）があり、それが普遍的に構成員に賦与されており（同じく〈理 β〉）、さらにその構造を支える根柢権力としての論理（〈理X〉）があるという構造なのである。

②朱子学においてはこの〈理〉を認識する階梯が非常に重要であるが、「格物窮理」と呼ばれるこの認識階梯は、実は自然科学のような未知の知への接近方法とは大きく異なり、〈演繹かつ帰納〉とも呼ぶべき既

知の知への接近としてのトートロジカルな体系であった。

③〈理〉の存在を支え、それを普遍化してゆくために、〈信〉の体系が厳然と整えられていること。

④〈主体〉の内在的階層性。これは、①の三つの〈理〉という階層が、そのまま「理一分殊」という思想によって〈主体〉の内在的階層性とパラレルになっていることを指す。

⑤政治思想たる朱子学は義と利の相剋において利を否定できず、「利は義の和」として義と利との調和を計らねばならないが、そのことにより常に全体性（義）と部分性（利）の緊張が生じる。

⑥〈朱子学的思惟〉は歴史を固定化するという側面のほかに、その〈普遍運動〉としての歴史改革への不断の意志を強く持っているのである。

……これらの特徴を持っているということが〈朱子学的思惟〉なのであり、これはいわゆる「朱子学」だけでなく、表面上は朱子学と全く関連のないような諸々の思想にも往々にして宿っている特徴だと考えるのである。

朱子学をこのように把えなくてはならない当為性は、時代との関係にある。

朱子学はこれまでもつねに、時代との関係において解釈され続けて来た。

たとえば丸山眞男は、福澤諭吉のよき解釈者であったが、その解釈には、丸山の朱子学に対する矮小化が介在していたのである。

丸山の誤解はまず、「徳川時代は儒教社会であった」という認識から始まる。次に「西洋近代思想の導入によって〈朱子学的思惟〉は粉砕されうる」と考え、さらに「徳川期における反朱子学思想の典型が徂徠学とすれば、明治以降の日本は西洋近代思想によって反朱子学化の道を進んだ」と考える。その結果、次のような誤解を引き出すことになる。「その反朱子学化の最も重要なイデオローグが福澤諭吉である」。

このような認識は誤りである。しかし、丸山には、朱子学をこのように矮小化して解釈すべき時代的要請があったのだ。それは「日本近代の推進・完成」という一大プロジェクトであり、そのためには反近代としての朱子学を血祭りにあげなくては済まなかったのであろう。

翻って私が朱子学を右に述べたような〈朱子学的思惟〉と把えるのも、時代的要請のためである。すなわち朱子学の桎梏からわれわれはいまだに逃れえていないことを、自覚するためなのである。

◆福澤諭吉における〈朱子学的思惟〉◆

次にこの〈朱子学的思惟〉の論理構造の特徴に沿って、福澤諭吉の思想を検討してみよう。

①まず、福澤の思惟方法には、〈朱子学的思惟〉における〈理〉の三重構造がそのまま認められる。今、『学問のすゝめ』(一八七二)において考えてみよう。

まず、〈理α〉は、「天理」である。これは福澤にとって、近代社会を形成する上での根源的な唯一の理念である。

次に〈理β〉は、「権理通義」である。これは、「天理」がすべての社会構成員に平等に賦与されたものである。

最後に〈理X〉は、「(天は人の上に人を造らず人の下に人を造らず)と言えり」「そもそも政府と人民との間柄は、前にも言える如く、ただ強弱の有様を異にするのみにて権理の異同あるの理なし」などというテーゼであり、これは〈理α〉が成立するための権力としての地平を提供するものである。

②次にトートロジカルな〈理〉認識の体系として、福澤において顕著なのは、外来思想（西洋近代思想）への依存である。「天理」や「権理通義」を認識するために、福澤が学者（学ぶ者）に求めるのは『文明論之概略』で縷々説くごとく、当時最新の西洋思想なのであった。これはまた同時に

③〈理〉を支える〈信〉の体系も包摂する。

④〈理〉の内在的階層性に関して福澤は、「賢人と愚人との別は、学ぶと学ばざるとに由《よ》って出来《いでく》るものなり[7]」という明確な言葉で説明している。これは性善説的な理一分殊の体系の一変形である。

このことに関しては、「天は人の上に人を造らず人の下に人を造らずと言えり」という人権論が、実は国法への服従という「絶対主義的分限論」（服部之総）によって制限されていたという指摘がある[8]。

しかしここで、「絶対主義的分限論」という語は適切ではない。というのは「分限」は、「学問をするには分限を知ること肝要なり。（中略）その分限とは、天の道理に基づき人の情に従い、他人の妨げをなさずして我一身の自由を達することなり[9]」と個人の自由を保証したものである上に、「天理人情にさえ叶《かな》う事ならば、一命をも抛《なげう》て争うべきなり。これ即ち一国人民たる者の分限と申すものなり[10]」といわれるごとく、この「分限」は固定されたものではなく、性善説的上昇のための枠組みであると同時に〈理〉にかなわぬ社会構制に対しては「一命をも抛て争う」べきものだとされているからである。封建制のもとでの「分」と、儒教的社会における「分」とを明確に区別しないかぎり、福澤の「分限」は理解不可能であろう。

⑤全体性と部分性の緊張。福澤は義と利を同時に肯定する論者であることは言を俟たない。しかしこの利の性格はいかなるものであったか。

まず福澤の個人的資質として、商業的意味での「私利」を求めるタイプではなかったことは明らかである。

「利を貪《むさぼ》るは君子の事にあらずなんということが脳《アタマ》に染み込んで、商売は恥ずかしいような心持がして、これもおのずから身に着きまとうているでしょう(11)」と自身告白している。

福澤は事功主義（功利主義）へ傾斜しながらもかろうじて留まっている。なぜか。それは、彼の利の性格が、あくまでも〈理〉に奉仕するためのものであるからだ。これを見逃してはならない。福澤をあたかも功利一辺倒主義者のように考えるのは、彼が利自体を目的としているのかそうでないのか、を見逃した結果である。

たとえばその教育論において、福澤は次のようにいう。

「今世の教育論者が古来の典経《てんけい》を徳育の用に供せんとするを咎《とがむ》るには非ざれども、その経書の働を自然に任して正に今の公議輿論に適せしめ、その働の達すべき部分にのみ働をたくましゅうせしめんと欲する者なり。すなわち今日の徳教は、輿論にしたがいて自主独立の旨に変ずべき時節なれば、周公孔子の教も、また自主独立論の中に包羅してこれを利用せんと欲するのみ(12)」。

これは伝統儒者の議論でいえば「時中論」といわれるものに庶幾《ちか》い。すなわち、常に不変の絶対的な真理を選択しえない現実において、特定状況における次善の策としての善（中）を選択するという、極めて現実的な戦術だ。次の例も同じである。

「その働くべき部分の内にありて自由に働をたくましゅうし、輿論にあえばすなわち装《よそおい》を変ずべし。これすなわち聖教の聖教たるゆえんにして、尋常一様、小儒輩《しょうじゅはい》の得て知るところに非ざるなり(13)」。

⑥「歴史改革への不断の意志」が福澤の全生涯を貫いているのは、自明であろう。啓蒙主義は、普遍運動の典型的な姿なのであった。

重要なのは、変革主体の道徳的独立性を語る次のような言葉である。「正理を守って身を棄《す》つるとは、天の道理を信じて疑わず、如何なる暴政の下に居て如何なる苛酷の法に窘《くるし》めらるるも、その苦痛を忍びて我志を挫《くじ》くことなく、一寸の兵器を携えず片手の力を用いず、ただ正理を唱えて政府に迫ることなり(14)」。

これは、そのまま朱子学者の言葉といっても通用するではないか（ただし反執権側が執権勢力の「苛酷の政」を批判する際の言辞である）。換言すれば、中国や朝鮮ではすでに士大夫の政治倫理として数百年前から身体化されていたことを、福澤は遅ればせに十九世紀後半になって日本に導入しようとしたのである。福澤の半身が朱子学的であり、福澤の企図した方向性の中に「日本社会の朱子学化」というものが含まれていたという端的な証拠である。

近代主義者たちがこのような福澤の半身の姿を直視できなかったのは、おそらく彼らが朱子学という理念について先入観のみで判断し、その内実（私のいう〈朱子学的思惟〉）に関して無知だったからなのに違いない。

3　反朱子学者としての福澤諭吉

◆福澤諭吉の反朱子学的側面◆

福澤諭吉の半身は〈朱子学的思惟〉に満たされていたが、別の半身が反朱子学的意志に強烈に支配されていたこともまた、事実である。

それはたとえば、次のような側面なのであった。

まず最も重要なのは、社会を唯一絶対の〈理〉によって一元的に支配することへの強烈な反発である。たとえば教科書問題に関して、福澤は次のように語る。

「(倫理教科書)の如きは民間一個人の著書にして、その信不信をばまったく天下の公論に任じ、各人自発の信心をもってこれを読ましむるは、なお可なりといえども、いやしくも政府の撰に係るものを定めて教科書となし、官立・公立の中学校・師範学校等に用うるは、諭吉の服せざるところなり(15)」。

明らかに朱子学流の思想統制を嫌っているだけでなく、後年の日本における倫理教育に対する明快な批判ともなっている。

しかしこれは、「定理」自体の否定ではないことにも注目すべきである。前述したように、福澤は西洋学問の「定理」自体はむしろ積極的に摂取する立場なのである。

次に、福澤の反朱子学的な半身をひとことでいうならば、それは「コリャ面白い」「ソリャ面白い」の人生なのであった。何でも手当たり次第、「面白い」ものを探し出す天才ともいえる。

『福翁自伝』は「コリャ面白い」「ソリャ面白い」の連続である。「兎に角何をするにも手先が器用でマメだから、自分にも面白かったのでしょう」「(授業料の制度・しきたり)今日それが日本国中の風俗習慣になって、何ともなくなったのは面白い」「政府はいよ〳〵国会を開く積りでその用意のために新聞紙も起こすことであると秘密を明かしたから、これは近ごろ面白い話だ、ソンナことなら考え直して新聞紙も引き受けようと、およそ約束は出来たが……」「明治十年西南の戦争も片付いて後、世の中は静かになって、人間が却って無事に苦しむというとき、私が不図《ふと》思い付いて、これは国会論を論じたら天下に応ずる者もあろう、随分面白かろうと思って……」[16]。

この八方美人さが、唯一の〈理〉に帰依しようとする宗教者や理念家などに「功利主義者」「機会主義者」と見え、嫌われた一因ともいえるであろう。朱子学者は「面白い」という価値観によって動くことは決してない。あくまでも〈理〉と合致するか否かが、行動の指針である。このような軽快さ、感度の高さは明らかに、福澤の反朱子学的な側面を代表している。

だが何といっても最も重要な反朱子学的側面に関する議論は、間宮陽介の言葉を借りれば次の点であろう。「福沢において初めて、人間と自然、主体と客体は、両者のあいだに倫理性を介在させることなく、直かに対面せしめられた。朱子学にあっては人間と自然は「理」に貫かれ、社会的秩序は宇宙的秩序のサブシステムに他ならなかった。これに対して福澤は「理」でなく「働き」を人間と自然のあいだに介在させるのである[17]」。

たしかに丸山眞男系統の解釈ではこのようにいえるに違いない。また、この点が福澤―丸山の共同戦線の死守すべき綱領であるのも確かだ。福澤の反朱子学的側面がこの点に存することも、一応は認めることができる。

しかし、このような解釈にはいくつかの反論も加えられうる。

まず、朱子の思想においては「はたらき」こそが重要なのであり、〈理〉とは超越的存在ではなく、職を与えられた人が事（しごと）を円滑に進める際のだんどりなのだ、とする新鮮な解釈が木下鉄矢によって出されている[18]。この解釈によれば、人間と自然の間に「働き」を介在させる思考がただちに反朱子学的だとはいえないことになる。

また、第3章で考察したように、〈朱子学的思惟〉における〈理〉とは、三階層に分離しているものである。そのうちの〈理α〉や〈理β〉の先験性を否定したとしても、〈理X〉の先験性を否定しえないならば、真に反〈朱子学的思惟〉とはいえないのである。この意味で、福澤は旧い封建的な〈理α〉と〈理β〉の先験性を否定したという意味では反朱子学的な側面を持っていたが、〈理X〉の先験性を否定しえなかった（既述したように、「天理」や「権理通義」の新しい革命的な先験性を確保するために、それらの〈理〉を成立させる先験的な地平として西洋近代思想に依拠したことがそれである）という意味では朱子学的だったのである。[19]

また間宮が、

「理論と現実が先にあって、後に両者が実践として弁証法的に統一されるという順序関係ではなく、実践（活動）が先にあって、その実践を子細にみると、理論と現実の両契機が含まれているという関係。これが福澤の行動主義であり、また丸山の行動主義である」。[20]

というとき、これもまた反朱子学的側面を語るものではあるが、同時に、「理論と現実の弁証法的統一が実践であるという丸山の命題[21]」という意味で間宮がこの「行動主義」を定義しているのだとすれば、朱子学の思考と全くかけ離れたものだとはいえないのである。

◈福澤諭吉の儒教・朱子学に対する誤解◈

福澤諭吉の半身が〈朱子学的思惟〉であるというとき、その論拠として、彼が儒教を否定していないことがむしろ重要なのではない場合がある。いいかえれば、儒教について言及し、それを評価している部分がすべて重要だとはいいえないのである。

そうではなく、一見、儒教を否定しているような部分、そこにこそ積極的な朱子学肯定が宿っているのであり、逆説的な意味で、福澤の儒教否定こそに彼の本音が宿っている場合がある。

たとえば次のような「腐儒一掃」論を、福澤は至るところで展開するのをわれわれは知っている。

「私はただ漢学が不信仰で、漢学に重きをおかぬばかりでない、一歩を進めていわゆる腐儒の腐説を一掃してやろうと若い時から心掛けました(22)」。

しかし、このような「腐儒否定」論こそは、実は朱子学の論の立て方の一大特徴なのであり、まさに朱子学者こそは、正統という錦の御旗のもとに他の腐れる儒を完膚なきまでに叩きつぶそうとすることで有名である。

すなわち、福澤は西洋思想という〈理〉によって既存の儒教（それは日本という特殊な封建社会にカスタマイズされた擬似儒教であった）を叩きつぶす、朱子学的思想転換を推進したといえるのである。

もうひとつ重要なことがある。

福澤の儒教に対する見方を検討してゆくと、その論の正否以前に、儒教というものに対する彼の根本的な基礎知識の部分の歪みが露わになって来るのである。

たとえば、「徳川の時代に、学者の志を得たる者は、政府諸藩の儒官なり。名は儒官というといえども、その実《じつ》は長袖《ちょうしゅう》の身分とて、これを貴ぶにあらず、ただ一種の器械の如くに御《ぎょ》して、兼《かね》て当人の好物なる政治上の事務にも参《あずか》らしめず、僅に五斗米《ごとべい》を与えて少年に読書の教を授けしむるのみ。字を知る者の稀なる世の中なれば、ただその不自由を補うがために用いたるまでのことにて、これを譬《たと》えば革細工に限りてえたに命ずるが如し。卑屈賤劣《ひくつせんれつ》の極《きわみ》というべし。この輩に向《むかっ》てまた何をか求めん、また何をか責めん。その党与《とうよ》の内に独立の社中なきも怪むに足らず、一定の議論なきもまた驚くに足らざるなり(23)」などという叙述を見ると、日本の儒に対しての「必死の苛立ち」とでもいえるような感情を窺うことができるのである。この裏には、知を担う者がその知を教授し弄ぶのみならず、現実政治にその知を反映させることへの使命感が強く働いている。この使命感は、朱子学的なものである。すなわち、現実政治と無関係な学問でなく、普遍的な知によって政治を律してゆくことが朱子学の根幹であり、この立場から見れば徳川の時代の儒官は右のように見えもするのは当然であろう。

しかし日本における儒の実態がはたして右のようなものばかりであったか否かは、検討の余地がある。福澤の時代に一般的に漠然と抱かれていた儒に対するイメージよりも遥かに豊かな思想的結実を、徳川時代の儒は成し遂げていたからである。

またたとえば、徳川時代の儒者に対する福澤の無知・誤解として次のように、中国・朝鮮の儒と日本のそれとを無条件に等置してしまっているものがある。「日本の学者は政府と名《なづ》る籠《かご》の中に閉込《とじこ》められ、この籠を以て己《おの》が乾坤《けんこん》と為し、この小乾坤の中に煩悶するものというべし(24)」と彼はいうのである。「政府」という語をいかに定義するかによってこの文の意味は変わって来るが、少なくとも日本の儒者が政治的価値という囹圄に囚われていただけではないことは、彼らの社会的身分やその学説の自由さを見れば明らかである。福澤は、政治的価値とほぼ一身同体であった中国・朝鮮の儒者と、そうでなかった日本の儒者とを混同しているといってよいのである。

これと関連するが、福澤は儒教の〈主体〉における自律性に対して無知であったか、あるいは誤解をしていたと思われる。「東洋の儒教主義と西洋の文明主義と比較して見るに、東洋になきものは、有形において数理学と、無形において独立心[25]」というが、これも誤解である。最近の儒教研究の成果を見るまでもなく、朱子学に本来備わっていた独立心への強い関心は、それ自体が抵抗と変革の拠り所であったのである[26]。

これに関しては、「福沢は自由の敵として儒教にたいし、ほとんど憎悪に近い感情をもっている[27]」という丸山眞男の指摘があるけれども、これも、儒教の表面のみを眺めただけの凡庸な見解といえよう。周知の通り、丸山は福澤を高く評価する際に、その儒教批判に相当の思い入れを込めていた。しかし〈朱子学的思惟〉について深い洞察のなかった丸山は、そのことによって福澤の「隠された半身」つまり「朱子学的半身」についてもよく理解しえなかったというべきである。

4　明治思想史における福澤諭吉

◆〈二重の過渡期〉と福澤諭吉◆

結局、福澤の目指したものは何だったのだろうか。

最も重要なのは、「独立」する〈主体〉をつくるために、旧来の奴隷的な根性を鼓吹する思想としての「儒教」を叩きつぶすことであった。それゆえ「平民の根性[28]」が口を極めて糾弾される。

明治前期の日本において、一方で自由民権運動勢力が政治的な〈主体〉すなわち上位者としての〈主体〉を下から唱え、他方で元田永孚などの勢力が天皇に対する服従の〈主体〉すなわち臣民＝下位者としての〈主体〉を上から唱えた。福澤の〈主体〉はこの中間に位置するものであったのではないか。

そしてその〈主体性〉の内容はたとえば、次のようなものであった。

「(独立の気力なき平民・町人の根性は)一人の損亡に非ず、一国の損亡なり。一人の恥辱に非ず、一国の恥辱なり(29)」。

ここでは「報国の大義(30)」が悲壮なまでに唱えられる。

すなわち福澤の目指したのは同時に、「国家」の〈主体〉としての「国民」をつくろうとする思想運動なのであった。「在昔《ざいせき》は、君臣の団結、国中三百所に相分れたる者が、今は一団の君臣となりたれば、忠義の風も少しく趣を変じて、古風の忠は今日に適せず(31)」。

国民国家という〈理〉の中で、個々人は「分殊理」を担う存在として「一国人民たる者の分限(32)」を持つという構造、これが福澤の秩序であった。福澤はたしかに「理一」を嫌悪したのだが、国民国家の建設と独立という大きなくくりでいえば、〈理〉はひとつであった。

そしてこのような福澤の活躍した時代とは、日本が困難に満ちた〈二重の過渡期〉をかろうじて疾駆していたときであった。

〈二重の過渡期〉とは何か?

それは、徳川的・封建的社会から西洋的・近代的国家へという〈ねじれ〉なのだった。

なぜこの移行が単なる移行でなく〈ねじれ〉となるのか。

それは、「徳川的・封建的社会」の半身が〈朱子学的思惟〉によって成立しており、同時に「西洋的・近代的国家」の半身もまた、〈朱子学的思惟〉によって成立しているという、複雑な転換であったからなのである。

すなわち徳川から明治への転換は、一方で「朱子学的社会から非朱子学的社会へ」という動きであったと同時に、他方では「非朱子学的社会から朱子学的社会へ」といううねりでもあったのだ。そして福澤諭吉はその双方の変換を主導的に行なったという意味で、まさにこの〈ねじれ〉の中心にいたのであった。

〈二重の過渡期〉としての〈二重のねじれ〉を遂行するがために、彼はあらゆる知力を傾けた。時代背景としての圧倒的な危機意識、すなわち強大な外国勢力に圧迫されているという意識と、これに対するに文明による普遍主義で抵抗するという構図もまた、福澤と朱子学の共通する点といえよう。ただその際、朱子はインド的思考（仏教）をも内部に取り込んだ形で儒教文明の再強化を図ったのだが、福澤の場合は、自国（日本）を圧倒しようという西洋の勢力に対抗するために、その西洋の思想を〈理〉としたのだった。

さらに、人間の形而上的な普遍的・性善的能力と国家との関係を規定した福澤は、その意味でプラグマティストというよりは観念論的な性格を強く持っていたといえるであろう。彼の関心事が現実的なものごとであるという一点を以て彼をプラグマティストとするのは、もちろん正しくない。

福澤の著作が現在でも新鮮で、その主張は今の日本社会に対しても充分に訴求力を持っているのは、その現実的な提案の部分というよりはむしろ、国家・社会と個人の関係を規定する観念性のためなのである。

第11章

〈逆説の思想史〉が隠蔽したもの

——丸山眞男における朱子学的半身——

1　丸山眞男をどう把えるか

◆頂点としての丸山◆

銀杏の木々に葉影はすでになく、年の暮れの午後、光りはものみなの心を鎮めるかのように鈍く並木道を照らしていた。

一見しっとりと静かなキャンパスの空気はしかし、騒擾の気配を胚胎して揺動していた。日本社会の紊乱の源は日本の近代にあり、日本近代の腐爛の源泉のひとつが、まさにこの大学だと叫ばれていた。日本のアカデミズムの頂点に君臨すると指弾された東京大学法学部、その研究室が数日後の一九六八年十二月二十三日、東京大学全学共闘会議の学生によって封鎖されると誰が予想したろう。しかしその予兆は確実にいや増していたのだった。

この国家高級官僚輩出機関＝「日本の御用学問の頂点」と規定された場を、一九六八年の学生たちは、偽りと汚濁の要塞とみなした。

法学部研究室封鎖の日、その偽りと汚濁の牙城を象徴するひとりの学者が、学生たちに囲まれたまま彫像のごとく動かなかった。その顔はひきつり、「ファシストもやらなかったことを、やるのか」と、軽蔑と絶望に満ちた、しかし力強い声を発した。「私は、諸君を、軽蔑する」。

丸山眞男（一九一四〜九六）。

戦後日本を代表する政治思想史学者であり、その言論、その行動、その風貌のすべてが、戦後日本のリベラル・アカデミズムにおけるひときわ聳える巨木的象徴であった。

彼は学者として知識人として、潔癖で毅然たる本流の泰斗であり、日本のアカデミズムの階統秩序のまさに頂点に君臨しその牙城を守旧する人物と、六八年の学生からは見られていた。それゆえに打倒の対象であったのだ。

しかし丸山眞男にはそのとき、全共闘の学生たちと大日本帝国のファシストたちとが同じ範疇の人間どもに見えた。丸山の憂愁はそればかりではなかった。彼には依恃すべき〈エリート〉も〈民衆〉も事実上いなかったのである。すべて、およそ「日本人」と名のつく人間は、彼にとっては幼稚で〈主体性〉の欠如した存在に見えた。彼の信じようとした〈市民〉でさえ、消費資本主義の浸透とともに脆くも容易に〈大衆〉に転落してしまう、限りなく〈客体〉に近づきやすい危殆な存在と見えた。

彼自身が営々として構築しようとしてきた「主体的な日本国民」の理念型が、無残にも踏みにじられ、さらにその確たる定立の行方は杳として知りえなかった。

◈複雑な丸山◈

学生たちが丸山を吊し上げた場では、「丸山を殴ってしまえ」という野次が声高に唱えられたという[1]。それにもかかわらず丸山は結局、殴られずに終わった。そのとき丸山を糾弾した学生たちは、一体丸山の何に対して憤り、苛立っていたのか。そして一九六八年の学生たちがついに丸山を殴ることができなかったのはなぜなのか。

殴ろうとし、そして殴ることのできなかった、この双方に、〈朱子学的思惟〉が介在している。殴ろうとしたのは、一九六八年の日本の学生たちを支配していた〈反朱子学的思惟〉によるものだったが、同時に殴ることのできなかったのは、〈朱子学的思惟〉によるものであったのだ。

ここに、不思議な関係が浮かび上がる。すなわち、朱子学をあれほど否定した丸山自身が、近代から脱近代への入り口に立っていた学生たちからは、朱子学的知性の権化と映っていたのだった。

丸山眞男という巨人は複雑な襞を隠し持っている。その人がAを否定したからといって、その人の本来の性向がAを拒絶しているとはいえない。啓蒙というにはあまりにも屈折した論旨を纏綿と続ける丸山の筆に籠められていたのは、表現のポリフォニックな可能性を求めて疾駆しつつ、時代の要請によってつねにモノフォニックに自らも収斂し、同時に他者からも解釈され政治化されてしまう苦渋なのであった。

ここでもう一度、問うべきであろう、日本近代の過去と未来を知るために……一体丸山は、日本の何を憤り、何に苛立っていたのであろうか、と。

ただし同時に、次の点も私は強調したい。丸山眞男が「何に抗議し何に抵抗しようとしたか」[2]つまり「どのような問題と格闘したか」[3]をしっかりと把握しておくことは無論重要なのだが、そのことのみに着目することで、彼の論理構築における誤謬が看過され免責されてはならない。

この点でいえば、私には丸山の『日本政治思想史研究』がたとい「あまりにも見事な理論」[4]（中村雄二郎）ではあったとしても、同時に「あまりにも見事な論理」であったとは、到底思いえぬ。

本章では、「何に抗議し何に抵抗しようとしたか」の側面および、その論理の厳密性の検討、というふたつの視点から、丸山眞男の思想を語ってみようと考える。

その際に特に重要なのは、「イデオロギー暴露」[5]、あるいは道徳志向性に基づく動機主義的批判に陥らぬよう、自重することである。

2 「自然」の〈ねじれ〉と脱亜論

◆「自然」への誤解◆

「朱子学的思惟からは、（中略）封建社会の自然的秩序観が導き出された。そこでは社会規範はそれ自身のうちに内在する理念性の故に自から妥当性を持ったのである」[6]。これは朱子学的自然的秩序観と社会規範との関係に対する丸山の基本的な視角である。

しかし、この叙述は真なのであろうか。私が疑問を持つのは、〈朱子学的思惟〉およびその社会化に対する、そのあまりに静態的な把握に対してなのである。

およそ〈朱子学的思惟〉が導入され社会化されてゆく過程においては、劇烈なる論争（それは仏教など旧イデオロギーとの論争であると同時に、朱子学解釈に関する正当性・正統性論争でもある）が繰り広げられ、夥しい血が流され、社会変革の嵐が吹き荒れる。そしてこの極めて人工的で改革的な作為によって初めて、「朱子学的自然」は社会化され始めるのである。そしてそれと同時に朱子学的社会規範の妥当性が朱子学者たちによって論証され、擁護され、正当化されるのである。それは静態的な過程ではなく闘争的過程なのだ。先の引用において、「導き出された」「自から妥当性を持った」という叙述はこのような動態性を完璧に漂白している。

ここでわれわれは、次のごとき疑問を持たざるをえない。……「自然」という概念に対する誤解ないしすり替えが、丸山の内部で起こっているのではないか。

朱子学の「自然」は、〈朱子学的思惟〉の回路内部においては唯一絶対性を保持するが、その〈外部〉を視野に入れた瞬間、[7]それはただちに〈多数〉の選択肢中の〈一〉に転落し、一個の思想的作為による人工的構造物にすぎなくなる。それは自明であるはずなのだが、丸山は議論の過程で朱子学の「自然」を、他思想の「自然」概念との恒常的競争という状況において能動的に〈自然たろうとすること〉として把えるのではなく、唯一絶対性に安住しまどろむ無条件的な〈自然であること〉として把えようとするのである。

これは、思惟とその社会化の関係に帰着する。つまり、丸山は「思惟」という要素を自らの分析の前面に押し出したことにより、[8]その「思惟」の様式〈内部〉の出来事については語りえても、「思惟」と社会との関係すなわち「思惟」の社会化のメカニズムについてはほとんど語りえていないのである。正しくは次のごとく議論を展開せねばなるまい。〈朱子学的思惟〉の内在的論理の持つ閉鎖的な〈妥当性〉にもかかわらず、その思惟の社会化・普遍化にとって〈妥当性〉は自明なものであろうはずはなく、むしろ既存の強固な他の〈妥当性〉〈普遍性〉に対する挑戦であるほかはなかった。

すなわち丸山においては、〈朱子学的思惟〉「である」ことから「自然的秩序としての規範の論理的妥当性」は必然的に「流れ出す」とされているのであるが、[9]このことは、「自然的秩序としての規範の社会的妥当性」が必然的に認承されることとは無関係なのであり、問題はむしろ、後者の「社会的妥当性」を獲得するためには、朱子学の「自然的秩序」の「非自然性」を糾弾し攻撃する諸勢力との死闘を経ねばならなかったことに対する無視なのである。

この問題は、丸山が〈江戸の始源〉をどのように把えたかという問題に直結する。ひとことでいうなら、丸山は、江戸における朱子学の確立・始源の問題を隠蔽しようとしているのである。

「近世封建社会の確立と共にその基礎づけとして一般化した自然的秩序思想は封建社会が元禄享保期に最初の大規模な動揺を経験するにあたつて、そこに内在する楽観主義が維持され難くなり、現実の危機に対処して之を克服すべき新たなる立場が要望されるに至った」[10]（傍線小倉）。

「元禄時代に入って、近世封建社会に内在する諸矛盾が急速に激化し、遂に吉宗によつて享保の改革と呼ばれる徳川時代最初の封建制輔弼工作を呼起すに至ったとき、さしも近世初頭以来牢固たる存続を保って来た自然的秩序観が遂に全面的に覆されることとなった」[11]（傍線小倉）。

これは『日本政治思想史研究』における丸山の基本的な歴史認識である。ここに宿っているのは、江戸の始源を極度に消音的・無摩擦的に把え、朱子学があたかも水の綿に浸透するがごとく静かに「自然に」かつ速やかに全社会へ「一般化」していったかのような歴史観である。

しかし本当に朱子学は、江戸の初めに急速度で「一般化」し、元禄享保期にはすでにその牢固たる一枚岩を動揺させるような変化が起きたと考えられるのであろうか。否。これはたとえば、朱子学の一枚岩的社会に最も近いと考えられる朝鮮王朝において、朱子学的社会制度および思惟様式が社会に浸透するまでには、中央集権体制を全稼働させてもその五百年の王朝の過半以上の時間を費やしたという史実を勘案すれば、容易に首肯しえぬ立論というほかはあるまい。史実は、徳川初期、否、徳川全期に亘って、〈朱子学的思惟〉様式や社会制度は日本社会にいまだに「一般化」してはいなかった。翻って「われわれは朱子学が、より適切には朱子学的思惟方法が、最も普遍性を誇った時代を十七世紀初頭より半ば過ぎ迄と規定することが出来る。それは幕府権力の確立による戦国動乱状態の固定化の過程と恰も併行してゐた[12]」というのが丸山の認識である。

朱子学的な「自然的秩序思想」は、「近世封建社会の確立と共にその基礎づけとして一般化」（傍線小倉）するような類のものでは決してないことを銘記すべきである。

◆脱亜論としての朱子学理解◆

それならばなぜ、丸山はこのような論を立てねばならなかったのか。

ここに、「脱亜論」という視角が登場する。

丸山は、社会の〈朱子学化〉の動的な過程を隠蔽することにより、〈朱子学以前〉を歴史から切り捨てる。それにより朱子学社会と封建社会という互いに異質な社会を同一視するのだが、ここで露呈されるのは、徳川日本（封建体制）と中国ないし朝鮮（儒教的王朝体制）という、およそ似ても似つかぬ異質な社会をほぼ近似的に把え[13]、その上で日本儒教の変革志向性を反朱子学というヴェクトルに固めて虚構し、これに対して中国・朝鮮における変革不可能性を朱子学という枠組みにのみ封じ込めて語ろうとする、そのような丸山の企図なのである。これは、朱子学社会を、いつもすでに定められてある旧秩序として静態的にのみ把える視角と強力に結合し、中国・朝鮮文明圏からの日本の離脱を高らかに謳う基調となっている[14]。

しかしこの論理的構築物は、先に見た通り、根本的に誤った虚構なのであった。

このように朱子学社会の動態性を無視することは、ただちに〈朱子学的思惟〉を有機体論と直に結合させる誤謬を犯しもする。

「朱子学の最も深い形而上学的根柢をなすものはまぎれもなく有機体的思惟（organisches Denken）であった[15]」。「有機体は自足的全体であつて、一切は有機体の中に自然的に生成する[16]」。

このように規定するのは、例のごとく徂徠学との対比のためである。「有機体に於てはそれの外に立ちそれを作り出す主体といふものは少くも第一義的には考へられない」「之と正反対に対立する形象はいふ迄もなく機械である。それは本来的にその外に立ってそれを制作しそれを動かす主体を予想する[17]」。ここに「主体」が立てられ、同時に「主体」の欠如態としての朱子学社会が表象される。「Geschlossenheit（自己完結性）」を〈朱子学的思惟〉に封じ込める論理には、「Geschlossenheit（自己閉鎖性）」からの脱却を日本思想史の中から見い出し、本来的な「Geschlossenheit（自己完結＝閉鎖性）」からの脱却不可能性を中国・朝鮮社会に内在させるという企てがあった。

たとえば「理一分殊」という程朱の概念は、「性善説」という革命的思想と強力に結合することによって初めてかろうじて成立する、固定性と上昇性の無矛盾的解決のためのアクロバティックな仕掛けなのであった。「第三身分が「分」に甘んぜずして「全て」であることを要求したとき、身分社会は維持し得ざるに至る[18]」という丸山の引くアベ・シェイエースの言葉を借用していえば、朱子学的理一分殊社会とは、「分」と「全て」とをそのように截然と二分するのではなく、いわば現実的には「分」に甘んじつつ本来的には「全て」であることを夢見させかつ原理的に保障する、そのような社会なのであった。しかし丸山にかかってしまえば、この「理一分殊」も単に固定的なものとしてのみ把握されてしまうのである[19]。

『日本政治思想史』で丸山の用いる西洋哲学用語は全部間違い」であり、「丸山には言葉の深層にまで達する水準での西欧思想体験がない[20]」という加藤尚武のやや過激な指摘を踏襲するなら、『日本政治思想史』の時点での丸山の朱子学理解も、朱子学社会において使用される概念の深みにまで達しえていない憾みを持つ。丸山本人も「筆者の宋学知識は原典からよりも主として、徳川時代の儒学者の理解を基とし、これに現今の先学諸氏の業績を参照して得られたものである[21]」と告白しているのである。朝鮮における朱子学体験の「深さ」という立場から「丸山の朱子理解の単純性」を批判した金容沃は、荻生徂徠自身の朱子理解の単純性にまで遡り、それは究極的には「日本文化は朱子学というものの「体験」が浅いという事実」と通ずると指摘している[22]。

丸山の朱子学理解において、あまり表面に浮上しないが常に底面に潜在している問題がある。それは中国（および朝鮮）という問題だ。表面上は丸山の論においては日本と西洋という問題が主題的に語られてはいる。しかしその底では、常に中国あるいは朝鮮への視線が揺らめいているのだ。

「一方で武士のエートスが家産官僚的精神のなかに完全には吸収されなかったように、他方で儒教的世界像の浸透もけっしてたんに「封建的忠誠」の静態化、固定化の役割だけを演じたわけではない。むしろ一般的に言って、日本の思想史において、人間または集団への忠誠と関連しながら、しかもそれと区別された原理への忠誠を教えたのは、やはり中国の伝統的範疇である道もしくは天道の観念であった[23]」。この極めて淡々とした叙述の衝撃性は、計り知れないものである。むしろその内容の丸山思想史における衝撃性のゆえに、故意にこのような静かな語りを選択したのやもしれぬ。「原理への表面上の反発と裏面での忠誠」という、丸山の本質的で不変の性向かつ主張が、このように中国と関連づけて言及されている事実は重要だ。しかしなぜ丸山はここで潔く、「朱子学」に言及しなかったのだろうか。「原理への忠誠」という命題に最も適合するあの朱子学に。
……この吝嗇にこそ、丸山の隠蔽が露わになっているのではあるまいか。

3 〈当為〉という地平——丸山の隠された半身

◆当為という当為◆

朱子学的秩序と自然をめぐる論点は、前述したもの以外にも多くあるのだが、とりあえず次には、自然と当為の問題を検討しておこう。丸山の基本的な構図としての、自然と作為の分離自体に問題は宿っているのである。

というのは、丸山においてあたかも自明のものであるがごとき自然と作為の対立という構図に対しては、近年様々な批判が加えられているが、私の考えでは、この構図の最大の狡智は、自然と作為とを対立概念と設定することにより、自然的秩序が弛緩し崩壊しかかるという事態に至ると自然の思想では原理上これに対応できず、それゆえ全く別口の作為という思想が要請されることになるという論理を準備するために導入された点にあると思われるのである。

しかしながら、考えてみればこれは、朱子学における自然という概念を曲解したものにすぎない。もし丸山が、「前近代においては社会の規範や秩序は自然と同様人間にとって所与のものであるのに対し、近代においてはそれは人間が目的意識をもって作為的に形成、変更しうるもの[24]」と考えたのであったとしたら、それは端的に誤謬である。〈朱子学的思惟〉における「自然」なる概念自身がまず「所与のもの」ではなく、極めて理念的・当為的・作為的な「所与されるべきもの」であるし、社会の規範や秩序は即自的に自然と「同様」性を確保するのではなく、「同様であるべき」という当為性のもとにのみ把えられているのである。

例を挙げよう。丸山一流の「である」ことと「する」ことの区分でいうなら、朱子学的社会秩序はたしかに「分」によって人間が「である」に貼り付けられるものであるけれども、それは原理上は「修己」による上昇を認めているゆえに、封建的な「である」秩序というよりはむしろ「であろうとする」秩序なのだ。「所当然之則」と「所以然之故」の融合としての〈理〉という観点からより正確にいうなら、「であるべきであろうとする」秩序といえよう。

以上のごとく、朱子学の自然には当為と作為が含まれている。しかし丸山はそれを隠蔽する。その企図は、「自然と作為」という図式を設定したときにすでに宿っていた。すなわち「自然と作為」の裏側には、「存在と当為」という枠組みが故意に等置されしかもそれは隠蔽されていたと見るべきなのである。

そして、当為には能動性が随伴する。

ある評者は、「文明が高度化しても、スピリチュアリティ、とりわけ政治的想像力においては、「作為」の側にでなく「自然」のなかに未だまどろむ日本社会の関係の転倒に寄与する政治的実践[25]」を丸山は目指したとするのだが、ここにもまた、自然という用語をめぐる曖昧さ、自然＝まどろみとする痼疾的な誤解がある。事実は、朱子学的自然とはここで「まどろみ」と同一視されるがごとき停滞ではなく、不断の改革なのである。「五倫という封建社会の根本規範を二重の意味に於て実体的自然と同視する（人間の先天的本性と宇宙的秩序と）朱子学的構成[26]」と丸山がいうとき、この「朱子学的構成」を静態的なまどろみと考えたのだったら、彼は「実体的自然と同視する」（傍線小倉）の「する」に〈理〉の能動性が隠れていることに気づいていないのである。[27]

しかし実は、丸山はそのことを熟知していた。全丸山思想を貫徹する「当為の優先性」という動力にこそ、この思想史家の朱子学的半身が如実に現われている。[28]

「人間の主観的世界と客観的世界のあいだに「作品」「フィクション」としての世界があり、この中間世界こそが実在する」[29]というのが丸山の世界観であったと間宮陽介はいう。また吉本隆明は、対象があるがままに存在する瞬間を丸山が嫌悪すると語っている。[30]

「私自身の選択についていうならば、大日本帝国の「実在」よりも戦後民主主義の「虚妄」に賭ける」[31]。

この有名な言葉に籠められたものこそ、存在と当為において、当為の優先を「虚妄」としか見ることのできない戦後日本への呪詛であり、〈朱子学的思惟〉の半身が強く頭をもたげた一例と看取することができるのである。

◈氷結の歴史叙述◈

また丸山が日本人の現実志向をあれほど嫌悪したのは、ひとつには朱子学的な道徳志向的歴史……私はこれを仮想道徳歴史（ヴァーチャル・ヒストリー）と呼ぶ……への志向を、彼が根深く持っていたからにほかならない。[32]

「現実とは本来一面において与えられたものであると同時に、他面で日々造られて行くものなのですが、普通「現実」というときはもっぱら前の契機だけが前面に出て現実のプラスティックな面は無視されます。

いいかえれば現実とはこの国では端的に既成事実と等置されます。現実的たれということは、既成事実に屈服せよということにほかなりません。現実が所与性と過去性においてだけ捉えられるとき、それは容易に諦観に転化します。「現実だから仕方がない」というふうに、現実はいつも、「仕方のない」過去なのです[33]」。

丸山の歴史観が、ある望ましき運動体の出現以後の歴史を〈動〉と把え、それ以前を〈停滞〉と把握するという顕著な傾向を持っているのも、この〈当為の優勢〉という性向に基づくものである。何を「固まったもの」と見、何を「動くもの」と見るのか。その取捨選択にこそ、歴史観は宿っているわけだ。

その典型をわれわれは、徳川思想史および昭和史を把える丸山の視角に見ることができる。徳川時代については先に見たので、ここでは昭和史に関して、丸山が日本軍国支配者の「矮小性」を描き出す際の論理を挙げよう。東京裁判の被告たちの自己弁解の論理的鉱脈として丸山は第一に、「既成事実への屈服」を挙げる。「既成事実への屈服とは何か。既に現実が形成せられたということがそれを結局において是認する根拠となることである」「(被告の口述からわかることは) ここで「現実」というものは常に作り出されつつあるもの或は作り出され行くものと考えられないで、作り出されてしまったこと、いな、さらにはっきりいえばどこからか起って来たものと考えられていることである。「現実的」に行動するということは、だから、過去への繫縛のなかに生きているということになる。従ってまた現実はつねに未来への主体的形成としてでなく過去から流れて来た盲目的な必然性として捉えられる[34]」。このような「主体性を喪失して盲目的な外力にひきまわされる日本軍国主義の「精神」」と対照的なのが、「マキャベリズム的な主体性」を発揮し「政治指導性の明確な表現」を行なうナチであった。

しかしながら戦前・戦中の日本は、欧米という〈現実をつくる力〉に振り回され対抗しつつ、独自の〈現実をつくる力〉を模索しそれを普遍化させようと変革を繰り返した歴史であった。ところが丸山は戦後の占領下日本という時空間において、米国という〈現実をつくる力〉の上に乗って戦前・戦中日本を〈停滞〉という相のもとに把えて糾弾してしまっている。戦前日本という時空間は、「作り出されてしまったこと」が支配していたのではなく、「作り出していくこと」が支配していたはずなのだが、丸山はこれを無視するのである。

このように、当為の能動的歴史を推進しようとする丸山が、その当為の始源を設定すると同時に、彼の歴史操作は始動し、その始源以前を一瞬にして氷結させてしまうのであった。この氷結を解いたのが徳川時代における徂徠学、昭和における戦後民主主義という構図であった。

4　転回――〈逆説の思想史〉

◆逆説という方法論◆

前節において見たごとく、〈当為〉という位相において、丸山眞男の半身が露わになり、その隠蔽を図らねばならなくなる。

この隠蔽にとって決定的であったのが、管見によれば、〈逆説の思想史〉とも呼びうる丸山一流の方法論である（この命名は無論丸山本人によるものでなく、筆者の手になるものである）。

それは例えば次のような場面に頻繁に出現する、丸山の読者にとっては馴染み深い語りの手法である。

「あらゆる哲学・宗教・学問を……相互に原理的に矛盾するものまで……「無限抱擁」してこれを精神的経歴のなかに「平和共存」させる思想的「寛容」の伝統」を持つ日本において、キリスト教やマルクス主義が「精神革命の意味」を執拗に迫るならば、「まさに右のような雑居的寛容の「伝統」のゆえのはげしい不寛容にとりまかれる」ことになる。[35]

また、徂徠は「作為」の論理によって「自然」を求めたのであり、「ゲゼルシャフト的社会関係を呪詛しながら、彼の作為の立場には外ならぬゲゼルシャフトの論理が内包されていた」という論理もまた、〈逆説の思想史〉の典型である。

そもそも丸山はそのデビュー論文「政治学に於ける国家の概念」（一九三六）においてすでに、市民社会の成熟がファシズムに連結するという逆説的メカニズムに言及している。

そして「忠誠と反逆」論における「「本来忠節も存ぜざる者は終に逆意これなく候」というパラドックス」[36]もまた、〈逆説の思想史〉のひとつである。

この便利な方法論を丸山は多用し、あたかもそれに酔うかのごとき印象すら与えるのだが、他方で自覚的に、「反動的な結果になった思想にも進歩的な契機がふくまれていた、こういうとらえ方をすることが可能になる」[37]。「「ネガ」を「ネガ」のままに美化したり、排撃したりするのが問題なのではなく、われわれの今日の責任と行動において「ネガ」像から「ポジ」像を読みとることが問題なのである」[38]とこの〈逆説の思想史〉を定式化してもいる。[39]

さて、この思想史の方法論を採用し、体質化した一因は、丸山が自身の朱子学的性向を隠蔽せねばならなかったためではあるまいか。

自らの朱子学的な半身に気づかず、あるいは目をつむりつつ、〈朱子学的なもの〉を執拗に攻撃し続ける。しかし、彼の攻撃する〈朱子学的なもの〉とは実は〈非朱子学的なもの〉であり、彼の拠って立つ〈反朱子学的な位置〉とは実は〈朱子学的な位置〉だったのではないのか。

その意味で丸山の知的営為の軌跡において、「忠誠と反逆」論および「歴史意識の古層」論の重要性は格別である。

◆〈ねじれ〉は何を隠すか◆

ここで、その初期から「忠誠と反逆」論および「歴史意識の古層」論へと連なる丸山の思想的脈絡を整理してみよう。

既述のごとく、丸山が「自然と作為」という枠組みで真に主張したかったのは、実は〈当為〉であった。しかし、当時（一九四〇年代前半）の日本において、合法的〈当為〉は国体イデオロギーおよび「近代の超克」を唱える京都学派などによって寡占されていた。このほかに非合法の〈当為〉はマルクス主義というかたちで存在したが、合法的な〈当為〉の道を、しかも国体イデオロギーや京都学派とは別個に模索しなければならなかった丸山としては、徳川思想史に「作為」という名を借りた〈当為〉の萌芽を〈発見〉せねばならなかったのである。この試みを、明治から昭和へ至る道筋として描くことに丸山は挫折するが（『日本政治思想史研究』第三論文参照）、この挫折こそが実は、現実の軍部日本の〈非当為性〉を理論づけるのに成功したのである。

本質的な〈当為〉主義者としての丸山は、自らを〈当為〉の陣営に置くために、朱子学の〈当為〉を隠蔽してそれを〈自然〉という曖昧な概念に還元させ、それとは異なる〈当為〉学としての徂徠学に着目するが、この丸山による徂徠学には〈ねじれ〉があった。それは、作為は実は個人の主体性を保障する概念ではないのに、絶対者のもとでこそ主体は立つという論理を展開したことである。

これを支えているのは、次のような考えである。すなわち、丸山は日本に関してふたつの側面を分離する。一方は停滞の日本であり、これは対西洋の視座である。他方は進歩の日本であり、これは対中国の視座である。このような枠組みで戦中、戦後を疾駆して来た丸山は、しかしやがて、この枠組みの綻びを強烈に自覚することとなる。

その事情は、『日本政治思想史研究』の「あとがき」(一九五二年)に書かれてある。丸山はこの本の「今日から見てまず最も目につく欠陥は、冒頭の中国の停滞性に対する日本の相対的進歩性という見地であろう」[40]と語り、この認識について言い訳を縷々としているのである。しかし、これは考えてみれば不思議な弁明である。というのは、丸山が「思惟様式」の分析を貫徹したのであれば、現実世界の結果について弁明をする必要は毛頭ないのである。歴史の事実として中国が「停滞」し日本が「相対的進歩」を示したことに何の疑いがあるであろうか。しかし丸山は弁明を続け、「大衆的地盤での近代化という点では、今日まさに逆の対比が生れつつある」とまでいっている。

これは一体何を語っているのか。

次のように考えるべきであろう。戦後中国の革命と「近代化」により、日本を分割した先述の方法論において、対中国の視座における「日本の進歩」という認識に綻びが生じ、これを修正せねばならなくなったのである。

◆「古層」論と「忠誠と反逆」論◆

ここで、「忠誠と反逆」論（一九六〇年）および「歴史意識の古層」論（一九七二年）が登場する。まず「古層」論からいえば、〈日本＝朱子学的思惟＝停滞〉と規定していた枠組みが、〈中国＝朱子学的思惟＝革命〉という状況変化によって崩れるに至るや、新たに〈日本＝古層＝停滞〉という枠組みをつくらざるをえなくなったのである。すなわち「古層」論とは、日本の停滞性を〈朱子学的思惟〉以外の部分に求めねばならないという必要によって持ち出されたものなのであった[41]。

「古層」論を展開する丸山に対して、「丸山はこの論文から変ったのではないか、はなはだしきは大学紛争で「転向」したのではないかという説さえあった[42]」ということだが、むしろ丸山を変えたのは朱子学に対する認識の修正、そしてそれを促した中国の「近代化」だったのではないか、と私は考えるのである。

次に「忠誠と反逆」論を見てみよう。丸山の〈ねじれ〉はここで遺憾なく露わになっているのだ。ヨーロッパにおける封建的主従関係は契約的なものであり、中国儒教における「君、君たらざれば去る」という君臣関係もヨーロッパとは違う意味だが双務契約的なものである。それに比して日本の「君、君たらずとも、臣、臣たらざるべからず」というのは「無条件的な忠誠」を強要するものであり、「盲目的な服従」「奴隷的な屈従」という契機が強いものであった。しかし、ここに「アンビヴァレントな可能性」が孕まれているのを見逃してはならない、と丸山はいうのである（これも〈逆説の思想史〉のひとつだ）。

「「君、君たらざれば去る」というのは契約的であり、主君が悪ければ主君のもとを去ってしまうのですから、きわめて捉われない関係ではありますけれども、その代わりその限りにおいて、主君自身を変えてゆこうという積極的要素がここからは出て来ない。「自由」な態度の楯の反面は無責任ということです[43]」。これはあきらかに誇張と誤謬に満ちた認識である。ここには、「無責任」という体系的思惟を中国に内在させようとする強力な論理が介在している。史実として朱子学的伝統においては、ほとんど「主君自身を変えてゆこうという積極的要素」の連続であったことを丸山が知らぬはずはなかったであろう。丸山の真に語ろうとしたことは、次の叙述にあったのである。「「君、君たらずとも、臣、臣たらざるべからず」として、主従関係は絶対なもの、運命的なものであるという前提があると、どんなに主君が悪いことをしても、この主君のもとを去るわけにはいかない、ということをいわば自分の宿命として引き受け、あくまでこの場にいて主君に仕えなければいけないのだ、という帰結になる。そこから、どうしても主君を正しくしていかなければいけないという非常に強い能動的な態度に逆流していくわけです[44]」（傍線小倉）。このように日本的伝統の能動的〈主体性〉を浮き彫りにした後、次のように続ける。「ここで君臣関係のなかで諫争の契機が非常に強く出て来る。諫争というのも中国から来た観念ですけれど、中国の場合は諫官として制度化されてしまったために、かえって実践的なモラルとしての契機はあまり強くなかった。ところが日本では、いわば勝手に去れないという絶体絶命の自覚を能動的な実践に転化する考え方が、可能性として内包されていた[45]（傍線小倉）」。「あまり強くなかった」という対中国の曖昧な史的認識に対応させて、「可能性として内包されていた」という表現で強引にも日本の能動性を宣揚するこの論理は、あきらかにフェアではないだろう[46]。

これもまた、丸山が自身の朱子学的半身を覆うための、〈ねじれ〉のひとつなのである。

5 〈主体〉を語る〈ねじれ〉

◆〈統体システム〉という概念◆

それでは、丸山における朱子学的半身とは、具体的には一体何だったのか。その全貌は多様であるが、ここではその核心的なふたつの面のみを挙げることにする。

まず取り上げるのは、〈統体システム〉という概念である。

その全生涯にわたって丸山がほとんど本能的に魅かれ索《もと》めるのは、統体的なシステム、それも〈意志〉を重要な媒介とし〈決定〉を必須の帰結として表出する、そのような体系であった。

そしてその正反対のものとして表象されるのが、日本軍国支配の形態であった。「たしかに日本帝国主義の辿った結末は、巨視的には一貫した歴史的必然性があった。しかし微視的な観察を下せば下すほど、それは非合理的決断の厖大な堆積として現われて来る[47]」。「政治権力のあらゆる非計画性と非組織性にも拘らずそれはまぎれもなく戦争へと方向づけられていた。いな、敢て逆説的表現を用いるならば、まさにそうした非計画性こそが「共同謀議」を推進せしめて行ったのである。ここに日本の「体制」の最も深い病理が存する[48]」。

丸山が求めたのは、「精神的雑居性の原理的否認を要請し、世界経験の論理的および価値的な整序を内面的に強制する思想[49]」であった。

統体的なシステムへの志向は、〈自然〉を嫌う。しかしその際の〈自然〉とは、混沌として未分節な〈自然〉

なのであり、朱子学が「自然的秩序」の思想だといわれる際の〈自然〉とは、全く異なる意味なのである。つまり丸山は、自らの統体システム志向を標榜するにあたって、〈自然〉という語の曖昧さを意図的に利用し、未分節の〈自然〉への否定と分節された朱子学的〈自然〉とを合体させて併せて否定し、それによって自らの朱子学的統体システムへの強烈なる志向を隠蔽するのに成功したのであった。

◈〈主体〉という概念◈

次にわれわれは、〈主体〉という概念を検討する。

まず、〈主体〉とひとことで表現する実体は、決して一枚岩なのではなく、実は多数の層に分裂しているという事情を理解する必要がある。第3章および第4章で見たように、〈理〉の様相によって、〈主体〉はごく大きく分けて〈客体的主体〉と〈主体的主体〉とに分離するのである。[50]

丸山は、日本人が〈客体的主体性〉ではなく〈主体的主体性〉を持つことを切に希った。つまり第4章の言葉でいえば、日本人を〈主体β〉から〈主体α〉へと変身させる啓蒙運動に邁進した。〈朱子学的思惟〉において、〈客体的主体性〉は、たとい自らいかにその〈主体性〉を主張しようとも、結局は自立した自律的個の姿勢ではないからである。そのために丸山は、日本人の〈生の政治化〉を図った。

同時代日本のありさまは、無論、そのような丸山の希いとは正反対の道を歩んでいた。公私の分離により「自由の私化」「個人の自己への自閉」が進行し、それと「政治の物化」「政治の疎外」が連動するという状況。そしてその状況の先には、「政治を極小化するどころか、反対に超特大の政治を生み出す可能性がある」というのが丸山の実感であった、といわれる。[51]〈生の政治化〉を推進する理由は、ここにあるのだった。

ところで〈生の政治化〉とは、倫理と私の領域の政治化であり、これこそは〈朱子学的思惟〉のひとつのメルクマールではなかったか。「主体とはあくまでも個人の主体性をいう[52]」とはいっても、〈政治化された主体〉はあきらかに何らかの共同体・国家などに還元される生を前提しているのである。

さて、〈主体〉は内在的階統性を持つ。そして近代社会はこの階統秩序の上下を以て支配／被支配の関係を形成する場である。それゆえ〈階統志向性〉はますます強化される。〈主体〉の内在的階統性に必然的に随伴するのは、〈客体的主体〉と〈主体的主体〉との分離によって帰結される〈主体〉の序列化なのである。つまり、〈階統志向性〉とそれによる〈主体〉の序列化という観点からいえば、近代的思惟と〈朱子学的思惟〉とは極めて近似したものということができる。

この意味で、著名な論文「超国家主義の論理と心理」には、書かれていないものがある。それは、中国および朝鮮である。この論文には書かれていないが、この論文の叙述の裏に意識されていたのはむしろ、日本の非西洋性・非近代性よりもさらに非西洋性・非近代性の度を増す朱子学の国つまり中国と朝鮮なのである。つまりここで書かれているのは序列であり、階統なのだった。「近代性の程度を測定する必要」性[53]を常に念頭に置く丸山としては、西洋と日本と中国を〈近代性〉という尺度で序列化するのは当然のことであった。

丸山がこの論文で問題にしているのは、〈変革主体〉である。ゲーリングは悪をなした者ではあるが〈主体〉を標榜しているゆえに、究極的には〈変革主体〉と化けうる可能性を持つ。しかし日本戦犯は悪をなしたがその意志性と自覚性が薄弱であるゆえ〈悪の主体〉とはなりえず、そしてそのような存在は〈善の主体〉にも〈変革の主体〉にも……およそ〈主体〉と命名されうるものには決してなりえない。

ここでも階統構造において最も上位にあるのは無論西洋であったが、他方でこの西洋の上位性を構造上保

障している地平が、中国なのであった。(54)

そしてやがて、この〈主体〉の階統的序列化をめぐって、〈ねじれ〉が生じることになる。先に検討したごとく、一方で〈西洋−日本−中国〉という序列を近代的思惟の多−寡という尺度から設定した丸山は、同時に〈日本−中国〉の序列においては〈朱子学的思惟〉の寡−多という尺度も動員したわけだが、やがて中国の「近代化」の経験や明治以後の日本思想史研究の過程において、〈朱子学的思惟〉に〈反逆主体〉〈変革主体〉を認めざるをえなくなる。そして日本の停滞性を浮き彫りにするためにも、日本の非〈朱子学的思惟〉性をさらに強調することになった。このとき丸山の採りうる道は論理的に、近代的思惟と〈朱子学的思惟〉のある意味での同型性を確認することであったが、彼は断固これを拒絶する。この時点を境にして、丸山の論理には劇しい〈ねじれ〉を来すことになるのである。この〈ねじれ〉はすでに、〈逆説の思想史〉という方法論では収拾のつかないものになってしまっていたことに、丸山本人は気づいていたろうか。

◆おわりに◆

日本の近代化とは、朱子学的な純粋なる統体的社会へのコンプレクスを隠し持つ歴史だったのではないか。徳川時代を通してついに朱子学的な統体社会をつくりあげることのできなかった日本知識人の無念が、明治維新以後、同じく統体社会への憧れを強烈に隠し持つドイツ観念論の鎧を着けて、日本社会を近代化=朱子学化しようとしたのではないか。(55)

「ヨーロッパの哲学や思想がしばしば歴史的構造性を解体され、あるいは思想史的前提からきりはなされて部品としてドシドシ取入れられる」(56)ことがごく普通に行なわれる日本の〈特殊性〉、あるいは「ドイツ観念論の倫理学説を「人以て舶来の新説とすれども、是れ古来朱子学派の唱道する所に係るなり」と理解して「東西文化の融合」を高唱した井上哲次郎的折衷主義の「伝統」[57]はもとより、丸山の最も唾棄すべきものであった。[58]しかしながらここでも、〈日本的雑居性〉にもとづく節操なき折衷を拒絶しつつ、西洋理論の論理的に整合性のある導入に関しては丸山自ら率先してその範を垂れた。

だが、その論理は夥しい逆説によって点綴されたきらびやかなこわれものとしての造形なのであった。「私は一個の精巧な逆説だ」。三島由紀夫は戦後まもなく、こう記し、戦後文壇と文芸市場へと飛び込んだ。敗戦という強烈な世界観の〈ねじれ〉の中で、自らの美学を構築する際に三島は、自己を逆説と規定するほかはなかった。丸山にとっても、それは三島とは全く逆回転の〈ねじれ〉ではあったが、この〈ねじれ〉を説明する〈逆説〉に生きるしかないという強烈な自覚があったのに違いない。

丸山が福澤諭吉を思慕した理由のひとつも、ここにある。

福澤諭吉は自らの生を、「あたかも一身にして二生を経るが如く、一人にして両身あるが如し[59]」と語ったが、丸山もまた、「一人にして両身あるが如」き生を歩んでいるという強烈な自覚を持っていたのであろう。それが〈逆説の思想史〉に結実した。

「歴史の皮肉は屢ゝ反動家をして彼の敵手の武器を以て自らを理論的に武装するといふ役割を果さしめる[60]」と丸山がいうとき、これは徂徠に関する言及であると同時に、自らの苦渋に満ちた、アンビバレントでありつつも創造的で肥沃な立場への言及でもあったのではあるまいか。

第12章

「主体的な韓国人」の創造

――洌巖・朴鍾鴻の思想――

1　朝鮮半島の場合

◆韓国の〈主体〉思想◆

前章では丸山眞男の「近代思想」を考察した。これと関連して、本章では朴鍾鴻《パクチョンホン》（一九〇三〜七六）という思想家を通して、解放後（一九四五年以後）の韓国における〈主体〉思想を検討してみよう。

国立ソウル大学で初めて「韓国哲学」を講じた朴鍾鴻の思想には、ヘーゲルや現象学など西洋の哲学と、儒教や仏教など東洋の哲学とが融合していた。そして韓国国民の〈主体化〉を思想のレベルで推進した。朴鍾鴻こそ、韓国における〈主体〉思想を展開した哲学者といってもよい。「主体思想」というと普通、北朝鮮の「チュチェ（主体）思想」のみが想起されるが、実は韓国においても朴正煕大統領の時代に国民の〈主体＝チュチェ〉化が盛んに唱えられたのである。すなわち韓国にも〈主体〉思想はあったわけである。ところが当時は日本において韓国の朴政権というと、傀儡とか従属、事大という枠組みで把えられていたので、韓国の〈主体〉思想はほとんど関心を引かず、「チュチェ」といえば北朝鮮の思想ということになってしまった。

朴鍾鴻は三・一独立運動（一九一九）、四・一九革命（一九六〇）、朴正煕時代の維新体制（一九七三〜七九）という画時代的な変革の哲学的根拠を熱心に説いて国民を鼓舞した。そしてそれを「韓国哲学」という理念に収斂させて、国民の統合を図った啓蒙的思想家だったのである。そして注目すべきは、彼は韓国版「教育勅語」ともいわれる「国民教育憲章」を起草してもいるのである。これは韓国の「国民」を「反共」という〈理〉によって〈主体化〉し、〈序列化〉する思想的装置なのであった。

彼の哲学における最も重要な概念のひとつは、「向内」「向外」というものだが、私はここに、孟子と『大学』の強い影響を見て取る。すなわち彼は、「拡充」という儒教的な〈主体〉拡張の思想に西洋哲学の理論的武装を施し、それによって韓国の国民・民族の統合及び近代国家建設の哲学的基礎を固めようとしたのであった。

◆主体化の競争◆

なぜ、ここで韓国の近代思想を検討するのか。

それは、韓国が朴正熙政権の時期に〈主体〉を唱えた背景は、第一に北朝鮮との「体制の競争」のためであったが、その競争に勝つためには北朝鮮よりも効率的かつ強権的に近代化・産業化を成し遂げなくてはならないという「近代化の競争」があったからであり、さらにその競争に勝利するためには、かつて自分たちを植民地支配した日本の近代化の道をどうしても参照せざるをえないからだった。このことは、韓国の近代化が日本を模倣したということを意味するのではない。「韓国の主体性」はあくまでも堅持されなくてはならなかった。しかし、いずれにせよ北朝鮮とは異なる資本主義・自由主義の路線の近代化を推進しなくてはならなかったため、韓国の近代化にはつねに「日本の影」がつきまとう。それなら韓国の〈主体化〉とは、日本の〈主体化〉とどこが似ていてどこが違うのか。そのような検討を加えることも、重要なことであろう。

さて、日本の近代化が「朱子学化」の道だったとすれば、それは別の言葉でいえば「朝鮮化」を意味するともいえるわけだ。それなら、十三世紀から二十世紀まで「朱子学国家」であった朝鮮は、自国を近代化するのにどのようなヴェクトルを選択したのだろうか。単に自国の伝統に回帰しようというヴェクトルであったわけはない。北朝鮮も韓国も、近代化の時期には朝鮮王朝の朱子学的伝統を徹底的に批判し、否定したからである（ただし韓国の場合は朴正熙政権時）。自民族の中の朱子学的遺伝子を撲滅することが、北朝鮮および韓国の至上命令だとされた。しかし、表面上の「撲滅キャンペーン」とは裏腹に、その近代化の内実は、ある視点から見れば、「不完全な朱子学社会」を「より完璧な朱子学社会」に変革する試みであったということもできるのだ。それが南北同時に展開された華々しい「主体化の競争」なのであった。

北朝鮮の事情も少し念頭に置いておこう。

黄長燁《ファンジャンヨプ》（一九二三〜二〇一〇）は、北朝鮮の最も重要なイデオロギーである「チュチェ（主体）思想」を実質的に構築した哲学者である。彼もまた朴鍾鴻と同じく日本の植民地下でドイツ観念論など西洋の哲学を学んだ。

「チュチェ（主体）思想」はもともと、中ソの覇権争いのはざまに立った北朝鮮の外交上の戦略論として提起されたものであるが、一九六六年に転回点を迎えることになった。この時、黄長燁は階級の利益のみに奉仕する思想を捨て、全人類、全社会に奉仕する思想を編み出したというのである。個人の生命は有限だが人類の生命は無限だと考えた。

この思想の現実的成果が、「社会政治的生命体論」である。これは、次のような思想である。人間の生命には「社会政治的生命」と「肉体的生命」の二種類がある。後者は親によって与えられるが、これのみでは動物と変わらない。人間が人間たる所以、すなわち主体的かつ革命道徳的存在たる所以は前者を持つからであるが、これは偉大な首領・金日成によって与えられるのである。ここに、全国民を「社会政治的生命」の革命道徳の多寡によって〈主体化〉し〈序列化〉する思想が完成したのである。本章では北朝鮮における〈主体化〉〈序列化〉の問題を主題的には扱わないが、ここまで視野に入れておくことは、東アジアにおける「朱子学化する近代」の伝播と交錯という問題として重要なことだと考える。そして人間の生命を「肉体的生命」と「社会政治的生命」に分ける世界観は、日本の国体論と酷似していることに気づくなら、日本の「朱子学化された天皇論」が海を渡って北朝鮮に影響を与えた可能性にも容易に気づくであろう。つまりキリスト教的（パウロ的）な「霊による生命」論や、日本国体論の「歴史的生命」論と、北朝鮮の主体思想は同型なのである。

おおよそこのくらいの認識を前置きにして、朴鍾鴻の思想を検討してみよう。

2　朴鍾鴻の生涯

◆「韓国」と「哲学」を結ぶ人生◆

朴鍾鴻（号・洌巖／一九〇三～七六）は大韓民国の著名な哲学者である。彼は植民地から解放された韓国において、「哲学」を学問として定着させたと同時に、「哲学」によって民族と国家を鼓舞し統合するという役割を果たし続けた。

洌巖は一九〇三年七月一日（陰暦）に平壌で生まれた[1]（本貫密陽）。一九二〇年に平壌高等普通学校を卒業した翌年、全羅南道・宝城普通学校の教師（訓導）となり（翌年大邱寿昌普通学校に転出）、その後一九二五年、朝鮮人としては困難といわれた日本文部省の中等教員資格検定試験に合格して翌年、大邱高等普通学校の教師となり、国語（日本語）と漢文を教える。ここでの授業は、危険を顧みず、朝鮮総督府の教科書以外に『三国史記』『三国遺事』『龍飛御天歌』や郷歌など韓国の歴史・文化に関しても講義するというものだったという。(2) 一九三二年に京城帝国大学哲学科を卒業、一九三四年には同科の大学院を修了した。一九三七年に梨花女子専門学校の教授（哲学）となる。この時の教え子には、その後女性として社会の指導的地位に就く多くの「新女性」がいたという。(3)

解放後、京城大学（一九四五）・ソウル大学校（一九四六）の教授（哲学）、後にはソウル大学校大学院長（一九六二）となり、一九六八年に停年退任するまで、その感動的な名講義と数多くの著作・論文およびエッセイによって韓国の哲学界を主導し、また一般国民に対しては「韓国人の哲学」「哲学的な韓国人」の確立の必要性を精力的に啓蒙した。ソウル大学校退任後は、成均館大学校大学院長（一九六九）・漢陽大学校文理大学長（一九七〇）などを歴任する。また同時に韓国哲学会・韓国思想研究会・陶山書院（李退渓の書院）・茶山学会・退渓学研究院の会長・院長を歴任するなど、大学外での「韓国哲学」確立の活動にも力を注いだ。

彼の経歴の中で常に関心事となるのは、その晩年における思想と行動である。一九七〇年十二月、洌巖は朴正熙大統領の教育文化担当特別補佐官となって青瓦台（大統領府）に入ったのである（一九七五年十二月まで）。そしてそれ以前、一九六八年十二月に宣布された「国民教育憲章」に関しては、その起草委員となって重要な役割を果たしたのであった。「国民教育憲章」は日本の「教育勅語」の韓国版であるとの評価がなされる場合が多く、「進歩的」陣営からは朴大統領による独裁と民族分断固定化への動きの象徴として、厳しく批判されつづけたものである。

洌巖がこの「国民教育憲章」に何を託したのかに関しては、本章の扱う範囲を超える。しかし韓国人としての精神的統合を哲学によって果たそうと目指した洌巖にとって、「国民教育憲章」の起草は誇るべき大きな仕事であったことは確かであろう(4)。

◈「韓国哲学」へ◈

洌巖は四十二歳で解放を迎えるまでの半生を、日本の植民地下に暮らした。

そして植民地朝鮮において彼は、中等教員資格検定試験合格、専門学校入学資格検定試験合格、京城帝国大学および大学院入学、女子専門学校教授就任という、朝鮮人としては極めて狭き門を次々に通り抜け、ついに講壇において「哲学」を教授する立場となる。

この外面的な姿からは、民族精神に身を捧げ抗日の魂を理論武装化するという、植民地思想家のひとつの典型とはかなり異なる像が結ばれうる。

実際、彼が学校という制度で受けた哲学教育の軸はドイツ観念論および現象学を中心とした西洋哲学であったのだし、自らが講壇に立った後も、主に西洋哲学を軸とした講義を行なったのである。一九三五年には日本の『理想』誌に「ハイデッガーに於ける地平(Horizont)の問題」を発表してもいる。

しかしながら彼の深層には、民族主義的な思想の真髄が脈々と流れていた。若き朴鍾鴻は東学に深く傾倒したことが、著作の随所にて語られている。東学思想への傾倒は後年になるまで続き、天道教団や『韓国思想』誌とも深い関係を保っていた。また彼の処女作は十九歳であった一九二二年四月から十二回にわたって

『開闢』誌に連載した「朝鮮美術の史的考察」であるが、これは日本人による朝鮮美術解釈に刺戟を受け、民族的な自覚を強く意識しつつ書かれたもので、当時から高い評価を得たものである。その後も洌巖は解放前に、李退渓（一九二八）や四端七情論争（一九四〇）など韓国儒学に関する論文・エッセイを発表し、解放後も「韓国哲学」の研究と発表は休みなく続いたのである。

洌巖の「韓国哲学」への深い造詣と研究が大学の講壇において体系的に披瀝されるのは、しかしながら、一九五九年にソウル大学校にて「韓国哲学史」の講義を始めてからのことである。これは韓国の大学において初めてなされる「韓国哲学史」講義であった。六年間続いたこの講義は当時学生たちに大変な人気を博したといわれる(5)。

このような洌巖の思想的背景から容易に推測できることであるが、彼の「韓国哲学」ないし東洋哲学に対する接近は、つねに西洋哲学の方法論との比較・緊張の上に成り立っていた。この点が、植民地時代に「実学」など民族独自の思想を高く宣揚した多くの民族主義的思想家とは一線を画する点である。

そして洌巖の究極の課題は、西洋哲学によっては解決することのできない哲学的あるいは現実的な諸問題を、いかにして東洋哲学は解決しうるのか、という点に絞られて来る。

そしてさらに具体的には、現実の「韓国」という国家、「韓国人」という民族が直面している諸問題を、哲学はいかに解決しうるか、という問題に収斂する。そのために、「韓国人の問題を解決するのは西洋哲学でもインド哲学でも中国哲学でもなく韓国哲学だ。そしてその韓国哲学を担うことのできるのは韓国人しかいない」というテーゼを打ち出し、積極的に「韓国人の、韓国人のための、韓国人による哲学」を探究してゆくのである。

そのようないわゆる「一国知」の性格を現在の観点から批判するのはたやすいことだが、イデオロギー的に批判するだけでは「一国知」の持つ歴史的な文脈での役割を正確に把握することすら難しい。重要なのは、その知の内在的な構造を理解した上で、歴史的な位置づけをすることであろう。

◆分析の射程◆

さて、洌巌思想の全体像を把握することは、私の現在の力量を超える作業である。たとえば最も重要な著作のひとつであるとされる『否定に関する研究』(一九六〇、哲学博士学位論文)を私はいまだ検討するに至っていない。

それゆえ本章では、洌巌が初期から晩年期に至るまで一貫してその思想の根幹として提起し続けた〈向内〉／〈向外〉という枠組を中心に、検討することとする。これは『哲学概説』(一九五四)において西洋・東洋の全哲学史を貫通する方法論的枠組として定立されて以来、晩年に至るまで継続して維持された洌巌の根本的な世界観である。ここにいかなる意図が籠められているのかを探ることにより、洌巌の「韓国哲学」の方法論的特徴を発見することができるであろう。

3 〈向内〉と〈向外〉

◆ふたつの方向性◆

洌巖が〈向内〉／〈向外〉の枠組みで語ろうとする基本的な問題意識は、次の文に明確に現われている。「時には外に、時には内に、人間の自己発見は歴史上、反対方向に展開されて来た。しかし向外・向内の相互浸透する具体的な現実を正しく解明することなきまま、向外は表面のみを、向内は内のみを模索して突っ走るところに、今日の人間は自滅の恐怖の前に震えたり、あるいは虚無主義の淵でもがくことになったのだ。人間のいわゆる自己疎外が極端まで行き着いた果てに、人間喪失の叫びが高まるのみなのである」[6]。

これは『哲学概説』から継続して維持された哲学者・洌巖の根源的な憂慮である。この哲学的憂慮を解決するのが、洌巖の生涯の使命であった。

〈向内〉はユングによる人間の心理的類型のうち「内向型（Introversionstypus）」の、〈向外〉は同じく「外向型（Extraversionstypus）」の影響を受けて命名されたものであるようである[7]。しかしこれを〈向内〉〈向外〉という用語に変形して使用するに際して、その厳密な定義は下されておらず、ただ単に「現実把握のふたつの方向」として「内に向かう」「外に向かう」という漠然たる説明がなされているのみである。

具体的には、西洋哲学史において、〈向内〉の例としては古代ギリシアの快楽主義、同じく懐疑学派、宗教改革、ドイツ神秘主義、キルケゴール、ヤスパース、マルセル、ニーチェ、ハイデガー、サルトルなどが挙げられ、また〈向外〉の例としては古代ギリシアの詭弁論者、ルネッサンス、プラグマティズム、唯物論などが挙げられる。そして最後にこの〈向内〉と〈向外〉の双方に問題点と限界があることが指摘される。たとえば「実存思想と科学哲学は、互いに背馳するものではなく、本来はひとつしかない道をそれぞれ一面的に抽象化したものにすぎない(8)」とされ、〈向内〉と〈向外〉に分離した西洋哲学の致命的欠陥が説明されるのである。そして結論的には、「向外的な真《まこと》と向内的な誠《まこと》(9)」がひとつのものとして把えられているのが東洋哲学であるとし、その中でも韓国人はまず韓国哲学を知らねばならないと啓蒙するのである。

◈儒教との関係◈

ここには、韓国人としての洌巖の戦略が隠されている。すなわち、最終的に彼が擁護したかったのは、恐らく、韓国の朱子学的伝統だったのである。というのは、植民地時代の多くの思想家のように「実学」や東学をいくら高く評価しても、韓国思想の本流である朱子学を低く評価したままでは、真の意味での「韓国哲学」は浮上して来ないことを洌巖は熟知していたからである。

それゆえ、まず東洋哲学という大きく、かつ比較的曖昧な範疇を設定してそれが〈向内〉と〈向外〉を一体化したものであると全体的に規定しておき、その具体的な内容において、主観的な心の誠と客観的な事物の理との一致を説くのであるが、このふたつは無媒介的・即自的に一致するのではない。それでは心＝理となってしまって陽明学の考えとなる。心そのものが理であるというのはまさに〈向内〉的な規定そのものであり、〈向外〉の側面が抜けてしまう。正しくは、心と事物の理とは、前者が後者に「格《いた》る」という作業を経て初めて一致するのであり、つまり心に具わった理という〈向内〉は、格物という〈向外〉を通して初めて、全きものとなる。これは朱子学の考えである。すなわち朱子学こそが、〈向内〉と〈向外〉の一体化（未発工夫と已発工夫／全体大用）を最も精緻に理論化した哲学なのだ、という結論になるのである。

洌巌はこのように明確なかたちでの朱子学擁護の論を張っているわけではないが、彼が朱子学について語る際には常に客観的な理の側面を〈向外〉として把え、誠意という〈向内〉と一体化した哲学体系として高く評価するのである。

またこれとは別に、恐らくは洌巌自身も自覚してはいないが、この〈向内〉／〈向外〉の方法論自体が、儒学、特に朱子学的な思惟方法のもとに成り立っていると考えられる、もうひとつの重要な理由がある。そして本章の主題は、まさにこの問題なのである。

それは、洌巌哲学において、〈向内〉と〈向外〉は単なる二元論的に固定された〈内〉と〈外〉の相互関係なのではないという点にある。固定された〈内〉と〈外〉の関係と考えると、〈向内〉／〈向外〉の方法論は矮小化されてしまう。

その方法論の持つ特徴は、次の二点にある。そしてこの両者は基本的に、儒学の論理構造とパラレルなのである。

①〈内〉と〈外〉の多重的運動構造　②〈向〉概念の二重性

次に、この両者を検討してみよう。

4 〈内〉と〈外〉の多重的運動構造

◆儒教的多重性◆

まず、〈内〉と〈外〉の多重的構造を調べてみる。

それは、単純に人間の内面を〈内〉とし、社会的側面を〈外〉とするのではない。むしろ、一次的な段階における〈内〉と〈外〉が、次の第二次的段階においてはひとつの〈内〉となり、その外部に新たな〈外〉をつくり出してそれと対をなす。さらにその次の第三次的段階においては第二次的段階における〈内〉と〈外〉がひとつの〈内〉となって、外部の新たな〈外〉と対をなし……という式の多重的運動の論理である。

この論理の原型はどこにあるのであろうか？　西洋哲学を深く体得していた洌巖であるゆえ、弁証法などの影響もあるであろう。彼は特にヘーゲル哲学の造詣が深かった。しかし私は、より根本的には儒教にその淵源を求めうると考えるのである。『孟子』の「及」「推其所為」「拡而充之」[10]などの「拡充」の論理にその原型を求めることもでき、より明確には、『大学』の論理構造（そこで説かれている概念の意味内容ではなく、その構造のみをここでは問題にしている）と同型なのである。

次にこの論理運動の展開過程を順に追ってみよう。

◆〈内＝意識〉の段階◆

洌巖哲学の〈内〉と〈外〉において最も基本的な〈内〉は「意識」である。それは、〈向内〉の究極は「意識一般」であるがゆえである。「意識一般は、自己内反省において主観の向内的活動がそれ以上もはや後退することのできない最終の限界線であるといえるもの[11]」なのである。

洌巖はまた〈外〉を「意識されるもの」、〈内〉を「意識するもの」と把握しもする。「意識されるものは私を外に超えて限りなく拡がってゆく。意識するものは私を内に超えてやはり限りなく深まってゆく。向外的には広く向内的には深いものが、人間の世界である[12]」。

洌巖の「意識」は、儒教というよりはむしろ現象学などの影響を強く受けているかのようにも見える[13]。しかし、この「意識」には、やはり儒教の「意」が反映されてはいないだろうか。

つまり、朱子の修養論における未発工夫と已発工夫のうち、心意の発動を指す已発（敬の用）からさらに遡って、心意の未発動を指す未発の工夫すなわち敬の体を重要視する立場からの影響が考えられるのである。

◆〈内＝誠意〉／〈外＝客観的理法〉の段階◆

次の第二段階においてはまず「誠意」が強調される。そしてこの時、〈内〉としての「誠意」と対になる〈外〉は、「客観的理法」である。

「誠意」は「誠実性」「誠実な人間の本性」「内面的な誠実性」などと呼ばれもし、「客観的理法」は「客観的事理」「自然の法則」「科学的理法」などとも呼ばれる。

「誠意と客観的な事理に対する洞察がすきまなくひとつに結合され、確固たる信念となっているならば、つねに躊躇なく、たとい千万人に対しても堂々と自分のすべきことはやり遂げるという勇気が生まれるであろう(14)」。

「勇気」を語る時にも洌巖は、孟子の「不動心」や「自反而縮（自ら反《かえり》みて縮《なお》し――自分はどこまでも正しい）」などの人間の内面的な正当さのみを強調するのではなく、客観的な理法の側面をも強調するのを忘れない。これは朱子学的な思惟方式を継承したものだということができる。

またこの客観的理法は「自然の法則」であり、それゆえ自己の内面性と繫がっているものではあるが、その客観性の探究は外部世界において行なわれなければならない。この点で陽明学的な思惟方式とは異なる方向性であるといえよう。「客観的理法」は「内面的誠実性」に対する「客観的条件」であることを明らかにする次の文は、陽明学批判と読むこともできるであろう。「人間の内的生活にのみ重点を置いた実存思想は、（逆に）社会的・客観的な理法を無視することはできないことを明らかにしたといえよう。客観的条件を無視した内面的誠実性の無力さを悟ったのである(15)」。

客観的世界に対する「格物致知」を無視した「誠意」を厳格に警戒する朱子学の立場を継承しようとする意志をここに認めうるであろう。

実際、洌巖は韓国哲学史の再構成作業において、朝鮮に陽明学の伝統がほとんど微かである事実と終始対面せざるをえなかった。それは、著作において陽明学について語らない部分において逆に、より明瞭なかたちで露わになっている。洌巖が陽明学のかわりに朝鮮思想史において見出したのは、「実学」と東学であった。ここに彼は、朱子学的伝統＝〈正〉に対する〈反〉としての「自生的」な思想の脈を発見したといえる。もと「実学」や東学は植民地時代の思想家たちによって発見され、あるいは再解釈されたものである。しかし洌巖の場合は、西洋哲学に対する深く全般的な理解を背景にして、「実学」や東学の近代的意味を再構成したという点が際立っている。

またここには、韓国知識人の特徴が宿ってもいる。すなわち、中国の現代新儒家たちは、中国の儒学伝統を評価するのに表面上は朱子学的伝統と陽明学的伝統の両者に高い価値を与えているように見えるが、内実は陽明学の方により心情的な思い入れをする傾向が認められる。(16) しかし韓国の儒教的伝統肯定論者たちには、そのような特権は与えられていないのである。

さて、洌巖のいう「誠意」は、『大学』における「誠意」を指すだけでなく、「正心」「修身」にまで拡大した概念であると考えられる。ゆえにこれは、大きくいえば「修己」の側面である。これに対して「客観的理法」は〈向〉概念(後出)と連結して『大学』における「格物」「致知」とその論理的構造をパラレルにしているのである。

◆〈内＝主体性〉／〈外＝民族〉の段階◆

その次の第三段階は、〈内〉としての「誠意」と〈外〉としての「客観的理法」が一体化し、ひとつの人格としての〈内〉となる。洌巖はこれを「主体性」と呼んでいる。そしてこの〈内＝主体性〉と対になる〈外〉が、「民族」ないし「国家」である。これは『大学』の論理構造においては「国」に該当するものである。

主体性・独立と民族との関係に対して洌巖は次のように説明する。

「主体性を確保するには他に依存しない独立が必要だ。しかし独立は孤立ではない。他と離すことのできない相互連関において初めて自主独立も可能であるだろうし、主体性も生かされるであろう。そのような関係の中で歴史的に形成されて来、今も形成されつつあるものがまさに民族である。民族の主体性は他の民族の犠牲から得られるのではない。互いに相手の特性を生かす時、ともにその意義を発揮することができる(17)」。

まさに民族は今、形成されつつある。その形成に深く関わるのが、〈内〉としての「主体性」と〈外〉としての「民族」とが合体した「民族的主体性」の核たる「韓国哲学」であると洌巌はいうのである。

〈内＝主体性〉が欠如した〈外〉は虚飾にすぎない。それは外部勢力によって「強要された」ものにすぎない。これは当時の現実的な諸勢力に対する批判として現われもする。

たとえば独裁者を次のように批判し、「民族」の主体勢力は「民衆」であることを明らかにする。「民主的主体性の自覚も実践も、実際に行なうのはその民族を形成している人間である。民衆である。ある一部権力層のみが民衆のかわりに行なうことができる性質のものではありえない。……民衆の志を正しく展《の》べるものでないならば、それは仮装された自覚であり、強要された実践であるにすぎない(18)」。

朝鮮民主主義人民共和国（以下、北朝鮮）批判も、真正なる主体性の欠如、という観点からなされる。「北朝鮮で自主云々といっているのは、……党ひいては金日成個人の自主であることを銘記しなければならない(19)」。

次は日本批判の例である。近代化とは何よりもその主体が何であるかが鍵なのであり、真正なる〈内〉としての主体性が欠如した近代化は虚偽にすぎないという。「（朴泳孝や金玉均）以後の開化は、日本人によって強要された「外皮だけの開化」であった」「今日に至って日本人の中にあたかも韓国は彼らのおかげで近代化に目を開き始めたかのように語る者があるなら、誰よりもそのように語る日本人自身が、近代化とは何なのかを知らないのであろう。実に日本人が韓半島に残した開化は精神を喪失した、魂の抜けた「阿呆開化」」

「人間として人間の役割を果たすための主体的自覚に、近代化の精神的な実が籠められている」[20]。

このような視座は、近代化をめぐる言説の再構築のためにも重要であると思われる。洌巖は、植民地収奪論（朝鮮は植民地期に日本によって全面的に収奪された）のように朝鮮は全き客体であったなどと語っているのではない。植民地近代化論（朝鮮は植民地期に近代化を進めた）を一部認めながら、その近代化の部分を単純な動機論（たしかに朝鮮は近代化したが、それは日本が朝鮮のためにしたのではなく日本の侵略のためにしたとする論）によって否定しているのでもない。また、植民地近代性論（朝鮮がたとえ植民地期に部分的に近代化したとしても、その近代性とはフーコー的な意味で好ましくないものなのであり、したがってそのことを批判しなければならない）のように近代化自体の価値を過小評価しようというわけでももちろんない。あくまでも近代の枠組みの中での議論であるという批判は容易に提起されうるが、実際は近代という枠組みの「中」ではなく、近代の「外」から「中」へと突入しながらその「中」の自己完結性を内破して再び「外」へ出てゆく運動の理論なのである。それを具体的に示したのが「主体性」という言葉なのだった。

また同じ脈絡で、「国籍」の欠如した近代化が批判される。「国籍のない近代化とはいうまでもなく、危険千万なことである。われわれはあまりに辛い経験を重ねて来た。独立国家の自主性が意識的に確立されることによってのみ、科学も技術も意義のある発展が可能なのであり、われわれの近代化が正しく推進されるであろうことを悟らねばならない」[21]。このような視座は、朴政権時代から遠く離れた民主化以後の韓国においても脈々と受け継がれているのである。

◆〈内＝韓国〉／〈外＝世界〉の段階◆

次の第四段階に至ると、〈内＝主体性〉と〈外＝民族〉が一体化し、ひとつの民族としての〈内〉となる。これこそが真正なる「韓国」である。そしてこの〈内＝韓国〉と対をなす〈外〉が「世界」である。これは『大学』の論理構造では「天下」に該当する。

「われわれが世界に出て行こうとする膨張意欲はひとつの遠心力であり、国内総和はひとつの求心力なのであって、このふたつが最大の力を同時に発揮する時[22]……」。

この段階では、〈向内〉は「求心力」、〈向外〉は「遠心力」として把握されており、「国内総和」があってこそ世界への「膨張」がありうると説かれる。これは、時代の現実に即応した要求でもあった。たとえば「KOTRA（韓国貿易協会）マン」を鼓舞する文において洌巖は、「海外通商発展によって国富発展を達成すべき今、KOTRAのごとき組織は「国のエリートであり真実の意味の愛国者」であるとし、「国力を拡大させ国威を轟かすための組織体であるという点でKOTRAは新羅時代の花郎徒に似ている[23]」というのである。花郎徒は新羅時代の青年貴族戦闘集団だが、朴正熙政権時代に、国家の統合のため戦う精神の象徴として盛んに利用されたのである。

また「ひとつの民族」を「分裂」させる元凶として北朝鮮は、次のごとき論理によって批判される。「民族団結に同意しつつ、なぜ金日成はいまだに分裂を主眼とした闘争を輝く伝統であると固執するのか？　大韓民国の民族史的な正統性、それはひとことでいってわれわれ民族の総和団結である。すべての階級も党派も超越した総和団結の一体感をそのまま継承・高揚するのが平和統一の道である[24]」。

「すべての階級も党派も超越した総和団結の一体感」の実現を説くことによって国民を創造してゆくという運動は、日本も韓国も北朝鮮も同型であるといえる。北朝鮮は階級闘争の国家であるが、不断の闘争の末に革命道徳の一枚岩的国家を形成したとされた。しかし大日本帝国の場合は一枚岩的国家を実現する〈主体性〉のために天皇という存在が必要であった。また北朝鮮では人民の革命的〈主体性〉を説いたがそれはオボイ首領としての金日成によって与えられるものであった。洌巖の場合には、理論上は天皇や首領を必要としない、すべての韓国人が等しく持っている「意識を誠にする」という〈向内〉的な〈主体性〉を基礎としているという点で、より近代的でありかつより儒教的であったといってよいのである。

◆〈客体の主体化〉と〈主体の客体化〉の循環運動◆

以上のごとく洌巖哲学の〈内〉と〈外〉の構造を、儒学的に再構築することができた。このように〈内〉と〈外〉とは固定的にその外延が決定されているのではなく、段階ごとにその内容を異にしつつより包括的な〈外〉へと拡大してゆくのである。

ところで洌巖哲学には、この〈内〉と〈外〉の多重的運動の構造を支えている論理がある。つまり、低い段階における〈内〉がいかにしてより高い段階の〈外〉を設定し、次にこの〈内〉と〈外〉とがひとつの〈内〉として合体しうるのか、そのメカニズムの論理である。そしてこの論理は、洌巖哲学の核心のひとつであると考えられる。

それは〈客体の主体化〉と〈主体の客体化〉の循環運動である。

「能動的かつ未来的な行為としての生は、まず第一に客体を単に知的に認識するのではなく、すなわち客体を主観化する意識作用ではなく、客体を主観化する行為として営為される。……いってみれば、客体からその自然性ないし独立性をまず剥奪してしまう過程であると見ることができる。……それゆえに生は第二に、主体を客観化する運動として現われる。このように建設ないし創造は、主体の意図に応じて生起する客体の変容であるため、主体の客体化を意味するのである。……客体の主体化としての人間の環境支配と、主体の客体化としての制作・建設は、われわれ人間の自立性・自発性の致すところということができ、無限の未来性と発展性を内包している。……しかし主体によってつくられた客体がすでに主体から一旦解放され独立する瞬間、すべての対象を自己に隷属させていた主体の自発性はその実現の限界においてむしろ自発性を喪失するのであり、この時において新しく独立性を獲得した客体が再び新しい行為に対する所与として現われうるのは無論である。ここに一種の循環運動を見ることとすらできるが、いずれにせよわれわれの行為は客体の独立性を剥奪することから出発して再びその独立性を賦与するに至って所期の意図を実現する。この新しくつくられた客体は単に主体の意識のみによって形成されるのでもなく、眼前に横たわる対象そのままで成立するものでもない。この客体の主体化ないし主体の客体化としての行為としてつくられる新しい世界こそが、人間が創造した最も人間的な世界であろう[25]」。

西洋哲学、特にヘーゲル的な思考方法を充分に摂取した地平での行論であることは言を俟たない。最も近似した思考としてはヘーゲル『精神現象学』の「自己意識」章を挙げることができる。それだけではない。京都学派の哲学に慣れ親しんだ人なら、ただちに西田幾多郎の「対立的無の場所と真の無の場所」論(「場所」)や「行為的直観」論を想起するかもしれない。しかしこれは単なる西洋哲学的思考や西田の踏襲であるというよりは、むしろ儒学の思考方法の土台の上での行論なのである。

洌巖哲学において〈客体の主体化〉と〈主体の客体化〉の循環運動によって達成されるものは「止揚」なのではなく、むしろ儒教的な「拡充」であるという点が重要である。それゆえこの「拡充」を説明する論理が弁証法であるのだとすれば、これを〈弁証法的拡充〉と名づけてもよいであろう。事実、『大学』の八条目における各段階への乗り超え、あるいは「明明徳」から「新(親)民」へと超えてゆく時の主体性論理は、「推及」(『大学或問』)や「拡充」(『孟子』)以外には哲学的説明が不足であるともいえる。それゆえここで一時的に名づけたところの〈弁証法的拡充〉の論理こそ、朱子学の「全体大用」運動のメカニズムを西洋哲学的な方法論で理論化したものであるともいえるであろう。このような意味において、洌巖哲学を韓国版の現代新儒家とみなしてもよいと私は考えるのである。

5 〈向〉概念の二重性とその総合

◆〈向〉のふたつの意味◆

私は洌巖哲学の〈向内〉/〈向外〉を、①〈内〉と〈外〉②〈向〉という、次元を異にするふたつの概念に分けて考察している。

前節では①〈内〉/〈外〉の多重的構造の側面を検討した。次に本節では、②〈向〉という概念の性格を検討しよう。

まず〈向〉には大きくふたつの意味がある。ひとつは「知る」というものであり、もうひとつは「実践する」というものだ。〈向内〉を「自覚」すなわち「知る」とし、〈向外〉を「建設」すなわち「実践する」と把握する場合もあるが、主に〈向〉概念自体に「知る」と「実践する」のふたつの意味が内包されている。それゆえ〈向内〉／〈向外〉は①〈内〉を「知る」／「実践する」②〈外〉を「知る」／「実践する」という重層的な構造を持っているのである。

この「知る」と「実践する」の二重構造は儒学でいう「知」と「行」の二重構造と比較することができる。儒家が究極的にはこの二者が不可分であることを強調するのと同様、涮巖もこの二者はふたつでないことを強く主張する。そして「知る」と「実践する」が合致してひとつとなる時、それこそが真の「創造」なのであると主張するのである。

ここには、李退渓の知行説を朱子（知と行に先後関係を設定する）のそれとも王陽明（知と行はそもそも合一であるとする）のそれとも異なる「知行互進説」として定立した涮巖の思想が反映されているであろう[26]。

◆「知」の側面と「実践」の側面◆

われわれが客観的理法を知るという時、その不変性と可変性に対して涮巖は次のように語る。「客観的理法を無理に自分の都合のよいように変えることも曲げることもできない。それゆえに客観的なのである。しかしその客観的理法をいかにして生かし、何に用いるのかという時と場の都合によっては、いくらでも異なりうる[27]」。

つまり客観的理法を変えることができるか、という問いに対して、涮巖は儒家のいう不変の「道」と可変の「権」の関係によってこれを把握し、答えているのである。

次は客観的理法と〈主体〉との関係、すなわち「自然の理法を利用する創意」に対する考えだ。「すべての制作は客観的理法と一致する時にのみ可能なのである。……しかし人間の制作的行為はこの客観的理法に対する奴隷的な受容からではなく、その理法によく通じ熟達してその理法の主人になることによってなされるのである(28)」。

このように推進された「知」は、受動的なものであるだけではならない。前節の〈内〉と〈外〉の全段階において、それは能動的にも推進されなければならないというわけだ。

次の文は、〈内=韓国〉/〈外=世界〉の段階における〈向内〉的な知と〈向外〉的な知に対する説明である。「韓国を他者に知らせるためにも、われわれ自身がまずわれわれの韓国をよく知らねばならないはずだ。われわれはたしてどれほどわれわれを知っているのか」「今日の韓国を知らせることは、この国の青年たちの覇気に懸かっている。祖国を愛するその情熱に懸かっている(29)」。

それゆえこの「知」は、普遍的な法則のみを指すのではない。特殊性・現実性に対する深い思索が要求される。次の文は一九六二年、つまり朴正熙による軍事クーデター(一九六一)とその後の政権獲得直後に書かれた文である。「本などを読んで頭の中で思想的につくられた理想が一般的な性格を持つものとするなら、韓国の歴史的伝統、特に今日の現実的な情勢の特殊性と結びついてひとつの目標となる時、われわれの生き生きとした理念としての力を具えることになるであろう(30)」。すなわち、「韓国」「韓国人」という冠を被せられた「知」への追求が、国家の統合と建設と発展のための至上命令として熱情的に語られるのである。このように、「知」の〈向〉つまり方向性が、国家・国民と関連づけられる時にこそ「生き生き」とする、という言説の構造は、国家をひとつの有機体とみなし、「知」はその有機体の血液・栄養素などの生命エネルギーとして類推されるという論理構造に接近する。この意味でこれは朝鮮王朝時代の士大夫や北朝鮮主体思想のイデオローグたちとその言説の性格を同じくしているといえるであろう。洌巖は韓国における近代的思想の擡頭として、「公論は国の元気である」という李栗谷の言葉を引き、国是・国家理念の意義を第一に挙げているのである。(31)

次に検討されるべきは「実践」の側面である。

まず誠実性と主体性が欠如したいかなる「実践」も洌巖は肯定しない。「誠実性を欠いた自覚も、つまり主体性も想像しえない」「誠実性も自覚もそれが徹底したものであるためには、一貫性を以て外へ、力強い実践へと発出せねばならない。実践と遊離した主体は主体ということすらできない。主体は思考の主体であるよりは元来が実践の主体であるし、主観といわずに主体という理由がここにある。主体の生命は実践にある(32)」。

すなわち、いかなる哲学的「知」といえども、究極的には「実践」に行き着くことを前提とされているのである。もちろんすべての行動が「実践」といえるわけではない。「独裁者にへつらうために演出されるすべての行動が実践であるわけは絶無である。この点においては南北間の区別がありようはずもない(33)」。それゆえ実践において自由はなくてはならないものである。「自由な思想を基盤にした行動のみが真の実践でありうる(34)」のである。

◆知と実践の総合——創造的知性へ◆

洌巖は客観的知識や理論の重要性を説くが、それだけでは決して充分だとはいえず、「新しい知性」としての「創意的知性」を強調する。それは歴史を創造する知性である。「知ること」と「実践すること」の総合が、「つくること」だ。洌巌が究極的に主張したのはこの「つくること」すなわち「創造」である。[35]「今日の知性は過ぎ去った歴史を学ぶことに終始する知性であってはならない。今日の歴史をつくる知性でなくてはならない[36]」。

一九五四年の『哲学概説』においてすでに「建設」「創造」が力強く主張されたが、やはり「創意的知性」が最も強く主張されたのは、一九六〇年の四・一九革命の時であった。[37]「四月革命には明らかにひとつの創意的知性が芽生えたのである[38]」。

それは生命を懸けた決断の力であった。「絶対的な冒険の前に立つ決断」「繰り返しでもなく、他者の真似でもない究極的な唯一の決断」「死を賭した決断[39]」として高く評価されるのである。

決断は、未知の知の中へ飛び込むことである。「(四月革命は)実に今までに何々の思想、何々の理論といってすでにつくられてあるいかなる知識に土台を置いて達成された革命でも決してない[40]」。それゆえ高貴な使命を感じた知性のみが敢行することができるものであり、それこそが良知なのである。「高貴な使命を自覚した知性」「ただ客観的な知識にのみ終わるのではない良知・良識というのはまさにこれを指していうものであろう[41]」。ここに至って洌巌の〈理〉は朱子学を超え陽明学に飛び込むかのような印象を受ける。しかしすぐに冷静さを取り戻し、この知性はただ内面的な情熱・使命感のみによって達成されるものではないのはいうまでもないと釘を差す。たとえば創意的知性と実存・科学との関係を次のように説明する。「四・一九義挙にて発揮された知性は、ひとつの創意的な知性としては使命を自覚した倫理的なものであると同時に、客観的な理法に符合したそれであった。創意的な知性はいかなる混合物でもない。ひとつの純粋な知性である。そうでありながらそれはその中に〈向内〉的な知識が、実存の真実性と〈向外〉的な科学の客観的知識とひとつとなり発現したものである」[42]。

『哲学概説』は朝鮮戦争の廃墟の中で新しい建設・創造への出発を力強く叫んだものであり、六年後の一九六〇年に遂に現実的にその建設・創造の機会が訪れたのであった。「われわれの創造的建設は同時に新しい世界建設に参与する所以となるであろう。私はすべての哲学の窮極的課題はここにあると考える。そしてこの道を探して戦うところにわれわれの生の意義があり、われわれの国家建設の明らかな方向が現われるであろう。われわれはもう少し堅固な信念を持とう。われわれの先人たちはこの道を開拓しようと戦った。この道を歩む途中で倒れた。われわれは何を明らかにすべきなのか。何をすべきなのか[43]」。

この叫びに近い宣言は、朝鮮戦争後、「不安」「絶望」という言葉や虚無主義が力を得ようとしていた時代に、若者たちに多大な影響を与え、四・一九への精神的導火線のひとつとなったのは確かであろう。

しかしここに、建設・創造の「内容」を読み取るのは困難である。語り手にとっても読者にとっても、重要なのは「内容」ではなかった。建設・創造への哲学的・道徳的原動力なのであった。そしてその根底には、「国民」の精神的統合という課題があった。さらに国民の〈主体化〉と〈序列化〉という東アジア近代に共通のプロジェクトがあった。それゆえにこそ、「国民」の精神的統合と〈主体化〉を叫ぶ新興の政治勢力（朴正熙）が強力に登場して来た時、洌巖は容易にそれに接近しえたのであった。

6　朴鍾鴻と「韓国哲学」

◆「韓国人」の「哲学」◆

「われわれは韓国人だ。われわれは韓国思想を問題にする以前にすでに韓国人として生きている。韓国人が韓国人として生きるところに、韓国思想も生まれたのであり、またそれを問題にしもしたのである。外国人は韓国思想を研究の対象とすることはできるが、自ら韓国思想を生むことはできない。外国人は端的にいって韓国人ではないのだし、われわれのかわりに韓国人の人生を生きてくれるわけでもないからだ(44)」という一文に始まる「韓国思想研究の構想」(一九六〇)は、韓国の青年たちに大きな使命感と自信を与えた名文として長く記憶されることになった。

そしてこの後、韓国における「韓国哲学」は隆盛への道を歩むことになる。特に一九八〇年代には、それまでの西洋化に対する根本的批判意識が韓国社会を蔽うに伴い、東洋哲学への関心が燎原の火のごとく拡り(それは金容沃の『東洋哲学、いかになすべきか』の大衆的・爆発的人気に象徴されよう)、「ウリコッ(われわれのもの)探し」ブームの最も「奥深い」分野としての「韓国哲学」に対する関心の高まりとなって結晶した。民族文化推進会・伝統文化研究会など一般人を対象とした儒学古典の講習会は、老若男女を集めて盛況を続けた。また学問的次元においても、一九八〇年代には「韓国哲学」の方法論をめぐる学者たちの多様な見解をまとめた『韓国で哲学をする諸姿勢』(一九八六)という本が出版されたり、さらに一九九〇年代に入ってはソウル大学校・高麗大学校・延世大学校・成均館大学校・韓国精神文化研究院などを中心として「韓国哲学」の研究者が輩出し、研究成果も続々と発表されるなど、質的にも量的にも充実化の道を歩んでいる。

しかし「韓国哲学」をめぐっては、いまだにその研究方法論に関する議論において混乱状態にあり、また伝統の持つ現実的な力が強大であるためそれに左右される場合も多く、その他に、根の深い哲学界と歴史学界との確執、儒教・仏教・キリスト教などの間の確執もあり、これらは今後解決してゆくべき問題として残っている。

またそれとは別に、そもそも「韓国哲学」という概念が提起され発展してきた背景に、「一国知」という強力な理念性が存在したことも、当然指摘されねばならない。この一国知は、排他的な対象として特に北朝鮮および日本を設定するという点が、日本の一国知における西洋と中国の排除とは異なっている。一九八〇年代から九〇年代の韓国では、「われわれの大学には韓国哲学という学問分野があるが、日本の大学には日本哲学科という学科もなければ日本哲学という学問ジャンルもない。それは日本人による哲学的な思考の蓄積がないからである」という趣旨の言説がなされた。このように「韓国哲学」とは、洌巌によるその創始のときもそうであったし、またその継承者たちも同様に、「日本＝哲学的知の欠如ないし誤謬」対「韓国＝哲学的な真誠なる知と実践の地」という図式の背景の上に成り立っていることも事実である。

◈韓国人に与えた課題◈

洌巌は「韓国哲学」を創造しようとした際に〈向内〉／〈向外〉という方法論的枠組をその基礎とした。

これは、「韓国哲学」を単に韓国の伝統思想の直線的延長としてのみ把えるのではなく、西洋哲学および東洋哲学の全歴史を貫通する壮大なる枠組のもとに再構成しようという意図が反映された結果なのであった。そしてその〈向内〉／〈向外〉という方法論を支えるのは、儒学の「拡充」概念に内包された多重的運動の構造なのであった。洌巖がこれを意識的に援用したと断定しうる明確な証拠はないが、彼の思考の根底にあるのは儒学の思考方法であると私は確定しようした。

さて、植民地時代に「民族の思想」「民族の哲学」の追究を以て始まった洌巖の哲学道程であったが、その帰結は「国民」という妥協的な一点とならざるをえなかった。それは時代による制約でもあったが、洌巖の思想自体が胚胎しているものでもあった。彼は共産主義を厳しく攻撃している。

それは、民族の伝統思想を継承する際の歴史解釈の問題でもあった。それゆえ「韓国哲学」は排他性を帯びざるをえなかった。「韓国人以外は韓国哲学をすることはできない」というテーゼは、民族としての「韓国人」以外を「韓国哲学」から排除すると同時に、国民としての「韓国人」以外つまり北朝鮮の人びとをも当然「韓国哲学」から排除するものであった。

そして重要なのは、この排他性は、他方の北朝鮮における「朝鮮哲学」である「主体思想」においても、同じように主張されていることである（ただし北朝鮮の「主体思想」は韓国を事大的として排除するが、第三世界などの外国には普及している。自主的であろうとする民族ならば誰でも「チュチェ（主体）」になれるのである）。その根底には、それらの「哲学」を支えるメカニズムとしての朱子学的な論理構造自体がパラレルであるという理由がある。つまりそれらは、本章で検討したように儒教的な、『大学』的な多重的運動構造によって支えられているがために、その構造物は容易に崩壊しえないのである。そしてその背後には、

第3章および第4章で説いたような〈主体〉と〈理〉の序列的構造がある。洌巖哲学も「主体思想」もその内部構造が同じであるがゆえに、きれいな排他的関係を形成してしまうのである。

このように根本的な問題を含んでいながらも、洌巖の「韓国哲学」は、「韓国」「韓国人」という境界性を設定し近代へと駆動してゆく際に要請された概念装置であったといえる。それはたとえば戦後の日本において日本人に〈主体性〉を植え付けようとした丸山眞男が、〈朱子学的思惟〉を解体の対象としたのとは対照的に、韓国の儒教的伝統を否定せず、それの延長線上に近代化を遂げようとするという困難な使命を担っていた。しかし前章で解明したように、丸山眞男が朱子学的な思考態度をその半身として隠し持っていたにもかかわらず、表面上は〈朱子学的思惟〉の解体の推進を叫んだとき、それを読んだ多くの日本人が表面上のメッセージにからめとられ、近代とは朱子学からの訣別であると単純化して理解したのとは異なり、洌巖の場合は韓国の伝統からの離脱という道を採らず、その結果より複雑で交錯した「伝統と近代の接合」という課題を韓国人に与えることになった。その認識と行為を総称して彼は「韓国哲学」と呼んだのである。

第13章　司馬遼太郎の近代観と朝鮮観

——朱子学理解をめぐって——

1　司馬遼太郎と朝鮮

第11章で、丸山眞男がいかに日本の近代というものを誤解したかを語った。その誤解は、自分の半身が持つ〈朱子学的思惟〉に気づかなかったかもしくは隠蔽したことに起因している。そして、近代の日本人が彼の考える〈主体性〉を持たないことへの苛立ちと苦悩を彼は自身の思索の糧としたのであるが、そのような発想自体が〈朱子学的思惟〉であることを指摘する者は彼の周囲には誰もいなかった。東京大学を中心とする学知のシステムがいかに〈朱子学的思惟〉という環境の中にすっぽりはまっていたのかを示す事例である。

さて、日本近代を誤解したのは、何も丸山眞男だけではない。奇妙なことに、近代を生きた近代主義者たちがこの国ではほとんど近代を誤解している。特に日本では近代主義者といえばほとんどが西洋志向（近代の手本は西洋にあるという考え）の持ち主であるが、彼らがほとんど日本近代の本質、つまりそれは日本社会の朱子学化であったということを誤解しているのである。[1]典型的なのは「思想の科学」の同人たちである。

だが、ことは西洋志向の近代主義者だけではない。本章で取りあげるのは司馬遼太郎（一九二三～九六）である。彼の立場は丸山より右に位置するが、「合理的近代」を信奉するという点においては、よりリベラルな他の多くの戦後知識人たちと軌を一にする。彼の根本的な誤謬は、「近代＝朱子学からの脱却」と考えたことにある。つまり彼のいう「合理的」というのは、「反朱子学的」の謂なのである。すると当然、「朱子学から脱却できなかった朝鮮＝反近代＝停滞」ということになるのだが、彼のメンタリティとしては朝鮮を蔑視することはできなかった。だから他の多くの人びとが考えるのと同じく、「朝鮮にも朱子学ではない実学というものがあった。それが近代への入口だったが挫折した」という認識の図式を導入した。

この図式は根本的に誤謬である。本章ではそのことも語るのだが、より根源的な問題は、「近代＝反朱子学」という最初のボタンの掛け違いによって、日本の近代も誤解し、同時に朝鮮への理解の道も遮断されてしまう、という事態なのである。司馬のように良心的に朝鮮を理解しようとした日本の小説家は珍しい。しかしその理解には、彼が自身を「反朱子学的近代論者」と規定した起点そのものに含まれる誤謬が明確に露呈してしまったのである。

本章ではこのことを、主に彼の朝鮮理解に焦点を当てて考察してみる。

◈司馬遼太郎の朝鮮体験◈

司馬遼太郎の朝鮮人観は、基本的にはやさしいまなざしで貫かれている。敬愛のまなざしといってもよい。まず何よりも彼の成長した場所が大阪で、少年時代から在日朝鮮人との関わりがかなりあった、という地点から出発している[2]。「私は、少年のころから多くの在日朝鮮人とつきあってきた。いまも友人の数こそ多くはないが、誇るべき友を幾人ももっている[3]」。すなわち、司馬遼太郎の朝鮮認識というのは、「私は年少のころから朝鮮に魅かれつつも、朝鮮像の大部分は書物と文物によってできあがっており、その朝鮮像の体臭のなさについては、在日朝鮮人との交友によって補ってきた[4]」という具合なのである。

しかしながらこの敬愛のまなざしはあくまで「同血」としての朝鮮人に対するものであって、具体的な朝鮮の歴史に対する認識はこれとは全く違うものとなっている。

その一例を挙げれば、彼の根本的な原理主義嫌い、イデオロギー嫌い、理屈嫌いが、朱子学嫌いと直結して、それがある社会全体に対する否定につながってしまう、という裁断の言説になってしまっている。ここには歴史観と生理的な感情の混同がある。

そしてそこには、「儒教をどう把えるか」という根本的な問題が横たわっているのだが、本章で私が主題的に取り上げようとするのはまさに、この問題なのである。

さて、司馬遼太郎の朝鮮認識が集中的に語られているのは、座談・対談を除けば何といっても次のふたつの作品であろう。(5)

『街道をゆく2　韓のくに紀行』(朝日新聞社、一九七八)：『週刊朝日』一九七一年七月～七二年二月連載

『街道をゆく28　耽羅紀行』(朝日新聞社、一九九〇)：『週刊朝日』一九八六年三月～九月連載

このふたつの作品における朝鮮認識は、執筆時期に十五年の違いがあることから、微妙な断層がある。一九七一年は朴正熙政権時代であり、彼の維新体制樹立は翌年の一九七二年のことになる。その後一九七九年には朴正熙大統領が暗殺されてつかの間の民主化の時期(「ソウルの春」)を経るが実権は再び軍部の掌中に収められ、一九八〇年の光州事件、その後の全斗煥政権の成立へと雪崩れ込む。政治的な混乱はその後も続くが、「克日」をスローガンに掲げた八〇年代の経済発展は目覚ましく、韓国が国際舞台に飛躍する(一九八六年のアジア大会、一九八八年のソウル・オリンピック)という変化があった。民主化のうねりも強まり、日本から韓国への渡航人数も増えた。

このような時代の急激な変化を、司馬遼太郎の朝鮮認識もあるていど吸収していると考えられる。

しかしながら基本的には、時代背景に影響されない一貫した朝鮮認識が存在するのである。以下、その性格を解剖してゆこう。

2　基本的なまなざし

◆ふたつの本質主義◆

司馬遼太郎の認識パターンに根深く巣くっているのは、本質主義である。これはひとり朝鮮観に限らず、他国や他民族や他人種への認識において、単純でナイーブな本質主義的規定によって言説を重ねていくという傾向に強く現われている。

司馬の本質主義は、大きく分けて「人種本質主義」というかたちを取る場合と、「文化本質主義」というかたちを取る場合がある。前者は大きな意味では後者に包摂されるものだが、司馬の場合、特に彼の東アジア認識においては、「ツングース」（これを彼は「固有満州人」と規定している）という人種に対する独自の思い入れが基軸となっているので、重要な枠組みだといえる。そもそも司馬の作家としての原点は、アジアの北東で歴史上特異な動きを繰り返してきた「ツングース」とは何ぞや、という疑問が、「日本人」とは何ぞや、という疑問と重なるところから出発しているのである。

「人種としてはツングースの仲間では朝鮮人もその血液を多量にうけているし、日本人もその主要分子でもある。（中略）要するにむかしの騎馬民族というものの後裔が、たまたま朝鮮半島地域におるのは朝鮮人であり、日本列島地域におるのは日本人と称せられることになっただけのことだ、と当然なことをいい大人になってさとったのです(6)」。

司馬の「ツングース」に対する感情は親愛と畏敬と好奇の混じったものであるが、往々にしてその本質を固定的にアイデンティティ化して、次のような「論」を展開するのが得意である。これは典型的な人種本質主義といえるだろう。

「仏国寺の朝鮮における貴重さは、わが国でいえば法隆寺とか唐招提寺とかいう存在にあたるであろう。それ以上に貴重であるのは、この国には仏国寺以外に古い仏教建築がほとんど遺っていないからである。／「たくさんあったが、みな清正《チョンジョン》（加藤清正）が焼いてしまった」／と、いつか在日朝鮮人の若い人にはげしく罵られて閉口したことがあるが、これも朝鮮人の思考方式といっていい。怨念が強烈な観念になって事実認識というゆとりを押し流してしまう。日本の進歩的論客の一部にもそれがあり、両者ともどう考えてもツングース人種の固有の精神体質としか言いようがない。日本の全共闘の諸君も濃厚にそうである。私がかつて全共闘の諸君に接することがうれしかったのは、かれらの思考も行動も赤はだかのツングース的精神体質を露呈してくれたからであり、かれらが政治的呪文をとなえて集団発狂するとき、着衣をばらりとぬぎすてたようにモトノモクアミのツングースにもどってしまう(7)」。

「怨念が強烈な観念になって事実認識というゆとりを押し流してしまう」のが「ツングース人種の固有の精神体質」であるというのは誰が見ても乱暴な規定以外の何ものでもない。朝鮮人にそういう傾向が強くあることを、司馬はむしろ〈文明〉論的に語るべきだったのだが、人種論的に本質化してしまっている。作家としての修辞的奉仕精神の表われだとしても、お遊びの度が過ぎるといえよう。このような語りこそが、大向こうの受けを視野に入れた彼の「人種本質主義」のお家芸なのである。

◆「同血異文」の朝鮮観◆

しかしながら、注意深く読んでみると、司馬は他方で「人種論」「民族性論」への傾きに自らブレーキをかけてもいる。

それはたとえば「……それら（徳川期の日本には朝鮮王朝の朱子学的知識人とは異なる「知的な奇人」が存在したこと―小倉注）は、商品経済が活性化した社会が生みだす人間の精神の一分化で、人種論的なものではない。（人種論は日本人と韓国人のあいだでは成立しない）[8]」というように、ある民族の「精神」の姿を経済という「下部構造」によって規定したり、「李氏朝鮮名物ともいうべき党争を、歴史的体質、もしくは民族的体質としてみるべきではない。／むしろ、権力がただ一種類のドグマ（この場合は朱子学）を是としている場合、どの国、あるいはどの政治団体でも、凄惨な党争がおこらざるをえない[9]」というように、政治文化や権力構造によって規定されるものとして把えたりする傾向によく現われている。これは『韓のくに紀行』よりも『耽羅紀行』によく見られる傾向なので、おそらく十五年の間に「人種本質主義」的な言説に対する反省がなされたのであろう。

そしてこの手の認識の根柢にあるのは、後に詳しく検討することであるが、朝鮮はある時期以降「朱子学」という文明・文化によって支配されてしまったという規定であり、さらにはその朱子学の「内容」を非常に一元的に本質化させて把えるという思い込みである。

このように見てゆくとき、司馬の朝鮮認識には、「ツングース」という概念に依拠する「人種本質主義」と、「朱子学」という理念に依拠する「文化本質主義」のふたつの別の認識パターンが並存していることがわかる。

このふたつの認識パターンは司馬の叙述において、時折未整理のまま混在して唐突に現われる。それゆえ読者に、多少の混乱を引き起こさざるをえない。

また日本と朝鮮の比較に際してもこのふたつの認識パターンは援用される。それは、日本人と朝鮮人はツングースの血が濃く混じっているという「同血」の側面と、朝鮮文化は（少なくともある時期以降）朱子学一辺倒であるが日本はそうでないという「異文」の側面とである。この「同血異文」という認識パターンによって、日本と朝鮮の比較のすべてを抽出してきているといっても過言ではないのである。

3　朱子学をどう見るか

◆朱子学嫌いの季節◆

それでは司馬遼太郎の朱子学認識とはいかなるものであろうか。

まず何よりも、個人的な感情として朱子学が嫌いであることを公言する。「私は宋学（朱子学）の不毛な理屈っぽさがきらいだから[10]（後略）」というような発言を随所でするのである。

「朱子学は、宋以前の儒学とはちがい、極度にイデオロギー学だった。正義体系であり、べつのことばでいえば正邪分別論の体系でもあった。朱子学がお得意とする大義名分論というのは、何が正で何が邪かということを論議することだが、こういう神学論争は年代を経てゆくと、正の幅がせまく鋭くなり、ついには針の先端の面積ほどもなくなってしまう。その面積以外は、邪なのである[11]」。

「李氏朝鮮にも、実学はあった。／が、圧倒的な主力は朱子学で、これは一グラムの実学性もない思弁哲学なのである。／思弁というのは、みもふたもなくいってしまえば、りくつの壮大な構築化で、できあがってゆくりくつの構造がすこしでも地上に接していればその純粋論理性が保てなくなる。たとえば地上から一ミリでも浮きあがっているほうが、論理は鋭くなり、きれいになり、論理の結晶化（矛盾の整合）が遂げられやすくなるのである」[12]。

大向こうに受けやすいレトリックといえるだろう。しかもこれは「朱子学的朝鮮」に対する痛烈な批判であると同時に、その批判を通して朝鮮の運命を嘆いてみせる言説なのである。

そしてこれらの認識は、基本的に原理主義に対する嫌悪に由来している。

「朱子にせよ、その学派の先駆者である程子（程伊川）にせよ、まことに思弁性が高くて、その概説書をよんでいるだけでも頭が痛くなってしまう」[13]。「私は単純だから、儒教の士というようなうるさいものよりも、日本の士のほうがすきである」[14]という程度ならまだ個人的な嗜好を吐露したものとして考えればよいのだろうが、次の発言のように一国全体の評価に直結してくるとなると、ことはそう単純でなくなってくる。「私など、朝鮮史を読んでいちばん頭に入りにくいのは、党派のことである。しまいに腹が立って、そういう国かと思ってしまうのも、むりもないかもしれない」[15]。ここには「党派」という歴史的表象を歴史的に把えようとせず、超歴史的・アプリオリに「悪」と決めつける態度がある。

司馬遼太郎の「作家」としての発言を、「文明史家」としての普遍的言説に昇華させたいというのが出版ジャーナリズムの要請であったが、ここにこそ陥穽があったのであろう。

しかしながらこのような朱子学観は、日本の近代主義者に共通しているともいえる。「このような」というのは、朱子学を「封建イデオロギー」であるとか「家父長制イデオロギー」などというようにその中身において批判するのではなく、その思弁性・理念性に対して生理的に嫌悪しつつ批判する姿勢である。すなわちこのような「反原理主義」は、司馬個人の感情というよりは、破滅的な戦争を経験した世代に共通の、時代的感情といえるものであった。

◆「不動の儒」と「動の文明」◆

「李氏朝鮮は、官僚たちが教条（ドグマ）によって文明を故意に停滞させた[16]」。

「（李氏朝鮮は）五百年不動という世界史的な大実験をやってのけた[17]」。

司馬はこういうが、これも近代主義者の多くが持つ歴史認識である。彼らにとって「近代」は動的なものだが、それ以前の「儒教的前近代」は最初からレディメイドの不動の体制であると錯認するくせがある。しかしこれは事実と全く異なる謬見と呼ぶべきであろう。

朝鮮王朝五百年はその当初から、高麗王朝の仏教的国柄を改革しようと徹底的な廃仏毀釈を断行したが、儒教の浸透は容易なわざではなく、国家の思想統制と強権による習俗の儒教化は困難を極めたのである。現在われわれが「儒教的朝鮮」というイメージのもとに想起する嫡長子相続、族譜の整備、儒礼式葬制など、最も核心的な制度がようやくこの社会に定着したのは、実に朝鮮王朝中期以後のことなのである。

だが、司馬は次のようにいう。

「十六、七世紀ごろから、世界の経済や思想が騒然としはじめて、価値観が多様になる気配を示しはじめたころでもなお、中国と朝鮮は世界史に背をむけ、独創を排し、朱子学一価値に固執し、知性を牢獄に入れているとしか言いようのないこの制度を頑固につづけていた[18]」。

たしかに「近代的」まなざしから見れば朱子学的知性は牢獄の知性であろう。しかし「独創を排し」というのは錯認なのである。朱子学的世界では朱子学こそが独創であり前衛であったという文明観を持たないかぎり、「自由」のない世界はすべて停滞・暗黒であるという米国式文明観と同型の議論に堕するしかない。たとえば共産主義における一党独裁・プロレタリアート独裁やイスラム教国家における宗教支配というのは、たしかに米国式文明観では「暗黒」かもしれないが、それがただちに停滞を意味するのではない。歴史を前進させる「暗黒」というものもあるであろう。前進と自由のどちらに価値を置くかの問題であって、アプリオリに決定されている種類の事柄ではない。

この手の認識の背後には、西洋近代的文明こそが「動」であって、儒教的文明は「不動」であるという甚だ偏った世界観がある。たしかに十六、十七世紀には西欧を中心として世界的に大きな変動があったのだし、日本はそれに呼応して室町時代から徳川幕府初期までの激動とダイナミズムの時代を過ごした。その後の徳川時代に儒教的な体制によって世界の文明的な前進から離れてしまったのは間違った選択であったという歴史観も大いに説得力を持つ。しかも隣国の朝鮮は日本以上の朱子学的思想統制を敷いていたとなれば、これを批判するのは「正しい」ことであるかもしれない。

しかしながら徳川時代も朝鮮王朝も、どちらも実際は停滞していたのではない。西洋近代的な方向には進んでいなかったかもしれないが、日本も朝鮮もそれぞれ別の方向性の動きを模索し、実際に果敢な変化を遂行していたのである。朝鮮は朱子学的な方向性を選択し、日本はより非原理的で半儒教的な方向性を選択した。そのどちらかが間違いだったと規定しうるのは、自〈文明〉優越主義かあるいは西洋近代文明絶対主義のどちらかからのみなのである。そしてそのどちらも、おそらくは間違った世界観であろう。他者との関係性を語っているがゆえに、そのような優越主義や絶対主義にも一定の意味はあるのだが、間違った世界観であることには変わりはない。

また、朝鮮が朱子学化を強化し一層の思想統制を固めたのは（逆にいえば朱子学の「文明」としての生命力が復活したのは）、十六世紀末の豊臣秀吉による侵略、および十七世紀初めの女真（清）による侵略の後のことなのである。この後、厳格な朱子学原理主義者である宋時烈（一六〇七～八九）を中心とした党派である老論派が朝鮮の政界・思想界を支配してゆくことになる。すなわち朝鮮の朱子学一辺倒化を助長したのは日本でもあるのである。

韓国の近代主義者の中にも、朝鮮王朝は豊臣秀吉の侵略による国土の荒廃を期に滅亡し、新しい王朝に変わったほうがよかったのだ、という論を唱える人が少数ながらいる。しかしその際の新しい王朝がいかなる理念によって統治してゆくべきだったかについては、北方から女真という強大な勢力が朝鮮を虎視眈々と狙っている状況においては、困難な選択とならざるをえなかったであろう。

4　近代主義者の誤謬

◆旗田巍の批判——動と不動をめぐって◆

これまでに司馬遼太郎の朝鮮認識を最も根本的に批判したのは旗田巍である。(19)

その批判の要旨は、司馬遼太郎の朝鮮観こそ、かつて植民地時代に官製朝鮮観として猛威をふるった「停滞論」と同じだ、というのである。「こういう司馬氏の意見を読むと、かつて明治末年に福田徳三その他がとなえた「藤原氏時代論」あるいは「封建制度欠如論」を思い出す。これは日本人の意識に大きい影響を与えたが、戦後の朝鮮研究は、この学説すなわち「停滞論」の批判・克服に力を傾けてきた。今では、「藤原氏時代論」に同調する研究者はいない。司馬氏は、そういう研究の進展をなぜ無視するのであろうか[20]」。それは近代的発展の不可能性の断言でもあった。「司馬氏が見たのは、成長し発展する姿ではなく、非常におくれた古い姿であった。それを一面では日本のルーツとしてなつかしむと同時に、これではどうにもならん、というのが司馬氏の感想である。司馬氏によると、朝鮮の近代的発展への展望はない[21]」。

旗田は「停滞論の克服」を彼の朝鮮学の根柢に据え、そして朝鮮の「内在的発展の可能性」を探ることに全力を注いだ。彼がつくった朝鮮史研究会はその使命を担った学術団体であったし、彼の後継者、たとえば梶村秀樹などもその路線を継承した。

しかしながら、私の目から見れば、旗田のこの路線も、「近代主義的まなざし」という意味では司馬遼太郎と同じなのである。すなわち旗田は朝鮮を「不動」と見る停滞論者に対抗して、朝鮮を「動」と見ようとした。しかしながらやはりこのとき、朱子学を「不動」と見、それに対抗するものとしての「実学」を「動」と見たのである。これは端的に謬見である。なぜなら実際の朝鮮社会を動かしたのはまさに朱子学なのであって、いわゆる「実学」は思想としては存在したが、実際上の政治理念という意味ではほとんど機能しなかったからである。

このいわゆる「実学」への評価も、奇妙なことに近代主義者の中で共通している。

司馬はいう。

「実学の系譜はちがう。／その系譜を跡づけ、精密に評価することによって、朝鮮思想史（あるいは朝鮮史）がにわかに普遍性を帯びたのである。つまり、世界思想史の堂々たる一部になったといっていい[22]」。

「私など、若いころ、朝鮮ほどの思想文化をもつ文明国が、なぜ近代化への思想をもたなかったのだろうと思っていたが、それは無知で、堂々と存在し、思想家も多く出た。しかしそれらの芽は、朱子学というギロチンの刃でもしくは箒で摘みとられた[23]」。

これは丸山眞男の日本史理解と酷似している。すなわち丸山は、あたかも徳川初期から朱子学的体制イデオロギーが社会を一元的に固め、その綻びを衝くかたちで元禄期に荻生徂徠が出現したと考える。しかしこのような歴史認識は誤りなのである。徳川幕府が統治を開始して百年しか経っていない非儒教国家の日本（科挙の不在、厳格な思想統制の不在）が、すでに朱子学が浸透した状態にあったということは、決してありえない。前述したように、科挙と思想統制と強力な中央集権体制を持つ朝鮮においてすら、儒教的体制が社会に浸透した状態に近くなるのは、ようやく王朝成立後三百年を経た時期だったのである。すなわち、それまでは劇しい摩擦と軋轢に彩られた変革の時期だったのである[24]。

近代主義者たちがこのような誤謬を繰り返したのは、「朱子学は停滞」というドグマを固持しつづけたからにほかならない。このドグマの呪縛から離れさえすれば、歴史をありのままに見ることができたはずなのである。

◆観念論か、リアリズムか◆

この背景にあるのは、近代主義者たちの「観念論」への徹底的な嫌悪である。若くして日本の戦争を体験した近代主義者たちは、大日本帝国、特にその末期の国体論が完全にリアリズムを欠いた観念論のかたまりになってしまったことへの、強烈な、生理的ともいえる嫌悪に支配されている。

司馬は「日本が近代化する上で一番の失敗は、朝鮮を占領したこと[25]」だという。しかしこの「失敗」の原因も、「なんの実質もなくて、観念だけが先走って朝鮮を占領してしまった。実質っていうのは、資本主義になったんなら資本主義的リアリズムっていうのがあるわけなんだけども、そんなものなにもない。観念だけが先行して、朝鮮に踏み込み、日清戦争を始める[26]」として、ひたすら「観念」に責めを負わせているのである。

同じような視点から、司馬は朝鮮の対外政策・安全保障に関しても次のように断罪する。朝鮮は「架空の王国」だったというのである。

「孝宗は在位十年、北伐（清を伐つこと）を考えつづけた。／つまりは、架空の思弁性のなかに自己と朝鮮をとじこめた。／ともかくも、朱子学の惨禍は、宋時烈においてきわまったといっていい。自己と自民族を、思想と権力でもって架空の中にとじこめることほど悪はない[27]」。

強圧的な清に対抗するために朝鮮は外面的には清への臣従という屈辱的な関係を結びながら、国内では「北伐」すなわちあくまでも清（北）を伐つという老論の党論を強化した。この党論を練り上げたのが宋時烈であり、この党論の上に乗ったのが孝宗であった。

この生存のためのぎりぎりの選択をどう見るのか。やはり近代主義者たちの目は厳しい。

次は田中明の言葉である。

「古代には困難な現実と必死に戦い抜いてきた韓国人が、いつの間にか武を軽視するようになり、十六世紀に入って、朱子学を尊信する文化人の支配が始まると、華夷思想にどっぷりつかり、中華帝国の藩屏《はんぺい》という地位に安住した人間に変わってしまった。外向きの姿勢はなくなり、国際感覚を失った内向きの閉鎖的な小華の国で、リアリズムを失った観念的な道学的政治論と、おぞましい権力闘争（党争）とを共存させてきた(28)」。

田中は、武こそがリアリズムであって、観念論は非リアリズムであるとするわかりやすい図式に則って過去を截断している。

しかしこれに対して、たとえば文化人類学者の伊藤亜人は次のように語る。

「朝鮮の王朝が採ってきたこうした礼教政策は、東アジアの宗主国を自認する中国との善隣友好を国是として何よりも優先せざるを得ない周辺の小国家においては、国の安全保障上からも避けることのできない政策であったように思われる。つまり軍事力を頼って、大国との緊張・対立関係に立つよりも、中国の礼教を積極的に受容して、その人間観・社会観を共有して信頼関係を維持することによって緊張や対立を未然に回避する方がより現実的な政策であったといえよう(29)」。

これは、近代のまなざしによって過去を裁断しようというのではなく、その当時の歴史的状況に即して解釈しようという態度である。

韓国が近代化しなければならなかった時代には、朱子学を停滞の元凶として裁断し、朱子学的理念における外交・安全保障を観念論と切り捨てることが当為として要求された事情はよく理解できる。しかしながらそのような歴史解釈は、あくまでも現実側からの「要請」なのであって、史実そのものとは関係のないイデ、オ、ロ、ギ、ーなのである。

近代主義者は、（朝鮮）儒学の理気や仁義が現実とは完全に遊離している、という。しかし私は、理気や仁義こそが、朝鮮にとって最もリアリズムに則った理念であったと考えるのである。それらが現実とは遊離していると考えた瞬間に、儒教は、そして朝鮮はわからなくなってしまうのではあるまいか。

5　近代主義者と東アジア認識

◆錯綜したまなざし◆

これも日本の近代主義者の多くに当てはまることなのだが、一方で社会的レベルにおける儒教倫理・思想を否定しつつも、他方では個人的レベルにおける儒教的教養を憧憬し、郷愁する、という傾向が司馬遼太郎にも強く存在する。「それにしても、幼少の時期のほんの一、二年の素読が、漢文の読みをたすけただけでなく、生涯、言語の泉になって精神を潤おしているというのは、教育上のひとつの実験例になりはしないか」(30)。

前述の田中明も同じである。朝鮮にリアリズムを要求しつつ、人間類型としては士大夫型を郷愁し憧憬するのである。

司馬はいう。

「ソンビとは、きわだった精神のもちぬしのことをいう。李朝時代は、朱子学に則った学問をし、徳をもつひとをソンビといった。（中略）私などは金石範氏などの精神は、やはり朝鮮が生んだソンビの心というほかないように思う。『火山島』は、ソンビの文学ともいえる。／ともかくも、朝鮮精神史をごく感覚的に見て、ごく一部ながら病的なほどに自分の節操をまもり、骨まで透けるほどに自己を清らかにしてゆきたいという、他国には見られにくい精神の流れがある」[31]。しかし彼の朱子学評価の軸からいえば、そのソンビ（朱子学的原理主義者の一類型である）の精神こそが、朝鮮の精神的「病」の根源なのではなかったか。「朝鮮儒教は、弊害も多く、たとえば社会を一価値でしめくくろうとするために、朝鮮社会を停頓させた。しかしながら、千年以上も儒教によって耕やしつづけてきた社会は、他の文化にはない「父老」といった徳を生むのである[32]」。

このような叙述を読むと、司馬をはじめとする近代主義者たちは、儒教文明というものへの全霊をこめた決死的な認識のパラダイム構築という冒険心が欠如していたのではないか、と思わざるをえない[33]。それは自らの内部に宿る儒教的心性との対決を経ずして、西洋近代の価値観には追随するという曖昧な二重的態度である。もちろんすべての思想と同様、儒教には肯定すべき面も否定すべき面もある。しかしこの両面をすべて抱え込んだ統合的な認識を構築すべきなのであって、単に時代的要請に従ってある部分を肯定し他の部分を否定する、という認識ではこの巨大な〈文明〉の全体を把握しえたとはいえないであろう。

そのような全体的な認識が欠如しているから、たとえば次のような混乱をもたらすのである。司馬は「韓国文化における個々の自我のつよさ[34]」に言及しつつ、日本人との比較では「しかし往年の彼女たちはそういう公的な義務をよせつけないほどに伝統的な自我を牢固としてまもっていたことになる。日本人は、しばしば自我が稀薄だといわれ、ときに韓国人の自我のつよさと対比される」[35]といい、さらには「西洋演劇の多くは自我の激突を中心に構成される。この点、韓国人は、みごとにアジア的な平板さから離れている」[36]という。朱子学的画一性に毒された韓国人のほうが自我が強く（それは非アジア的であるともいう）、朱子学から自由だった日本人のほうが自我が稀薄だというのである。韓国人の自我（自己主張や理念との一体性や主体性）の強さは多くの人が指摘するところだが、司馬のごとく朝鮮における朱子学の画一的洗脳を全否定する論者であればこそ、それを歴史的文脈の中で、つまり儒教的伝統との関係において整合的に説明すべきではなかったのか。

司馬の失敗は、ひとえに朝鮮の朱子学的伝統を固定化したものとして認識した点にある。最初から不動の文明・文化などというものは存在しないのである。文明の運動として、ある地域や社会に新しい〈理〉が導入され、そしてさまざまな〈主体〉が改革を推進してゆく。その過程において、原理主義的な人、自我の強い人、考えの柔軟な人、自らの節操を必死に守る人、変節を繰り返す人など、さまざまな〈主体〉が現れては消えてゆくのであり、それはとりもなおさず文明的・文化的動態の中での動的な現象なのである。また、それらの文明論的・文化論的個性も、その内実は多種多様な知覚像の束によって形成された、多重主体性なのである。このことを理解しなければ、われわれは容易にオリエンタリズムや原理主義（「反原理主義」という原理主義）に陥ってしまうであろう（このことに関しては、拙著『創造する東アジア』で議論したので、ここでは繰り返さない）。私はここで、〈朱子学的思惟〉の変革性を一方的に高く評価したいわけではない（これまで述べてきたように、〈朱子学的思惟〉は人間を暴力的に〈主体化〉し、〈序列化〉する）。ただ、司馬らの近代主義者たちが見落としたものを復元したいのである。

しかしながら、司馬のような本質主義的認識も、実は中国・朝鮮・日本の関係性を鋭敏に感受した上で構築されたものなのであり、その意味では考慮すべき一定の意義があるとはいえる。その認識は決して正しいとはいえないが、正しくないものにも一定の意味はあるのである。

◆おわりに◆

司馬の文明観の何が問題だったのかを、整理してみる。

まず原理主義に対する経験的・感情的嫌悪が強い。このことは時代的・世代的感情として、すなわち昭和前期の悲惨な戦争を経験した者たちのほぼ共通したトラウマとして理解できるのではあるが、しかしそれだけでは日本近代を説明できないだろう。

すなわち「日本近代＝反朱子学＝反原理主義」という図式〈その背後には「朝鮮＝朱子学＝原理主義」という不動の等式がある〉は間違いだし、「明治＝合理主義」「昭和前期＝原理主義」という等式を掲げたい心情もよくわかるが、この等式では日本近代を説明できないのである。

なぜ「合理的明治」が「原理的昭和」に転換したのか、説明できないではないか。また「原理的」とは「不動」の謂であったはずなのに、あの「激動の昭和前期」がなぜ原理的であったのか、説明できないではないか。おそらく司馬自身も、この隘路に気づいていたのであろう。明治から昭和への文明論的転換について、筋道だった説明はついに彼からは聞かれなかった。〈朱子学的思惟〉のダイナミズムを知らないので、「近代」という時代を正確に理解できなかったのである。

戦後の大衆ジャーナリズムが育てた一流行作家が、やがて文明史家として粉飾されその軽い発言に重みが塗り込まれてゆく。

「何か困難にぶつかった時や悲しいニュースにふれた時は、司馬先生ならどう判断されるかしら、と問うていました」「司馬さんの文章を読む度、物事を丁寧に考察する事の大切さを感じます」。これは二〇〇一年秋にオープンした司馬遼太郎記念館のノートへ書き込んだ、入館者たちの言葉である。[37]

司馬遼太郎の日本や欧米などについての発言の正否は、それぞれの専門分野の人がどのように評価するのか知らない。しかし少なくとも朝鮮に関する発言は、とても「丁寧に考察」した結果のものとはいいえないし、専門的な検証に耐えうるものでもない。

作品の準備のために膨大な資料を渉猟するのが司馬流の執筆法だとよく語られる。朝鮮史に関しても勉強はかなりしたようである。しかし、彼の目は見ようとするものと見まいとするものをあらかじめ分離しすぎている。それゆえ陰影のない、平板な歴史観になってしまっているのである。

このように文明と文化のダイナミズムから離れた場所で歴史を見ようとする小説家が、はたして歴史のダイナミズムを本当の意味で理解していたのか、ということを、もういちど考えてみるべきであろう。司馬が書いたのは、あくまでも歴史小説である。そして現実の人間は、歴史小説に描かれる平板な人間とは異なり、多数多様な文明と文化とニヒリズムの間で揺れ動きながらその都度の態度決定をしているのである。ジョイスの『ユリシーズ』ではないが、たった一日の中でも無数ともいえる〈主体〉〈ネットワーク〉〈こころ〉〈ニヒリズム〉の意識の明滅に生きているのが人間というものだろう。たった数百ページの小説で「歴史」を描けると考えるのは、人間および歴史に対する冒瀆なのだ。おそらく、このように複雑な〈多重主体性〉を描くことのできる方法論は、これからわれわれが探索してゆかねばならないものである。

第14章

白馬の天皇のあいまいな顔

――儒教・カリスマ・近代――

1　天皇とカリスマ

◆「わいせつ」な「英霊の声」◆

三島由紀夫の「英霊の声」（一九六六）を評して江藤淳は、「妙にわいせつ」だといった。[1]

「などてすめろぎは人間《ひと》となりたまひし」

「木村先生の帰神《かむがかり》の会」で、二・二六事件および神風特攻隊の英霊が盲目の少年の口をかりて執拗に語るこの言葉は、一点の曇りもなく痛切である。英霊たちが天皇を慕う心は至純であり、わずかの汚れもなく、あたかも熾盛なる恋のごとくであった。「恋して、恋して、恋して、恋狂ひに恋し奉ればよいのだ。どのような一方的な恋も、その至純、その熱度にいつはりがなければ、必ず陛下は御嘉納あらせられる[2]」。このように純一なる赤誠とその挫折とを描いた「英霊の声」が、なぜ「わいせつ」に見えるのか。英霊＝「裏切られた者たちの霊」は何を語ったのか。まずその声を聞いてみよう。

「今、四海必ずしも波穏やかならねど、
日の本のやまとの国は
鼓腹撃壌《こふくげきじやう》の世をば現《げん》じ
御仁徳の下《もと》、平和は世にみちみち

人ら泰平のゆるき微笑《ほほゑ》みに顔見交はし
利害は錯綜し、敵味方も相結び、
外国《とつくに》の金銭は人らを走らせ
もはや戦ひを欲せざる者は卑劣をも愛し、
邪《よこし》まなる戦《いくさ》のみ陰《いん》にはびこり
夫婦朋友も信ずる能はず
いつはりの人間主義をたつきの糧《かて》となし
偽善の団欒は世をおほひ
力は貶《へん》せられ、肉は蔑《なみ》され、
若人らは咽喉元をしめつけられつつ
怠惰と麻薬と闘争に
かつまた望みなき小志の道へ
羊のごとく歩みを揃へ、
快楽もその実を失ひ、信義もその力を喪ひ、
魂は悉《ことごと》く腐蝕せられ
年老いたる者は卑しき自己肯定と保全をば、
道徳の名の下に天下にひろげ
真実はおほひかくされ、真情は病み、

道ゆく人の足は希望に躍ることかつてなく
なべてに痴呆の笑ひは浸潤し
魂の死は行人の額に透かし見られ、
よろこびも悲しみも須臾《しゅゆ》にして去り
清純は商はれ、淫蕩《いんたう》は衰へ、
ただ金よ金よと思ひめぐらせば
人の値打は金よりも卑しくなりゆき、
世に背く者は背く者の流派に、
生《なま》かしこげの安住の宿りを営み、
世に時めく者は自己満足の
いぎたなき鼻孔をふくらませ、
ふたたび衰へたる美は天下を風靡《ふうび》し
陋劣《ろうれつ》なる真実のみ真実と呼ばれ、
車は繁殖し、愚かしき速度は魂を寸断し、
大ビルは建てども大義は崩壊し
その窓々は欲求不満の蛍光灯に輝き渡り、
朝な朝な昇る日はスモッグに曇り
感情は鈍磨し、鋭角は磨滅し、

烈しきもの、雄々しき魂は地を払ふ。
血潮はことごとく汚れて平和に澱み
ほとばしる清き血潮は涸《か》れ果てぬ。
天翔《あまが》けるものは翼を折られ
不朽の栄光をば白蟻どもは嘲笑ふ。
かかる日に、
などてすめろぎは人間《ひと》となりたまひし(3)」

江藤淳がこの作を「わいせつ」というのは、単純な理由としては「憂国」が「審美的」でそれゆえ「意外に清潔」な感じを与えるのに対し、この作は「イデオロギー的」であるという図式的な判断のためである。しかしこの「わいせつ」という評には「英霊の声」の、あるいは三島由紀夫の天皇理解に関する、根本的な鍵が含まれていると思われる。

それは日本近代が抱えてきた、天皇のカリスマ性に関する相矛盾した概念の混在に直結する問題である。私は本章で、「英霊の声」がなぜ「わいせつ」に見えるのかを、能うかぎりつまびらかに語ろうと思う。

◆儒教的カリスマとは何か◆

「英霊の声」における天皇観の構造を性急に説く前に、われわれは若干の余裕を持って明治期における近代天皇の性格を振り返ってみる必要がある。

そもそも明治日本における天皇のカリスマ性は、一体どこに淵源を持つのだろうか。すなわち、明治天皇に対する非日常的権威付与の始源は奈辺にあったか。この問いに関して私は、第9章で取り上げた元田永孚（一八一八〜九一）を想起する。重複になるが、もういちどここで振り返ってみよう。

元田永孚は明治四年、初めて天皇の前で『論語』を講じて以来、若き天皇の絶大なる信頼を勝ちえ、侍講（一八七五）、宮中顧問官（一八八六）、枢密顧問官（一八八八）と出世した儒者である。否、外面的な地位よりも何よりも、物理的・心理的に天皇に最も近い存在として君臨し、井上毅らとともに「教育勅語」の生みの親のひとりとなったという実質的な振る舞いが重要である。

儒臣たる元田永孚が帝者たる明治天皇を補弼するというとき、人はどのような君臣関係を想像するだろうか。帝に「絶対服従」する忠臣をイメージするであろうか。

それは誤った儒教観である。ましてや元田永孚は、熊本の朱子学者であった。

朱子学的帝王観において、人格性と理念性とが合体しているのが理想型なのだが、現実にはほとんどつねに分離している。それゆえ肉体を持つ現実態としての帝王を、透明な理念に合致させるために、「帝者の師表」たる士大夫が不断に矯正しなくてはならないのである。

元田永孚にとっても明治天皇は、いまだ何ら絶対的存在ではなかった。それは叱咤し矯正して儒教的徳を具備した帝王に「つくりあげられる」べき中間的存在であった。

すなわち「天皇親政」という明治理念にとって、人臣の役割は「君を輔翼するの大頭脳」なのであって、「天皇成徳の効は、期するに十年を以てし、其要輔臣の精神に在るのみ」[4]なのであった。天皇の道徳的未熟さを改め善に復らしめることが侍臣の役割であるから、〈理〉を掌握している侍臣は〈理〉を持たない天皇に対する道徳的優位性を持つ。すなわち儒者・元田永孚の構想した天皇とは、あくまでも朱子学的な〈理〉中心のそれであった。つまりここでは、主宰者である君主を道徳的に統制する侍臣がおり、その侍臣＝儒臣は〈理〉に従うのである。

この意味で、不可視で抽象的な〈理〉と可視的で具体的な「聖体」が合体したものが天皇なのであった。それらの相補作用によって天皇のカリスマ性は高まっていったわけである。このうち後者（肉体的天皇）が、「行幸」などのイベントによって国民に「見られる」ことによって、天皇の権威を高めてゆくことになったのは、歴史家が説く通りである。

2　天皇と〈序列化〉

◆〈序列化〉という思想◆

日本「国民」はなぜ、可視化された天皇を「見る」ことを欲し、また天皇にカリスマ的な権威を発見したのだろう。

そこには複合的なメカニズムが働いていたに違いないが、私はそのうちの重要なもののひとつとして、〈序列化〉という概念を論じてみたい。

明治国家における天皇の第一義的な役割を私は、「国民の序列化」のための「極」であったと考えている。

封建的幕藩体制を中央集権的官僚国家に改編してゆく作業は、国民という新概念を提示してこれを教化し、国家構成員を〈序列化〉してゆく作業と並行して実施された。すなわち教育を通した国民化というプロジェクトには、教育内容・水準の管理による国民の均質化という側面とともに、達成度の優劣による国民の〈序列化〉という側面があった。それは帝大から文官高等試験合格というコースを頂点とする擬似儒教的システムであったが、この〈序列化〉によって全国民の天皇からの「距離」(丸山眞男、「超国家主義の論理と心理」)を確定することが企図されたのであった。それは固定化された世襲的身分制度とは異なり、実力による社会的上昇が可能なダイナミックなシステムであり、殊に日本人にとって刺激的だったのは、職能的枠組みに支えられたごく狭い範囲での生活世界(世間)しか経験しなかった人びとが、一気に公的で普遍的な立体的空間(国家)を経験しえたという点である。

すなわち天皇に対する日本人の畏敬と熱狂は、非儒教的な封建社会から儒教的=近代的な中央集権国家への脱皮を遂げ、国民に上昇志向というダイナミズムを賦与することに成功した「中心」=「極」に対する真摯な感情だったのである。それこそ日本社会が初めて経験する非日常の世界であり、この世界の「中心」としての天皇こそは、明治最大のカリスマとなったわけである。

この「中心」が行なったのは、臣民の〈主体化〉であった。第4章で分析した通り、朱子学的社会とは、その構成員を〈主体化〉し、その〈主体〉間の序列を競わせる社会であると私は考えている。各〈主体〉はそれぞれが発現する〈理〉の多寡によって階層化されるのである。

そして重要なのは、この「〈主体〉の〈序列化〉」を成立させる「極」としての天皇は、彼の持つふたつの側面(具体的で可視的な側面と抽象的で不可視の側面)のうち、抽象的で不可視の側面だったという点である。具体的な身体を持つ天皇ではなく、休みなく国民の〈主体化〉を行ないつづける抽象的な〈理〉としての天皇、これこそがカリスマ性の根源だったのである。

朱子は〈理〉を、「無極而太極（無極にして太極）」といった。なぜ「〈理〉＝太極」ではなく「無極」でもあるのか。それは、〈理〉が「太極」という実体性そのものだと考えると、その実体性としての原理は、個々の万物に透明な形で浸透しえないからである。だから「無極」という「無」の側面を要請せざるをえなかった。つまり、〈理〉は無としての側面（無極）によって万物に透明に浸透しえ、そして実体としての太極の側面によってその実質性を発現しうる、という論理構造なのである。

これと同様、近代天皇においても、具体的な実体性（身体としての天皇）によっては全国民を透過しこれを照射することができないのであった。天皇だけが氏姓を持たず、その意味では明治以降にすべての国民が名字を持った日本社会において、天皇の〈無〉性は保障されるかに見えたが、それだけでは無論、近代的統治の根拠にはなりえなかった。国民を〈主体化〉し〈序列化〉するための〈理〉の透明な「無極」的側面にこそ、カリスマ性の根源はあった。そしてその〈理〉＝カリスマの体現者としての天皇の身体性に、国民は吸引されたのであった。〈理〉を全的に実現した存在者の身体とは一体どのようなものなのだろう、それをひと目見ることによって自分も〈理〉をできるだけ多く体現する訓練をしたい、という「近代的＝霊性的」かつ「一君万民」的な欲望を、国民が持ったのであった。

◈「教育勅語」という矛盾◈

しかしながら明治天皇は大きな困難を抱えてもいた。

その困難は多岐にわたるが、ここでわれわれのテーマ上最も重要なものは、天皇のカリスマ性の淵源たる

「抽象性」の欠損である。すなわち、個々の具体的な国民を〈主体化〉し〈序列化〉させるのに充分な抽象性を確保できるか、という点で天皇は、つねに困難を抱えていた。

たとえば三島由紀夫は天皇の具体性よりも抽象性に重きをおく論者だが、その抽象性を彼の場合は「文化概念」「文化の全体性」とする。「国と民族の非分離の象徴であり、その時間的連続性と空間的連続性の座標軸であるところの天皇は、日本の近代史においては、一度もその本質である「文化概念」としての形姿を如実に示されたことはなかつた。／このことは明治憲法国家の本質が、文化の全体性の侵蝕の上に成立ち、儒教道徳の残滓をとどめた官僚文化によつて代表されてゐたことと関はりがある(5)」。「「文化概念」としての形姿を如実に示されたこと」がない、というのは、換言すれば天皇の抽象性が充分に実現したことがない、ということである。

そしてそのような天皇の抽象性をめぐる欠損が明確に定式化されたものこそ、「教育勅語」(一八九〇)なのである。この勅語を儒教的理念の凝縮体と見る向きが圧倒的に多いけれども、私の考えではこれはたしかに儒教的徳目の集積体ではあるが、それ以上のものではないのである。一読してみればそれは明らかである(第9章の「教育勅語」全文をもう一度読まれたい)。

第9章でも述べたが、この勅語は基本的に個々の儒教的徳目の羅列でしかない。この羅列に意味があるのだとする者は儒教を知らないのである。というのは儒教とは、各徳目間の有機体的連結(それが〈理α〉である)にこそその生命力を宿しているからである。特に朱子学という儒教革新運動の何が最も革新的であったかといえば、仁や礼や信や愛や孝などという数多の徳目的概念をアクロバティックなまでに精緻に関連づけてそれを〈理〉として体系化した点だったといってよい。

元田永孚の野心にもかかわらず、結局「教育勅語」が「構造」を持たない具体的な徳目の綴れ錦に終わってしまったのは、天皇の抽象性の内実をめぐる諸陣営の角逐が整理されなかったことによるのでもあるが、他方で抽象性を保証する理念の強靭さに欠陥があったことにもよる。また重要なことは、主要な起草者である井上毅の考える立憲主義がそもそも、国民の内面にはいりこんで良心の自由を侵すことを忌避したという事情がある。すなわち「教育勅語」の目指したものがすでに、〈理〉としての透明度という意味で未整理かつあいまいなものだったのである。井上毅から見ればこのあいまいさが立憲主義を保障する方向性であったであろうが、後に昭和時代にはいると、この抽象性の欠如した具体的徳目の羅列、すなわち〈理α〉の欠如した〈理β〉が、直接無媒介的に国民の心の内面を支配することになってしまうのである。

◈天皇をめぐる抽象性と具体性◈

整理すると、次のようになる。

明治になって新たに天皇という概念を規定するとき、儒者側の考えは道徳性というものを基盤とした〈理〉を天皇のカリスマの根源にするというものだった。これに官僚制という政治的〈理〉の実現者が加担し、国民の創出とその〈主体化〉・〈序列化〉を推進した。抽象的で透明な〈理〉の具現体としての「身体としての天皇」は行幸などのイベントや「御真影」を通して国民に可視化されたが、そのとき国民が見たものは、身体性そのものというよりもそこに具現した「無極而太極」としての〈理〉の肉体化としての聖体なのであった。

しかしこのプロジェクトは最初から矛盾を抱えていた。それは明治国家が完全な儒教的国家ではなかったからである。つまり、儒者側の天皇観とは背馳する伊藤博文や穂積八束流の天皇観や立憲主義などが多様に存在して互いに毀損しあっていたし、また儒者側に実は何らの政権担当根拠は存在しなかったのである。彼らはただ天皇の側近であっただけであり、士大夫を自任してはいたが実際は科挙で選ばれた士大夫のような公認された権力は少しも持っていなかった。さらに重要なことは、彼らが起草に参加した「教育勅語」は単なる儒教的徳目の羅列に終始し、そこに整合的で体系的な〈理〉は宿っていなかった。実際、「教育勅語」は〈理〉の構築というよりも逆に〈理〉の解体であったといってよい。第3章で見たように、朱子学の〈理〉とは、自らの理論的体系性そのものを再帰的に〈理〉であると規定することによって成り立つ構築物であったが、「教育勅語」にはそのような再帰性（〈理Ｘ〉性）が欠如していたのであった。このように明治の近代化＝朱子学化は、実は朱子学的観点から見ると欠陥だらけだった。しかしそれでも、朱子学的〈主体化〉は強力に進行したのだった。

三島由紀夫は、明治日本における天皇が官僚制の儒教的道徳主義によって侵食され、その本来の「文化の全体性」という性格が発揮されていなかったと考えたが、天皇を具体性において把えるのではなく抽象性において把えるという点においては明治の儒者と同じ視座を持っているのであった。

さて、明治期の天皇が持っていた抽象性に対する欠損は、昭和期にはいり「国体の絶対性」という名の抽象性によって克服されることが企図され、その試みは深く進行してゆく。

その過程についてここで縷々と述べることは避けるが、われわれに示唆的なのは、戦後の「近代主義者」たちが、「人間天皇」の具体性を肯定的に評価しつつ、統治者の抽象性というものを嫌悪する論調である。

たとえば司馬遼太郎は次のようにいう。「朱子にせよ、その学派の先駆者である程子（程伊川）にせよ、まことに思弁性が高くて、その概説書をよんでいるだけでも頭が痛くなってしまう。／かれらの理論どおりにすればあるいは聖人になれるかもしれない。しかし正気の者ならそういう抽象的人間になりたいとは思わない。なったところで、妻子や友人たちが心から愛してくれる人間であるはずがなく、一国一天下にとって役に立つどころか、有害か、もしくはひとびとがこれを無視せざるをえない人物であるかもしれない。（中略）朱子学徒がめざさねばならぬ抽象的な聖人は、儒教が政治の学問である以上、民を治めねばならないのである。抽象的な人間に治められては、民のほうが迷惑である」(6)。

これは天皇に関する言及ではないが、儒教的な統治者の抽象性というものに対する嫌悪の表出であって、しかもその嫌悪は甚だ一方的で論理を超えた生理的なものである。戦後日本を全体的に覆った感情であるともいえる。

これらの戦後「近代主義者」たちは、抽象性の剥奪された身体としての具体的な天皇を、「民主的」で「戦後的」で安全な象徴として積極的に評価した。たしかに具体的な「人間」としての天皇が国民の象徴となっているかぎりは、その身体に対して国民がカリスマを感じ取ることもなければ、そこに超越的な道徳性を期待することもない。

しかし問題は、日本の天皇は戦後も自由な振る舞いを許されず、戦前までのような国民の〈理〉の根源としての道徳性とは全く異なりながらも、何らかの道徳性を期待されているという点である。色好みの天皇や権力志向の天皇や国民に無関心な天皇などは許されないのであり、その意味で伝統的な（徳川期以前の）天皇とは異なり、明治憲法下での「抽象的・道徳的天皇」の残滓を引き継いでいるということができる。別の言葉でいえば、天皇はいまだ完全に具体的な「人間」ではないのである。否、むしろ天皇の具体性の可視化が戦前よりも進んだ状況においては、天皇の道徳性に対する期待はより具体性を帯びてメディアなどで主張され、そのため逆説的に天皇に対する道徳的な抽象化（これは霊性的抽象化ではなく身体的抽象化である）がますます進行する、という事態になっていると考えてよいだろう。

3　三島由紀夫の天皇論

◆〈理〉と文化◆

三島由紀夫の天皇観は無論、右に挙げたような「近代主義者」とは全く異なる。先に見たように彼の「文化概念たる天皇」「文化の全体性の統括者としての天皇」（「文化防衛論」）とは、「日本文化のあらゆる末端の特殊事実」までを照射する完全なる抽象性の謂であった。

「英霊の声」にて、当夜の神主である二十三歳の盲目の青年・川崎君は、神が憑《かか》り多くの声を口から放った後、ついにしらしらあけの頃、神々の荒魂《あらみたま》が神上ったと同時に息絶える。「盲目の青年は死んでゐた。／死んでゐたことだけが、私どもをおどろかせたのではない。その死顔が、川崎君の顔ではない、何者とも知れぬと云はうか、何者かのあいまいな顔に変容してゐるのを見て、慄然としたのである」(7)。

この「何者とも知れぬ」「何者かのあいまいな顔」とは無論、数多の英霊がひとつの顔に凝集したことによるあいまいさなのだが、もうひとつ、それら英霊が死によって忠を尽くした対象である天皇の抽象性の反映でもあったはずだ（英霊たちは天皇が具体的な「人間」になったことを怨むのだが）。

また「英霊の声」における「白馬に跨《またが》られた大元帥陛下の御姿は、遠く小さく、われらがそのために死すべき現人神《あらひとがみ》のおん形として、われらが心に焼きつけられた。／神は遠く、小さく、美しく、清らかに光つてゐた」(8)という文において「遠く、小さく、美しく、清らか」に光る天皇というのも、その具体性を漂白された抽象性そのものの謂なのである。行幸で国民の前に明確な一個の顔を露呈する天皇とは別箇だ。

その一方で三島由紀夫は、天皇にザインとしての側面とゾルレンとしての側面があるという。

「天皇は私が古事記について述べたやうな神人分離の時代からその二重性格を帯びてをられたのであつた。この天皇の二重構造が何を意味するかといふと、現実所与の存在としての天皇をいかに否定しても、ゾルレンとしての、観念的な、理想的な天皇像といふものは歴史と伝統によつて存続し得るし、またその観念的、連続的、理想的な天皇をいかに否定しても、そこにまた現在のやうな現実所与の存在としてのザインとしての天皇が残るといふことの相互の繰り返しを日本の歴史が繰り返してきたと私は考へる。そして現在われわれの前にあるのはゾルレンの要素の甚だ稀薄な天皇制なのであるが、私はこのゾルレンの要素の復活によつて初めて天皇が革新の原理になり得るといふことを主張してゐるのである。そこで私はその観念的、空想的あるひは理想的な天皇を文化的天皇制と名づけ、これの護持を私の政治理念の中核に置いてゐる(9)」。

三島由紀夫の天皇概念における「文化概念」「ゾルレン」というのが、私の枠組みでは〈理〉としての天皇の抽象性に相当することは明らかであろう。

すなわちこの点（抽象的天皇の中心性）において三島と元田永孚流の天皇観はほぼ一致するのである。

「などてすめろぎは人間《ひと》となりたまひし」

抽象性を剥奪された具体的天皇は、元田永孚流の儒教的天皇観にとっても、三島由紀夫にとっても、意味薄いものであったに違いない。たといそのカリスマ性の淵源が国民の〈主体化〉＝〈序列化〉にあった（儒教的天皇）にせよ、文化の全体性（三島由紀夫）にあったにせよ、この点では両者は一致するのだ。

しかしながら先に見たように、三島は明治期天皇制における「文化の全体性」の欠如をほとんど憎んでまでいることを忘れてはならない。それは「近代国家の論理に忠実だつたのは、むしろ、あの破産した明治憲法体制ではなかつたでせうか(10)」という形でも語られる。三島によればこの「明治憲法体制」を支える官僚制こそが文化の全体性を破壊する元凶だった。

要するに三島は、「国民の〈主体化〉・〈序列化〉」という政治性・効率性の「極」としての抽象的・道徳的天皇を憎んでいたわけである。「日本」の全体性は天皇の観念性・抽象性によってしか保証されえないという点では、三島の天皇観は明治の儒教的天皇観と同じなのだが、その全体性の方向性が正反対なのだ。

すなわち元田永孚流の天皇観においては、その「全体性」は〈理〉すなわち道徳性によって保障されているのだが、三島においては文化によって支えられている。そしてこの文化＝「みやび」というのは、あらゆる破壊的欲動をも包摂したアナーキーな概念なのであって、その意味で、有機体的な道徳概念に裏打ちされた明治官僚制的な全体性とは、完全に背馳する思考なのである。三島の文化概念は、端的にいえば明治官僚的な道徳的天皇論を破壊するためのものであったはずなのだ。つまり〈理〉による国民の〈主体化〉と〈序列化〉というプロジェクトを破壊するための文化であったはずなのである。〈理〉によって〈序列化〉された国民が重要なのではない。そうではなく、そのような道徳的概念を根本から破壊することのできる「みやび」としての文化を成立させる地平、それが三島の考えるゾルレンとしての天皇だったのである。

◆「英霊の声」の二重性◆

さて、ようやく「英霊の声」の「わいせつ」性を語る準備ができたような気がする。江藤淳がことさらに「わいせつ」という語彙を使っているのはおそらく、「憂国」のエロティシズムに漂う純一な「清潔」さとの対比を際立たせたいがためであり、それゆえ私はその表現を「二重性」という別の語彙に変えて論を進めることにする。

三島由紀夫の天皇は元来、その政治的「無効性」に意味があるはずであった。そこに登場したものが「みやび」「美」を中心とする「文化」概念であった。

ところが「英霊の声」で二・二六事件の英霊は、次のように語るのである。

「思ひみよ。

そのとき玉穂なす瑞穂《みづほ》の国は荒蕪《くわうぶ》の地と化し、民は飢ゑに泣き、女児は売られ、大君のしろしめす王土は死に充ちてゐた(11)」

これはとりもなおさず、彼らの蹶起が政治的・道徳的目的を持っていたという「歴史」に寄り添う叙述であり、三島本来の、政治的無効性を前提とした文化概念からは乖離している。

ちなみに「英霊の声」と対比をなす「憂国」には、「民の飢え」などという政治的概念は出てこない。ただひたすら絶対の大義に合一しようという一対の夫婦の肉の喜びのみを描いたので「清潔」（江藤淳）と感じられるのだ。それは政治的効率を排除した地点で、絶対者の前で露わになる具体的肉体の無効性の至福を、きわめて純粋に描いている。

「二人が死を決めたときのあの喜びに、いささかも不純なもののないことに中尉は自信があつた。あのとき二人は、もちろんそれとはつきり意識はしてゐないが、ふたたび余人の知らぬ二人の正当な快楽が、大義と神威に、一部の隙《すき》もない完全な道徳に守られたのを感じたのである。二人が目を見交はして、お互ひの目のなかに正当な死を見出したとき、ふたたび彼らは何者も破ることのできない鉄壁に包まれ、他人の一指も触れることのできない美と正義に鎧《よろ》はれたのを感じたのである。中尉はだから、自分の肉の欲望と憂国の至情のあひだに、何らの矛盾や撞着を見ないばかりか、むしろそれをひとつのものと考へることさへできた(12)」。

これに反して、「英霊の声」の二重性は、三島由紀夫自身が否定し否定し否定しつくしたはずの明治的＝儒教的な政治的有効性を大きな柱に導入してしまったところから発生している。それゆえ論理に雑音がはいりこみ、英霊の純一性は傷つけられる。

冒頭で引用した英霊たちの声をもういちど聞こう。

「ただ金よ金よと思ひめぐらせば
人の値打は金よりも卑しくなりゆき、(中略)

車は繁殖し、愚かしき速度は魂を寸断し、
大ビルは建てども大義は崩壊し
その窓々は欲求不満の蛍光灯に輝き渡り、
朝な朝な昇る日はスモッグに曇り……(13)」

このような言説は、ただちに、儒教的「整風」運動へと結びつくものであり、効率性の論理に自らを巻き込むことになる。なぜなら儒教における「道徳」の役割は、社会の効率的な運営という点にあるからである。その極度の反功利的思考によって逆説的に社会を効率的に（すなわち利を排除して）運営しようという装置なのだ。

そしてこの明治官僚的な効率的道徳性は、三島の本来の芸術的主張である政治的無効性＝反明治官僚的美意識という正反対の価値と合体して、神風特攻隊の英霊の次のような言葉に結晶する。

「しかしわれら自身が神秘であり、われら自身が生ける神であるならば、陛下こそ神であらねばならぬ。神の階梯《かいてい》のいと高いところに、神としての陛下が輝いてゐて下さらなくてはならぬ。そこにわれらの不滅の根源があり、われらの死の栄光の根源があり、われらと歴史とをつなぐ唯一条の糸があるからだ。そして陛下は決して、人の情と涙によつて、われらの死を救はうとなさつたり、われらの死を妨げようとなさつてはならぬ。神のみが、このやうな非合理な死、青春のこのやうな壮麗な屠殺によつて、われらの生粋の悲劇を成就させてくれるであらうからだ。さうでなければ、われらの死は、愚かな犠牲にすぎなくなるだらう。われらは戦士ではなく、闘技場の剣士に成り下るだらう。神の死ではなくて、奴隷の死を死ぬことになるだらう。[14]……」。

神としての天皇は、決して道徳的な「情」や「涙」で特攻隊の死を救おうとしてはならない。なぜならそのような道徳性を超越した神としての抽象性こそが、「文化の全体性」を保障するゾルレンとしての天皇であるべきだからだ。しかしここにおいて三島は、二重の意味において天皇を責め、恨むことになる。ひとつは、天皇が道徳性（情や涙）を持つことによって「文化の全体性」を毀損することに対する叱責であり、もうひとつは、戦後に具体的な「人間」となることによっていかなる超越性も持つことがなくなったことへの怨恨である。

だが、この論理をもう少し冷静に見てみると、道徳的天皇や人間的天皇への叱責や怨恨は、「われらの死の栄光の根源」「われらと歴史とをつなぐ唯一条の糸」を守るためという、きわめて道徳的かつ功利的な目的のためになされていることがわかる。つまり、天皇は「われら（二・二六事件および神風特攻隊の英霊）」の栄光を保障するために要請されているだけなのである。

ここに至って三島は、その近代的な志向を露わにする。もし超越的な「文化の全体性」を説くのであったら、死者は自らの死が「神の死ではなくて、奴隷の死」になってしまうことを恨み、そのことによって天皇を責めたりはしないはずである。天皇よりも個人の死の意味のほうがより重要だから、道徳的天皇や人間的天皇に対して怨恨を抱くことになるのである。

翻って「憂国」の主人公は、そのような道徳的な繰り言などは一切いわない。ただひたすら美とエロスに死ぬこと自体が、大義と同義なのである。

この意味で「憂国」の純一性に対して「英霊の声」は「わいせつ」だといわれうるのである。

そもそも三島は「美」「文化」の純粋性を説きながら、三十代の半ばを前後する頃から急速に、あたかも朱子学者のように世の汚濁を糾弾するようになってもいたのである。三島は「文化防衛論」で「天皇の意義」を「美」と「倫理」に収斂させたが、この「倫理」は無論、儒教的な道徳の効率性とは対極の概念であった。しかし呪うべき昭和元禄の中で彼は、急速に儒教的「革命」へと接近せざるをえなかった。

そのひとつの証左が、晩年における陽明学への傾倒である。陽明学こそは、浪漫的無効性と現実的有効性のぎりぎりの妥協点であったに違いない。三島が陽明学を「能動的ニヒリズム」[15]と呼んだのは、おそらくはニヒリスティックな文化の全体性概念と儒教的な能動性のぎりぎりの結節点として、己を懸けるという意味だったのだ。

三島由紀夫は、自らの主張する文化概念の無効性・非政治性と、近代日本の歴史性が堆積した明治＝儒教的天皇の有効性・政治性との接点を見出そうとしたのであろうか。そしてその接点こそが、彼の自決だったのだろうか。つまり彼の切腹には、儒教的な意味での「世直し」という側面が含まれていたのか、それとも純粋に美＝「みやび」に殉じたのか。別の言葉でいえば、「英霊の声」的な死だったのか「憂国」的な死だったのか。

私の考えは後者であるが、三島の死をどのように解釈するかは、各々の自由に任されている。

第15章

おわりに——日本近代とは何だったか

1 戦後の日本社会

◆〈理〉の反転◆

第8章で見た、国体論による「日本国家の天皇霊化」の後、この社会はどのような変化を遂げたのか。一九四五年八月以降の数年間を生きた多くの日本人によるその後の証言に現われているように、変化はおそらく高速度でやって来たのであろう。もちろん国民の意識から現人神としての天皇像は容易に消え去りはしなかったが、幻想ないし悪夢からの解放と目覚めは、想像よりもすばやく訪れたというのがやはり実態ではなかったか。制度的には連合国軍最高司令官総司令部（GHQ）による占領政策実施の期間に、一定の時間をかけて、時にはかなり慎重に、大日本帝国からの離脱が推進されたが、そのような配慮よりもむしろ「新しい価値」「新しい世界観」を求める「人心」のほうが先を行っていたかもしれない。

問題は、あれほど強固に信奉されていると伝えられていた国体論の呪縛が、なぜそのように急速に変化しえたのか、ということにある。

それは、〈理〉の転換なのである。

東アジアでは、〈理〉を強固に信奉するというメンタリティが機能しているときほど、転向や革命という「反転」の力学が大きく作用する。〈理〉の中身が変わったのだ、という叫びと静思とが、人びとの心を支配し、そのような急激な変化に一方で抵抗しながら、他方で変化に同調しようとする。「信」という心のメカニズムは強固にできあがっているから、後はこれまで信じていた〈理〉を捨て去り、新しい〈理〉を導入すればよいのだ。

だがその際、「〈理〉の内容を古いものから新しいものに取り換えなくてはならない」という〈理〉が必要になる。人間にとっては「他者の欲望」こそが自己の欲望であるとラカンがいったように、ここでは「人は他者の〈理〉を理想とする」とでもいうべきか。私の唱える「多重主体主義（multisubjectivism）」という考え方でいえば、「自己」を構成している無数の知覚像が、「新しい〈理〉」というレッテルの付いた多数の強力な知覚像によって電撃的に攻撃を受け、そしてその新しい大量の知覚像には「他者の志向（他者もまた欲している）」というヘッダーが付いているので、〈主体化〉と〈序列化〉という世界観に慣れ親しんでいる人にとって、その新しい〈理〉の知覚像を取り込むことと「生き残ること」「承認を受けること」とが同義であるという錯覚が容易に起こってしまうのである（「多重主体主義」に関しては、拙著『創造する東アジア文明・文化・ニヒリズム』、春秋社、二〇一一、参照）。

あれほど熱情的な国体論者であった（と見えた）日本人が、民主主義や平和などという新しい〈理〉を熱狂的に信奉するなどということは、征服者には信じがたいことであった。しかし一方で日本人は昭和前期に至るまでの期間に民主主義や平和という観念についてかなり熟考したり実践したりした経験があったこと、つまり日本人の精神年齢は十四歳ではなかったこと（征服者はそのことを知らなかったらしい）と、他方で〈理〉を信奉する〈主体〉の心的メカニズムが〈朱子学的思惟〉によって統御されていたこと、つまり日本人の信念体系は「菊と刀」だけではなかったこと（征服者はそのことを全く知らなかった）により、〈理〉は劇的に転換されたのだった。

◆〈理〉のアプレゲール◆

だが、〈理〉はもちろん中身を転換するだけではない。窮境に陥った〈主体〉のひとつの戦略は〈理〉の内容変換だが、もうひとつの道は、〈理〉の全面放棄である。つまり、〈理〉などに価値はない。そんなものを信奉するなど狂気の沙汰だ、というメンタリティの登場である。これは容易に〈ニヒリズム〉に接近する。原理主義的ないし本質主義的思考の流行の後には、「〈理〉のアプレゲール」とでも称すべき群像が出現するのである。

久野収・鶴見俊輔は戦後すぐの精神的状況について次のように語る。

「実存主義の出発点は、実存は本質にさきだつという主張である。天皇制の神話とか、唯物史観の法則とかは、世界を本質においてとらえる考え方で、そういう本質的なとらえかたからずりおちてしまった、敗戦後の混乱の中から、戦後派は出発する。戦後派にとっては、あらゆる本質規定はこりごりなのだ。むしろ、自分をまさにその中に見いだす混乱状態のほうがはるかに親しみやすい。この混乱状態の中から、人に相談することなく、自分で行動コースをつくって出てゆく。くりかえし、混乱の中から出てゆき、混乱の中にその努力が終っても、悲観することがない。ここに、戦前派にはとうてい理解することのできない、戦後派の楽天性がある。失敗してつかまったとしても、オー・ミステイクなのだ(1)」。

しかしこれは純粋な〈ニヒリズム〉であるというよりは、〈ニヒリズム〉と〈主体〉の合体型なのだ。つまり、〈序列〉は彼らの関心事から消去されていなかった。「オー・ミステイク」という戯画的な叫びは、あらゆる価値からの逃避を宣言しているとともに、実は戦前派の古色蒼然とした儒教的道徳意識を価値の奈落に失墜させようという、新しい〈主体〉の〈序列〉的戦術でもあったのだ。

◆〈主体〉の浸透と疲弊◆

一九四五年までのウルトラ本質主義に唾を吐きかけるように、戦後派は反本質主義に振り子を振った。「信じられるものは何もない」「すべてを疑うということが自分の習い性になった」などという言葉をわれわれはこの戦後派からよく聞いたものである。

アプレゲールの本質が反本質主義だったとするなら、その次の世代、すなわち六〇年安保世代はアプレゲールの反本質主義に対するアンチテーゼ、すなわち本質主義であったといえるだろう。彼ら・彼女らは、反米・反岸信介を叫んだが、その隠された裏面は、反－反本質主義であったのである。その性格は強烈な道徳主義的〈朱子学的思惟〉であった。

このメンタリティは六〇年代末まで続いた。しかし一九六〇年の若者と、一九六八年の若者との間にはすでに大きな違いがあった。その違いを、旧左翼と新左翼の違いだといってもよいし、丸山眞男の栄光と屈辱の違いだといってもよいし、「月光仮面」と「天才バカボン」の違いだといってもよいが、本書のテーマからいえば、〈朱子学的思惟〉の性格の違い、と規定するのが最も適切である。

しかし一九六〇年代末の学生運動にもまた、〈主体化〉と〈序列化〉という〈朱子学的思惟〉が強固に杭打ちされていたこともまた事実である。この当時の学生たちは、赤塚不二夫と朱子とのはざまで翻弄され分裂していたといってよいだろう。前者はその後「これでいいのだ！」のノリでサブカルチャーの担い手となり、後者は自己陶酔的な「あしたのジョー」を経て「企業戦士」として審美的に自己武装していったのである。そして彼らが遂行したのは、日本社会を企業による経済成長という〈理〉によって全体的に〈主体化〉し〈序列化〉しようという企図だった。もちろんそのような資本主義的〈理〉は、古くから存在したのだが、団塊の世代の使命はその日本資本主義の完成のために邁進することだった。そして一度は「団塊朱子学派」と袂を分かった「団塊老荘派＝団塊ニャロメ派＝サブカル派」は、一九七〇年代以降の日本経済のマーケティング化・情報化とともにやがて資本主義の〈理〉に取り込まれるようになり、老荘的な世界観は急速に朱子学化し、広告会社やマスコミと共謀して日本社会における「逸脱の領域」を朱子学的〈理〉によって塗り固めるのに加担することになった。サブカルは道徳的に武装して朱子学と化し、政府や企業とあからさまに、あるいは隠微に結託して権力構造における〈序列化〉を翼賛した。

日本人の反朱子学的欲望は撲滅され、知能も性も身体も情感もすべてが朱子学的に道徳化され〈序列化〉された。その結果、知能も性も身体も情感もすべて死滅に瀕し、人びとは〈序列日本〉という透明な場において「ランキング」のみを糧にかろうじて死のような生を営業している。

2 日本の近代とは何だったか

◆近代の熱狂と快感◆

本書で解明しようと試みたのは、日本近代という奇妙な時代における、人間の〈主体化〉という問題であった。共同体のすべての構成員をひとつの〈理〉によって〈主体化〉し〈序列化〉するという斬新な思想に初めて接した明治日本の国民たちは、この思想に熱狂した、といってよいと思う。それが東アジアには広く知られていた〈朱子学的思惟〉であることを日本人は知らなかった。そしてその思想こそが西洋近代だと誤解したまま、熱狂は已まないどころかいや増した。

もちろん直接に〈主体化〉されたのは主に男性であったから、この思想に熱狂したのは男性が圧倒的に多かったであろう。しかし女性がこの〈主体化〉〈序列化〉から隔離されたり排除されたりしたわけではなかった。直接に、あるいは自分が奉仕する夫や息子を通して、〈主体化〉〈序列化〉された。社会が独身女性に負の烙印を押したのは、独身女性が間接的な〈主体化〉〈序列化〉から逸脱してしまう可能性があったからであった。しかし男女雇用機会均等法以降は、そのような「心配」もなくなった。

近代という時代に、日本人はおそらく、危険であると同時に人間の根柢を揺るがすような快感を伴った時間を過ごしたのであろう。その時間が部分的にではあるが終わるのは、私の考えでは日本社会がポストモダンに突入する一九七〇年代後半の頃である。「日本近代」に対する私の定義から当然のように導き出されると思われるが、私の「日本脱近代」の定義は、単純にいって、「社会の構成員の〈主体化〉〈序列化〉という観念が崩壊すること」である。それはもちろん前近代に戻ることではない。あくまでも近代を経た「反〈主体化〉」「反〈序列化〉」なのである。しかしこの「反・朱子学的思惟」は一九七〇年代後半から九〇年代にかけて力を増すように見えながら、実際は根を下ろすことができなかった。

日本の近代とは何だったのか。この問いに、本書はかなり明確な観念と像を与えてきたと考える。最後に、これまで扱わなかったいくつかの側面について簡単に言及してみようと思う。

◆生命と朱子学的〈主体〉◆

まずは、生命と〈主体〉に関してである。生命という概念自体も重要だが、それよりも、それがどのように語られるかということのほうが重要かもしれない。というのは、生命を朱子学的に語ると、生命の〈序列化〉という事態に陥るからだ。

近代日本のひとつの側面は、無数のいのちの徹底的な〈序列化〉と消耗であった。このことを、小松裕『「いのち」と帝国日本』を読みながら、考えてみたい。(2) この本で指摘されているのは、近代日本はただ単にいのちを大量消費したのではなく、いのちを序列化した上で、序列上位のいのちを優遇し、序列下位のいのちのみを無慈悲に夥しく踏みにじったという事実である。

一八九四年の日清戦争から一九二〇年代までを対象にし、国家はいかに人びとのいのちを支配し、管理したかという「いのちをめぐる政治」がこの書では語られている。戦争で失われた無数のいのち。序列化された植民地のいのち。序列の最下層に置かれ、「絶滅」の対象とされたアイヌ民族やハンセン病患者のいのち。そのようないのちの序列化を支えたのはまず、人びとの「文明」意識にあったと小松はいう。西洋化（近代化）としての「文明」意識が、日本以外のアジア諸国を野蛮視させ、また農耕＝文明という考えが、アイヌ民族や台湾の先住民族への野蛮視につながった。そのほか「日本人」の民族的優越感、さらに政府や企業が規定する「国益」や「公益」にあらがえなかったこと、また「文明」を代弁する男たちに比べて女たちのいのちが軽視されるというジェンダー的問題、そして「健康」でないと見なされた人を強く意識する「健康」観念。以上の五つの要因が、いのちの序列化を支えたのだという。

取り上げられる歴史的事実は実に多岐にわたっている。日清・日露の戦争から、足尾銅山鉱毒事件、大逆事件、デモクラシー、米騒動、アイヌ、沖縄、ハンセン病、女工、坑夫、娼妓、子供と青年、そして植民地支配、第一次世界大戦、関東大震災、山東出兵、台湾の抗日霧社蜂起など、遺漏がない。

まさにこの時期の大日本帝国が「いのちをめぐる政治」を実に効率的に、しかし無理に無理を重ねつつ実行していた悲惨な様子が活写されている。権力は人々を「殺す」だけでは維持できない。殺しつつもいかに生かすか、否、生かしつついかに殺すか、という両軸によってかろうじて成立している。生権力への移行への歩みを始めていた。

さて、それでは一体、なぜ〈序列化〉は可能だったのであろうか。つまり、そのような〈序列化〉によって下位に組み込まれた人間は、いのち自体を貶められたり安価に扱われたり「公」によって奪われたりしたわけだが、なぜそのことを知っていながら、人びとはあるいは率先して、あるいは易々と、あるいは抵抗しつつも、〈序列化〉されたのだろうか。

それは、〈序列化〉が、〈主体化〉および普遍化とセットで進行したからだと私は考えている。家職を通した天との結びつき（天職）観念が支配した徳川時代においては、普遍的な道徳意識は存在しなかった。明治になってようやく朱子学的な〈主体化〉概念を採り入れた日本は、国民国家の建設と普遍的道徳性による国民の〈主体化〉というプロジェクトを同時並行的に推進した。これは日本人にとってきわめて新しい経験であった。この〈主体化〉を「朱子学的」というのは、克己をして普遍的な知（朱子学的にいえば〈理〉）に接近すればするほど、社会的に上昇し権力を行使することができるという構造が存在したからである。だからこれは「上からの〈主体化〉（すなわち客体化）」だけではなく、同時に「下からの〈主体化〉」でもあった。

人びとの多くはいのちを失う危険性を熟知しながらも、普遍的な価値というめくるめく栄光を身体化しようと自ら進んで〈主体化〉し、〈序列化〉されたのである。この変化は、植民地においても見られた。最近の植民地研究では、従来のような「収奪・抑圧する日本」対「抵抗する朝鮮」という二項対立的図式に少しずつ修正が加えられている。実際、韓国のナショナリズムの文法に完全に則った植民地時代観のみが支配するのは、誤りなのである。三・一独立運動など朝鮮人が日本に抵抗したのは貴重な事実だが、同時に多くの朝鮮人は日本が打ち出す普遍的な価値に則って自ら〈主体化〉し、〈序列化〉されたのである。その人たちをすべて「親日派」として歴史の闇に葬り去ろうというのが韓国のナショナリズムの文法だが、それでは歴史を正視したことにはならない。近代の日本人や朝鮮人の〈主体化〉が、いかに客体化でもあったかという観点から批判することにこそ意味があるのであり、民衆はすべて抵抗者か犠牲者であったという人間観は誤謬である。

被抑圧者はすべて客体であると考えると、被抑圧者のゆたかな人間性は漂白されてしまう。『「いのち」と帝国日本』でも、明治期に日本で「中国（人）＝豚」の表象が増幅されたことが記述されているが、それでは中国人や朝鮮人は、そのような他民族蔑視の表象を持たなかったのであろうか。そんなことはない。私の知るかぎり、中国と日本に対する朝鮮人の蔑視はきわめて強く、侮蔑語の強度も日本語の比ではない。その背景には中国や日本ではなく朝鮮（人）こそが普遍的な道徳を持っているのだという〈主体〉意識があった。誤解を避けるために付け加えるが、私は日本人による中国・朝鮮蔑視を正当化しようというのではなく、朝鮮人も侮蔑の〈主体〉であったといいたいのである。そしてそのような魅力的な欲望を持った生身の人間こそが、日本人と接触しながら植民地の空間で生きていたのである。

〈序列化〉する日本人もいれば〈序列化〉される日本人もいる。同時に、〈序列化〉される朝鮮人もいれば、〈序列化〉する朝鮮人もいた。そしてその〈主体性〉もすべて何らかの〈客体性〉に彩られていた。この複雑で多重な〈主体‐客体〉の関係性を丁寧に解きほぐすことが、これからの学問のなすべきことであろう。

たとえば日本による植民地時期に朝鮮人の人口は約二倍に増えている。いのちが二倍に増えたのだ。だから植民地支配は正しかったのだといいたいのではない。いのちの数が二倍に増え、その間に年平均三・七％という高い経済成長率を示した朝鮮で、新しい文明に接してさまざまな生の模索をした人びとをすべて被害者・抵抗者・被抑圧者として把えることが、正しい歴史把握なのだろうかと問いたいのである。帝国日本との接触は、朝鮮の女性たちに新しいいのちを与えもした。日本に留学した朝鮮の女性たちは「新女性」となり、儒教的な家父長制の抑圧から脱出しようとした。儒教的な韓国ナショナリズムから見れば「新女性」はマイナスの価値だが、反対側から見れば彼女たちは女性に新しいいのちを与える〈主体〉だったのである。

私は「植民地近代化論」に与する者ではない。植民地支配は明らかに不当である。しかし、歴史を生きる人間はつねに〈主体性〉と〈客体性〉のあざなえる縄のような生を生きねばならぬのであり、その錯綜した苦悩をきめ細かく解きほぐすことがこれからのわれわれに求められていると考えているのである。私は生《なま》の韓国人をよく知っている。彼ら彼女らは、柳宗悦が朝鮮の陶磁器を見て「静かで控え目がち」「いつも待っている風情」と語ったような、全き〈客体性〉の存在などではない。強い欲望を持ち、常に道徳的でもなく、いのちを搾取する帝国側から見えるような無個性の人間たちでもない。日本に抵抗した朝鮮人を高く評価するのはもちろんだが、それだけでは朝鮮人をわかったとはいえない。〈主体〉でありながら〈客体〉であり、〈客体〉でありながら〈主体〉であることに関わるあらゆる政治性・思想性を解きほぐしてゆかねばならないのである。

◆「期待される人間像」——教育と〈主体〉◆

国家による国民の〈主体化〉が戦後においても執拗に追求された恰好の例として、「期待される人間像」がある。一九六六（昭和四十一）年の中央教育審議会答申「後期中等教育の拡充整備について」の「別記」として公表されたものだ。

そこでは「日本人にとくに期待されるもの」として、個人としては「自由であること」「個性を伸ばすこと」「自己をたいせつにすること」「強い意志をもつこと」「畏《い》敬の念をもつこと」が挙げられ、家庭人としては、「家庭を愛の場とすること」「家庭をいこいの場とすること」「家庭を教育の場とすること」「開かれた家庭とすること」が挙げられた。また社会人としては「仕事に打ち込むこと」「社会福祉に寄与すること」「創造的であること」「社会規範を重んずること」が挙げられ、国民としては「正しい愛国心をもつこと」「象徴に敬愛の念をもつこと」「すぐれた国民性を伸ばすこと」が挙げられた。

もちろん戦後民主主義の基本理念は、それが戦後民主主義であるがゆえの独特な枠組み（国家の中の国民として日本人を規定することから民主主義を発想することなど）を堅持しながら、守られている。個人の尊重、自由・個性・創造性の重視、少数者への配慮などが謳われており、基調としては強い自我の確立と人間性の向上が求められている。その意味ではまさに「戦後的」なのであるが、その末尾の「国民として」の章では、国民として期待される内容が国家主義的、天皇主義的であって、戦前の教育思想の復活を明確に企図したものと解釈されても仕方がない。

このように大きな問題を投げかけた「期待される人間像」であるが、これまでとは異なった視点で、つまり〈朱子学的思惟〉という観点から、この文書の問題点を指摘すると次のようになる。

まず、「人間形成の目標としての期待される人間像」として次のように語られる。「いうまでもなく、教育は人格の完成をめざすものであり、人格こそ、人間のさまざまな資質・能力を統一する本質的な価値である。すなわち、教育の目的は、国家社会の要請に応じて人間能力を開発するばかりでなく、国家社会を形成する主体としての人間そのものを育成することにある」[3]。つまり、人格という「本質的な」核となる「価値」を設定し、教育はその核を完成させ、国家社会を形成する〈主体〉を育成することだとしている。そしてこの答申では教育の中身にまで言及しているのだから、結局、国家が特定の〈理α〉を設定し、それを教育者（学校の先生）に注入して彼ら彼女らを〈主体α〉にし、それら〈主体α〉たちが今度は学校の生徒たちに〈理β〉を注入して彼ら彼女らを〈主体β〉につくりあげる、という点では、典型的な〈朱子学的思惟〉といえるのである。しかも〈主体α〉も〈主体β〉も厳しい全体的な〈序列化〉を遂行されるわけであるから、事実上、この〈朱子学的思惟〉から逃走する道は、学校という制度の内部においては存在しないのである。

また、「まえがき」においては、「古来、徳はその根源においてひとつであるとも考えられてきた。それは良心がひとつであるのと同じである。以下に述べられた徳性の数は多いが、重要なことはその名称を暗記させることではない。むしろそのひとつでもふたつでも、それを自己の身につけようと努力させることである。そうすれば他の徳もそれとともに呼びさまされてくるであろう」と語られている。これは、国体論（『國體の本義』）に見られた「帰一」の論理のリフレインである。ただし国体論においては「没我帰一」が唱えられたが、戦後はさすがにそのように荒唐無稽な論理は通用しない。強い自我の確立と自由の尊重とは、すでに金科玉条となって久しいのである。しかし、「教育勅語」以来繰り返されてきた「脈絡のない徳目の羅列」という世界観は、みごとに踏襲されている。『國體の本義』においては、「まこと」という観念がランダムな徳目の羅列を自動的に整序し、「おのずと」徳目間の矛盾を解消して「帰一」する、と考えられていたのだが、「期待される人間像」における「そうすれば他の徳もそれとともに呼びさまされてくるであろう」という論理は、国体論にかろうじて存在した「まこと」という媒介もなく一切の修辞もないまま幸福な予定調和のまどろみに退行してしまっている。このように、徳目間の論理的緊張の欠如という意味では反朱子学的であり、まさに「教育勅語」的であるといえるのだが、すべての徳目がひとつに収斂され、それが心の一個性と連動しているという世界観と、その観念に基づいて共同体の成員を〈主体化〉し〈序列化〉しようという点においては、みごとに〈朱子学的思惟〉そのものなのである。

さらに、「個人の確立→家族の愛→社会人としての実践→愛国心」という順序で「期待される人間」の像を描くことは、第5章で説いた「同心円型〈主体〉」の典型例であるといえる。これは「修身→斉家→治国→平天下」という儒教型同心円に、社会人という中間段階を入れ込み、天下（世界）という最も外側の円を排除した形態である。「期待される人間像」の二年後に宣布された韓国の「国民教育憲章」（第12章参照）が、「内においては自主独立の姿勢を確立し、外においては人類共栄に貢献する」[4]というように同心円の外縁を「人類」という規模にまで拡大していることと比較すると、「期待される人間像」の〈主体化の同心円〉が愛国心の段階で留まっているのは、「戦後」的な世界観の限界を示している（韓国の「国民教育憲章」が「共栄」という言葉を使用している点に注意）。

このように、「期待される人間像」は戦後教育における〈朱子学的思惟〉の復活を企図した重要な結節点であった。その後の教育問題に関する議論においても、ともすると愛国心をめぐる是非に焦点が絞られがちだが、より重要なことは、言説の構造自体が国民の〈主体化〉と〈序列化〉を促すものになっているか否かなのである。愛国心を教育することが是か非か、という議論のほかに、たとえば朱子学的な〈主体化の同心円〉の構造を破壊し、自己を取り巻く最初の環境を「世界」とし、そこから逆に国家や家族との関係を考えてゆく、などという思考の試みも、〈朱子学的思惟〉からの脱却という意味では無駄なことではない。それ以外にも多数多様な世界観の選択肢を自分の力で案出することができるようにし、いかなる選択肢に関しても源泉的に封鎖しないということが、真に反〈朱子学的思惟〉的な教育といえるだろう。

3　日本の近代をどう終わらせるか

◆奴隷的な〈主体〉◆

なぜ人は、どこから飛んできて自分に取り憑いたのかもわからない「思想」を、他人に向かって声高に主張したり叫んだりするのだろうか。あきらかに自分の内面から湧き出たものでない「思想」を、あたかも自分そのものであるかのように死守したり、その「思想」によって他者を傷つけたり支配したり甚だしくは抹殺しようとしたりするのだろうか。

人は弱い存在である、からなのか。結局人は、自分で真理を見つけることも、一から思想を構築することもできず、自分より巨大で権威のある真理や思想への依存や従属を選択してしまうからなのか。

おそらくは、そうなのであろう。日本の近代は、人間の強さというよりは弱さを証明してきた時代だということができる。「日本人はアジアで初めて近代化に成功した強い民族ではないのか」「敗戦後の焦土から世界第二の経済規模の先進国をつくりあげた日本人は充分に強い人びとではないか」という反論が聞こえる。しかし、そこに日本人の強さというよりはむしろ弱さを見るということも、可能であろう。そしてその弱さを強さに変換する世界観的装置が、〈朱子学的思惟〉というものだった。この装置を使えば、弱い自我は〈主体〉という輝かしい存在者に変身するのだった。

それなら、もともと〈朱子学的思惟〉を具備していたはずの中国や朝鮮が近代化に失敗したのは、なぜだったのかと問う人がいるかもしれない。しかし、明治日本と同時期の中国（清）・朝鮮を比較してみると、社会構成員全体の〈主体化〉と〈序列化〉は、圧倒的に前者のほうがラディカルに浸透した。中国・朝鮮に〈朱子学的思惟〉はあったが、その理想的な実現に成功したのは明治日本だったのである。

人間の弱さを強さに変換するシステムとしての〈朱子学的思惟〉とは、第3章および第4章で説いたように、社会の構成員すべてに〈理〉があまねく具わっているという〈理〉によって、人間を〈理〉化させることを〈主体化〉だと言い募り、そしてそれにより社会全体を〈序列化〉する思想である。自分の思想でもない〈理〉に吸収されるというのは端的に人間の弱さを表しているが、自己を〈理〉と合一化させるためには克己という苦しい道程が必要であるのだから、この道程を踏破する強さを強いられもする。そして〈序列化〉に一喜一憂するというのは明らかに人間の弱さだが、その戦いに果敢に挑戦して努力するという意味では、それは人間の強さを表現しているということもできる。

このように〈朱子学的思惟〉とは、人間の弱さと強さの両面を包摂した柔軟かつ強固な世界観なのである。

しかもこの世界観によって国民が〈主体化〉され〈序列化〉された国家は、経済的にも成功する確率がきわめて高いと思念されるので、国民は「経済的な豊かさ」とか「自分の所属する国家の序列」などという麻薬のような価値に抗することができないまま、自ら〈朱子学的思惟〉の虜になって奴隷的な〈主体〉として振る舞いながら一生を過ごすことになる。

◆近代のイコン◆

しかしこのシステムが強靱な生命力を保って人びとの心を捉えるのには、別の理由もある。

そもそも人間には純粋な「内面」などあるのか、という問いにそれは起源している。〈朱子学的思惟〉に劇しく対抗するものとして陽明学的〈こころ〉があるが、前者は後者の〈こころ〉は客観的な真理の基準を無視した独断に過ぎぬと論難し、後者は前者を夾雑物なしに宇宙の真理と一体化することができない教条主義者だと論駁する。これは日本近代史を彩る重要な世界観上の対立なのだが、陽明学的〈こころ〉といっても、実はその〈こころ〉と称するものが純粋に無媒介な「内面」なるものから無前提的に発生すると証明することは困難である。たしかに藤村操や大杉栄などの〈こころ〉は媒介性とは無縁な孤絶的内面エネルギーを発出しているようで魅力的である。しかし、それにしても他者と隔絶した完全な個の「内面」からそれらの世界観が湧き上がったわけではなく、社会の状況やその当時の他者の世界観（他己といってもよい）が複雑に混入して「藤村操の〈こころ〉」「大杉栄の〈こころ〉」なるものを実体として存在するかのような形で練り上げていったわけである。このように個人の心には他者の世界観が多数多様に組み込まれていることを私は「多重主体主義（multisubjectivism）」という言葉で語っているが[5]、この考えに基づけば、「個人の純粋な内面性」とか「他者と隔絶した個性的な心」などという観念は虚構にすぎないのである。
　そのように考えると、〈朱子学的思惟〉が〈理〉の客観性・普遍性を標榜しつつ、人の「心」に忍び寄り、その「心」を形成している無数の知覚像を巧妙な手段で（家庭・学校・メディアなどを通して）浸食してゆき、やがては客観的・普遍的な〈理〉の知覚像がその人の「こころ」を支配してしまうに至るのは、まさに人間の「主体」のあり方を熟知した戦略なのだということができる。ドーキンスは生物の個体が遺伝子を持つのではなく、個々の個体は遺伝子の乗り物にすぎないといったが、まさに〈朱子学的思惟〉という「利己的なミーム（複製子）」が個人を乗り物にして増殖してゆくのだと解釈したくなるような、その戦略性なのである。[6]
　そしてそのようにして獲得した〈理〉を、人びとは生得のものであるとか、あるいは必死の努力の末に自力で手に入れたものだと思いこむようになって死守するようになる。「死守」というのは修辞ではなく、この〈理〉のためには実際に命を賭すことすら辞さないのである。
　日本の近代というのは、このような〈理〉によって武装した〈主体〉たちが八面六臂の活躍をした時代である。この〈主体〉たちは他国にまで押しかけて行ってその地の人びとを大量に殺戮したり、自分たちの〈理〉によって〈主体化〉し〈序列化〉しようとした。〈理〉は絶対的な道徳だから、歯止めが利かないのである。中国や朝鮮から導入した〈朱子学的思惟〉を、その源泉を知らないまま中国や朝鮮の人びとに強要して侵略したことは、歴史の皮肉というべきか悲劇の歴史というべきか。〈朱子学的思惟〉のウロボロスが自らの尾を嚙みながらのたうつ姿は、近代という時代の血塗られた凄絶な影として永遠に記憶せざるべからざるイコンである。

◈ゼルプスト・デンケンは可能か◈

純粋に自己の内面から湧き上がる思想や世界観というものが虚構だとしても、完全に借り物の思想や世界観に自己の心をすべて明け渡してしまうことと、最後までそれに抵抗し、たとえわずかな知覚像でも自己の内面から発出させようとすること（そのこと自体が虚構だとわかっていながら、である）は、やはり大きな違いであろう。

日本の近代においても、後者のような構築を自らの仕事と任じた人びとがいなかったわけではもちろんない。京都学派はその典型であるといえるだろう。藤田正勝によれば西田幾多郎や田辺元を中心とした京都学派の特徴は「ゼルプスト・デンケン（自ら考える、自ら思索する）」であった。[7]「この言葉が、彼らのあいだで標語のように、つまり共通のモットーとして語られていたと言われている。（中略）哲学にとって大切なのは、たとえどんなに不確かな歩みであっても、「自分の脚で歩く」ことであるというのが、田辺の確信であった。（中略）哲学は田辺にとってレディ・メイドのものではなく、全力を尽くして探究するものであり、そしてそれを通して自らが変わっていくことであった。そのような意味で哲学は田辺にとって学ぶものというよりも、むしろそれを「生きる」ものであったと言ってもよいであろう」。田辺元の言葉を聞いてみる。「創造ということがいわれるためには、古いものが死滅することが新しいものの発生であるという、いわゆる否定の否定を統一しておるような自覚がなければならない。言葉を換えれば、絶対の無の自覚がそこにあるから、初めて創造ということがいわれるわけであります。ですから創造ということが行われるためには、どうしてもそこに自覚する主体というものがなければならない」[8]。この言辞こそ、西田幾多郎・田辺元・西谷啓治に共通する、「自覚・否定・絶対無・創造・主体」のアジテーションである。京都学派はまさに若者を鼓舞する哲学といえる。それは、「青年よ、〈朱子学的思惟〉に絡め取られるな。真理は与えられるものでも勉強して身につけるものでもない。自らの全存在を賭けて創造するものである。にせの〈主体化〉とくだらぬ〈序列化〉には目もくれるな。主体と序列はいかなる意味でも無関係である」といっているのである。京都学派がつねに青年の心を摑み続けてきた理由が、ここにはある。

だが、彼らの熱気のこもった教室から一歩外に出ると、そこに待ち受けているのは、社会の隅々まで浸食してしまっているかのような、〈朱子学的思惟〉の空気である。この空気は甘い。自らの主体を賭けて思考しなくても、あらかじめ答えが用意されているのである。そしてそれをできるだけ多く収集したものが、社会的に上昇できるのだ。さらに日本社会においては最早「同心円」も〈ネットワーク〉もほとんど機能していない。否、それらは実際は存在するのだが、社会の〈主体〉たちの目には見えない仕組みになっているのだ。そして自らを〈主体化〉し〈序列化〉するというプロジェクトに邁進する。

〈朱子学的思惟〉の空気が甘くて心地よいと感じている人びとによって、日本社会の大半は支配されてしまっている。この空気は実は毒であると語ることのできる人びとは、すでにすべて死に瀕しているのであろうか。

注

第1章　朱子学化する日本近代

（1）松本三之介、『明治精神の構造』、岩波現代文庫、二〇一二、五二～七一頁、参照。
（2）渡邊幾治郎、『明治天皇と補弼の人々』、千倉書房、一九三八、一八八～一八九頁。
（3）市井三郎、『「明治維新」の哲学』、講談社現代新書、一九六七、一九九～二〇一頁。
（4）同右、二〇〇～二〇一頁。
（5）その際に神道をも儒教化させて国家神道に再編するなどの作業、つまり既存の自己内部の思想をも「一君万民」と「国民国家」という二大理念に合致するよう変造した。
（6）アントニオ・ネグリ　マイケル・ハート、『マルチチュード（上）』、幾島幸子訳、NHKブックス、二〇〇五、一六一頁。
（7）佐々木克、『志士と官僚　明治を「創業」した人びと』、講談社学術文庫、二〇〇〇、参照。
（8）徳富蘇峰の「田舎紳士論」（『国民之友』、一八八八）に関しては、坂野潤治、『近代日本の出発』、新人物往来社、二〇一〇、一一六～一一七頁参照。
（9）江戸時代の読書共同体に関しては、前田勉、『江戸後期の思想空間』、ぺりかん社、二〇〇九、参照。
（10）松田宏一郎、『江戸の知識から明治の政治へ』、ぺりかん社、二〇〇八、参照。
（11）文部省、『國體の本義』、一九三七、三五頁。
（12）同右、三四～三五頁。
（13）同右、一五五頁。
（14）文部省教学局、『臣民の道』、一九四一、四〇頁および六六頁。
（15）同右、八二～八三頁。
（16）久野収・鶴見俊輔、『現代日本の思想――その五つの渦』、岩波新書、一九五六、一一七～一一八頁。この章（「Ⅳ　日本の超国家主義――昭和維新の思想」）の執筆は主に久野が担当している。

（17）同右、一二八〜一二九頁。

（18）同右、一二九〜一三〇頁。

（19）同右、一三二頁。

（20）同右、一三三〜一三四頁。

（21）久野・鶴見もこのことを強く指摘している。「彼（北一輝—小倉注）のとなえたのは、公然たる国家主権論、天皇機関説であって、密教としては自明として黙認された学説であった。彼の特色は、この密教を顕教に教化された国民大衆にひろめ、顕教を偶像崇拝として駆逐せんとするところにあった」（一四七頁）。「北のくわだてたのは、密教による顕教征伐であった。上からの官僚的支配のシンボルとなった天皇を、下からの国民的統一のシンボルにたてなおすことであった。天皇と国民とが公然と協力しうる体制を彼のいう社会主義のもとに実現しなければ、国家の独立も、これ以上の発展も不可能だ、彼はそう考えた」（一四九〜一五〇頁）。

第2章　儒教的〈主体〉の諸問題

（1）この問題を考えるには、儒教的〈社会〉における人間のあり方を考察するだけでなく、儒教的〈思惟〉における人間のあり方を哲学的に分析する必要があるが、本章ではそこまで立ち入ることはしない。この点に関しては次章以降で詳しく述べる。

（2）Thomas A. Metzger, *Escape from Predicament*, Columbia University Press, 1977, New York.

（3）メッガーは楊国樞、李亦園、Solomon, Pye, Eisenstadtなどの名を挙げている。前掲書、一一頁。

（4）メッガーは前掲書の第一章で具体的に楊国樞、李亦園、徐静、李美枝などの名を挙げている。前掲書、二一〜二七頁。

（5）メッガーは馮友蘭、唐君毅、Munroなどを挙げる（前掲書一一頁）。牟宗三、余英時、杜維明なども含まれる。

（6）メッガー、前掲書、第二章、第三章参照。

（7）メッガー、前掲書、第五章参照。

（8）溝口雄三『方法としての中国』第Ⅱ部「儒教資本主義と儒教社会主義」、東京大学出版会、一九八九。溝口はまた、劉少奇の「共産党員の修養を論ず」が『孟子』や范仲淹の儒教倫理によって説かれていることを挙げている（『儒教ルネッサンスを考える』、大修館書店、一九九一、二〇頁）。

（9）このような理の闘争は、王朝時代から継続して行なわれて来た。私は、朝鮮朝の党争というものも、単なる権力闘争ではなく、理の内容の相違による理想社会論争と理解せねばならないと考える。

(10) Metzger, Confucian thought and the modern quest for moral ontology, Silke/Trauzettel 編 *Confucianism and the modernization of China* 所収、二七三頁。

(11) 余英時の言葉である。

(12) 朱熹の論敵・陸象山は、いわば敵陣である白鹿洞書院で講演し喝采を浴びたが、その内容は科挙を「利」としてその弊害を説いたものであった。道学的士大夫が「科挙之学」を批判するのは中国・朝鮮に共通する現象である。

(13) たとえば『朱子行状』は全篇、朱熹が官職を辞退し、あるいは奉祠職に就くことを乞う夥しいエピソードに満ちあふれている。ただし朱子は実践もした。

(14) 「主導的に導き出しはしなかった」というのは、「結果的に」あるいは「自己の意志に反して」、「経済的前進」を導き出したといえるかもしれぬからである。そして重要なのは、社会における反・新儒学的な変革もまた、〈理〉によって規定された〈主体〉たちが担うという構造である。

(15) 反動的には、そのような方向に進んだのである。

(16) メッガー、前掲書、二一四頁。

(17) Wm. Theodore de Bary, *The Liberal Tradition in China* は、道徳の経済的源泉を考慮しない典型的な論著である。

(18) 楠本正継、友枝龍太郎は、朱熹の社倉法を窮理の実践として把える典型的な論者である。

(19) これは、朝鮮の朴斉家(一七五〇〜?)の「利」思想を分析する際に使用した枠組みである。「朴斉家の北学思想と性理学」(朝鮮語)、『韓國文化』第9輯、ソウル大学校韓国文化研究所、一九九六年十二月。

(20) 一元論的性格も存在する。それは、「民利」を拡大することが「義」であるという孟子以来の思考である。しかしこれは資本主義とは関係がない。

(21) ここでいうのは広い意味での王権であり、既存の王権を批判することによって、より強力な王権を構築しようとする行為をも含む。

(22) 後に梁啓超が、「利国進群之事業」のために、「私徳」(「公徳」に対する概念)を強調したのも、同じような文脈であろう(「新民説」、『飲氷室専集之四』、一一八〜一四三頁)。

(23) 朝鮮で画期的な商業政策(辛亥通共)を行なった宰相・蔡済恭は朴斉家と非常に親しかった。

(24) 「「中国的急進から民主へ」——「非政治的」文学者の課題」、『世界』、岩波書店、一九九四年六月号、一七七頁。

(25) 同右、一七二頁。

第3章　朱子学の論理的始源

(1) 朱子、『大學章句』。

(2) 李栗谷、『聖學輯要』統説第一。

(3) 朱子、『中庸章句』。

(4) 李栗谷、『聖學輯要』統説第一。

(5) 丸山眞男、『日本政治思想史研究』、東京大学出版会、一九八三(新装)、一三頁。

(6) 友枝龍太郎、『朱子の思想形成』、春秋社、一九六九、一九八～一九九頁。

(7) 『朱子語類』巻一。

(8) 朱子その人の言説と、朱子学者の言説とは自ずから性格は異なる。特に朝鮮の朱子学者の言説の場合、〈理X〉は朱子説絶対化の政治的装置であるから、彼らの文は夥しい数の〈理X〉で点綴されている。「此理甚明、人自不覺、可哀也」(李栗谷、『聖學輯要』二)。「理一而已。太極問答、變轉雖殊、終歸一理。亦非自家私論也。皆朱子語意也」(宋龜峰、『太極問』)。「……天下無是理」(同右)など枚挙に遑がない。またこのように顕在的なかたちを取らずとも、朱子及び朱子学者の言説は、陰に〈理X〉の圧力を隠し持つものがほとんどである。

(9) 『朱子語類』巻九十四。

(10) 正確にいうなら、「他道理自如此」と「他自有這箇道理」の「道理」の意味は微妙に異なるが、今は問わない。

(11) 安田二郎、「朱子の存在論に於ける『理』の性質について」、『中国近世思想研究』、筑摩書房、一九七六。以下、この節の安田の文はすべて同論文の八〇～八三頁からの引用。

(12) 『朱子語類』巻九十五。訳は安田による。

(13) 『朱子語類』巻九十五。訳は安田による。

(14) 『朱子語類』巻二十。訳は安田による。

(15) 荒木見悟、『新版　仏教と儒教』、研文出版、一九九三、三九四～三九五頁。

(16) 『朱子語類』巻三十二。

(17) 岡田武彦、「朱子の智蔵説とその由来および継承」、『中国思想における理想と現実』、木耳社、一九八三、二九九頁。以下の引用文も同じ。

(18) 安田二郎、前掲論文、八七頁。安田の叙述を収録すれば以下の通り。「朱子によれば、信は土行に対応する理であって、それの端は即ち忠信である。忠信とは要するに善なる行為に伴う誠実さであり……」（同論文、八六頁）。「信とは「であること」に外ならぬ。それが「実有之理」として規定されるのはまさしくその為である」（同論文、八七頁）。「四情がそれ「である」ことを事実にするのが、忠信の契機に外ならぬ。然し逆に忠信はそれとして独立に存在することは出来ぬのであって、この面からいえば、それの成立は実はこの「である」ことに制約されるとも考えられる」（同論文、八七頁）。「信が繋辞に係わるとすれば、四性は述語に係わるということが出来よう」（同論文、八六頁）。

（19）『朱子語類』巻六。訳は安田による。

（20）『孟子』離婁上。

（21）小林勝人訳注、『孟子（下）』、岩波文庫、一九七二、三二一～三二二頁。

（22）『朱子語類』巻一。

（23）どのように認識し、受け容れるかは、先に調べた。それはまさに始源の問題に深く関わっている。

（24）陳北溪、『北溪字義』巻上、「志」。

（25）李退溪、「答黄仲擧論白鹿洞規集解」、『自省録』所収。

（26）陳北溪、『北溪字義』巻下、「義利」の日本語訳である佐藤仁、『朱子学の基本用語――北溪字義訳解』、研文選書、一九九八、一九四～一九五頁から引用。

（27）北学論者、特にその急先鋒であった朴斉家（一七五〇～？）の考えを推し進めてゆくと、「利者義之和」という伝統儒家の立場を逆転させ、「義者利之和」、つまり個人の利を認め、それぞれが利を追求することにより、その総和が社会全体の義として調和するのだという考えに行き着く可能性を持っていたが、これは最早朱子学者の枠を超え出た発想として弾圧されざるをえないものであろう。

（28）エドムント・フッサール、田島節夫・矢島忠夫・鈴木修一訳、『幾何学の起源』、青土社、一九七六、三〇五頁。

（29）荻生徂徠、『辨名』下。

（30）丸山眞男、前掲書、九五頁。

第4章　朱子学的思惟における〈主体〉の内在的階層性

（1）〈朱子学的思惟〉の本質に関しては、前章を参照されたい。

（2）前章参照。

（3）Wm. Theodore de Bary, *The Liberal Tradition in China*, The Chinese University Press, Hong Kong/Columbia University Press, New York, 1983. 日本語翻訳はWm・T・ドバリー、『朱子学と自由の伝統』、山口久和訳、平凡社、一九八

七。

（4）「moral individualism（七一頁）／道徳的個人主義（山口訳)」、「moral and cultural indivisualism（六七頁）／道徳的文化的個人主義（同）」、「individual moral responsibility（七三頁）／個人的道徳的責任（同）」、「morally responsible individual（八二頁）／道徳的に責任ある個人（同）」など、言葉の組み合わせは自在かつ華麗である。

（5）しかしながら、この書において、〈主体〉に対応する意味での「subject」ないしその品詞変形としての「subjective」、「subjectivity」という語は、一切使われていない。本書において「subject」という語自体は三回使用されているが（七九頁に一回、一〇四頁に二回）、いずれも「subject to」という熟語のかたちであり、〈主体〉とは無関係である。また「subjectivity」は一回使われているが（二〇頁）、これはむしろ「主観」という意味である。山口訳でも「主観性」としている。最も〈主体〉に近い意味として使われているのが一〇八頁の「subjective」であろう。中国の伝統に対して中国人の主体的な価値評価を与えることが重要であるとする銭穆の考えを、ここでドバリーは紹介しているのである。しかしこれとて、〈主体的〉という語のやや通俗的な使用法のひとつとみなしてよいであろう。山口訳では「(中国人)自身の」となっている。ちなみに山口訳の『朱子学と自由の伝統』には「主体」が一回(九頁)、「主体的」が一回（一七六頁)、「主体性」が二回（一一五頁、一六八頁）使われている。まず一一五頁の「主体性」は、王陽明の「voluntarist and activist philosophy」を「主体性を重んじる行動的哲学」と意訳したものであり、一六八頁の「主体性」は、「“Getting It Oneself”(tzu-te)」という小見出しを「「自得」と人間の主体性」と敷衍したものである。また一七六頁の「主体的」の原語は「active」である。九頁の「主体」は、宋儒の時代になって「自己（self）を、創造的に変容する能力を有する主体と見る考え」が顕著になったことを力説する杜維明の論文からの引用であるが、この原文（「the idea of the self as creative transformation」）にも「subject」という語はない（Tu Wei-ming, The Sung Confucian Idea of Education : A Background Understanding, *Neo-Confucian Education : The Formative Stage*, University of California Press, 1989, 所収、一四九頁）。

（6）Thomas A. Metzger, *Escape from Predicament*, Columbia University Press, 1977.

（7）この書において「subjective」とは、何よりも陸王学派におけるバークリー主義としての意味であり、ここにはかの「主観的観念論／客観的観念論」の図式が影を落としている。すなわち「subject」は「主観／客観」図式における一方の項として使用されているのである。メッガーにおいて、「subject」の代わりに愛用されているのは「self」であって、その逆では決してない。唐君毅の影響下に「道徳的に主張する自己（morally assertive self）」が強調されている。メッガーはまた、これも唐の見解の継承であるが、「自己は道徳的行動の究極的な行為者（the self is the ultimate agent of moral action）」であるという（三八頁）。ここで「行為者」という意味の「agent」が、〈主体〉に最も近い意味を持つであろう。自己は「道徳的行動の主体（the agent of moral action）」であるとされるのである。

（8）杜維明の場合は、「subject」「subjectivity」の語を多用するので知られている。これは丸山眞男の影響を受けたものであろう。しかし丸山の考えとは異なり、彼は朱子学及び陽明学に「subjectivity」があるのだと強調している。ドバリーやメッガー、杜維明に較べれば、わが丸山は〈主体〉という語をより自覚的に使用しているといってよいであろう。しかし〈主体〉を反朱子学の陣営のみに押し込めようとする丸山の思考も、後に論述する通り、誤りである。

（9）これはメッガーの基本的な考えである。自身告白しているように、彼はMartin M. C. Yangの家族主義理論と、唐君毅の自己実現（self-fulfillment）概念に大きく依拠しつつ自己の論理を構築している。「Escape from Predicament（窮境からの脱出）」において「窮境（predicament）」とは、道徳的完成、聖人への道が開けているにもかかわらずそこに到達することに失敗する、困惑の境遇である。道徳的失敗から「脱出（escape）」しようという強い緊張が、新儒学者の生を貫いているとするのである。

（10）本書第2章参照。

（11）新ウェーバリアンと「人文主義者」の議論が噛み合っていない理由のひとつは、前者が社会構成員のうち非支配層に焦点を当てて論じる傾向があるのに対し、後者は支配層に重点を置いて一般化する傾向が強いためである。そのため両者ともに多少なりとも「性急なる一般化の誤謬」を犯している。私の関心は、どちらか一方の層に重点を置くのではなく、社会全体として把えることにあり、それが本章の主題である〈階層性〉に収斂している。

（12）それゆえに、たとえば一例として、なぜそのような

「individualism」、「moral responsibility」というものが専制と結び付いているかの説明ができないのである。

（13）『朱子語類』巻十五。

（14）本書第3章参照。

（15）マルクスの〈即自的な階級〉と〈対自的な階級〉の区分を援用するなら、ここに〈即自的な階層〉と〈対自的な階層〉のふたつを設定することができる。すなわち、〈即自的な階層〉とは、自らに付与された〈理〉を認識しえず、あるいはまたその性格を理解せず、〈奴〉の姿のまま生きる階層である。これに対して〈対自的な階層〉とは、自らの遂行すべき〈理〉の内容を把握し、その〈主体〉となって共同体の「moral agent」として生きる階層である。

（16）Wm・T・ドバリー、前掲書（日本語版）、二〇七頁。

（17）「立志」とそれを保障する〈理〉防衛装置としての「信」の構造については、ある個人が〈理〉世界に投企する瞬間の分析として、前章において略説した。

（18）ここに朱子学的思惟の狡智が、修養と権力意志との内密な関係という構図で宿っている。つまり、〈客体的客体〉と〈主体β〉との閾としての「立志」にせよ〈主体β〉と〈主体α〉との閾としての「豁然貫通」にせよ、それらは「修己」すなわち個の内面性に局限される実践であり、外面的な対他性における支配／被支配の関係としての「治人」がこれに先行することは禁忌とされている。しかしながら〈社会化〉された〈主体性〉においては実際のところ、何を以て〈理〉となすかの決定権力の位相をも含めて、「治人」がその喫緊の役割を果たすわけである。ことに〈主体X〉の成立過程における「治人」の根源的優位性は、それを隠蔽しようとしても詮なきことである。〈主体α〉と〈主体X〉との閾に関する沈黙は、このように〈主体〉の〈支配〉の現実への通路を秘匿するための隠黙でもあるのだ。

（19）本書第3章参照。

（20）朱子、「與郭沖晦書二」、『朱子文集』三十七。

（21）『中庸』第十七章。

（22）『大學章句』經・朱注。

（23）同右。

（24）『朱子語類』巻十五。

（25）『中庸』第二十章。

（26）市川安司、「朱晦庵の理一分殊解」、「北溪字義に見える理一分殊の考え方」、『朱子哲學論考』、汲古書院、一九八五、参照。

（27）『大學章句』格物補傳。

(28)朱子自身の文や語のテクスト以外に、朱子の編んだ『近思録』や明代の『性理大全』など、この〈主体X〉の内容を規定する精緻で強力な権力装置として機能するテクストは夥しい。
(29)この「全体性」の構造は平板ではない。そのトートロジカルな体系が、大きな特徴のひとつとなっている。
(30)『近思録』巻一、周濂渓、『太極図説』より。
(31)丸山眞男が熱心に説く朱子学における「イデーのペルゾーンに対する優位性」は、このような構造によって可能となっているのである。
(32)『近思録』巻一、朱注。
(33)『近思録』巻二、程伊川の語。
(34)同右。
(35)これに関しては小倉雅紀、『朴齊家の北學思想』(ソウル大学校哲学科碩士論文、一九九三)において検討したことがある。
(36)Wm. Theodore de Bary、前掲書、九二頁。
(37)具体的に韓国社会において、変革と改革がいかに行なわれて来たかを朱子学的思惟の観点から叙述したものとして小倉紀蔵、『韓国は一個の哲学である』、講談社現代新書、一九九八、一七五〜二〇二頁がある。
(38)守本順一郎、『東洋政治思想史研究』、未来社、一九六七、二〇頁。
(39)たとえばルカーチが「プロレタリアートは社会および歴史にたいし特殊な態度をとり、本質的に社会的・歴史的発展過程の主体と客体との同一性としての役割をもつ立場にたつのである」(G・ルカーチ、『歴史と階級意識』、平井俊彦訳、未来社、一四七頁)といったとき、それはプロレタリアートこそが歴史変革の主体であると同時に客体であるという稀有な歴史的状況の一点を衝いて喝破したものであった。その〈主体性〉の自覚のゆえに「意識」が強調されるのであり、これこそ〈主体化〉の一典型ということができる。しかしながらルカーチ自身はからずもここで言及している通り、これは〈主体化〉と同時に〈客体化〉なのである。
(40)注意深い丸山は自ら、朱子学的思惟方法が社会の変革をなしうることに言及している。「一般に自然法は実定的秩序と関係づけられるや否や一つのEntweder-oderの前に立たせられる。即ちそれは自然法の純粋な理念性を固守することによつて、実定的秩序に対する変革的原理となるか、それとも自己を全的に事実的社会関係と合一せしめる事によつて、それの永遠性を保証するイデオロギーとなるかいづれかである。朱子学的な自然法思想からも現実的所与に対する変革的帰結が引き出せないことはない」(『日本政治思想史研究』、東京大学出版会、二〇三頁)。とはいえ、丸山は続けて次のように語ることにより、ただちにその可能性を否定する。「しかし朱子学の理論構成に深く浸透してゐる自然主義はかうした理の、したがつて自然法の純粋な超越的理念性を甚だしく稀薄にする。いなむしろ宋学には(中略)「道」と「物」と、規範と現実的事態との間隙を規範の側からたえず埋めて行かうとする衝動が内在してゐるのである」(同右、二〇三頁)。これは一体論証になっている言説であろうか。否。〈朱子学的思惟〉における変革可能性を封鎖するには力のない論説というしかあるまい。

(41)丸山、前掲書、第二章参照。

(42)もしそれが真ならば、国民の〈主体空洞化〉を極端に押し進めた末の一九八〇年代、九〇年代日本にこそ変革の波濤は押し寄せたはずではなかったか。

(43)「忠誠」と「反逆」の連続性を説いた後年の丸山は、〈主体〉の内在的階層化こそが変革と繋がることを認めたのであり、この意味で、〈朱子学的思惟〉へ改宗ないし回帰したのだといえよう。

(44)守本順一郎はこのことを、「悪と善とを全く断絶させ、悪から善へ至る階梯的上向の可能性を塞ぐならば、善の具体的内容が「分」の確定を目指す「道理」である限り、却ってそれは、「分」に基づく階梯的身分社会の保証とはなり得ない」と指摘している。守本、前掲書、一二七頁。

(45)朱子の時代には、「中国封建社会の基底にある直接生産者=佃戸が、既に人格的独立の基礎をもつ農奴にまで成長していた」(守本、前掲書、一三〇頁)。

(46)アンドリュー・E・バーシェイ、「戦後日本における民主主義の構想」、『現代思想』一九九四年一月、一一八頁。

(47)黄長燁(一九二三〜二〇一〇)を中心とする北朝鮮の主体思想イデオロギーを含め、日本・韓国・北朝鮮の三国の「近代国家建設」思想において共通して強調されているのが、「主体」なる語である点に注目されたい。

(48)朴鍾鴻、「知性の方向」、『朴鍾鴻全集』第六巻、蛍雪出版社、一九八〇、所収、一九九〜二〇〇頁。

(49)これに関しては本書第12章において分析した。

(50)エチエンヌ・バリバール、「主体化と臣民化」、『現代思想』、一九九八年一〇月号、及び「「人権」と「市民権」」、『現代思想』、一九九九年五月号、参照。

(51)〈主体の階層化〉に対抗する戦略として日本が戦後一

貫して政治社会的に構築してきたものとして、〈主体の空洞化〉という思想がある。しかしこれはニヒリズムに基づく熾烈なる〈主体の無化〉の謂なのではなく、〈理〉に対する対抗的潔癖症の浸潤によって弱体化・解体した帝国主義的〈主体〉の残骸が行き場をなくしたまま、朱子学的階層化運動への郷愁に回帰し閉じ籠っていわば〈主体の階層的空洞化〉を進行させた結果物なのである。すなわち日本的〈主体の空洞化〉は〈主体の階層化〉に対抗・屹立するものではなく、逆に〈主体の階層化〉運動の〈内部〉に取り込まれてしまったものである。ここに、一方で〈朱子学的思惟〉において変革が可能であり、他方で戦後日本社会が〈朱子学的思惟〉に侵蝕されているのに、日本社会において変革の不可能である理由のひとつを見い出すことができる。

第5章 〈主体〉と〈ネットワーク〉の相克

(1) ウィットフォーゲルに関しては、以下の書籍を参照。石井知章、『K・A・ウィットフォーゲルの東洋的社会論』、社会評論社、二〇〇八。

(2) Wm・T・ドバリー、『朱子学と自由の伝統』、山口久和訳、平凡社、一九八七、参照。

(3) エマニュエル・トッド、『世界の多様性——家族構造と近代性』、荻野文隆訳、藤原書店、二〇〇八、参照。

(4) 小倉紀蔵、『韓国は一個の哲学である』、講談社現代新書、一九九八。後に講談社学術文庫、二〇一一。

(5) たとえば徳島県における阿波踊りの「連」の場合、その連に参加する個々の人間の主体性が重要なのではなく、連の継続性がより重要視される。そこに参加する個人は、連の継続性という実体の中で一定の役割をする結節点にすぎない。

(6) 加藤周一、「日本語を考える」、『語りおくことといくつか』、かもがわ出版、二〇〇九、六七〜六八頁。

(7) 島田虔次、『朱子学と陽明学』、岩波新書、一九六七、二八〜二九頁。

(8) 同右、二八〜二九頁。

(9) 加藤周一、「日本人の世界像」、初出は『近代日本思想史講座　第八巻　世界のなかの日本』、筑摩書房、一九六一。引用は『加藤周一自選集3』、岩波書店、二〇〇九、一九五頁。

(10) 鈴木貞美、『日本人の生命観』、中公新書、二〇〇八、第五章。

第6章 〈こころ〉と〈ニヒリズム〉

(1) 内村鑑三 *Representative Men of Japan*, 警醒社書店、一九〇八。引用は内村鑑三、鈴木範久訳、『代表的日本人』、岩波文庫、一九九五。
(2) 上杉鷹山もまた、既存の何らかの理法にしたがって自らの〈序列〉を高めて〈主体〉化する、というタイプの人間でなかったことは自明である。
(3) 内村鑑三、前掲書(岩波文庫)、一八頁。
(4) 同右、二〇～二一頁。
(5) 北村透谷、「熱意」、『北村透谷選集』、勝本清一郎校訂、岩波文庫、一九七〇、二八六～二八七頁。
(6) 丸山眞男、「福沢諭吉の人と思想」、『福沢諭吉の哲学』、岩波文庫、二〇〇一、一九〇～一九二頁。
(7) H・スミス、『新人会の研究 日本学生運動の源流』、松尾尊兊・森史子訳、東京大学出版会、一九七八、二一頁。
(8) 同右、四七頁。
(9) 新人会結成五〇周年パーティの記念写真は、H・スミス、前掲書に掲載されている。
(10) 同右、一〇～一一頁。
(11) 永井荷風、「霊廟」、野口冨士雄編、『荷風随筆集(上)』、岩波文庫、一九八六、一四三頁。
(12) 永井荷風、「日和下駄」、野口冨士雄編、『荷風随筆集(上)』、岩波文庫、一九八六、二〇～二一頁。
(13) 同右、一八～一九頁。
(14) 永井荷風、「書かでもの記」、野口冨士雄編、『荷風随筆集(下)』、岩波文庫、一九八六、一〇五頁。
(15) 永井荷風、「正宗谷崎両氏の批評に答う」、野口冨士雄編、『荷風随筆集(下)』、岩波文庫、一九八六、二〇三頁。
(16) 永井荷風、「書かでもの記」、前掲書、一〇六頁。
(17) 同右、一〇六頁。
(18) 永井荷風、「正宗谷崎両氏の批評に答う」、前掲書、二〇三頁。
(19) 同右、二〇五頁。
(20) 永井荷風、「西瓜」、野口冨士雄編、『荷風随筆集(下)』、岩波文庫、一九八六、一五一頁。
(21) 「いま、よそ」に関しては小倉紀蔵、『創造する東アジア』、春秋社、二〇一一、第11章を参照。
(22) 永井荷風、「銀座」、野口冨士雄編、『荷風随筆集(上)』、岩波文庫、一九八六、一六〇頁。
(23) 同右、一五〇頁。
(24) 三島由紀夫、「革命哲学としての陽明学」、『決定版三島由紀夫全集36』、新潮社、二〇〇三、二八〇頁。

（25）同右、二八八頁。

（26）同右、三〇一頁。

（27）このことを溝口雄三も次のように認めている。「三島の理解する陽明学は、中国の陽明学の側から言えば、全く別種の思想というほかない」「ただ、このようにかけ離れた二つの陽明学でありながら、三島がえがく人物としての王陽明像は、さすがに作家の直感力というか、きわめて生彩に富んでいる」「三島が取り出した陽明像は、日本の王陽明にも中国の王陽明にもどちらにも感得できるある本質的な部分を湛えている」。溝口雄三訳、『王陽明　伝習録』、中央公論新社、二〇〇五、三頁。

（28）「横渠張子曰く、虚は仁を生ずと。（中略）佛氏中國に入らざる已前に、孔子は既に空空、顔子は屢空なりと。佛氏中國に入りて後にも、其れ亦空を言ふ。是に於てか我が空と、彼の空と混ず。而して其の極を論ずれば、則ち我が空と法の空とは本は一物なり。只死活の異なる有るのみ。之を果實に譬ふれば、我が空は則ち尋常人家の李實なり。其の仁は固より空なりと雖も、然かも活きて而して死せず。（中略）（法の空の）仁は固より亦空なり。然かも死して而して活きず。（中略）是れ故に儒中の聖賢は、古より嘗て己れに克ち禮に復る有り。以て本然の空を全ふす。（中略）故に空虚の實學は、依然として只上帝に在り」。大塩中齋、「儒門空虚聚語自序」、大塩中齋撰著、秋山青渓訓解、『訓読儒門空虚聚語（全）』、教材社、一九三七、一四〜一七頁。

（29）「天不特在上蒼蒼太虚已也、雖石間虚、竹中虚、亦天也」。大鹽平八郎、『洗心洞箚記　全』、辻本尚古堂、一八九七、一頁。

（30）「軀殼外之虚、便是天也。天者、吾心也。心葆含萬有、於是焉可悟矣。故有血氣者至草木瓦石、視其死、視其摧折、視其毀壞、則令感傷吾心、以本爲心中物故也。若先有慾而塞心、則心非虚。非虚則頑然一小物、而非天體也」。同右、一〜二頁。

（31）「身外之虚者、即吾心之本體也」。同右、二頁。

（32）朝鮮の崔済愚（東学の創始者）も、「論学文」（『東経大全』所収）で、一八六〇年四月に突然ハヌルニム（天主—天の尊称）が自分に降りてきて「吾心即汝心也」と語ったことを記録している。また、「天心即人心」という語も使っている。しかしこのハヌルニム（上帝、鬼神、天霊とも呼ばれる）というのは崔済愚と対話するような人格性を持った存在であり、陽明学のいう天とは全く異なるものである。ただ、朱子学によって陽明学が排斥された朝鮮において、しかもキリスト教の影響をかなり受けていたと思われる崔済愚が、このように人格性を持った天の心がすなわち自分の心であるという認識を得たことは、東アジアにおいて朱子学から逸脱する際のひとつの方向性を示している。人格神であれ、陽明学のような抽象的な天であれ、いずれにせよ「天＝わが心」ないし「天の心＝わが心」という認識が登場するのである。

(33) 三島由紀夫、前掲書、三〇三頁。

(34) 山下龍二、「日本の陽明学」、『陽明学入門』所収、明徳出版社、一九七一、四三五頁。

(35) 同右、四三六頁。

(36) 井上哲次郎、『新訂　日本陽明学派之哲学』、冨山房、一九三八、四一〇頁。

(37) 同右、四一〇頁。

(38) 三島由紀夫、前掲書、三〇九頁。

(39) 本章で語った〈こころ〉と〈ニヒリズム〉の問題を、「近代自己」の「自己超越」という視角から考察したものとして竹内整一、『自己超越の思想　近代日本のニヒリズム』、ぺりかん社、一九八八、がある。竹内がこの本で語っていることは本章の関心とも重なるが、特に清沢満之と綱島梁川における「煩悶」の問題は重要である。ただし本章ではこの二人に関しては言及できなかった。

第7章　〈主体〉、〈ネットワーク〉、〈こころ〉、〈ニヒリズム〉

(1) 鶴屋南北、河竹繁俊校訂、『東海道四谷怪談』、岩波文庫、一九五六、一五八頁。

(2) 同右、二一七〜二一九頁。

(3) 直助も一見ニヒリスティックな悪人だが、彼はお袖と自分との出生の関係を知るや、儒教的な禁忌を破ったことに道徳的な罪悪感を抱いて自刃してしまうのである。つまり彼は〈残余〉を装っていたが結局は儒教的な〈主体〉なのであった。

(4) チャールズ・テイラー、『自我の源泉——近代的アイデンティティの形成』、下川潔・桜井徹・田中智彦訳、名古屋大学出版会、二〇一〇、一三〇頁。

(5) ただしヒュペーリオンは結局、自我の統一性を探しえなかったので、正確にいえばこの小説は反近代的といえる。

(6) 鶴屋南北、前掲書、二六八〜二六九頁。

(7) 夏目漱石、『こころ』、岩波文庫、一九八九改版、二七三頁。

(8) 同右、二七三頁。

（9）同右、二七四頁。
（10）同右、二七四頁。
（11）三島由紀夫、「鷗外の短篇小説」、『決定版　三島由紀夫全集29』、新潮社、二〇〇三、二三九頁。
（12）森鷗外、「阿部一族」、『阿部一族　他二篇』、岩波文庫、一九三八、五八頁。
（13）贅言を要しないが、忠という概念自体が儒教的なのではない。忠という概念に対する解釈如何に、儒教性・非儒教性が宿っている。
（14）この作中には超越的な存在が一人だけ出てくる。京都大徳寺の僧である。
（15）破壊の運動を支える思想として陽明学が機能したのが日本の特殊な状況である。これは日本における思想的要請による変形であった。したがって、日本の陽明学が中国のそれと違っているからという理由でそれを過小評価することは、朱子学的な正統性の言説の域を出ない政治的判断である。
（16）文部省、『國體の本義』、一九三七、八八〜八九頁。
（17）同右、八九頁。
（18）あるいは資本主義的精神とは乖離した世界観を縷々述べているという理由で、反治安維持法的ですらあるといえる。
（19）文部省、前掲書、三四〜三五頁。

第8章　国体論、主体、霊魂

（1）渡邊幾治郎、『明治天皇と補弼の人々（新訂増補）』、千倉書房、一九三八（昭和十三）、三〜四頁。
（2）同右、四〜五頁。
（3）久野収・鶴見俊輔、『現代日本の思想――その五つの渦』、岩波新書、一九五六（昭和三十一）、一二七〜一二八頁。
（4）渡邊幾治郎、前掲書、五頁。
（5）同右、一〇頁。
（6）後に本書第9章で、日本近代において最も朱子学的な「士大夫的輔導」の役割を果たした元田永孚を論じるが、その元田永孚でさえ、明治十三年六月、明治天皇に演劇（歌舞伎）を見せることの是非が議論された際に、「自分は芝居が大好きである、されど今日《こんにち》は天覧あるべき時ではない。（中略）他日天下平穏の場合になつて、人民と共に大《おほい》に御覧あらせらるゝが当然である。それまでには万事整頓し、芝居も改良せらるゝであらう」と反対の論陣を張った。儒教的士大夫であれば当然、「自分は芝居が大好きである」などと語ってはならないであろう。その時点で〈理〉は崩壊し、侍補の立場から退出しなくてはならない。このような逸話が、名臣たちの〈理〉が不完全であったことを如実に表している。この点に関して渡邊が厳しい評価を下しているのも当然である。「当時の芝居が、そんな不都合なものとせば、元田が自分は芝居が大好きだといふのも怪《おか》しな話で、士君子の見るべきものでないとすれば、大好きといふのは何事であるか、今日維新の大業未だ成らず、不平の徒が多い、未だ芝居天覧の時期でないといふならば、臣下も天皇の寒衣宵食の様を拝しては、芝居見物などは出来ない筈でないか、当時元田始め侍臣の人々は果して芝居を見なかつたらうか、若し彼等が好きで見てゐたとすれば、天皇にのみ、時勢の艱苦を荷はせたまふことで、断じて天皇と艱苦を分つ、否や天皇の艱苦を引受けねばならぬ忠臣の行為といはれないのである」。このように道徳的な意味で人物や言動の毀誉褒貶をするのが朱子学の正道であり、ここでは渡邊の意見が至当である。元田は士大夫失格であろう。この注の引用は渡邊幾治郎、前掲書、三〇六頁。

（7）里見岸雄、『『國體』の學語史的管見　國體の語の用例及用法に關する研究』、里見研究所出版部、一九三三（昭和八）。

（8）石川岩吉、『國體要義』、開發社、一九一三（大正二）、二七頁。

（9）同右、二七～二八頁。

（10）佐藤道太郎、『科學論證　日本國體正論』、アトム社、一九三七（昭和十二）、四一頁。

（11）同右、四五～四七頁。

（12）同右、五七～五八頁。

（13）同右、一〇九頁。

（14）文部省、『國體の本義』、一九三七（昭和十二）、九頁。

（15）三島由紀夫、「文化防衛論」、『決定版　三島由紀夫全集35』、一三頁。

（16）『國體の本義』、一三頁。

（17）同右、一六頁。

（18）同右、一六～一七頁。

（19）同右、二八頁。

（20）同右、三二～三三頁。

（21）同右、三三頁。

（22）同右、三三頁。

（23）同右、三四～三五頁。

（24）同右、四一頁。

（25）同右、四八頁。

（26）同右、五九頁。

(27) 同右、五九〜六〇頁。
(28) 同右、六〇頁。
(29) 同右、六二頁。
(30) 霊性を排除した定義としては、安岡正篤の「その国が如何なる価値的生活を現せるや、国家生活に於る天地人三才即ち至尊官司（特に政府）民衆が如何に組織活動せるやの状態を國體と謂ひ云々」（安岡正篤・日本の國體八八頁）などがある。里見岸雄、前掲書、七五頁。
(31) 里見岸雄、前掲書、七四頁。
(32) 井上義和、『日本主義と東京大学――昭和期学生思想運動の系譜』、柏書房、二〇〇八、参照。

第9章　明治の「天皇づくり」と〈朱子学的思惟〉

(1) 徳富猪一郎編著、『増補　元田先生進講録（普及版）』、明治書院、一九三四、一一頁。
(2) 同右、二頁および二六頁。
(3) 同右、二三頁。
(4) 阿部吉雄、『日本朱子学と朝鮮』、東京大学出版会、一九六五、四七八頁。
(5) 同右、四八〇頁。
(6) 落合為誠、「賜爵之記」、徳富猪一郎編著、前掲書、二九頁。
(7) 元田永孚、「十一月三日附　山県有朋宛書簡」、海後宗臣、『元田永孚』（日本教育先哲叢書19）、文教書院、一九四二、二二一頁。
(8) 徳富猪一郎編著、『増補　元田先生進講録附録』「教育勅語四十年」、明治書院、一九三四、三頁。
(9) 元田永孚、「菊花御覧に侍するの記」、海後宗臣、前掲書、一八〇頁。なお、この明治十年十一月二十一日に御苑萩の御亭で催された菊花の宴の様子をかつて私は想像を交えて次のように叙述したことがある。この宴の時代的雰囲気は大体このようなものであったのではないだろうか。「宴の天皇はいつになく快活であった。菊花を愛でる夜宴は、たけなわとなった。／ひとりの端粛なる老儒者が、天皇の前で詩を吟じている。青年天皇の瞳は揺れる銀燭を映して、若々しく輝やいていた。それはとりもなおさず、新しき日本の若々しさであった。／明治十年、秋は深まっていた。西南戦争はひと月前に平らげられ、巷の虎列刺《コレラ》病はようやく終熄しかかり、天皇の脚気も平癒に向かっていた。おびただしい死によって血ぬられた乱離の季節が、終わろうとしているかのような錯覚。けれども、それは菊と月と酒と詩によってかもしだされた、ひと夜の幻想にすぎなかった。／老儒の吟ずる詩は天空に沖し、明治は朗々と歌い始めるかのようであった。しかし、国家と時代はまだ、かたちをなしていなかった。国の根、国の本体が、いまだどこにもなかったのである。／しかしこの夜、老儒は見たのだ。君臣和楽の理想が実現した至福に身を包みつつ、彼はあきらかに見た。円月の光りと菊の熾《さか》んな馥《かお》りのあわいから、〈国体〉が皎々と輝やき出でるのを。まばゆいばかりの光りをみずから発しつつ、国体はありありとそこにあった。／だが、宴につどった誰もがその光りを見たわけではない。それはひとり老儒の目のみに映った国体の姿にすぎなかった。そして彼の見た国体はまた、いまだどこにも定着していなかった。ゆらゆらと游魂のように聖体のまわりを漂っているのみである。聖体と国体とは、いまだはっきりと分離していた。／時代には、雅《みや》びと荒《あら》びとが渦巻いていた。大和心と西欧精神とがせめぎあっていた。新と旧とが拮抗していた。これを収斂する最強のすべは、いまだ何ら確定していなかった。明治は誕生してすぐに崩れ散る可能性を、まだ多分に内包していたのである。／〈国家の中心〉という観念を維新することが、焦眉の問題なのであった。旧来の日本のシステムからどれほど離れられるのか。西欧システムの何を摂取し、どう接ぎ木するのか。日本における百家争鳴の時代だったといえようか。理念ひとつに精魂を傾け、理念ひとつで命を散らす人間たちの時代であった。／この壮絶なる理念の戦場に、さして目立たぬひとりの老儒が孤絶・屹立していたのだ。勇ましく派手で大がかりな声戦《こわいくさ》のつぶての中、この儒の静かな声こそがやがて劇《はげ》しい流れとなり、ついには大日本帝国という大河そのものへと変わってゆくことを、誰が予想しただろう。その細い体に流れる血は奔濤と化していたるところに押し寄せ、その静かな声は変調・増幅されて遠く海の外にまで飛散することになろうとは、一体誰が考えたであろうか。／老儒は何を唱えたのか。いならぶ壮麗なもろもろの理念をいかに蹴散らしたのか。／その鍵のひとつは、朝鮮にある。／朝鮮にある！　これもまた、誰が予想したことであろう。／明治イデオロギーの最大の課題のひとつは、「天皇をいかにつくるか」であった。天皇はもとより天皇という存在だったが、その内実は、いまだ収斂されておらず、混沌であった。この課題に老儒は、儒としての解答を与えた。そして彼の骨髄には、遠く朝鮮儒者の理想が浸みとおっていたのだ。／巷で征韓論の沸騰するその同じ時代に、朝鮮の理想を鍵にして新生日本をつくろうとした男。その理想によってつくられた日本が、やがてその理想自身によって朝鮮を滅ぼすことになると、彼は一体、この夜に予感しただろうか。／恐らくは、否」。小倉紀蔵、「明治の「天皇づくり」と朝鮮儒学――元田永孚の日本改造運動を読み直す」、『若き日本と世界』、東海大学外国語教育センター編、東海大学出版会、一九九八、一四三〜一四五頁。

（10）元田永孚、「自題小照」、渡邊幾治郎、『明治天皇と輔弼の人々』、千倉書房、一九三八、二〇七頁。字句を一部正した。

（11）元田永孚、「君徳輔導の上言」、海後宗臣、前掲書、一七五頁。なお、この論旨の部分を引用すると以下の通り。「古の天下を治る者は、必先大本を立つ、大本は何ぞ、人君の心是なり。何を以て人君の心とす、聡明仁愛人を知り民を保つ是なり。今人君の聡明未だ開けず、仁愛未（だ―小倉）発せず、而して天下の政に当る者徒に辺幅を修め、事功を顕さんとす、其形美なりと雖ども、其跡驚くべしと雖も、天下人心の向ふ所、此に在ずして彼に在り、人君の心一たび立つ時は、措置未（だ―小倉）広からず、法制未（だ―小倉）備らずと雖、天下人心に感ずる所真実透徹、其事業の成る、政令を待たず、民の之に赴く水の卑きに就（く―小倉）が如き者あり。故に臣子の職、其務る所の要は、人君の心を立るより急なるはなし。然と雖人君天資の一ならざる、悉く古先聖皇の如くなるを得ず、故に其心を立んことを冀ふ、輔導の其人を得るより急はなし。夫一技芸を習ふ、必第一等の技を択で之を師とし、而後漸く第二等の技を学び得べきなり。第二第三の技を師とせば、終に四等五等の上に昇る能はず、是自然の理なり。今人君の心を立るは、天下の大技倆なり、豈二等三等の人の能く為べき事ならんや。夫　天皇の心を輔導する、須く天下第一等の人を択び、水魚腹心の親みありて、而後薫陶啓沃の益あるべし」（同書、一七五〜一七六頁）。あまり議論されないことだが、ここにおいて元田永孚は、実は天皇よりも輔導の人のほうが第一等である、すなわち〈理〉の〈序列〉において上であることを明確に述べている。しかしその後（明治から一九四五年まで）の解釈者たちはこのことに気づかないふりをしてきたのである。

（12）渡邊幾治郎、前掲書、二〇四頁。

（13）同右、二〇四頁。

（14）元田永孚、「国憲大綱」、海後宗臣、前掲書、一四五頁。

（15）元田永孚、『進講録』「『論語』巧言令色章」など。徳富猪一郎編著、前掲書、四〇〜四三頁など。

(16) 元田永孚、「侍講奏箚」を要約した。海後宗臣、前掲書、一五一〜一五四頁。
(17) 元田永孚、『進講録』「『論語』道千乗国章」、徳富猪一郎編著、前掲書、五四頁。
(18) 同右、五二頁。
(19) 元田永孚、「君徳輔導の上言」、海後宗臣、前掲書、一七八頁および一七七頁。
(20) 元田永孚、「教育大旨」、海後宗臣、前掲書、一四七〜一五一頁。
(21) 元田永孚、「君徳輔導の上言」、海後宗臣、前掲書、一七六頁。
(22) 渡邊幾治郎、前掲書、一六九頁。侍補たちは天皇の欠陥を指摘し、「天皇と火花を散らして論争」し、「無遠慮の奏上」をし、「極諫を上」げた。同書、一六七〜一七四頁。
(23) 同右、二〇〇頁。
(24) このような歴史観による叙述は枚挙に遑がないが、ここでは田中彰、『未完の明治維新』、三省堂、一九七九、を挙げておく。
(25) 元田永孚、『進講録』「『論語』忠信章」、徳富猪一郎編著、前掲書、四六頁。
(26) 同右、四六頁。
(27) このことは、実際に彼らがどのような言辞を以て主張をしたのかを直接知ることが重要である。たとえば松本三之介編集、『近代日本思想大系30 明治思想集Ⅰ』、筑摩書房、一九七六および同、『近代日本思想大系31 明治思想集Ⅱ』、筑摩書房、一九七七、を参照のこと。
(28) 元田永孚、「国教論」、海後宗臣、前掲書、二〇四頁。
(29) 元田永孚、「教学大意私議」、海後宗臣、前掲書、一八九〜一九〇頁。
(30) 明治天皇や徳育と体用論との関係については、八木公生、『天皇と日本の近代 上 憲法と現人神』、『天皇と日本の近代 下 「教育勅語」の思想』、ともに講談社現代新書、二〇〇一、参照。
(31) 文部省、『國體の本義』、内閣印刷局、一九三七、三八頁。
(32) 同右、三四頁。
(33) 同右、四七頁。
(34) 同右、四九頁。
(35) 北朝鮮における忠誠と孝誠の一本化とその原理的隘路に関しては、以下の文献を参照のこと。古田博司、「忠誠と孝誠——北朝鮮イデオロギー教化史上の二大画期点、一九六七、一九八七」、『下関市立大学論集第三六

巻第一・二合併号』、下関市立大学、一九九二。

第10章　福澤諭吉における朱子学的半身

(1) 福澤諭吉、『文明論之概略』「緒言」、岩波文庫、一九九五、一三頁。
(2) 福澤諭吉、荘田平五郎宛書簡、前掲書、三六六頁。
(3) 『中庸』、第二十章。
(4) 福澤諭吉、「福沢全集緒言」、『文明論之概略』、前掲書、三六五頁。
(5) 福澤諭吉、『文明論之概略』「緒言」、前掲書、一二頁。
(6) 福澤諭吉、『学問のすゝめ』、岩波文庫、一九四二、一一頁。
(7) 同右、一一頁。
(8) このことに関しては服部之総、「文明開化」、『服部之総著作集6　明治の思想』、理論社、一九五五、参照。
(9) 福澤諭吉、『学問のすゝめ』、前掲書、一三頁。
(10) 同右、一六頁。
(11) 福澤諭吉、『福翁自伝』、岩波文庫、一九七八、二六六頁。
(12) 福澤諭吉、「徳育如何」、『福沢諭吉教育論集』所収、岩波文庫、一九九一、八四頁。
(13) 同右、八二頁。
(14) 福澤諭吉、『学問のすゝめ』、前掲書、六九頁。
(15) 福澤諭吉、「読倫理教科書」、『福沢諭吉教育論集』所収、岩波文庫、一九九一、一三二頁。
(16) すべて福澤諭吉、『福翁自伝』、前掲書より。順に一六～一七頁、二〇二頁、二九九頁、三〇二頁。
(17) 間宮陽介、『丸山真男――近代日本における公と私』、筑摩書房、一九九九、四九頁。
(18) 木下鉄矢、『朱子　〈はたらき〉と〈つとめ〉の哲学』、岩波書店、二〇〇九、参照。
(19) そしてこの点は、丸山眞男の思考も同型なのである。これについては次章で検討する。
(20) 間宮陽介、前掲書、五〇頁。
(21) 同右、五一頁。
(22) 福澤諭吉、『福翁自伝』、前掲書、二〇七頁。
(23) 福澤諭吉、『文明論之概略』第九章、前掲書、二三〇頁。
(24) 同右、二二九頁。
(25) 福澤諭吉、『福翁自伝』、前掲書、二〇六頁。
(26) 本書第2章参照。
(27) 丸山真男、『「文明論之概略」を読む　上』、岩波新書、一九八六、一五六頁。
(28) たとえば福澤諭吉、『学問のすゝめ』、前掲書、三二頁の次のような叙述を参照。「独立の気力なき者は必ず人に依頼す、人に依頼する者は必ず人を恐る、人を恐るる者は必ず人に諂《へつら》うものなり。（中略）譬《たと》えば今、日本にて平民に苗字《みょうじ》乗馬を許し、裁判所の風《ふう》も改まりて、表向は先ず士族と同等のようなれども、その習慣俄《にわか》に変ぜず、平民の根性は依然として旧《もと》の平民に異ならず、言語も賤しく応接も賤しく、目上の人に逢えば一言半句の理屈を述ぶること能わず、立てと言えば立ち、舞えと言えば舞い、その柔順なること家に飼いたる痩犬《やせいぬ》の如し。実に無気無力の鉄面皮と言うべし」。

(29) 同右、三三頁。

(30) 同右、三一頁。

(31) 福澤諭吉、「徳育如何」、前掲書、八三頁。

(32) 福澤諭吉、『学問のすゝめ』、前掲書、一六頁。

第11章　〈逆説の思想史〉が隠蔽したもの

(1) 加藤尚武、「日本との距離感——偶像・丸山眞男」、『進歩の思想・成熟の思想』、ＰＨＰ研究所、一九九三、一七四〜一七五頁。

(2) 丸山眞男、『自己内対話』、みすず書房、一九九八、一四二頁。

(3) 間宮陽介、『丸山眞男』、筑摩書房、一九九九、八頁。

(4) 中村雄二郎、三浦雅士、「いま、知識人とは何か」、『大航海』一八号、四四頁。

(5) 丸山眞男、「日本の思想」、『日本の思想』、岩波新書、一九六一、二〇頁。

(6) 丸山眞男、『日本政治思想史研究』、東京大学出版会、一九八三（新装）、二一七頁。

(7) 丸山が〈朱子学的思惟〉の〈外部〉を視野に入れえなかった理由のひとつは、彼が〈朱子学的思惟〉における〈理X〉を認識しえなかったからである。この点に関しては本書第3章参照。

(8) この特殊な方法論についての批判的検討のひとつに、子安宣邦、「「近代」主義の錯誤と陥穽」、『現代思想』、一九九四年一月号、がある。そこでは「「近代」への問いを、「近代的思惟」の成熟、未成熟の問題に置き換えながら、「近代」主義的言説は構成されていったのである。超克がいわれた「近代」、すなわち「近代的世界秩序」として存在した「近代」が問われたわけではない」（八九頁）と指摘されている。

(9) 丸山眞男、『日本政治思想史研究』、第二章、第一〜五節参照。

(10) 同右、二四一頁。

(11) 同右、二〇九頁。

(12) 同右、三九頁。

(13)「儒教倫理の前提としてゐるシナ的な社会関係は徳川期におけるそれと内容的には一致しない」と丸山も釘を差してはいる(『日本政治思想史研究』、一五頁)。しかし続けて、「ここではさうした内容的な異同、したがつて儒教倫理を徳川期の社会関係に当てはめることの実質的な妥当性が問題なのではなく、その妥当性如何にかかはらず、儒教倫理が現実に於て果した役割が問題なのである」とすることにより、「思惟」と「社会」との関係を曖昧にしたままにしている。

(14) 本章でしばしば「中国あるいは朝鮮」「中国および朝鮮」という表現を使っているのは、朱子学的思惟および朱子学的社会の実現態としての共通性にのみ着目して呼称しているのであって、歴史的には半植民地中国と植民地朝鮮は二〇世紀前半の存在形態および日本との関係において劃然と異なっていたのはいうまでもない。丸山において中国認識と朝鮮認識の相異がいかなるものであったか、それが彼の政治学・思想史の方法論にいかなる影響を与えたかという問題も非常に興味深いのだが、本章ではその領域には一切立ち入らない。

(15) 丸山眞男、『日本政治思想史研究』、二三〇頁。

(16) 同右、二二七頁。

(17) 同右、二二七頁。

(18) 同右、一七頁。

(19) なるほど丸山は、「理一分殊といふ動態的自然」という語を使用してはいる(『日本政治思想史研究』、二〇四頁)。しかしこの語は、「天地といふ空間的静態的自然」という語と対照させて用いられているものであり、その意味するところは「固定的」である。

(20) 加藤、前掲書、一八五頁。

(21) 丸山、前掲書、三〇頁。

(22) 金容沃、「朝鮮朱子学と近代――アジア未来社会における作為と整体」、『アジアから考える[7]世界像の形成』、東京大学出版会、一九九四、二二六〜二二七頁。ここでは、徂徠の理気論理解について「やや幼な子の発言」と指摘されており、また「ポスト丸山の朱子研究もその前提(朱子学の単純化)を根源的に脱しえていない」とされる。

(23) 丸山眞男、「忠誠と反逆」、『忠誠と反逆――転形期日本の精神史的位相』、筑摩書房、一九九二、二〇〜二一頁。丸山は「忠誠」概念においても、中国士大夫のそれと日本武士のそれとを比較して前者の「静態的性格」、後者の「著しい能動性」を対照させている。「往々通俗的に信じられているように、「封建的忠誠」の観念のうちに、もっぱら権威への他律的な依存や主君にたいする消極的な恭順を読みとるならば、それは必ずしも正当な歴史的理解ではない。むしろ中国家産官僚＝読書人の「合理的」生活信条が荘重な儀礼主義と古典的教養の修得と天下的秩序の平衡性の維持という静態的性格を強く帯びていたのにくらべて、戦闘者としての武士の行動様式は本質的にダイナミックであり、それが忠誠の発現の仕方にも著しい能動性と「臨機応変」性を賦与した」。このかなりナイーブな叙述においては、「読書人」としての中国官僚と「戦闘者」としての日本武士が比較され、武士が「戦闘者」であるという一点において「ダイナミック」で「能動性」のある主体として描かれている。

(24) 平山朝治、「丸山眞男の脱冷戦思考――その批判的再評価」、『丸山真男を読む』、情況出版、一九九七、八六頁。

(25) 菅孝行、「「時代の子」丸山真男の宿命――作為という価値の呪縛を生きる」、『丸山真男を読む』、情況出版、一九九七、二七一頁。

(26) 丸山眞男、『日本政治思想史研究』、二三〇頁。

(27) これは私の用語でいうなら〈理X〉である。この構造については本書第3章参照。

(28) 丸山の現実認識の傾向には、例えば「中性国家」という、世界のどこにも実在しない理念型を理念型として認識するのではなく、あたかもどこかに確かに実在するものとして表象するという一例を見ても、当為と存在の境界は限りなく曖昧になってゆくということがある。

(29) 間宮、前掲書、二二八頁。

(30) 間宮、前掲書、二五頁の指摘による。

(31) 丸山眞男『現代政治の思想と行動』、増補版への後記、未来社、一九六四、五八五頁。

(32) これについても本書第3章参照。

(33) 丸山眞男、「「現実」主義の陥穽」、『現代政治の思想と行動』、一七二頁。

(34) 丸山眞男、「軍国支配者の精神形態」、『現代政治の思想と行動』、一〇九頁。

(35) 丸山眞男、「日本の思想」、前掲書、一五頁。

(36) 丸山眞男、「忠誠と反逆」、『忠誠と反逆』、一〇九頁。

(37) 丸山眞男、「思想史の考え方について」、『忠誠と反逆』、三八八頁。

(38) 丸山眞男、「忠誠と反逆」、一〇九頁。

(39) 「思想史の考え方について」において丸山は「アンビヴァレントな可能性」という言葉によって〈逆説の思

想史〉の方法論について言及している。この〈逆説の思想史〉という論理を編み出し、磨きをかける上では、ウェーバーとの出会いが最も重要だったのではあるまいか。丸山は『日本政治思想史研究』の「あとがき」で、自分に「とくに示唆を与えたヨーロッパの社会科学者」としてK・マンハイム、F・ボルケナウとともにM・ウェーバーを挙げ、「とくに『儒教と道教』および『プロテスタンティズムの倫理と資本主義の精神』に示された分析方法」を挙げている。この「分析方法」が何を指すのか示唆的だが、私はこれをウェーバーの逆説的な方法論を指すと考える。ウェーバーの『プロテスタンティズムの倫理と資本主義の精神』が梶山力によって初訳されたのが一九三八年であり、この年には大塚久雄がウェーバー派に転換した。丸山の『日本政治思想史研究』の第一論文の発表は一九四〇年であり、ここにはすでにウェーバー前掲書からの引用がなされている(シンポジウム「『日本政治思想史研究』の作為」、『大航海』一八号、一四一頁の中野敏男の発言より)。

(40) 丸山眞男、『日本政治思想史研究』、「あとがき」、三七一頁。

(41) その意味で、国家主義者・丸山は「日本」というものを固定的に把えるというポストモダン派の丸山批判は、的を射ていない。丸山は「日本」を幾層にも断ち切り、しかも流動的に把えているのである。

(42) 丸山眞男、「原型・古層・執拗低音」。

(43) 丸山眞男、「思想史の考え方について」、『忠誠と反逆』、三八六頁。

(44) 同右、三八六〜三八七頁。

(45) 同右、三八七頁。

(46) 以上は「思想史の考え方について」(一九六一)からの引用であるが、ほぼ同じ内容が「忠誠と反逆」論文においても、次のように語られている。「君、君たらずとも、臣、臣たらざるべからず」という「観念自体が、こうした能動性とけっして無縁ではなかった。もしこれをスタティックに受けとるならば、どんな暴君に対しても唯々諾々としてその命に服するという、きわめて卑屈な態度しかでて来ない。けれども「臣、臣たらざるべからず」という至上命題は一定の社会的文脈の下では、無限の忠誠行動によって、君を真の君にしてゆく不断のプロセスとしても発現する可能性を包蔵する。ここには「君、君たらざれば去る」というい わば淡泊な……そのかぎりで無責任な……行動原則を断念するところから生まれる人格内部の緊張が、かえってまさに主君へ向かっての執拗で激しい働きかけの動因となるのである。いわゆる絶対服従ではなくて諫争が、こうしてその必然的なコロラリーをなす」(傍線小倉)。丸山眞男、「忠誠と反逆」、一八〜一九頁。
(47)丸山眞男、「軍国支配者の精神形態」、九一頁。
(48)同右、九二頁。これもまた〈逆説の思想史〉だ。
(49)丸山眞男、「日本の思想」、前掲書、一四頁。
(50)この事情に関しては、本書第4章参照。
(51)間宮、前掲書、二二六頁。これもまた〈逆説の思想史〉の一例である。
(52)間宮、前掲書、二四四頁。
(53)丸山眞男、『日本政治思想史研究』、二三三頁。
(54)と同時にわれわれは、中国という隠された地平がなければ、丸山において徂徠日本と軍部日本を連結しうる基盤が成立しなかったことを知りうるのである。
(55)丸山も自身を「度しがたいドイツ観念論のかたまり」(『思想の科学』への提言」、『思想の科学』、一九六六年五月号、一四六頁)であったと規定している。平山朝治、前掲論文、一〇〇頁の指摘による。
(56)丸山眞男、「日本の思想」、前掲書、一四頁。
(57)同右、一四頁。
(58)丸山の方法論自身、自分に都合のよい西洋の理論をその伝統的・学問的背景を無視したまま折衷的に切り貼りしたものであるという多くの批判があるが、今はこの問題に立ち入らない。
(59)福澤諭吉、『文明論之概略』、緒言。
(60)丸山眞男、『日本政治思想史研究』、二二二頁。

第12章 「主体的な韓国人」の創造

洌巖の文の引用は次の原則による。①現在入手しやすい単行本からの引用は当該単行本から行なう。②現在入手しにくい単行本からの引用は『全集』から行なう。③単行本に収録されていない文は『全集』から引用する。なお、『全集』とは『朴鍾鴻全集』(全七巻、蛍雪出版社、一九八〇)を指す。また引用文の原文はすべて朝鮮語文である。

(1)洌巖の年譜に関しては、『全集』第七巻附録を参照のこと。
(2)李楠永、「朴鍾鴻」、『政経文化』一九八五年一月号・特別附録、四三八頁。
(3)同右、四三八頁。
(4)『教育勅語』を実質的に作成した元田永孚は李退渓の影響を強く受けた熊本実学派の儒者であったことを、洌巖は当然よく知っていた。「李退渓論」、『韓国思想史論攷』、瑞文堂、一九七七、九五〜九九頁参照。

（5）李楠永、前掲論文、四三九頁。

（6）「人間喪失と人間発見」、『全集』第六巻、二五三〜二五四頁。

（7）『哲学概説』（修訂増補）、博英社、一九六四、七七頁。

（8）同右、二七八頁。

（9）同右、二七八頁。

（10）「凡そ我に四端有る者、皆拡《おしひろ》めて之を充《だい》（大）にすることを知らば、［則ち］火の始めて然《も》（燃）え、泉の始めて達するが若くならん。苟も能く之を充《だい》にせば、以て四海を保《やす》んずるに足らんも、苟も之を充にせざれば、以て父母に事ふるにも足らじ」（『孟子』公孫丑上）

（11）「知性の方向」、『全集』第六巻、二〇一頁。

（12）同右。

（13）「意識するもの」と「意識されるもの」との対比は、フッサールのノエシスとノエマの関係を類推させもする。

（14）「指導者論」、『全集』第六巻、二二八頁。

（15）「思想と行動」、『全集』第六巻、二四七頁。

（16）唐君毅、牟宗三、杜維明などの現代新儒家は、中国の儒教的伝統を高く評価する際、実際は陽明学の内容を以て評価している場合が多いと私は判断する。本書第2章参照。

（17）「民族的主体性」、『全集』第六巻、一一九頁。

（18）同右、一一四頁。

（19）「統一と民族史的正統性」、『全集』第六巻、一四九頁。

（20）「主体的自覚が近代化の中核」、『全集』第六巻、一二七〜一二八頁。

（21）「企業精神の基礎」、『全集』第六巻、四〇〇頁。

（22）「KOTRA MAN に寄せる文」、『全集』第六巻、四〇八〜四〇九頁。

（23）同右、四〇七頁。

（24）「統一と民族史的正統性」、『全集』第六巻、一五四頁。

（25）「知性の方向」、『全集』第六巻、一九九〜二〇〇頁。

（26）「李退渓の教育思想」、『韓国思想史論攷』、一五五頁。

（27）「民族的主体性」、『全集』第六巻、一二三頁。

（28）「知性の方向」、『全集』第六巻、二〇六頁。

（29）「韓国を知らせよう」、『全集』第六巻、一七五〜一七六頁。

（30）「指導者論」、『全集』第六巻、二二六頁。

（31）「韓国における近代的な思想の推移」、『韓国思想史論攷』、二二六〜二二七頁。

（32）「民族的主体性」、『全集』第六巻、一二〇頁。

（33）「行動から実践へ」、『全集』第六巻、二三三頁。

（34）同右、二三四頁。

（35）後述するように、この「創意的知性」「歴史をつくる知性」という言葉は四・一九革命を高く評価しつつそこに現われた若者たちの精神を呼んだものであるが、すでに一九五四年の『哲学概説』において「建設」が主張されていることの延長線上にあるといってよいだろう。「哲学は文字で書かれた知識の蓄積を意味するのではない。他者の思想の祖述にその真意が尽くされるのでもない。自己の生命とともに躍動しうるものでなくてはならないであろうし、われわれの建設にとって推進力となるものでなくてはならないであろう」(三四〇頁)。

(36)「今日の知性」、『全集』第六巻、一九一頁。

(37) ただし「われわれの三・一運動は向内的な実存が向外的な闘争的建設へと勇敢なる第一歩を踏み出した神聖なる模範」であるとも語られる。『哲学概説』、三三四頁。

(38)「思想と行動」、『全集』第六巻、二四〇頁。

(39)「今日の知性」、『全集』第六巻、一八八～一八九頁。

(40)「思想と行動」、『全集』第六巻、二三九頁。

(41)「今日の知性」、『全集』第六巻、一八九頁。

(42) 同右、一九〇頁。

(43)『哲学概説』、三四〇～三四一頁。

(44)「韓国思想研究の構想」、『韓国思想史——仏教思想篇』、瑞文堂、一九七二、一三頁。

第13章　司馬遼太郎の近代観と朝鮮観

(1) 小倉紀蔵『歴史認識を乗り越える』、講談社現代新書、二〇〇五、参照。

(2) 司馬遼太郎は大阪の人であるが、幼年時代のほとんどを母親の実家がある奈良県北葛城郡当麻村字竹内という竹内街道沿いの古い村で過ごした。

(3) 司馬遼太郎他、『日韓理解への道』、読売新聞社、一九八三、二四五頁。

(4) 同右、二四八頁。

(5) 以下、引用する際は単純に『韓のくに紀行』『耽羅紀行』とする。

(6) 司馬遼太郎他、『日本の朝鮮文化』、中公文庫、一九八二、一二一頁。

(7) 司馬遼太郎、『韓のくに紀行』、九一頁。

(8) 司馬遼太郎、『耽羅紀行』、一〇五頁。

(9) 同右、一九九頁。

(10) 同右、一七〇頁。

(11) 同右、九一頁。

(12) 同右、二〇八頁。

(13) 同右、一七二頁。

(14)同右、一九九頁。
(15)同右、二〇〇頁。
(16)同右、二一〇頁。
(17)同右、二〇八頁。
(18)同右、九一頁。
(19)旗田巍、「司馬遼太郎の朝鮮観」、『朝鮮史研究会会報』64号、一九八一年八月。
(20)旗田巍、「司馬遼太郎氏の朝鮮観」、『朝鮮と日本人』、勁草書房、一九八三、一六八頁。
(21)同右、一六八〜 六九頁。
(22)『耽羅紀行』、二〇九頁。
(23)同右、二九頁。
(24)本書第11章で詳しく説いた。
(25)司馬遼太郎・陳舜臣、『対談　中国を考える』、文春文庫、一九八三、一四八頁。
(26)同右、一四九頁。
(27)『耽羅紀行』、二〇六頁。
(28)田中明、『物語　韓国人』、文春新書、二〇〇一、一八四頁。
(29)伊藤亜人、「民族と国家」『もっと知りたい韓国1』、弘文堂、一九九七、二〇頁。
(30)『耽羅紀行』、二一五頁。
(31)同右、三四頁。
(32)同右、一三一頁。
(33)丸山眞男も同断である。朱子学的思惟に対する丸山の二重性に関しては、本書第11章参照。
(34)『耽羅紀行』、一一六頁。
(35)同右、一一六頁。
(36)同右、一二一頁。
(37)『朝日新聞』、二〇〇二年二月十三日付。

第14章　白馬の天皇のあいまいな顔

(1)『朝日新聞』、一九六六年五月三十日付夕刊。
(2)三島由紀夫、「英霊の声」、『決定版　三島由紀夫全集20』、新潮社、二〇〇二、四八一頁。
(3)同右、四七〇〜四七二頁。
(4)元田永孚、「君徳輔導の上言」、海後宗臣、『元田永孚』(日本教育先哲叢書19)、文教書院、一九四二、一七八頁および一七七頁。
(5)三島由紀夫、「文化防衛論」、『決定版　三島由紀夫全集35』、新潮社、二〇〇三、四五頁。
(6)司馬遼太郎、『街道をゆく28　耽羅紀行』、朝日新聞出版、二〇〇九(新装版)、一九四〜一九五頁。
(7)三島由紀夫、「英霊の声」、前掲書、五一四頁。

（8）同右、四七九頁。

（9）三島由紀夫、「砂漠の住民への論理的弔辞――討論を終へて（「討論　三島由紀夫vs.東大全共闘」）、『決定版　三島由紀夫全集35』、新潮社、二〇〇三、四八七～四八八頁。

（10）三島由紀夫、「橋川文三氏への公開状」、『決定版　三島由紀夫全集35』、新潮社、二〇〇三、二〇七頁。

（11）三島由紀夫、「英霊の声」、前掲書、四八四頁。

（12）三島由紀夫、「憂国」、『決定版　三島由紀夫全集20』、新潮社、二〇〇二、二二頁。

（13）三島由紀夫、「英霊の声」、前掲書、四七一～四七二頁。

（14）同右、五〇一頁。

（15）三島由紀夫、「革命哲学としての陽明学」、『決定版　三島由紀夫全集36』、新潮社、二〇〇三、二八〇頁。

第15章　おわりに

（1）久野収・鶴見俊輔、『現代日本の思想――その五つの渦』、岩波新書、一九五六、一九五～一九六頁。

（2）小松裕、『「いのち」と帝国日本』、小学館、二〇〇九。

（3）以下、中央教育審議会答申、「後期中等教育の拡充整備について」からの引用は文部科学省ホームページ、「中央教育審議会」「答申」ページによる。

（4）「国民教育憲章」は一九六八年十二月五日に朴正熙大統領の名で宣布された。韓国ではよく、この「国民教育憲章」は日本の「教育勅語」を模倣したものだとして批判される。もちろん学校の生徒にこの全文を暗唱させたりする「理念の身体化」による〈主体化〉の方法に関しては、「教育勅語」と同じ役割を果たしたということができる。しかし、その内容を見れば、「教育勅語」のような特定の国家的統治者への忠誠心を強要したものとはいえず、むしろ反共自由主義の精神を共有するという意味では「期待される人間像」の内容に似ている。なお、この「国民教育憲章」を起草したのは、韓国の著名な哲学者であった朴鍾鴻（号・洌巖／一九〇三～七六）であった（本書第12章参照）。

（5）「多重主体主義（multisubjectivism）」に関しては小倉紀蔵、『創造する東アジア』、春秋社、二〇一一を参照。

（6）「複製子」としての〈朱子学的思惟〉のメカニズムについても、右の拙著（第6章）参照。

（7）藤田正勝、「哲学の根本問題・数理の歴史主義展開」、『京都大学新聞』、二〇一一年九月一六日。

（8）田辺元、『哲学の根本問題　数理の歴史主義展開　田辺元哲学選Ⅲ』、藤田正勝編、岩波文庫、二〇一〇、一一七頁。

あとがき

本書を構成する論文のうち大部分は、今から十年以上前に書かれた。それらをこうして一書のかたちにまとめるのに多大な時間がかかってしまったのは、ひとえに私が無能かつ多忙だったせいである。二〇〇〇年代の十年間のうち前半は、私の関心がすべて、日韓関係のアクチュアルな課題に注がれていたということも影響している。そして二〇〇六年に京都に移ってからは、ヘーゲル、ニーチェ、西田幾多郎、大森荘蔵などの世界に沈潜し、同時に自己の哲学を構築することに没頭したので、本書の議論からは精神的に遠く離れてしまっていた。

今こうして、ようやく一冊の本にすることができたという事実を別の角度から眺めてみると、そこに忸怩たる思いが湧き起こる。本書での私の主張は、「日本の近代というのは朱子学化の歴史であり、そこでは朱子学的〈主体〉が大量に生産され、それらすべてが〈序列化〉の競争を生きた」というものである。そしてこの「朱子学的近代」の様相は少しも路線変更されずに今も続いている。それが、この社会が生きにくい最大の理由なのではあるまいか。日本だけではない。韓国も中国も、近代という朱子学化の時代を疾駆しつづけている。経済成長はしたが人びとは幸福になれずに苦しんでいる。競争という〈序列化〉に勝つことが〈主体性〉のある人間だと信じられている。この信仰が人びとの心を朱子学的に支配しているかぎり、東アジアに幸福はやってこないのである。

「忸怩たる思い」といったのは、もし私がもっと勤勉にこの本を十年前に仕上げていたなら、そしてその本をごくわずかな人数でも構わないので手に取る人がおり、何らかの意味で私の考えに賛同してくださり、この社会を息苦しい〈朱子学的思惟〉から解放しなくてはと思ってくださったなら、日本社会はもしかしたらこれほどまで荒廃はしなかったのではないか、などという幻想を抱いたからである。もし日本社会が朱子学的〈序列化〉から逸脱しえていれば、現在のような惨状はなかったかもしれない。自分の頭で考え出したわけでもない理念や原理や理屈や理論などを金科玉条のようにして信奉し、それと一体化できた度合いによって〈主体化〉の度合いと見なし、その〈主体化〉の度合いによって全構成員を〈序列化〉するという卑劣な営みから、もしかしたら日本人は脱皮できていたかもしれない。

しかしまた、〈朱子学的思惟〉にも肯定すべき面があるのは事実だ。それは変革〈主体〉形成の思想なのである。つまり、ある社会を変革し、改革してゆく際には、何らかの形で構成員の〈主体化〉と〈序列化〉が必要なのだ。それを近代日本で最も明確に遂行したのが福澤諭吉であった。またそのような〈朱子学的思惟〉のダイナミックな変革思想性を無視し、あるいは誤解したのが司馬遼太郎であった。

そのような意味でいえば、日本社会にももういちど、変革的な〈朱子学的主体〉が必要であったにもかかわらず、そのような「近代性」を三十年以上にもわたって無視し否定しつづけた結果が、このような惨状となったということもできる。

すなわち整理すれば、日本社会は一九七〇年代後半のポストモダン化から現在に至るまで、〈朱子学的主体〉の変革性を忘却ないし否定したまま、ひたすら〈朱子学的思惟〉の持つ反動的な側面、すなわち外在的な〈理〉によって構成員を〈序列化〉するということのみに没頭してきたのである。韓国社会が同じ時期、後者の〈序列化〉に苦しみながらも、前者の革命性・革新性も充分に行使して民主化や情報化を劇的に達成したのとは大いに異なる。

ただし、東アジアの〈朱子学的主体〉は、言葉の真の意味で創造的ではない。それは、西洋の民主主義や資本主義や人権やグローバリズムや多文化主義などという概念を最高不可侵の〈理〉と信奉する、奴隷的な〈主体〉なのである。その意味で、朱子学的変革が進行すればするほど社会に奴隷的〈主体化〉と〈序列化〉が増殖するという悪循環からは、容易に抜け出すことができないのだ。変革は必要だが、変革すれば奴隷となるというジレンマである。

このアポリアから脱するための哲学的ビジョンのようなものを、私は『創造する東アジア　文明・文化・ニヒリズム』（春秋社、二〇一一）という本に書いた。参照していただければ幸いである。

＊　＊

本書に収めた論文の初出タイトル、掲載誌などは、以下の通りである。

第1章「日本・韓国・北朝鮮における近代化と朱子学――「主体化」と「序列化」を中心に」、『文明』創刊号、東海大学文明研究所、二〇〇三年二月、七四〜八一頁。

第2章「儒教的主体に対する代表的なふたつの解釈について」、『東海大学紀要外国語教育センター』、第21輯、東海大学、二〇〇一年三月、一九九〜二〇七頁。

第3章「朱子学の論理的始源」、『東アジア地域研究』、第5号、東アジア地域研究学会、一九九八年八月、六三〜七四頁。

第4章「朱子学的思惟における〈主体〉の内在的階層性」、『東アジア地域研究』第6号、東アジア地域研究学会、一九九九年七月、六九〜八一頁。

第9章「明治の「天皇づくり」と朝鮮儒学――元田永孚の日本改造運動を読み直す」、『若き日本と世界』、東海大学外国語教育センター編、東海大学出版会、一九九八年三月、一四三〜一七一頁。

第10章「福澤諭吉における朱子学的半身」、『日本の近代化と世界』、東海大学外国語教育センター編、東海

大学出版会、二〇〇〇年二月、九三〜一一三頁。
第11章 「〈逆説の思想史〉が隠蔽したもの——丸山眞男における朱子学的半身」、『異文化交流』、創刊号、東海大学外国語教育センター、異文化交流研究会、二〇〇〇年一月、五九〜八七頁。
第12章 「洌巖・朴鍾鴻における〈韓国哲学〉の創造」、『東海大学紀要外国語教育センター』、第19輯、東海大学、一九九九年三月、一八一〜一九四頁。
第13章 「司馬遼太郎における朝鮮と朱子学」、『異文化交流』、第3号、東海大学外国語教育センター、異文化交流研究会、二〇〇二年三月、七五〜九〇頁。
第14章 「白馬の天皇のあいまいな顔」、『大航海』、No. 41、新書館、二〇〇二年一月、九六〜一〇三頁。

このうち第1章は初出論文に大幅な加筆をした。

また、第3章および第4章の論旨あるいは部分的な叙述は、以下の本においてすでに紹介・引用したことがあることを、おことわりしておく。

『歴史認識を乗り越える　日中韓の対話を阻むものは何か』、講談社現代新書、講談社、二〇〇五年十二月。

『創造する東アジア　文明・文化・ニヒリズム』、春秋社、二〇一一年六月。

ただし当該論文のフルテキストの掲載は、本書が初めてである。

＊　＊

右記『歴史認識を乗り越える』を読まれた徳田慎一郎氏が、「朱子学的近代」について本をまとめないかと提案してくださったのが二〇〇六年のことであった。その後私の仕事が一向に進捗しない間に、徳田氏は勤め先の勁草書房を辞められ、この話は立ち消えになった。

その後ようやく本書をまとめる目処がついた私が相談を持ちかけたのは、藤原書店の藤原良雄社長である。京都にいらしていた藤原氏を訪ねて直談判をしたという恰好であった。それまで、『環』の座談会に出席したときに一度だけお会いしたという間柄であった。幸い、藤原氏は刊行を快諾してくださった。二〇一〇年の秋のことであった。心より感謝したい。思えばそのときから数えてもすでに一年半の時間が経ってしまっている。多忙が直接の原因だが、驚くべき仕事の遅さに我ながら慨嘆するのみである。編集作業は山﨑優子氏にお世話になった。

本書所収の論文の多くは、私が東海大学在職中に東海大学から発行された書籍・紀要・研究誌に発表したものである。その際にお世話になった田中信義氏、故・中野謙二氏、金井英一氏、高橋誠一郎氏に感謝したい。また今はなき東アジア地域研究学会の学会誌に発表した論文も含まれている。発表の機会を与えてくださった古田博司氏に感謝する。さらに、新書館の『大航海』に寄せた論文も一篇収録した。当時の編集者であった松田健氏に感謝する。

また、本書の内容に関して京都大学大学院人間・環境学研究科の修士課程演習（二〇一〇年度前期）を行った。活発な議論をしてくれた学生諸君に感謝する。

二〇一二年四月

京都にて　小倉紀蔵

著者紹介

小倉紀蔵（おぐら・きぞう）

1959年東京生まれ。現在、京都大学総合人間学部、大学院人間・環境学研究科教授。東京大学文学部ドイツ文学科卒業、韓国ソウル大学校哲学科大学院東洋哲学専攻博士課程単位取得。専門は、東アジア哲学。著書に『韓国は一個の哲学である』『歴史認識を乗り越える』『韓流インパクト』（講談社）『心で知る、韓国』（岩波書店）『ハイブリッド化する日韓』（NTT出版）『創造する東アジア』（春秋社）『現代韓国を学ぶ』（有斐閣、共著）ほか多数。

朱子学化《しゅしがくか》する日本近代《にほんきんだい》

2012年5月30日　初版第1刷発行©

著　者　小　倉　紀　蔵
発行者　藤　原　良　雄
発行所　株式会社　藤　原　書　店

〒162-0041　東京都新宿区早稲田鶴巻町523
電　話　03（5272）0301
FAX　03（5272）0450
振　替　00160‐4‐17013
info@fujiwara-shoten.co.jp

印刷・製本　中央精版印刷

ISBN978-4-89434-855-4

フランスの日本学最高権威の集大成

日本仏教曼荼羅

B・フランク
仏蘭久淳子訳

コレージュ・ド・フランス初代日本学講座教授であった著者が、独自に収集した数多の図像から、民衆仏教がもつ表現の柔軟性と教義的正統性の融合という斬新な特色を活写した、世界最高水準の積年の労作。　**図版多数**

四六上製　四二四頁　**四八〇〇円**
（二〇〇二年五月刊）
◇978-4-89434-283-5

AMOUR, COLÈRE, COULEUR　Bernard FRANK

身近な「お札」に潜む壮大な文明史

「お札《ふだ》」にみる日本仏教

B・フランク
仏蘭久淳子訳

大好評『日本仏教曼荼羅』（8刷）に続く、待望の第二弾。民衆の宗教世界の具現としての「お札」には、仏教が遭遇したオリエントの壮大な文明史そのものが潜む。ヨーロッパ東洋学・日本学の最高権威の遺作。全国各地の神社で蒐集した千点以上のコレクションから約二百点を精選収録。　**写真多数**

四六上製　三六八頁　**三八〇〇円**
（二〇〇六年九月刊）
◇978-4-89434-532-4

LE BOUDDHISME JAPONAIS À TRAVERS LES IMAGES PIEUSES　Bernard FRANK

日本古代史の第一人者の最新随筆

歴史と人間の再発見

上田正昭

朝鮮半島、中国など東アジア全体の交流史の視点から、日本史を読み直す。平安期における漢文化、江戸期の朝鮮通信使などを例にとり、誤った〝鎖国〟史観に異議を唱え、文化の往来という視点から日本史をたどる。部落解放など人権問題にも早くから開かれた著者の視点が凝縮。

四六上製　二八八頁　**二六〇〇円**
（二〇〇九年九月刊）
◇978-4-89434-696-3

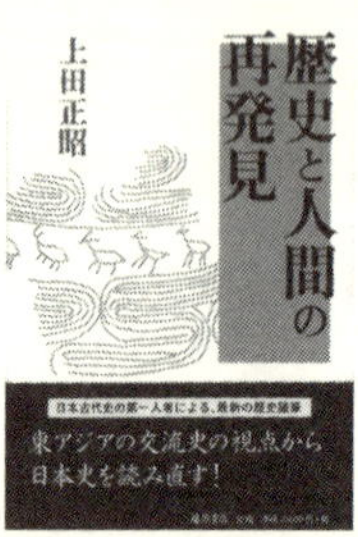

日本史研究の新たな領野！

モノが語る日本対外交易史（七―一六世紀）

Ch・フォン・ヴェアシュア
鈴木靖民＝解説　河内春人訳

七―一六世紀に及ぶ日本の対外関係の全体像を初めて通史的に捉えた画期的著作。「モノを通じた東アジアの交流」と「モノづくり日本」の原点を鮮やかに描き出す。

四六上製　四〇八頁　**四八〇〇円**
（二〇一一年七月刊）
◇978-4-89434-813-4

ACROSS THE PERILOUS SEA　Charlotte Von VERSCHUER

「戦後の世界史を修正」する名著

ルーズベルトの責任㊤㊦

〈日米戦争はなぜ始まったか〉

Ch・A・ビーアド

開米潤監訳　阿部直哉・丸茂恭子＝訳

ルーズベルトが、非戦を唱えながらも日本を対米開戦に追い込む過程を暴く。

㊤序＝D・F・ヴァクツ　㊦跋＝粕谷一希

A5上製

㊤四三二頁　四二〇〇円　（二〇一一年一二月刊）

㊦四四八頁　四二〇〇円　（二〇一二年一月刊）

㊤◇978-4-89434-835-6

㊦◇978-4-89434-837-0

PRESIDENT ROOSEVELT AND THE COMING OF THE WAR, 1941 : APPEARANCES AND REALITIES

Charles A. Beard

絶対平和を貫いた女の一生

絶対平和の生涯

〈アメリカ最初の女性国会議員ジャネット・ランキン〉

H・ジョセフソン著　小林勇訳

櫛田ふき監修

二度の世界大戦にわたり議会の参戦決議に唯一人反対票を投じ、ベトナム戦争では八十八歳にして大デモ行進の先頭に。激動の二十世紀アメリカで平和の理想を貫いた「米史上最も恐れを知らぬ女性」（ケネディ）の九十三年。

四六上製　三五二頁　三三〇〇円　（一九九七年二月刊）

◇978-4-89434-062-6

JEANNETTE RANKIN

Hannah JOSEPHSON

歴史的転換期を世界史の中で捉える

1968年の世界史

A・バディウ、O・パス、I・ウォーラーステイン、西川長夫、針生一郎、板垣雄三ほか

フランス、アメリカ、メキシコ、ソ連、そしてアジア……世界規模での転換期とされる「1968年」とは如何なるものであったのか？　第一級の識者による論考を揃え、世界の「現在」の原点となった、その「転換」の核心を探る。

四六上製　三三六頁　三三〇〇円　（二〇〇九年一〇月刊）

◇978-4-89434-706-9

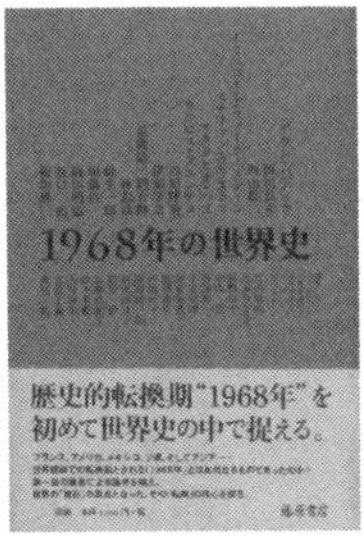

回帰する〝三島の問い〟

三島由紀夫vs東大全共闘 1969-2000

三島由紀夫

芥正彦・木村修・小阪修平・橋爪大三郎・浅利誠・小松美彦

伝説の激論会〝三島vs東大全共闘〟（1969）、三島の自決（1970）から三十年を経て、当時三島と激論を戦わせたメンバーが再会し、三島が突きつけてきた問いを徹底討論。「左右対立」の図式を超えて共有された問いとは？

菊変並製　二八〇頁　二八〇〇円　（二〇〇〇年九月刊）

◇978-4-89434-195-1

中国民主化の原点

天安門事件から「08憲章」へ

（中国民主化のための闘いと希望）

劉暁波著　劉燕子編

横澤泰夫・及川淳子・劉燕子・蒋海波訳

序＝子安宣邦

「事件の忘却」が「日中友好」ではない。隣国、中国における「08憲章」発表と不屈の詩人の不当逮捕・投獄を我々はどう受けとめるか。

四六上製　三二〇頁　**三六〇〇円**
（二〇〇九年一二月刊）
◇978-4-89434-721-2

日中関係の未来は「民間」にあり！

「私には敵はいない」の思想

（中国民主化闘争二十余年）

劉暁波

「劉暁波」は、我々の問題だ。

劉霞／劉燕子／徐友漁／杜光／王力雄／李鋭／丁子霖・蒋培坤／張博樹／余杰／麻生晴一郎／子安宣邦／及川淳子／峯村健司／藤井省三／藤野彰／横澤泰夫／加藤青延／矢吹晋／林望／清水美和／城山英巳

四六上製　四〇〇頁　**三六〇〇円**
（二〇一一年五月刊）
◇978-4-89434-801-1

日中共同研究の初成果

辛亥革命と日本

王柯 編

櫻井良樹／趙軍／安井三吉／姜克實／汪婉／呂一民・徐立望／松本ますみ／沈国威／濱下武志

アジア初の「共和国」を成立させ、「アジアの近代」を画期した辛亥革命に、日本はいかに関わったのか。政治的アクターとしての関与の実像に迫るとともに、近代化を先行させた同時代日本が、辛亥革命発生の土壌にいかなる思想的・社会的影響を与えたかを探る。

辛亥革命百年記念出版

A5上製　三二八頁　**三八〇〇円**
（二〇一一年一一月刊）
◇978-4-89434-830-1

〝光州事件〟はまだ終わっていない

光州の五月

宋基淑
金松伊訳

一九八〇年五月、隣国で何が起きていたのか？　そしてその後は？　現代韓国の惨劇、光州民主化抗争（光州事件）。凄惨な現場を身を以て体験し、抗争後、数百名に上る証言の収集・整理作業に従事した韓国の大作家が、事件の意味を渾身の力で描いた長編小説。

四六上製　四〇八頁　**三六〇〇円**
（二〇〇八年五月刊）
◇978-4-89434-628-4

日本人の食生活崩壊の原点

「アメリカ小麦戦略」と日本人の食生活

鈴木猛夫

なぜ日本人は小麦を輸入してパンを食べるのか。戦後日本の劇的な洋食化の原点にあるタブー"アメリカ小麦戦略"の真相に迫り、本来の日本の気候風土にあった食生活の見直しを訴える問題作。

【推薦】幕内秀夫

四六並製　二六四頁　二二〇〇円
（二〇〇三年二月刊）
◇978-4-89434-323-8

戦後「日米関係」を問い直す

「日米関係」からの自立

（9・11からイラク・北朝鮮危機まで）

C・グラック／和田春樹／姜尚中

姜尚中編

対テロ戦争から対イラク戦争へと国際社会で独善的に振る舞い続けるアメリカ。外交・内政のすべてを「日米関係」に依存してきた戦後日本。アジア認識、世界認識を阻む目隠しでしかない「日米関係」をいま問い直す。

四六並製　二二四頁　二二〇〇円
（二〇〇三年二月刊）
◇978-4-89434-319-1

忍び寄るドル暴落という破局

「アメリカ覇権」という信仰

（ドル暴落と日本の選択）

トッド／加藤出／倉都康行／佐伯啓思／榊原英資／須藤功／辻井喬／バディウ／浜矩子／ボワイエ＋井上泰夫／松原隆一郎／的場昭弘／水野和夫

"ドル暴落"の恐れという危機の核心と中長期的展望を示す、気鋭の論者による「世界経済危機」論。さしあたりドル暴落を食い止めている、世界の中心を求める我々の「信仰」そのものを問う！

四六上製　二四八頁　二二〇〇円
（二〇〇九年七月刊）
◇978-4-89434-694-9

総勢四〇名が従来とは異なる地平から問い直す

「日米安保」とは何か

塩川正十郎／中馬清福／松尾文夫／渡辺靖＋松島泰勝＋伊勢崎賢治＋押村高／新保祐司／豊田祐基子／黒崎輝／岩下明裕／原貴美恵／丸川哲史／丹治三夢／屋良朝博／中西寛／櫻田淳／大中一彌／平川克美／李鍾元／モロジャコフ／陳破空／武者小路公秀／鄭敬謨／姜在彦／篠田正浩／吉川勇一／川満信一／岩見隆夫／藤原作弥／水木楊／小倉和夫／西部邁／三木健／榊原英資／中谷巌ほか

四六上製　四五六頁　三六〇〇円
（二〇一〇年八月刊）
◇978-4-89434-754-0

「文明の衝突は生じない。」

文明の接近
〔「イスラームvs西洋」の虚構〕

E・トッド、Y・クルバージュ
石崎晴己訳

「米国は世界を必要としているが、世界は米国を必要としていない」と喝破し、現在のイラク情勢を予見した世界的大ベストセラー『帝国以後』の続編。欧米のイスラーム脅威論の虚構を暴き、独自の人口学的手法により、イスラーム圏の現実と多様性に迫った画期的分析！

四六上製　三〇四頁　**二八〇〇円**
（二〇〇八年二月刊）◇978-4-89434-610-9

LE RENDEZ-VOUS DES CIVILISATIONS
Emmanuel TODD, Youssef COURBAGE

トッドの主著、革命的著作！

世界の多様性
〔家族構造と近代性〕

E・トッド
荻野文隆訳

弱冠三二歳で世に問うた衝撃の書。コミュニズム、ナチズム、リベラリズム、イスラム原理主義……すべては家族構造から説明し得る。「家族構造」と「社会の上部構造（政治・経済・文化）」の連関を鮮やかに示し、全く新しい世界像と歴史観を提示！

A5上製　五六〇頁　**四六〇〇円**
（二〇〇八年九月刊）◇978-4-89434-648-2

LA DIVERSITÉ DU MONDE
Emmanuel TODD

日本の将来への指針

デモクラシー以後
〔協調的「保護主義」の提唱〕

E・トッド
石崎晴己訳＝解説

トックヴィルが見誤った民主主義の動因は識字化にあったが、今日、高等教育の普及がむしろ階層化を生み、「自由貿易」という支配層のドグマが、各国内の格差と内需縮小をもたらしている。ケインズの名論文「国家的自給」（一九三三年）も収録！

四六上製　三七六頁　**三二〇〇円**
（二〇〇九年六月刊）◇978-4-89434-688-8

APRÈS LA DÉMOCRATIE Emmanuel TODD

自由貿易推進は、是か非か!?

自由貿易は、民主主義を滅ぼす

E・トッド
石崎晴己編

「自由貿易こそ経済危機の原因だと各国指導者は認めようとしない」「ドルは雲散霧消する」「中国が一党独裁のまま大国化すれば民主主義は不要になる」――米ソ二大国の崩壊と衰退を予言したトッドは、大国化する中国と世界経済危機の行方をどう見るか？

四六上製　三〇四頁　**二八〇〇円**
（二〇一一年一二月刊）◇978-4-89434-774-8